房屋征收补偿

典型案例解析

新视角·新观点·新思路

北京京润律师事务所 / 著

法律出版社 | LAW PRESS
北京

图书在版编目(CIP)数据

房屋征收补偿典型案例解析:新视角·新观点·新思路/北京京润律师事务所著. -- 北京:法律出版社,2022

ISBN 978-7-5197-7185-0

Ⅰ.①房… Ⅱ.①北… Ⅲ.①房屋拆迁-土地征用-补偿-案例-中国 Ⅳ.①D922.385

中国版本图书馆CIP数据核字(2022)第191020号

房屋征收补偿典型案例解析:新视角·新观点·新思路
FANGWU ZHENGSHOU BUCHANG DIANXING ANLI JIEXI:
XINSHIJIAO·XINGUANDIAN·XINSILU

北京京润律师事务所 著

策划编辑 冯雨春
责任编辑 冯雨春 张 颖
装帧设计 鲍龙卉

出版发行 法律出版社
编辑统筹 法律应用出版分社
责任校对 王晓萍 裴 黎
责任印制 刘晓伟
经 销 新华书店

开本 710毫米×1000毫米 1/16
印张 28.5 字数 479千
版本 2022年11月第1版
印次 2022年11月第1次印刷
印刷 三河市兴达印务有限公司

地址:北京市丰台区莲花池西里7号(100073)
网址:www.lawpress.com.cn
投稿邮箱:info@lawpress.com.cn
举报盗版邮箱:jbwq@lawpress.com.cn
销售电话:010-83938349
客服电话:010-83938350
咨询电话:010-63939796

书号:ISBN 978-7-5197-7185-0
定价:118.00元
凡购买本社图书,如有印装错误,我社负责退换。电话:010-83938349

张志同

北京京润律师事务所主任，中国社会科学院大学法学院硕士研究生实践导师，北京市律师协会影视与娱乐法律事务专业委员会副主任，北京市朝阳区优秀律师。代理过多起重大疑难行政类案件，有的案件入选地方高级人民法院典型案例或指导案例。出版《土地与房屋征收补偿经典案例评析》《行政诉讼胜诉之道》等图书；发表《论我国城市房屋征收中公共利益认定之完善》《强制拆除中行政机关应遵循法定程序》等文章，其中，《强制拆除中行政机关应遵循法定程序》一文入选北京市"疏解整治促提升"十大专项行动案例库。

李海霞

北京京润律师事务所高级合伙人，行政诉讼业务部主任，北京市律师协会土地与房地产法律专业委员会委员，北京市朝阳区人民调解委员会房地产专业委员会副主任。北京电视台《经济与法》《律师门诊室》特聘点评律师，《中国日报网》特聘通讯员，《南方周末》《法律与生活》等报刊特聘专家律师。执业以来，代理足迹遍布全国各地，诸多案件获得胜诉，深受当事人的好评。

默立贤

北京京润律师事务所高级合伙人，北京市律师协会征收拆迁法律服务研究会委员，北京市朝阳区律师协会行政与政府法律顾问专业委员会委员，《中国日报网》特聘通讯员，《法律与生活》杂志特聘评论员。曾担任多家政府机关和企事业单位的法律顾问，专注土地房屋征收和行政诉讼业务十余年，代理过的案件地域涉及全国25个省市自治区，具有丰富的征收拆迁和行政诉讼经验。代理的多起案件被最高人民法院支持或入选各级法院行政审判典型案例。

殷玉航

北京京润律师事务所高级合伙人，北京市律师协会行政法与行政诉讼法专业委员会委员，北京市朝阳区律师协会行政与政府法律顾问专业委员会副秘书长，北京市朝阳区律师协会刑事专业委员会委员，《法律与生活》杂志特聘评论员。具有多年行政案件办理经验，熟悉行政案件的特点、程序及业务流程，并实际承办大量行政案件，取得良好的社会效果。曾代理的多起案件入选最高人民法院指导性案例和省级人民法院解决行政争议十大典型案例。

金亚飞

北京京润律师事务所合伙人、党支部书记，北京市朝阳区律师党建工作委员会委员，曾获北京市律师行业“优秀共产党员”称号。毕业于中国政法大学，具有扎实的法学专业功底并积累了丰富的实务操作经验。执业以来一直以至诚之心为客户服务，本着积极负责的工作态度，承办案件细致严谨、精益求精，既善于从宏观上把握案件重点，选准突破口；又体察细微，细心审视案件的每一细小环节，力求把办理的每个案件都做成经得起考验的精品，实现客户利益最大化。

杨高州

北京京润律师事务所合伙人，行政诉讼业务部副主任，北京市律师协会行政法与行政诉讼法专业委员会委员。执业期间，深耕土地、房屋征收等行政诉讼领域，代理了数百起涉及行政征收、行政处罚、行政强制、行政裁决、行政协议、国家赔偿等行政诉讼、行政复议案件，尤其擅长代理集体性案件。专业、认真、负责的工作态度，使当事人的合法权益得到了有效保障，受到了当事人的好评。

序　言

土地与房屋是人类最基本的生产和生活资料，对于经济社会发展也起到至关重要的作用。近年来，随着全国各地城镇化建设的大力推进，因征收拆迁引发的行政纠纷也日益增多，征收拆迁仍是发生社会矛盾的集中领域。

北京京润律师事务所是一家以行政诉讼为主业的律所，聚集了一批有良好教育背景、专业素养过硬、实务经验丰富、社会责任感强的律师，多年来活跃在行政诉讼司法实务一线，代理了许多具有重大影响的案件，特别是代理过全国各地一大批涉及土地与房屋征收补偿相关的案件，这事关人民群众切身合法利益的保障，事关经济持续健康发展和社会和谐稳定，事关公平正义和司法公信力的提高。

早在2015年，由我所资深合伙人律师合力编著的《土地与房屋征收补偿经典案例评析》一书出版，该书以本所律师承办过的土地房屋征收补偿业务领域的胜诉案例为基础，从法律实务层面出发，以资深专业律师的独特视角，分析探讨了在土地与房屋征收补偿过程中常见的、容易出现的行政违法现象，产生了良好的社会效果。

时隔多年，行政诉讼制度在我国迅速发展，相关的法律法规也发生了重大变化。虽然房屋征收领域最重要的法规《国有土地上房屋征收与补偿条例》自2011年颁布至今一直没有修订，但《行政诉讼法》《行政处罚法》等已经进行了多次修改，关于行政协议和行政赔偿都出台了新的司法解释。更为关键的是本所近年来又代理了一大批经典的涉及房屋征收补偿的胜诉案件，对维护当事人合法权益，推动相关主体依法行政具有重要作用。

为此，本所六位资深行政诉讼专业律师联袂推出《房屋征收补偿典型案例解析：新视角·新观点·新思路》一书，书中所选取的案例依然是本所律师近年来在全国各地承办的房屋征收补偿领域的胜诉案例，案件审理的法院从基层法院到最高人民法院，着重从司法实务的视角对房屋征收补偿中的相关问题进行深入剖析。本书共分征收决定与补偿安置、行政强制与违法拆除、行政处罚与国家赔偿、行政复议与政府履职四部分。每个案例下设八大板块，即案号、核心提示、关键词、案情回顾、办案结果、律师点评、经验提示、相关规定。案例的讨论既有法理层面的论述，又有实务操作层面的分析，案例翔实且有说服力和代表性。

书中讨论的案例主题主要涉及房屋征收补偿问题、被诉行政行为的类型等。既有行政机关单方作出的房屋征收决定、安置补偿裁决，也有行政机关与被征收人协商达成的行政协议；既有行政机关通过意思表示明确作出的紧急避险决定，也有实施主体不明确的强制拆除行为。探讨的争议焦点，既包括了安置人口确定、违约责任认定、补偿范围大小等行政执法的实体问题，还包括了强拆主体推定、评估报告审查、利害关系认定等程序问题。有的反映出个别行政机关侵害当事人补偿方式选择权、强制执行乱作为等程序违法问题，有的反映出行政机关核定评估标准低等实体违法问题以及在诉讼中怠于举证问题。这些行政行为有的被依法撤销，有的被确认违法，有的得到了合理赔偿，行政争议最终得以实质化解。

编著本书不仅是为了展现本所律师办理房屋征收补偿类案件的部分胜诉成果，而且期望能为深陷行政诉讼案件的当事人提供帮助，也能为新入行的律师代理同类案件提供相关指引，更为关键的是以文会友，以期和所有以行政诉讼为主业从事理论研究和实务维权的同人进行沟通交流。

最后，感谢在本书写作过程中参与讨论和给予帮助的所有同事和朋友，特别是感谢法律出版社以及张颖编辑，他们敢于担当、认真负责的精神始终激励着我们，本书能在久负盛名的法律出版社出版，是我们的荣幸。

当然，文责自负，对于书中讨论和分析有遗漏的部分或者存在的问题，我们恳请读者谅解并提出宝贵意见。

目　录

CONTENTS

第一部分　征收决定与补偿安置

第二部分 行政强制与违法拆除

第三部分 行政处罚与国家赔偿

第四部分　行政复议与政府履职

第一部分

征收决定与补偿安置

拆迁补偿协议因非法处分承租人的权利被撤销

——某商贸公司诉河北省张家口市某区人民政府行政协议案

【案号】 河北省高级人民法院行政判决书，(2019) 冀行终323号

【核心提示】

征收部门在与被征收人签订征收补偿协议时，应当尽到审慎审查义务，核实相关征收补偿利益的权利人，准确确定需要征收补偿的被补偿对象，重点审查是否存在潜在权利人的情形，承租人的相关征收补偿权利不应被剥夺。通过非法处分承租人权利的方式签订的征收补偿协议，不具有合法性。

【关键词】

拆迁　征收补偿协议　非法处分　承租人　经营用房

【案情回顾】

2013年11月23日，河北省张家口某商贸有限公司（以下简称某商贸公司）的法定代表人王某与第三人闫某签订了承租位于某区新窑子村口110国道北二层楼院落的租赁协议，用于某商贸公司的生产经营，租赁期限为5年。后因张呼铁路项目建设，上述院落位于张呼铁路项目建设征地范围内。2016年6月27日，第三人张家口市某区宣平堡乡新窑子村民委员会经某区人民政府授权作为拆迁方与作为被拆迁方的第三人闫某就上述院落签订拆迁补偿协

议。该协议约定，拆迁闫某所在企业地表物及附属物，包括彩钢棚、宿舍、厂房等，拆迁补偿选择货币补偿方式，补偿金额标准以评估报告的货币补偿基准价为准，拆迁补偿费3,897,840元。该补偿协议所涉的拆迁范围包括某商贸公司所建的部分房屋及设施，补偿款亦包括对某商贸公司被拆除部分的建筑物及地上附着物、搬迁费用、停产停业损失、安置费、工人费用等补偿项目。上述拆迁补偿款全部由闫某领取，某商贸公司却没有得到应有的补偿，故将张家口市某区人民政府、某村民委员会及闫某诉至法院。一审法院张家口市中级人民法院审理认为，某区人民政府作出的行政行为认定事实不清，根据《行政诉讼法》第七十条之规定，应当予以撤销。但因建设张呼铁路是国家重点交通建设项目，涉及重大公共利益，撤销该行政行为会给公共利益造成重大损失，故确认拆迁补偿协议行政行为违法并责令某区人民政府采取补救措施。某商贸公司和某区人民政府均不服，上诉至河北省高级人民法院，河北省高级人民法院审查后认为撤销不会给公共利益造成重大损失，涉案的拆迁补偿协议应予以撤销。

【办案结果】

河北省高级人民法院于2019年6月18日作出（2019）冀行终323号行政判决书，判决如下：

1. 撤销张家口市中级人民法院2018年9月14日作出的（2018）冀07行初107号行政判决；

2. 撤销张家口市某区人民政府授权张家口市某区宣平堡乡新窑子村民委员会于2016年6月27日与闫某签订的拆迁补偿协议；

3. 责令张家口市某区人民政府就本案所涉补偿事宜重新依法作出处理。

【律师点评】

行政机关作出行政行为，应当认定事实清楚，这也是行政执法的基本原则之一。在房屋征收拆迁过程中，一般存在房屋征收主体、房屋征收部门、房屋征收实施单位、被征收人（包括房屋的所有权人、土地使用权人、房屋承租人）等主体。房屋征收部门在落实征收补偿的过程中，应当认真审查相关权利人，准确认定被补偿的对象。特别是要审查是否存在除房屋所有权人之外的权利人的情形，如是否有承租人，是何种类型的承租人，签订征收补偿协议是否会影响承租人的权利。如果会影响房屋承租人的权利，应当与出租人和承租人进行沟通，确定是否应当将房屋承租人纳入征收补偿范围，如果纳入补偿范围的，应当与承租人进行沟通协调，确定具体的补偿项目和标准。

某商贸公司诉河北省张家口市某区人民政府行政协议案中涉及三个方面的问题。第一个问题，涉案的拆迁补偿协议属于民事协议还是行政协议，是通过民事诉讼处理还是通过行政诉讼处理；第二个问题，某商贸公司起诉撤销涉案的拆迁补偿协议是否具有原告主体资格；第三个问题，涉案的拆迁补偿协议是否具有合法性，是否应予以撤销。

第一个问题，涉案的拆迁补偿协议属于民事协议还是行政协议，是否属于行政诉讼的受案范围。

首先，根据法律规定，涉案的拆迁补偿协议应当作为行政协议处理，通过行政诉讼解决。针对国有土地上房屋的征收，《国有土地上房屋征收与补偿条例》将征收的主体变为行政机关，其第四条第一款规定，市、县级人民政府负责本行政区域的房屋征收与补偿工作，结束了《城市房屋拆迁管理条例》（已废止）中非行政主体实施拆迁的历史。对集体土地的征收，我国目前主要依据《土地管理法》及实施条例等规定，《土地管理法》第四十七条第一款规定，国家征收土地的，依照法定程序批准后，由县级以上地方人民政府予以公告并组织实施。通过对照前述规定可以看出，无论是国有土地上房屋征收还是集体土地征收，无论征收的目的还是征收的实施均有相同的规定。其一，征收补偿的主体均是行政机关。其二，征收（拆迁）是行政机关为了实现行政管理或者公共服务目标而实施的；征收补偿协议是行政机关在征收拆迁过程中与公民、法人或者其他组织协商订立的，该协议具有行政色彩，属于行政行为。在 2015 年《行政诉讼法》修订之前，征收拆迁补偿协议一般是按照民事协议处理的，即如果不服征收拆迁补偿协议的只能通过提起民事诉讼的方式予以解决。将拆迁补偿协议作为民事协议进行审判，对协议的司法审查造成很大的障碍。2015 年修订的《行政诉讼法》将拆迁补偿协议纳入行政诉讼的受案范围，即在2015年之后，如果不服拆迁补偿协议的，要通过行政诉讼程序进行解决。2020年1月1日起施行的《最高人民法院关于审理行政协议案件若干问题的规定》（法释〔2019〕17号），针对行政协议作出了专门的规定，进一步明确了行政协议的范围，该规定第一条规定，行政机关为了实现行政管理或者公共服务目标，与公民、法人或者其他组织协商订立的具有行政法上权利义务内容的协议，属于《行政诉讼法》第十二条第一款第（十一）项规定的行政协议。本案拆迁补偿协议就属于前述情形。在涉案拆迁补偿协议上签章的虽然是村委会和第三人闫某，但涉案拆迁补偿协议的签订是因张呼铁路项目建设需要征收拆迁涉案的房屋，村委会是受地方人民政府委托签订。因此，涉案的拆迁补偿协议应视为地方人民政府的行为，即行政机关的行政行为。根据《最高人民法院关于适用〈中华人民共和国行政诉讼法〉的解释》第二十四条第二款的规定，当事人对村民委员会、居民委员会受行政机关委托作出的行为不服提起诉讼的，以委托的行政机关为被告。因此，本案的被告是作出委托的某区人民政府，本案属于行政诉讼的受案范围。本案中，某区政府主张本案属于民事诉讼的范畴，不属于行政诉讼的受案范围，没有法律依据。

其次，本案也不能通过民事诉讼程序处理。正如河北省高级人民法院对于本案可否通过民事诉讼处理的评判，民事诉讼可能解决的是既定补偿款在某商贸公司与闫某之间的分配问题，但涉及某商贸公司权益的补偿问题，除直接对行政协议提起撤销之诉外，确无其他更为有效的途径予以保护。从河北省高级人民法院的评判可以看出，如果让承租经营性用房开展经营的承租人就征收补偿与出租人通过民事诉讼解决，那么将导致案件审理陷入僵局。因为民事诉讼解决的基础是已经签订征收补偿协议，而征收补偿协议的内容，特别是补偿标准是否公平合理，需要先进行审查，而在民事诉讼中无法针对已经签订的行政协议的内容进行审查。因此，承租人除了直接针对行政协议提起撤销之诉外，确实没有其他更为有效的救济途径。因而，经营性用房的承租人可以针对侵犯其合法征收补偿权益的拆迁补偿协议提起诉讼。正是基于此，河北省高级人民法院作出了前述判决。

第二个问题，某商贸公司针对涉案的拆迁补偿协议是否具有原告主体资格。

关于原告的主体资格问题，我国《行政诉讼法》第二十五条规定，行政行为的相对人以及其他与行政行为有利害关系的公民、法人或者其他组织，有权提起诉讼。《最高人民法院关于适用〈中华人民共和国行政诉讼法〉的解释》第十二条规定了利害关系的确定标准。从前述的规定可以看出，对原告主体资格的确定包括两种，一种是行政相对人，即行政管理法律关系中与行政主体相对应的另一方当事人，即行政主体的行政行为影响其权益的个人或组织。另一种是利害关系人，《行政诉讼法》第二十五条规定的利害关系，必须是法律上的利害关系，由于行政诉讼的被告是行政主体，不同于民事诉讼的平等主体之间的诉讼，所以这种利害关系一般是指与行政管理相关的利害关系，一般也排除了私法上的利害关系。如前所述，行政诉讼上的利害关系，是指具有公法权利才能提起行政诉讼。公法权利是指公民依据公法所获得的权利。通常是指公民、法人或者其他组织免于国家干涉的自由或者要求国家为或者不为一定行为的请求。也正如《最高人民法院关于适用〈中华人民共和国行政诉讼法〉的解释》第十二条第（一）项规定的相邻权、公平竞争权，第（二）项规定的程序性陈述权、辩论权等，以及第（三）项、第（四）项、第（五）项规定的请求权等权利。

本案中，某商贸公司是否具备起诉涉案拆迁补偿协议的原告主体资格，是行政相对人还是利害关系人，需要结合相关法律规定进行判断。其一，涉案协议签订的主体并不包括某商贸公司，因此，某商贸公司不属于行政相对人。其二，某商贸公司是否属于法律规定的利害关系人，某商贸公司并非所承租房屋及场地的所有权人，其是通过承租方式取得涉案房屋及院落的使用权。在承租后，某商贸公司为了生产经营的需要进行了装修，加建了部分房屋并购置了设备设施进行生产。《土地管理法》及实施条例规定的被征收土地的所有权人、使用权人，《国有土地上房屋征收与补偿条例》中规定的被征收人是房屋的所有权人，并没有承租人的相关规定。一般而言，承租人对于征地审批、征收决定没有利害关系，即没有起诉的原告主体资格。笔者查阅了最高人民法院 2018 年 7 月 30 日作出的（2018）最高法行申 4094 号行政裁定书，该案是就集体土地上房屋的承租人与《征地补偿安置方案公告》行为是否具有法律上的利害关系作出的裁判。在该裁定书中，最高人民法院认为："通常，如果行政机关作出被申请复议的行政行为时，所适用的实体行政法律规范要求考虑被申请保护的利益，或者相关程序行政法律规范要求行政机关依法征询或听取申请人的意见，则应当认为申请人与被申请行政行为有利害关系，具备提起行政复议的资格。"本案中，根据相关法律法规的规定，集体土地上房屋的承租人，不属于征收集体土地需补偿安置人员的范围，征收集体土地应支付的补偿费用也不包括房屋承租人的相关补偿费用。最高人民法院的该案是针对集体土地征收中的承租人进行的裁判。按照前述裁判观点，一般情况下，承租人不仅针对征收行为而且针对征收补偿均不具有利害关系，因此，其不具有起诉的原告主体资格。但是，在有些情况下承租人针对征收补偿具有法律上的利害关系，具有起诉的原告主体资格。《国有土地上房屋征收与补偿条例》以及《土地管理法》和实施条例对于相应的征收补偿的主体有相关规定，并没有直接否定承租人的相关权利，但在具体的司法实践中要甄别处理，即对于承租人承租房屋的性质和用途予以区别对待。特别是对承租经营性房屋开展经营的承租人的权利，要依法保障。《民法典》第三百二十七条规定："因不动产或者动产被征收、征用致使用益物权消灭或者影响用益物权行使的，用益物权人有权依照本法第二百四十三条、第二百四十五条的规定获得相应补偿。"因此，在征收补偿过程中，应当依法保护承租人的合法权利。在湘水源宾馆诉龙华区政府行政征收再审案中，最高人民法院在其作出的（2017）最高法行再5387号行政裁定书中指出，《国有土地上房屋征收与补偿条例》将房屋所有权人作为被征收人，但并没有排除与房屋征收有利害关系的其他人参与补偿安置。一般而言，承租人与房屋征收行为之间不具有利害关系，不能成为行政诉讼的原告。但是如果用于经营的房屋被征收，承租人在行政补偿中提出的室内装修价值、机器设备搬迁、停产停业等损失，与补偿决定之间具有利害关系，此时承租人可以作为原告提起诉讼。按照最高人民法院的前述审判的观点，承租人在房屋征收过程中，不能针对房屋征收决定起诉，因其与房屋征收决定不具有法律上的利害关系，不具有起诉房屋征收决定行为的原告主体资格。但如果用于经营的房屋被征收，承租人在行政补偿中提出的室内装修价值、机器设备搬迁、停产停业等损失，与补偿决定之间具有利害关系，此时承租人可以作为原告提起诉讼。该案中，最高人民法院认为承租人对于征收决定行为不具有法律上的利害关系，从而认为承租人不具有原告主体资格。这一点与（2018）最高法行申4094号行政裁定书的裁判观点一致。但是，最高人民法院在（2017）最高法行再5387号行政裁定书中对承租人进行了分类，否定了一般承租人的征收补偿权利，并进一步确定了经营性用房承租人的征收补偿权益，即在房屋征收过程中，不能将所有承租人完全排除在房屋征收之外，经营性用房的承租人针对室内装修价值、机器设备搬迁、停产停业等损失具有利害关系，具有诉权。因此，本案中，某商贸公司具有原告主体资格。本案河北省高级人民法院判决的处理方式与最高人民法院的判决保持了一致，查明某商贸公司是承租经营性用房进行生产经营的企业，其针对前述的相关征收补偿权利具有诉权，确认了某商贸公司针对征收补偿的原告主体资格。

第三个问题，涉案的拆迁补偿协议是否违法，是否可以撤销。

首先，涉案拆迁补偿协议的合法性问题。本案中，某商贸公司为经营需要，对涉案的房屋及场地进行了装修添附，添置了许多设施设备，雇佣工人开展经营。拆迁补偿协议中涉及的拆迁范围包括某商贸公司所建的部分房屋及设施，补偿款亦应包括对某商贸公司被拆除部分的建筑物及地上附着物、搬迁费用、停产停业损失、安置费等补偿项目。某商贸公司的经营场所被征收，涉及的相关补偿项目，某区人民政府应当给予适当补偿。某区人民政府在明知存在某商贸公司权益的情况下，处置了某商贸公司的权益，对某商贸公司造成了实际的权利义务影响。针对某商贸公司被拆除部分建筑物及地上附着物、搬迁费用、停产停业损失、安置费、工人费用等项目的补偿标准及具体数额等，均直接影响某商贸公司最终获得补偿权益的多少，在没有与补偿权益主体协商的情况下，某区人民政府将包含某商贸公司补偿权益在内的范围一并与闫某签订拆迁补偿协议，系认定事实不清，该行政补偿行为明显不当。因此，涉案的拆迁补偿协议属于我国《行政诉讼法》第七十条规定的六种可以撤销的情形之一，符合撤销的法定条件。

其次，涉案协议是否可以撤销。虽然我国《行政诉讼法》第七十条规定了六种可以撤销的行政行为情形，但是在实践中，并非所有符合前述第七十条规定的情形，人民法院均会作出撤销的判决。我国《行政诉讼法》第七十四条规定了撤销的除外情形，其中第一款第（一）项规定，行政行为依法应当撤销，但撤销会给国家利益、社会公共利益造成重大损害的，不撤销行政行为；即行政行为即便存在可撤销的情形，但存在前述情形的，人民法院将不会作出撤销的判决，而作出确认违法的判决。本案中，一审法院认为，撤销涉案协议会给公共利益造成重大影响，故作出确认违法但不撤销的判决。但是，从涉案协议的内容看，仅是协议当事人就拆迁补偿内容作出的行为，既不涉及第三方的权利也不会给公共利益造成重大的影响。因此，本案不符合《行政诉讼法》第七十四条第（一）项规定的情形。涉案的拆迁补偿协议应予以撤销。最终，二审人民法院依法采纳律师的代理意见，作出前述判决。

【经验提示】

本案涉及征收拆迁过程中承租人权利能否及如何保障的问题。在房屋征收拆迁实践中，征收部门一般情况下只和房屋所有权人进行协商并签订拆迁补偿协议，忽视承租人权利的情况比较多，本案就属于此种情形。这种处理方式既不符合法律规定，也侵犯了承租人的征收补偿权利。河北省高级人民法院在本案的审理中，准确确定承租人在征收补偿过程中的诉讼主体资格，正确处理承租人在征收补偿中的利益关系，依法保障承租人在征收过程中的征收补偿权益，对于征收部门的征收补偿工作具有很好的借鉴意义。

征收拆迁中，就承租经营的企业而言，相关补偿可以为其继续经营提供资金支持。如果忽视承租房屋进行生产经营企业的合法权益，就会对其正常经营造成很大冲击，有时会直接导致企业无法继续开展经营而倒闭，这对于我国经济的持续发展会造成不利影响。因此，要依法保障征收过程中承租人的合法权益。

经营性用房的承租人在征收拆迁过程中的权利，无论从立法层面还是从司法实践层面都应当依法予以保护。对此要在司法实践中认真进行甄别，既不能将经营性用房的承租人的征收补偿权益简单地界定为民事争议，也不应全盘否定承租人对于征收补偿行政行为的诉权。但也不能反客为主，将承租人的权利予以无限扩大，取得相当于出租人的权利，更不能凌驾于出租人的权利之上。因此，在房屋征收的实践中，对出租人和承租人的征收补偿权利都要依法保障，要平衡好二者的关系。

目前的司法实践中，一般认为，承租人针对征地、征收行为不具有诉权，但是经营性用房的承租人针对征收补偿内容是具有诉权的。因此，作为经营性用房的出租人，在房屋征收补偿过程中如涉及承租人的征收补偿等合法利益的，应当与承租人进行协商，共同参加征收补偿的协商谈判，不能凭借出租人的优势而侵犯承租人的合法权利。承租经营性用房的承租人也要积极维护自己的权利，多渠道了解征收补偿的相关事项，知悉征收补偿的进展，多与出租人进行沟通协调。同时，要及时向征收部门宣示自己的存在，提供相关的材料，确定自己的相关权利，并参与征收补偿的协商与谈判。特别是在签订征收补偿协议时，一定要告知征收部门如果涉及自身权益的，应当依法取得自己的同意。如果征收部门和出租人无视承租人的利益，擅自签订征收补偿协议，侵犯承租人合法权利，承租人应当依法提起诉讼维护自己的合法权利。

【相关规定】

《行政诉讼法》

第十二条 人民法院受理公民、法人或者其他组织提起的下列诉讼：

……

（十一）认为行政机关不依法履行、未按照约定履行或者违法变更、解除政府特许经营协议、土地房屋征收补偿协议等协议的。

……

第七十条 行政行为有下列情形之一的，人民法院判决撤销或者部分撤销，并可以判决被告重新作出行政行为：

（一）主要证据不足的；

（二）适用法律、法规错误的；

（三）违反法定程序的；

（四）超越职权的；

（五）滥用职权的；

（六）明显不当的。

第七十四条 行政行为有下列情形之一的，人民法院判决确认违法，但不撤销行政行为：

（一）行政行为依法应当撤销，但撤销会给国家利益、社会公共利益造成重大损害的；

（二）行政行为程序轻微违法，但对原告权利不产生实际影响的。

行政行为有下列情形之一，不需要撤销或者判决履行的，人民法院判决确认违法：

（一）行政行为违法，但不具有可撤销内容的；

（二）被告改变原违法行政行为，原告仍要求确认原行政行为违法的；

（三）被告不履行或者拖延履行法定职责，判决履行没有意义的。

《民法典》

第三百二十七条 因不动产或者动产被征收、征用致使用益物权消灭或者影响用益物权行使的，用益物权人有权依据本法第二百四十三条、第二百四十五条的规定获得相应补偿。

《最高人民法院关于审理行政协议案件若干问题的规定》

第一条 行政机关为了实现行政管理或者公共服务目标，与公民、法人或者其他组织协商订立的具有行政法上权利义务内容的协议，属于行政诉讼法第十二条第一款第十一项规定的行政协议。

第二条 公民、法人或者其他组织就下列行政协议提起行政诉讼的，人民法院应当依法受理：

（一）政府特许经营协议；

（二）土地、房屋等征收征用补偿协议；

（三）矿业权等国有自然资源使用权出让协议；

（四）政府投资的保障性住房的租赁、买卖等协议；

（五）符合本规定第一条规定的政府与社会资本合作协议；

（六）其他行政协议。

《国有土地上房屋征收与补偿条例》

第十七条 作出房屋征收决定的市、县级人民政府对被征收人给予的补偿包括：

（一）被征收房屋价值的补偿；

（二）因征收房屋造成的搬迁、临时安置的补偿；

（三）因征收房屋造成的停产停业损失的补偿。

市、县级人民政府应当制定补助和奖励办法，对被征收人给予补助和奖励。

《最高人民法院关于适用〈中华人民共和国行政诉讼法〉的解释》

第十二条 有下列情形之一的，属于行政诉讼法第二十五条第一款规定的“与行政行为有利害关系”：

（一）被诉的行政行为涉及其相邻权或者公平竞争权的；

（二）在行政复议等行政程序中被追加为第三人的；

（三）要求行政机关依法追究加害人法律责任的；

（四）撤销或者变更行政行为涉及其合法权益的；

（五）为维护自身合法权益向行政机关投诉，具有处理投诉职责的行政机关作出或者未作出处理的；

（六）其他与行政行为有利害关系的情形。

市县级人民政府作出的房屋征收补偿决定书不得遗漏被征收人应补偿的财产

——龙某等诉贵州省某县人民政府房屋征收补偿决定案

【案号】 贵州省毕节市中级人民法院行政判决书，（2018）黔05行初203号

【核心提示】

被征收房屋的补偿，应当包括被征收房屋的价值的补偿，因被征收房屋造成的搬迁、临时安置的补偿，因征收房屋造成的停产停业损失的补偿，附属物、装饰装修的补偿，以及相应的补助和奖励等。补偿安置标准、方式方法应当合法，补偿安置内容应当全面，不得遗漏。

【关键词】

征收补偿决定　全面补偿

【案情回顾】

龙某在贵州省某县拥有房屋一处，并依法取得国有土地使用证和房屋所有权证，该房屋临街用于经营，办理了营业执照、税务登记证等合法经营的许可证件。[①]

某县人民政府以实施织金古城建设项目为由，于2017年3月15日作出《县人民政府关于东山鱼山片区国有土地上的房屋征收决定》，决定对规划红

---

① 目前，我国实行“三证合一、一照一码”的单位登记制度改革，取消发放组织机构代码证和税务登记证。

线范围内的合法房屋实施征收，龙某的房屋在该征收决定范围内。

因龙某要求就地安置，而征收单位未能提供就地安置的方案，在签约期限内，龙某未能与房屋征收部门达成征收补偿协议，于是某县人民政府作出了《某县人民政府关于龙某的房屋征收补偿决定》，其中明确了补偿方式及补偿内容。

龙某认为，某县人民政府实施的该项目，不符合公共利益的需要，系打着公共利益旗号进行商业开发的项目，且征收补偿决定中确定的补偿标准、补偿内容等不合法，故向毕节市中级人民法院提起行政诉讼，请求撤销某县人民政府作出的征收补偿决定。

【办案结果】

毕节市中级人民法院于 2018 年 12 月 28 日作出（2018）黔 05 行初 203 号行政判决书，判决如下：

撤销被告某县人民政府作出的《某县人民政府关于龙某的房屋征收补偿决定》。

【律师点评】

房屋征收是国家为了公共利益的需要，通过行政强制力对公民、法人或者其他组织私有财产征收的一种法定形式，属于个人利益对公共利益的让渡，因此征收必须符合法定的条件，遵守法定的程序，保障被征收人的合法权益。

本案中，毕节市中级人民法院撤销某县人民政府作出的涉案征收补偿决定的主要理由：一是某县人民政府作出的征收补偿决定未对龙某房屋的装饰装修及附属设施进行补偿，也没有提供证据证明龙某涉案房屋未有装饰装修及附属设施；二是补偿决定内容中关于产权调换安置方式的补差金额明显计算错误。从判决书的论述逻辑来看，法院撤销涉案补偿决定的主要理由是补偿决定中遗漏了补偿内容。那么，在房屋征收过程中涉及的补偿内容，主要包括哪些方面呢？

根据《国有土地上房屋征收与补偿条例》第十七条、《国有土地上房屋征收评估办法》第十四条等规定，征收时应当补偿的主要项目，包括被征收房屋的价值，装饰装修，附属设施，因征收房屋造成的搬迁、临时安置的补偿，相应的奖励及补助等。如果被征收房屋属于经营性的，还应当补偿因征收房屋造成的停产停业损失。

其中关于被征收房屋价值的补偿，是征收补偿中的最主要的内容之一。根据《国有土地上房屋征收与补偿条例》第十九条的规定，被征收房屋的价值，通过法定的方式选定评估机构之后，由评估机构依法评估确定，具体的标准不得低于征收房屋决定公告发布之日周边类似房地产的市场价值，确保不会因国家公共利益而使被征收人原有的财产价值贬损、原有的生活水平降低。如果评估机构作出评估报告之后，被征收人认为评估结果不符合法律规定与市场行情的，应当在收到评估报告起10日内向评估机构申请复核。经过复核，被征收人对于复核结果依然不服的，可以在收到复核结果10日内向专家委员会申请鉴定。

关于征收过程中涉及房屋装饰装修价值的补偿标准与金额，《国有土地上房屋征收评估办法》规定先由被征收人与房屋征收部门协商确定，如果双方之间能够协商达成一致意见的，根据协商的结果处理；如果双方协商达不成一致意见的，则依法由评估机构评估确定。在司法实践中，部分评估机构作出的房地产估价报告中，会写明不包括二次装修价值。而房屋的装饰装修是影响房屋价值的重要因素之一，不同被征收人房屋之间的装饰装修情况可能千差万别，其价值也会有明显的区别。那么，在这种情况下，被征收人与房屋征收部门协商签订补偿协议或者房屋征收部门报请市县级人民政府作出房屋征收补偿决定时，应当注意不要遗漏补偿的内容。

在符合公共利益的前提下，市、县级人民政府可以通过法定的程序，对公民、法人或者其他组织的房屋进行征收。但是，对于公民、法人或者其他组织的被征收房屋，应当依法给予补偿。一般情况下，房屋征收决定作出之后，根据《国有土地上房屋征收与补偿条例》第四条、第二十五条等的规定，房屋征收部门或者受房屋征收部门委托，房屋征收实施单位会与被征收人就其所涉房屋的征收补偿安置情况进行协商，如果经过协商，双方能够达成一致意见的，则双方签订征收补偿安置协议，补偿安置事宜通过协议的形式落实。在房屋征收补偿协议中，双方可以约定补偿的内容，当事人也可以放弃，比如被征收人可以放弃对其房屋的装饰装修补偿，这是其对自身权利的处分，法律不强制干预。但是，如果双方对于征收补偿安置问题达不成一致的情形下，为了保障征收工作的顺利完成，法律法规赋予了征收主体通过国家强制力的方式实施征收的权力，即根据《国有土地上房屋征收与补偿条例》第二十六条的规定，由房屋征收部门报请作出房屋征收决定的市、县级人民政府作出征收补偿决定。

征收补偿决定是国家强制力征收的具体体现，补偿安置的标准、方式必须合法，内容必须全面，不得有遗漏。为了最大限度地保障被征收人的合法权益，《国有土地上房屋征收与补偿条例》第十五条要求房屋征收部门对征收范围内的房屋的权属、区位、用途等进行调查并公示，目的是充分保障被征收人的知情权，进而保障被征收人的合法权益不受侵害。

因征收补偿决定是国家对公民、法人或者其他组织合法财产的强制征收，因此补偿标准合理、补偿方式合法、补偿内容全面，是对征收补偿决定的基本要求。本案中，因被告某县人民政府作出的房屋征收补偿决定中，对于龙某的房屋未给予装饰装修的补偿，也没有证据证明龙某的被征收房屋不存在装饰装修，遗漏了重要的补偿内容，成为毕节市中级人民法院撤销涉案征收补偿决定的主要理由之一。

在实践中，房屋征收补偿决定，除了补偿内容要全面之外，补偿方式也要合法。对于补偿的方式，根据《国有土地上房屋征收与补偿条例》的规定，当事人既可以选择货币补偿的方式，也可以选择产权置换的方式，至于选择哪种补偿方式，决定权在被征收人手中，市、县级人民政府在作出征收补偿决定时，应当保障被征收人的选择权，在征收补偿决定中确定货币补偿的方式以及产权置换的方式。如果市、县级人民政府作出的房屋征收补偿决定中，只给予被征收人货币补偿或者采取产权置换的安置方式，即使补偿内容全面，但因补偿决定剥夺了被征收人对补偿方式的选择权，当事人不服申请行政复议或者提起行政诉讼，房屋征收补偿决定亦有可能会被复议机关或者法院撤销。

对于被征收人来说，收到市、县级人民政府作出的征收补偿决定，意味着征收主体行使了法律赋予的强制征收权，涉案的被征收房屋可能会通过司法强拆程序实施强制征收。如果被征收人收到政府作出的征收补偿决定，认为征收补偿决定中所确定的补偿方式或者补偿内容不合法的，应当在法定期限内向复议机关申请行政复议或者向人民法院提起行政诉讼，由复议机关或者人民法院对征收补偿决定的合法性进行审查。

【经验提示】

国有土地上房屋征收过程中，房屋征收补偿决定是国家强制力征收的重要体现之一。作为被征收人，如果在规定的签约期限内，因补偿安置问题未能与房屋征收部门达成征收补偿安置协议，而后市、县级人民政府作出了房屋征收补偿决定，被征收人应当对此充分重视。如果认为房屋征收补偿决定中的补偿方式、补偿标准、补偿内容及程序等不合法，被征收人应当及时通过法律程序维护自己的合法权益。如果被征收人在法定的期限内不申请行政复议、不提起行政诉讼，在补偿决定规定的期限内又不搬迁的，作出征收决定的市、县级人民政府将申请人民法院强制执行，即进行司法强拆。

在实践中，我们遇到过很多被征收人，在收到征收补偿决定之后，认为征收补偿决定中的补偿标准太低，补偿方式不合法，以为我只要不搬，政府部门就没法对我的房屋进行强制征收。最终，错过了对征收补偿决定的复议、起诉期限，房屋征收部门将征收补偿决定中确定的补偿款依法公证提存之后，经向被征收人催告，向人民法院申请强制执行，法院经过审查之后作出准许执行的裁定，导致房屋被强制拆除。实际上，被征收人的这种观念是错误的，法律赋予了被征收人救济的权利，被征收人怠于行使，只能自行承担不利的后果。

【相关规定】

《国有土地上房屋征收与补偿条例》

第十七条 作出房屋征收决定的市、县级人民政府对被征收人给予的补偿包括：

（一）被征收房屋价值的补偿；

（二）因征收房屋造成的搬迁、临时安置的补偿；

（三）因征收房屋造成的停产停业损失的补偿。

市、县级人民政府应当制定补助和奖励办法，对被征收人给予补助和奖励。

第十九条 对被征收房屋价值的补偿，不得低于房屋征收决定公告之日被征收房屋类似房地产的市场价格。被征收房屋的价值，由具有相应资质的房地产价格评估机构按照房屋征收评估办法评估确定。

对评估确定的被征收房屋价值有异议的，可以向房地产价格评估机构申请复核评估。对复核结果有异议的，可以向房地产价格评估专家委员会申请鉴定。

房屋征收评估办法由国务院住房城乡建设主管部门制定，制定过程中，应当向社会公开征求意见。

第二十五条 房屋征收部门与被征收人依照本条例的规定，就补偿方式、补偿金额和支付期限、用于产权调换房屋的地点和面积、搬迁费、临时安置费或者周转用房、停产停业损失、搬迁期限、过渡方式和过渡期限等事项，订立补偿协议。

补偿协议订立后，一方当事人不履行补偿协议约定的义务的，另一方当事人可以依法提起诉讼。

第二十六条 房屋征收部门与被征收人在征收补偿方案确定的签约期限内达不成补偿协议，或者被征收房屋所有权人不明确的，由房屋征收部门报请作出房屋征收决定的市、县级人民政府依照本条例的规定，按照征收补偿方案作出补偿决定，并在房屋征收范围内予以公告。

补偿决定应当公平，包括本条例第二十五条第一款规定的有关补偿协议的事项。

被征收人对补偿决定不服的，可以依法申请行政复议，也可以依法提起行政诉讼。

《国有土地上房屋征收评估办法》

第十四条 被征收房屋价值评估应当考虑被征收房屋的区位、用途、建筑结构、新旧程度、建筑面积以及占地面积、土地使用权等影响被征收房屋价值的因素。

被征收房屋室内装饰装修价值，机器设备、物资等搬迁费用，以及停产停业损失等补偿，由征收当事人协商确定；协商不成的，可以委托房地产价格评估机构通过评估确定。

第十五条 房屋征收部门应当对房屋征收范围内房屋的权属、区位、用途、建筑面积等情况组织调查登记，被征收人应当予以配合。调查结果应当在房屋征收范围内向被征收人公布。

女儿代签父亲委托授权书并签订搬迁补偿安置协议书的行为被判无效

——高某诉浙江省杭州市萧山区人民政府某街道办事处、高某1签订的房屋搬迁补偿安置协议无效案

【案号】 浙江省杭州市中级人民法院行政判决书，（2019）浙01行终514号

【核心提示】

基于集体土地上房屋批建的特点，集体土地上的房屋征收补偿一般以户为单位进行补偿安置。由户主代表该户签订补偿安置协议，更有利于保障该户的补偿安置利益；其他成员未经户主同意或者授权，所签订的安置补偿协议无效。

【关键词】

集体土地房屋征收　户主　无效代理　安置补偿协议无效

【案情回顾】

高某系杭州市萧山区某街道建设村村民，其房屋位于庄河街道建设村1组29户。高某与妻子赵某，女儿高某1及其丈夫吴某，高某2、丈夫金某及其儿子金某1共同居住在上述房屋中。上述人员均落户在该房屋中，高某为户主。因地铁1号线停车场项目建设的需要，上述房屋被纳入了征收范围。该项目具体由萧山区人民政府某街道办事处（以下简称某街道办事处）负责实施。因某街道办事处并不承认高某2的女婿金某为安置人口，并不给予外

甥金某1的独生子女双份的安置面积，故高某一家一直未搬迁。2017年11月18日，女儿高某1未经高某同意，擅自与某街道办事处就涉案房屋、附房及附属设施签订一份某街道集体土地房屋搬迁补偿安置协议。该协议对安置面积、安置人口、付款方式、过渡方式等内容进行了约定。协议签订后，高某1分两次领取了协议约定的款项。随后，该房屋被拆除。高某1签订该搬迁补偿安置协议时，并未经高某同意也未经高某授权，鉴于上述事实，高某提起本案诉讼，请求萧山区人民法院确认某街道办事处与高某1签订的某街道集体土地房屋搬迁补偿安置协议无效。

高某1承认与某街道办事处签订协议时还代签了父亲高某的委托授权书，在代签时，还拍摄了照片。上述证据在诉讼中，高某作为证据提交法庭。

【办案结果】

经过审理，杭州市萧山区人民法院作出（2018）浙0109行初27号行政判决书。该判决书以“签约过程存在不规范，但高某1作为家庭成员代表高某户与某街道签订案涉协议，符合当地房屋搬迁补偿安置协议签约工作实践做法，并无不当，且案涉协议系当事人自愿签订，其内容不违反法律、法规、规章的强制性禁止性规定，应属合法有效”为由，判决驳回了高某的诉讼请求。

高某对一审判决不服提起上诉。经过审理，浙江省杭州市中级人民法院于2019年6月26日作出（2019）浙01行终514号行政判决书。杭州市中级人民法院认为：《合同法》（已废止）第四十八条第一款规定，“行为人没有代理权、超越代理权或者代理权终止后以被代理人名义订立的合同，未经被代理人追认，对被代理人不发生效力，由行为人承担责任”。基于集体土地上房屋批建的特点，集体土地上的房屋征收补偿一般以户为单位进行补偿安置，且由户主代表该户签订补偿安置协议，高某1与某街道办事处签订案涉协议，系基于高某的委托。但是，经一审法院委托鉴定，委托书中“高某”的签字并非本人书写。高某1陈述其在与某街道办事处签订协议时一并在委托书上签了“高某”的名字，某街道办事处明知其代签“高某”名字的事实，却对此并未提出反驳意见；而且高某户内人口中包括其他家庭成员，由高某签订该户的补偿安置协议更有利于保障该户的补偿安置利益。基于上述理由，浙江省杭州市中级人民法院撤销杭州市萧山区人民法院作出的（2018）浙0109行初27号行政判决书并确认某街道办事处与高某3签订的某街道集体土地房屋搬迁补偿安置协议无效。

【律师点评】

一、宅基地使用权解析

1. 宅基地使用权以户为单位，所有家庭成员均为权益人

宅基地使用权是指农村村民依法对集体所有的土地享有占有和使用的权利，并依法享有该土地建设住宅及其附属设施的权利。村民取得宅基地，直接目的就是建造住宅。《土地管理法》第六十二条规定，农村村民一户只能拥有一处宅基地，其宅基地的面积不得超过省、自治区、直辖市规定的标准。由此可见，宅基地使用权以户为单位，宅基地使用权成为户内所有人共同的权益。一般情况下，申请宅基地建房时，需要写明家庭现有人口情况，拟申请宅基地的面积就要根据人口情况确定。所以宅基地使用权人并非一个人，而是落户该房且在此居住生活的家庭成员均平等地享有权益。当然，家庭其他成员具备了申请宅基地的条件后可以另行申请宅基地。一般情况下常住人口中已领取结婚证书，确需分户建房的可另行申请宅基地。农村村民建造住宅用地，一般可先向户口所在地的村民委员会或农村集体经济组织提出书面申请。村民委员会或农村集体经济组织讨论通过并予以公布，公布期满无异议的，报经乡镇人民政府审核后，报县级人民政府批准。村民委员会或农村集体经济组织应及时将批准结果向村民张榜公布。

2. 户主代表其他家庭成员行使宅基地权利

宅基地一般由户主申请，所以一般情况下其可作为宅基地使用权人代表，在法定条件允许的情况下，其可以代表其他权益人行使宅基地使用权的权益。如本案中，涉案宅基地房屋上有包括高某、高某1在内的7人居住。涉案房屋被征收后，7人均为被安置人口，均依法享有补偿安置的权利。高某作为户主可以作为家庭成员的代表，代表全体成员行使对房屋的权利，签订补偿安置协议。

3. 宅基地房屋安置补偿协议合法的签订主体

基于宅基地的上述特点，签订宅基地安置补偿协议一般包括如下几种情况：（1）由全体成员共同签订；（2）户主代表全体成员签订；（3）户主出具委托授权书，委托某一成员签订；（4）全体成员委托非户主之外的其他成员签订。上述几种情况下，签订的安置补偿协议不会因为签订主体违法而被认定协议无效。

二、高某1构成无权代理，某街道集体土地房屋搬迁补偿安置协议无效

根据上述案情介绍，高某1并非户主，也未获得全体成员的委托，其当然无权代表该户处分涉案房产。如果户主高某授权高某1签订涉案房屋的补偿安置协议，如果其在授权范围内行事，那么签订的补偿安置协议就是合法有效的。但一审中的鉴定报告及高某1的自认已经证明高某的委托授权书也是高某1自行签订的，并非经过高某的同意。一审法院对上述事实进行了认定。《合同法》（已废止）第四十八条规定，行为人没有代理权、超越代理权或者代理权终止后以被代理人名义订立的合同，未经被代理人追认，对被代理人不发生效力，由行为人承担责任。本案中，高某1非房屋户主，高某委托签订协议的委托授权书也是其高某1自行代签，该行为显然不产生有效代理的法律后果。故涉案的某街道集体土地房屋搬迁补偿安置协议无效。

三、某街道集体土地房屋搬迁补偿安置协议无效对本案安置补偿权利的影响

《合同法》（已废止）规定，无效的合同或者被撤销的合同自始没有法律约束力，合同部分无效，不影响其他部分效力的，其他部分仍然有效。由此可见，被确认无效的合同自始无效。合同自始无效后，因该合同取得的财产，应当予以返还，不能返还或者没有必要返还的，应当折价补偿。本案中，涉案房屋已经被拆除，属于无法返还的情况。那么街道办事处就需要与高某户就涉案房屋的安置补偿问题重新进行协商，由高某或者高某真实委托的人签订安置补偿协议。

【经验提示】

房屋被征收人与征收部门就安置补偿标准协商一致后，就需要签订安置补偿协议。安置补偿协议一般就补偿方式、补偿金额和支付期限、用于产权调换房屋的地点和面积、搬迁费、临时安置费或者周转用房、停产停业损失、搬迁期限、过渡方式和过渡期限等事项进行约定。一般情况下，签订了拆迁安置补偿协议就预示着拆迁工作的基本结束，它是拆迁过程中重要及关键的法律文件，是保证双方权利义务能够实现及落实的主要依据。

基于上述原因，个别征收部门及工作人员为了加快征收进程，利用被征收人内部关系及利益的不统一，采用一些不当甚至违法的手段获得安置补偿协议后将房屋强拆，表面上征收工作完成，但不合法的安置补偿协议往往会埋下法律纠纷的隐患，被征收人与征收部门的纠纷及征收内部成员纠纷比比皆是，浪费及占用了国家大量的司法资源。如本案中，签订主体的不合法导致安置补偿协议无效，房屋被非法拆除，不仅致使被征收人无家可归，也致使征收补偿工作谈判从头开始。

在此，也奉劝广大被征收人，尤其是涉及全体家庭成员的共同利益时，一定要商量一致，达成共同的意愿、一致同意后才能够签订安置补偿协议，千万不可为了某些经济及物质利益伤害父母及兄弟姐妹的亲情。当然，如发现个别家庭成员侵犯了其他人的权益，也需要积极维权，寻求法律的帮助。

【相关规定】

《土地管理法》

第六十二条 农村村民一户只能拥有一处宅基地，其宅基地的面积不得超过省、自治区、直辖市规定的标准。

人均土地少、不能保障一户拥有一处宅基地的地区，县级人民政府在充分尊重农村村民意愿的基础上，可以采取措施，按照省、自治区、直辖市规定的标准保障农村村民实现户有所居。

农村村民建住宅，应当符合乡（镇）土地利用总体规划、村庄规划，不得占用永久基本农田，并尽量使用原有的宅基地和村内空闲地。编制乡

（镇）土地利用总体规划、村庄规划应当统筹并合理安排宅基地用地，改善农村村民居住环境和条件。

农村村民住宅用地，由乡（镇）人民政府审核批准；其中，涉及占用农用地的，依照本法第四十四条的规定办理审批手续。农村村民出卖、出租、赠与住宅后，再申请宅基地的，不予批准。

国家允许进城落户的农村村民依法自愿有偿退出宅基地，鼓励农村集体经济组织及其成员盘活利用闲置宅基地和闲置住宅。

国务院农业农村主管部门负责全国农村宅基地改革和管理有关工作。

《民法典》

第一百五十六条 民事法律行为部分无效，不影响其他部分效力的，其他部分仍然有效。

第一百五十七条 民事法律行为无效、被撤销或者确定不发生效力后，行为人因该行为取得的财产，应当予以返还；不能返还或者没有必要返还的，应当折价补偿。有过错的一方应当赔偿对方由此所受到的损失；各方都有过错的，应当各自承担相应的责任。法律另有规定的，依照其规定。

第一百七十一条 行为人没有代理权、超越代理权或者代理权终止后，仍然实施代理行为，未经被代理人追认的，对被代理人不发生效力。

相对人可以催告被代理人自收到通知之日起三十日内予以追认。被代理人未作表示的，视为拒绝追认。行为人实施的行为被追认前，善意相对人有撤销的权利。撤销应当以通知的方式作出。

行为人实施的行为未被追认的，善意相对人有权请求行为人履行债务或者就其受到的损害请求行为人赔偿。但是，赔偿的范围不得超过被代理人追认时相对人所能获得的利益。

相对人知道或者应当知道行为人无权代理的，相对人和行为人按照各自的过错承担责任。

为拆迁补偿利益以欺骗手段获取印章及授权书私自变更公房承租人的行为被判无效

——杨某诉张某及北京某房屋经营公司签订的公有住宅租赁合同无效案

【案号】 北京市第二中级人民法院民事判决书，(2018) 京02民终12221号

【核心提示】

1. 行为人没有代理权、超越代理权或者代理权终止后以被代理人名义订立的合同，未经被代理人追认，对被代理人不发生效力，由行为人承担责任。

2. 诉讼时效制度的适用对象是请求权。主张民事行为或者合同内容无效，系行使形成权，并不适用诉讼时效制度。

【关键词】

无权代理　追认　请求权　形成权　诉讼时效

【案情回顾】

北京市西城区××302号房屋是北京某房屋经营公司的直管公房，杨某为公房承租人且为本案原告。2016年因西城区菜园街及枣林南里棚户区改造项目，将上述房屋划在征收范围内。张某系杨某的儿媳妇，2016年3月6日及11月29日，张某以公房承租人的身份与西城区人民政府房屋征收办公室签订《西城区菜园街及枣林南里棚户区改造项目房屋征收补偿协议》《西城

区菜园街及枣林南里棚户区改造项目房屋征收补偿补充协议》，房屋征收补偿款300余万元全部由张某领取。

涉案公房的承租人为杨某，为什么到了2016年房屋征收时却是儿媳妇张某签订安置补偿协议并领取补偿款呢？原来1992年，张某以“政府旧房本换新房本”为由骗得杨某的身份证、户口本及人名签章，伪造了杨某的授权委托书独自到北京某房屋经营公司处将房屋的承租人变更为自己并签订宣房白字第62013号北京市公有住宅租赁合同。当时，杨某及丈夫年事已高，无法到北京某房屋经营公司亲自处理，知道张某采用欺骗手段变更承租人后，多次和老伴致信北京某房屋经营公司，声明不同意变更承租人并要求变更北京市公有住宅租赁合同，恢复杨某的承租人身份，均遭到北京某房屋经营公司的拒绝。之后，因为承租人变更问题，杨某与张某的关系更加恶劣，甚至不进行来往。杨某及其丈夫由几个女儿照顾。因恢复杨某承租人的事情未办成，所以本次房屋征收中，张某就以公房承租人的名义与征收部门签订了房屋征收安置补偿协议并领取了补偿款。张某取得补偿款后，并未分配给杨某及杨某的其他子女。杨某其中一个女儿董某的户口在该房屋内且董某一直在此居住，同时其名下无房，杨某希望能够给董某一部分征收款。家庭内部协商此事时，张某不同意。于是董某以公房同住人的名义提起诉讼，要求确认张某签订的上述协议无效。在该诉讼过程中，西城区人民政府房屋征收办公室提交了涉案的公房租赁合同用以证明张某是合法的被征收人，其有权签订涉案的房屋征收补偿协议。于是，杨某将张某诉至北京市西城区人民法院，要求法院确认张某与北京某房屋经营公司签订的宣房白字第62013号北京市公有住宅租赁合同无效。

【办案结果】

经过审理，2017年11月2日，北京市西城区人民法院作出（2017）京0102民初23230号民事判决书，以张某构成无效代理为由确认张某与北京某房屋经营公司签订的关于北京市西城区××302号房屋的北京市公有住宅租赁合同无效。

西城区人民法院作出上述判决后，张某不服向北京市第二中级人民法院上诉。2018 年 3 月 27 日，北京市第二中级人民法院作出（2018）京 02 民终 1126 号民事判决书，以“一审判决认定事实不清为由，撤销北京市西城区人民法院（2017）京 0102 民初 23230 号民事判决，发回北京市西城区人民法院重审”。

北京市西城区人民法院再次开庭审理本案，2018 年 9 月 5 日北京市西城区人民法院作出（2018）京 0102 民初 18847 号民事判决书，再次确认北京市公有住宅租赁合同无效。张某仍不服再次上诉，2018 年 12 月 3 日，北京市第二中级人民法院作出（2018）京 02 民终 12221 号民事判决书，判决张某的上诉请求不能成立，应予驳回；一审判决认定事实清楚，适用法律正确，应予维持。判决驳回上诉，维持原判。

【律师点评】

本案虽然经过一波三折，最终法院还是确认北京市公有住宅租赁合同无效，杨某及其女儿的合法权利，当然也包括征收安置补偿利益得到了维护。

本案中，张某系杨某的儿媳妇，2016 年 3 月 6 日及 11 月 29 日，张某与西城区人民政府房屋征收办公室签订《西城区菜园街及枣林南里棚户区改造项目房屋征收补偿协议》《西城区菜园街及枣林南里棚户区改造项目房屋征收补偿补充协议》，房屋征收补偿款 300 余万元全部由张某领取。案外人杨某的女儿提起诉讼，要求确认张某签订的上述协议无效。在该案的诉讼过程中，西城区人民政府房屋征收办公室提交了涉案的公房租赁合同用以证明张某是合法的被征收人，有权签订涉案的房屋征收补偿协议。北京市住房和城乡建设委员会作出的《关于国有土地上房屋征收与补偿中有关事项的通知》第二条公房征收补偿第（五）款规定，公房承租人愿意按照房改政策购买所承租公房的，应当在房屋征收决定公告发布之日起 20 日内购买，房屋所有权人应当配合做好售房工作。购房后公房承租人作为被征收人与区、县房屋征收部门签订补偿协议。由此可见，要维护杨某及直系亲属的拆迁安置补偿利益，就必须将杨某的房屋承租人及房屋征收人的身份撤销，根据法律规定重新确认房屋征收人，由新确定的房屋征收人确认房屋征收补偿协议确定的安置补偿利益。所以，涉案的公房租赁合同被法院确认无效，实际上就否认了张某的合法承租人身份，其就无权购买涉案公房及以被征收人的身份签订安置补偿协议并获得安置补偿款。涉案的诉讼起到了拨乱反正，让法律关系及相关权利重回正轨的重要作用，有力地维护了杨某的合法权利。

【经验提示】

房屋征收是数个行政程序结合的过程，数个行政程序既相互独立又有机联系，所有程序缺一不可，任何一个法律程序违法或者缺位都会影响征收的合法性，影响征收当事人及参与人的权利。如本案中，因张某通过非法手段取得征收公房承租人身份，继而取得购买公房的资格，随之成为房屋被征收人取得安置补偿利益，作为合法征收人的杨某及其子女就丧失了参与房屋征收及获取安置补偿利益的权利，一个变更公房承租人的法律行为侵犯了数人的合法权益。所以，房屋征收维权的每一个细节都决定着结果及权利的实现，有一个环节出了差错有可能就全盘皆输。因为本案的诉讼直接关系杨某、张某的重大权利，故人民法院在审理过程中极其谨慎，故才出现因事实查明不清而发回重审的情况。在此过程中，需要当事人的坚持，如其遇到困难就轻言放弃就难以取得胜诉的好结果。

【相关规定】

《民法典》

第一百六十一条　民事主体可以通过代理人实施民事法律行为。

依照法律规定、当事人约定或者民事法律行为的性质，应当由本人亲自实施的民事法律行为，不得代理。

第一百六十二条　代理人在代理权限内，以被代理人名义实施的民事法律行为，对被代理人发生效力。

第一百六十三条　代理包括委托代理和法定代理。

委托代理人按照被代理人的委托行使代理权。法定代理人依照法律的规定行使代理权。

第一百七十一条　行为人没有代理权、超越代理权或者代理权终止后，仍然实施代理行为，未经被代理人追认的，对被代理人不发生效力。

相对人可以催告被代理人自收到通知之日起三十日内予以追认。被代理人未作表示的，视为拒绝追认。行为人实施的行为被追认前，善意相对人有撤销的权利。撤销应当以通知的方式作出。

行为人实施的行为未被追认的，善意相对人有权请求行为人履行债务或者就其受到的损害请求行为人赔偿。但是，赔偿的范围不得超过被代理人追认时相对人所能获得的利益。

相对人知道或者应当知道行为人无权代理的，相对人和行为人按照各自的过错承担责任。

第一百八十八条 向人民法院请求保护民事权利的诉讼时效期间为三年。法律另有规定的，依照其规定。

诉讼时效期间自权利人知道或者应当知道权利受到损害以及义务人之日起计算。法律另有规定的，依照其规定。但是，自权利受到损害之日起超过二十年的，人民法院不予保护，有特殊情况的，人民法院可以根据权利人的申请决定延长。

第一百九十六条 下列请求权不适用诉讼时效的规定：

（一）请求停止侵害、排除妨碍、消除危险；

（二）不动产物权和登记的动产物权的权利人请求返还财产；

（三）请求支付抚养费、赡养费或者扶养费；

（四）依法不适用诉讼时效的其他请求权。

《北京市住房和城乡建设委员会关于国有土地上房屋征收与补偿中有关事项的通知》

二、公房的征收补偿

……

（四）征收自管公房或者收回直管公房使用权的，自房屋征收决定发布之日起，房屋所有权人与公房承租人的公房租赁关系自动终止。

（五）公房承租人愿意按照房改政策购买所承租公房的，应当在房屋征收决定公告发布之日起20日内购买，房屋所有权人应当配合做好售房工作。购房后公房承租人作为被征收人与区、县房屋征收部门签订补偿协议。

不得对缺乏征收必要性的公共利益项目实施强制征收

——董某等 148 户诉江苏省某市人民政府房屋征收案

【案号】 江苏省宿迁市中级人民法院行政判决书，（2015）宿中行初字第 00118 号

【核心提示】

建设项目的公共利益属性和现实必要性（无可替代性，或社会成本最小化）构成了国家启动国有土地上房屋强制征收程序的充要条件，两者缺一不可。实践中，往往只强调项目的公共利益属性，而忽视了必要性，此种情形下，强制征收的理由虽然充分，但不必要。简言之，“无公益不强征，非必要不强征”。

【关键词】

地铁站建设　公共利益　必要性原则　不得强制征收

【案情回顾】

2014 年 10 月 6 日，江苏省某市泉山区人民政府（以下简称泉山区政府）以修建地铁韩山站项目为由，作出徐泉征字［2014］第 9 号房屋征收决定，实施城市轻轨一号线韩山商业街站项目（以下简称韩山地铁站）房屋征收，将董某等 148 户（被代理人）位于该国有土地上的房屋纳入征收范围。董某等 148

户对此不服，于是向某市人民政府提起行政复议，请求撤销房屋征收决定。

2015年3月27日，某市人民政府作出徐行复［2014］第266、267、268、272号行政复议决定书，维持泉山区政府作出的房屋征收决定。董某等148户不服复议结果，将某市人民政府和泉山区政府作为共同被告，向某市中级人民法院提起行政诉讼，请求撤销前述复议决定和房屋征收决定。江苏省某市中级人民法院受理此案后，报请江苏省高级人民法院指定管辖。2015年9月9日，江苏省高级人民法院作出（2015）苏行他字第00006号行政裁决书，裁定该案由江苏省宿迁市中级人民法院审理。

【办案结果】

2016年2月20日，即在宿迁市中级人民法院的审理过程中，泉山区政府作出（2016）第1号《某市泉山区人民政府关于撤销〈某市泉山区人民政府房屋征收决定书〉（徐泉征字［2014］9号）的决定书》，自行撤销了其作出的房屋征收决定。

鉴于房屋征收决定已经被泉山区政府自行撤销，已无可撤销内容，但原告（董某等148户）不同意撤诉，故江苏省宿迁市中级人民法院在审理后，于2016年5月17日，作出（2015）宿中行初字第00118号行政判决书，判决“确认被告某市泉山区人民政府作出的徐泉征字［2014］9号房屋征收决定违法”。双方收到判决书后，均未提起上诉。

【律师点评】

本案被律师行业评为2016年全国征地拆迁领域十大典型案例之一，2019年入选北京律师制度恢复重建四十年成果展。作为典型案例，其典型意义在于“政府在实施国有土地上房屋征收工作中，即便建设项目属于公共利益范畴，如果对房屋缺乏征收必要性的，也不能强制征收”。在房屋征收决定纠纷中，争议焦点通常是建设项目是否属于公共利益，并以此判断征收决定是否合法有效。本案与之不同的是被征收人对建设项目的公益属性不持异议，即认可地铁及站台建设项目属于公共利益，但认为他们的房屋还没有到非征不可的地步，没有达到《国有土地上房屋征收与补偿条例》第八条所规定的

“确需征收”的条件，因此，认为房屋征收决定不合法。

判断房屋征收决定是否合法，不仅要看作出征收决定的程序是否合法，还要审查其实体内容是否符合法律规定。《国有土地上房屋征收与补偿条例》取代《城市房屋拆迁管理条例》（已废止）的最大亮点之一就是《国有土地上房屋征收与补偿条例》规定非因公共利益不能强制征收，即只有出于公共利益的需要才能对国有土地上房屋实施强制征收，从而将以前为商业性开发而实施的强拆行为排除在国家强制征收范围之外。这在《国有土地上房屋征收与补偿条例》第八条中得以体现，该条规定，“为了保障国家安全、促进国民经济和社会发展等公共利益的需要，有下列情形之一，确需征收房屋的，由市、县级人民政府作出房屋征收决定”，该条规定对公共利益作了列举加概括式的规定，实践中应严格按照此规定认定国有土地上房屋征收中公共利益的范围，且对该规定的兜底条款不得作扩张性解释。值得注意的是，即便属于公共利益项目，也要具备“确需征收房屋的”这一条件。建设项目的公共利益属性和现实必要性（无可替代性，或社会成本最小化）构成了国家启动国有土地上房屋强制征收程序的充要条件，两者缺一不可。之所以对强制征收国有土地上房屋设立严苛的征收条件，是为了防止行政强制权被滥用，防止用少拆多，浪费资源。财产征收、征用诉讼案件往往案情比较复杂，社会关注度高，牵涉国家、社会多方利益和国家相关政策问题，如果处理不当，容易酿成群体性事件，甚至酿成恶性刑事案件。因此，对于以公共利益为名的征收行为必须采取较高的司法审查强度，以防利益驱动下的公权力滥用公共利益概念，无限侵害被征收人的合法权益。

案例中的房屋征收决定所涉城市轻轨一号线及韩山地铁站项目，显然符合《国有土地上房屋征收与补偿条例》第八条第（二）项规定的公共利益情形之一，即由政府组织实施的能源、交通、水利等基础设施建设，但是并非涉及此类公共利益项目建设而作出的房屋征收决定都具有合法性，因为，我们还需要考量实施征收行为的必要性——“确需征收房屋的”。项目的公共利益性和征收的必要性是对国有土地上房屋强制征收的前提条件，两者不可或缺。实践中，往往只强调项目的公共利益属性，而忽视了必要性。

行政强制征收的必要性源于行政行为合法性原则中的比例原则。该原则从行政行为的影响程度上对其进行了规范，即便国家措施干预相对人的自由系实现公共利益所不可或缺的，那么这种干预也应当是最低限度的。必要性原则又被称作最少侵害原则、不可代替性原则、最温和方式原则，具体指存在多种手段可以达到同一正当目的时，行政机关应当采用能够使相对人的损害保持在最小范围内的手段，又或者所选择的手段是别无选择的选择。换句话说，行政行为在面临多项选择时，必须选择侵害最小的手段为之。举例来说，为防止危旧房造成不可预期的公共危险，行政机关至少可以有两种选择：行使行政权对危旧房实施拆除或对危旧房进行修缮。在这两种手段都可以实现预防危旧房倒塌危险的目的时，无疑修缮方式的损害低于拆除的损害，那么行政机关应当选择修缮，而非拆除，否则即违背了必要性原则。但是，如果危旧房的危险程度使其只有拆除一种情形可以避免危险发生时，对危旧房实施拆除的行政行为则是合法的，因为此时的拆除行为是必要且适当的。

正是由于必要性底线的存在，我们更应该严格按照《国有土地上房屋征收与补偿条例》第八条规定认定国有土地上房屋征收中公共利益的范围，且对该条兜底条款不得作出扩张性解释。国有土地房屋征收应当合理、有效地使用社会公共资源，且确实需要实施征收，如果不征收，项目建设则无法正常进行，或者建设行为或建成后的项目会影响征收范围内房屋的正常使用及安全。然而在项目实施或建成前，这样的影响往往尚未发生，征收的必要性也就无法显现出来。就个案而言，需要借助征收项目的整体资料加以综合判断。以本案为例，如果单从《房屋征收决定》中涉及地铁站和轨道交通项目的自身性质来看，其作为公共利益项目是毋庸置疑的，因为，其属于《国有土地上房屋征收与补偿条例》第八条所列举的交通基础设施建设这一类公共利益的情形，此类项目建设需要占用国有土地的，可以对相应宗地范围内的房屋实施征收。但是能否强制征收，还要看是否必须要征收。虽然韩山地铁站属于城市轻轨一号线建设项目的配套工程，是其中不可或缺的组成部分，但董某等 148 户所在小区地块未必就属于地铁站建设不可或缺的、必须要占用的土地。对此，可以通过假设法，对征收行为的必要性加以甄别和判断，假如不对董某等 148 户所在小区的房屋实施征收并拆除，地铁站项目能否正常进行施工，或者项目施工会不会影响这些房屋的正常使用，甚至会使其成为危房，危及公众人身和财产安全？如果不能完成施工建设，或影响房屋正常使用、安全，或危及公众安全，那么，就具备强制征收的必要性；反之，征收的必要性则不具备。为了证明对董某等 148 户的房屋实施征收缺乏必要性，笔者从以下几个方面进行了阐述。

1. 从工程规划和设计图等入手，通过比较某市中级人民法院、某医院以及董某等 148 户的房屋所在小区与韩山地铁站之间的距离后，指出法院和医院与该地铁站的距离比董某等 148 户小区到地铁站的距离更近。如果该地铁站项目建设与周边土地及地上建筑物之间存在相互影响的话，距离越近，影响越大，房屋被征收拆除的必要性就越大。事实上，距离地铁站更近的医院和法院的建筑设施都没有被纳入征收范围。征收单位泉山区政府这种舍近求远的做法，一是说明此次征收是选择性执法，即有选择地圈定征收搬迁范围；二是说明不征收董某等 148 户的房屋不会影响地铁站和轨道建设，地铁站和轨道建设也不会影响房屋质量和公众安全。所以，无需对董某等 148 户的房屋实施征收。

2. 从国内通用的施工技术着眼，强调盾构掘进施工技术非常成熟，隧道从高楼大厦的地下穿越时，通常不会破坏地上建筑物。更何况，案涉房屋距离该地铁站出口约有 500 米远，所以，施工行为不会损坏案涉房屋。

3. 列举全国各地地铁修建实例，许多地铁站出口距离周边居民楼不足百米，如北京地铁十号线的团结湖站 C 出口。

可见，泉山区政府对董某等 148 户的房屋实施征收的理由充分，但不必要，作出的房屋征收决定没有同时具备《国有土地上房屋征收与补偿条例》第八条所要求的“项目公共利益性”和“现实必要性”的征收前提条件。所以，尽管轨道交通及韩山地铁站属于公共利益项目，但依法仍不得强制征收。因此，房屋征收决定不合法。

总之，“无公益不强征，非必要不强征”，不能让公共利益成为强制征收的“大箩筐”，防止借公共利益之名，行商业开发之实。

【经验提示】

我们在判断能否对国有土地上房屋实施强制征收时，不能仅因为拟建项目属于公共利益，就简单地认为当然可以强制征收，因为，根据《国有土地上房屋征收与补偿条例》第八条的规定，除拟建项目具有公共利益属性这个前提条件外，还应当同时具备必要性条件。唯有两者同时兼具，才构成强制征收的充分必要条件，才能启动强制征收程序。《国有土地上房屋征收与补偿条例》对公共利益范畴的列举式说明，直观明了，易于判断，相形之下，必要性原则就显得极为隐蔽，难以甄别。对此，不妨通过假设法、对比法、类比法等方法，来判断该公共利益征收是否具备必要性，能否达到《国有土地上房屋征收与补偿条例》所要求的“确需征收房屋的”条件。特别是作为征收主体的行政机关在实施房屋征收，作出征收决定时，不仅要严格把控项目公共利益属性，还要严格控制征收搬迁范围和规模；否则，超出必要限度实施的征收行为，既会造成不必要的资源浪费，也会因违反法律规定而被判定违法或撤销。

【相关规定】

《国有土地上房屋征收与补偿条例》

第八条 为了保障国家安全、促进国民经济和社会发展等公共利益的需要，有下列情形之一，确需征收房屋的，由市、县级人民政府作出房屋征收决定：

（一）国防和外交的需要；

（二）由政府组织实施的能源、交通、水利等基础设施建设的需要；

（三）由政府组织实施的科技、教育、文化、卫生、体育、环境和资源保护、防灾减灾、文物保护、社会福利、市政公用等公共事业的需要；

（四）由政府组织实施的保障性安居工程建设的需要；

（五）由政府依照城乡规划法有关规定组织实施的对危房集中、基础设施落后等地段进行旧城区改建的需要；

（六）法律、行政法规规定的其他公共利益的需要。

已转为国有土地的“城中村”房屋不能以“宅基地”的价值作为房屋补偿依据

——孙某诉安徽省淮北市某区人民政府征收决定违法案

【案号】 安徽省高级人民法院行政判决书，(2019) 皖行终1014号

【核心提示】

对国有土地上房屋进行征收，征收的标的应当是房屋，补偿标准应当依据《国有土地上房屋征收与补偿条例》第十九条的规定，对被征收房屋的价值进行补偿，补偿的标准为不低于周边类似房屋的市场价；不能以所谓的“城中村”为由，随意地降低补偿标准，更不能脱离被征收的房屋，而以宅基地的面积作为补偿的依据。

【关键词】

征收决定　征收补偿决定　补偿标准　房屋价值　“城中村”

【案情回顾】

孙某是安徽省淮北市某区园林社区的居民，自有房屋600余平方米，孙某自20世纪80年代起一直在此居住。2016年，因淮北市某区棚户区改造需要，淮北市某区人民政府作出相政［2016］11号《关于园林社区二期棚户区改造项目房屋征收的决定》，并附《园林社区二期棚户区改造项目房屋征收补偿方案》，将孙某的房屋划入征收范围，并于2017年1月对上述房屋的征收决定及补偿方案在征收范围内予以公告。

2018年5月，因对房屋补偿安置问题没有达成一致，淮北市某区人民政

府向孙某作出相政［2018］87号房屋征收补偿决定书，在该补偿决定书中，货币补偿金额并没有按照孙某房屋的面积进行计算，而是以宅基地的面积进行计算；对购房券补偿金额的计算方式亦是如此；如果按照该补偿决定执行的话，孙某能置换安置房的面积仅有285平方米。

孙某对此补偿决定不服，委托律师将淮北市某区人民政府作为被告，诉至淮北市中级人民法院。

淮北市中级人民法院审理后，作出（2019）皖06行初13号行政判决书，认为某区人民政府认定购房券金额部分存在主要证据不足及违反法定程序的情形，故只判决撤销被告淮北市某区人民政府作出的相政［2018］87号房屋征收补偿决定书第二条中关于购房券补偿方式部分的补偿内容。孙某及淮北市某区人民政府均不服一审判决，分别上诉至安徽省高级人民法院。

安徽省高级人民法院经审理后认为，淮北市某区人民政府按照国有土地上房屋征收的程序对涉案房屋实施征收，又以宅基地为基础确定涉案房屋的补偿，明显不当。淮北市某区人民政府作出的相政［2018］87号房屋征收补偿决定书，认定事实不清，适用法律错误。一审判决认定事实清楚，但适用法律错误。上诉人孙某的上诉理由部分成立予以支持；上诉人淮北市某区人民政府的上诉理由不能成立不予支持。

【办案结果】

安徽省高级人民法院作出（2019）皖行终1014号行政判决书，判决如下：

1. 撤销安徽省淮北市中级人民法院（2019）皖06行初13号行政判决书；

2. 撤销淮北市某区人民政府2018年5月30日作出的相政［2018］87号房屋征收补偿决定书（支持了上诉人的一审全部诉讼请求）；

3. 责令淮北市某区人民政府在查清孙某房屋所占土地性质后重新对孙某作出补偿安置。

【律师点评】

对于房屋征收，首先要区分房屋所在土地的性质，分别为国有土地上房屋征收与集体土地上房屋征收；国有土地上房屋与集体土地上房屋的征收分别适用不同的法律规定及不同的法律程序；对于国有土地上房屋征收，要依据《国有土地上房屋征收与补偿条例》规定的程序及标准实施，对于集体土地上房屋征收，则适用《土地管理法》及《土地管理法实施条例》规定的程序及标准，二者不能交叉和混同。

一、依土地的性质及所有权人不同，分为国有土地和集体土地

根据《宪法》第十条、《土地管理法》第九条的规定，国有土地为国家所有土地，即全民所有土地，主要包括：城市市区的土地；农村和城市郊区中已经依法没收、征收、征购为国有的土地；国家依法征收的土地；依法不属于集体所有的林地、草地、荒地、滩涂及其他土地；农村集体经济组织全部成员转为城镇居民的，原属于其成员集体所有的土地；由于国家组织移民、自然灾害等原因，农民成建制地集体迁移后不再使用的原属于迁移农民集体所有的土地。集体土地为农民集体所有的土地，由村集体经济组织或者村民委员会经营、管理。一般包括：除由法律规定属于国家所有的以外的农村和城市郊区的土地；宅基地和自留地、自留山。

二、依国有土地与集体土地性质不同，因此实施征收所依据法律规定不同

对于国有土地上房屋进行征收，是根据《国有土地上房屋征收与补偿条例》第一条、第二条的规定，为了规范国有土地上房屋征收与补偿活动，因公共利益需要，征收国有土地上单位、个人的房屋，对被征收房屋所有权人给予公平补偿，以保障被征收房屋所有权人的合法权益。只有被征收的房屋所在土地为国有土地，才适用《国有土地上房屋征收与补偿条例》规定的程序及标准。

对于集体土地上房屋进行征收，则适用《土地管理法》及《土地管理法实施条例》的规定。

三、批准征收的主体及程序不同

对于国有土地上房屋进行征收，是根据《国有土地上房屋征收与补偿条例》第四条、第五条、第八条的规定，因公共利益需要确需征收房屋的，由市、县级人民政府作出房屋征收决定；市、县级人民政府确定的房屋征收部门组织实施本行政区域的房屋征收与补偿工作；房屋征收部门可以委托房屋征收实施单位，承担房屋征收与补偿的具体工作，但房屋征收实施单位不得以营利为目的。

对于集体土地进行征收，是依据《土地管理法》第四十六条、第四十七的规定，被征收土地的性质及面积不同，征收的主体也存在不同。对于永久基本农田、永久基本农田以外的耕地超过35公顷的及其他土地超过70公顷的，须由国务院批准才能进行征收；征收除前述规定以外的土地，由省、自治区、直辖市人民政府批准。国家征收土地的，依照法定程序批准后，由县级以上地方人民政府予以公告并组织实施。

由此可以看出，对国有土地上房屋实施征收的征收主体为市、县级人民政府，市、县级人民政府作出房屋征收决定，并由房屋征收部门及征收实施单位相互配合实施征收；集体土地征收过程中，县级以上地方人民政府的工作是对批准征收的土地予以公告并组织实施，并无批准征收的权力，批准征收集体土地至少要是省级政府，个别情况甚至需要国务院进行批准征收。

四、补偿的范围及标准不同

国有土地上房屋的补偿标准，是根据《国有土地上房屋征收与补偿条例》第十七条、第十九条的规定，补偿的项目包括被征收房屋价值的补偿，因征收房屋造成的搬迁、临时安置的补偿，因征收房屋造成的停产停业损失的补偿。其中，对被征收房屋价值的补偿，不得低于房屋征收决定公告之日被征收房屋类似房地产的市场价格。被征收房屋的价值，由具有相应资质的房地产价格评估机构按照房屋征收评估办法评估确定。

集体土地的征收补偿范围及标准是根据《土地管理法》第四十八条的规定，补偿的范围包括土地补偿费、安置补助费以及农村村民住宅、其他地上附着物和青苗等的补偿费用，并安排被征地农民的社会保障费用。其中征收农用地的土地补偿费、安置补助费标准由省、自治区、直辖市通过制定公布区片综合地价确定。制定区片综合地价应当综合考虑土地原用途、土地资源条件、土地产值、土地区位、土地供求关系、人口以及经济社会发展水平等因素，并至少每三年调整或者重新公布一次。征收农用地以外的其他土地、地上附着物和青苗等的补偿标准，由省、自治区、直辖市制定。对其中的农村村民住宅，应当按照先补偿后搬迁、居住条件有改善的原则，尊重农村村民意愿，采取重新安排宅基地建房、提供安置房或者货币补偿等方式给予公平、合理的补偿，并对因征收造成的搬迁、临时安置等费用予以补偿，保障农村村民居住的权利和合法的住房财产权益，以保障被征地农民原有生活水平不降低、长远生计有保障。

由此可以看出，国有土地上房屋征收补偿的基础是房屋，补偿价格是不低于类似房屋的市场价格，以保证被征收所得补偿在市场上能够买到区位、面积、用途、结构相当的房屋；其实，这也是确定房屋价值补偿的最低标准，这一标准确定的目的是保证房屋被征收群众的居住条件有改善，生活水平不降低。集体土地房屋征收过程中，房屋是按附属物进行的补偿，在征收过程中应当尊重村民意愿，可以采取重新安排宅基地建房、提供安置房或者货币补偿等方式进行补偿。虽然二者补偿的方式有所不同，但补偿的精神均为保障被征收人的原有生活水平不降低，这也是安置补偿的最低标准。

五、在法定期限内达不成协议的处理方式不同

国有土地上房屋在征收过程中，房屋征收部门与被征收人在征收补偿方案确定的签约期限内达不成补偿协议，应当根据《国有土地上房屋征收与补偿条例》第二十六条、第二十八条的规定，由房屋征收部门报请作出房屋征收决定的市、县级人民政府依照本条例的规定，按照征收补偿方案作出补偿决定，并在房屋征收范围内予以公告；被征收人在法定期限内不申请行政复议或者不提起行政诉讼，在补偿决定规定的期限内又不搬迁的，由作出房屋征收决定的市、县级人民政府依法申请人民法院强制执行。

集体土地上房屋征收中，如果对补偿不能协商一致的，则需要根据《土地管理法》第八十一条的规定，依法收回国有土地使用权当事人拒不交出土地的，由县级以上人民政府自然资源主管部门责令交还土地，处以罚款。

由此看出国有土地上房屋征收中，就补偿达不成一致的，由作出房屋征收决定的市、县级人民政府作出征收补偿决定，并可以申请人民法院强制执行；集体土地征收过程中，则需由县级以上人民政府自然资源主管部门责令交还土地；虽然该部分内容存在行政强制的情形，但也给予了被征收人合法的救济途径，被征收人可以在法定期限内依法提起行政复议或者行政诉讼，以保证自身的合法权益不受损害。

具体到本案，淮北市某区人民政府作出的相政［2016］11 号《关于园林社区二期棚户区改造项目房屋征收的决定》，系依据《国有土地上房屋征收与补偿条例》的规定对园林社区二期棚户区范围内的房屋及其附属物实施征收，其补偿决定亦是根据《国有土地上房屋征收与补偿条例》的规定作出。另外，《国有土地上房屋征收与补偿条例》第十七条、第十九条还规定对国有土地上的房屋进行征收，应当就被征收房屋的价值对被征收人给予补偿，并由房地产价格评估机构进行评估；即房地产价格评估机构评估的亦应是被征收房屋的价值。但本案中，房地产价格评估机构出具的评估报告评估的是孙某的宅基地的价格，而非房屋的市场价值，孙某的房屋只是按附属物进行了评估；被诉征收补偿决定确定的“购房券”的计算基础也是孙某的宅基地面积。因此，对孙某的房屋进行征收，不仅应当按照《国有土地上房屋征收与补偿条例》规定的程序实施征收，也应当按照《国有土地上房屋征收与补偿条例》的相关规定确定补偿标准并进行补偿，现被诉征收补偿决定以宅基地面积为基础确定孙某的补偿内容显然存在前提与结论相矛盾的问题，系缺乏事实根据。

若根据本案中房屋征收补偿决定，以宅基地面积为基础确定补偿内容，则涉案房屋应认定为集体土地上的房屋。若按集体土地上房屋的程序进行征收，则不应由淮北市某区人民政府作出国有土地上房屋征收补偿决定，而应由自然资源部门通过责令交地的程序收回土地。若孙某涉案房屋系集体土地上房屋，则某区人民政府应当根据《土地管理法》及《土地管理法实施条例》规定的标准确定补偿安置的具体内容，在进行补偿安置时，也需要综合考虑宅基地面积、房屋面积、在册人口等实际情况。

综上，根据《国有土地上房屋征收与补偿条例》和《土地管理法》的规定，国有土地上房屋与集体土地上房屋的征收分别适用不同的法律程序，二者的征收、补偿不能交叉、混同。本案中，就因某区人民政府向孙某作出补偿决定时是按照《国有土地上房屋征收与补偿条例》的程序作出，补偿决定中，补偿的部分却没有按照《国有土地上房屋征收与补偿条例》规定的按照周边类似房屋的市场价对房屋进行作价补偿，而是对宅基地本身进行作价补偿，因此其所作出的补偿决定最终被法院依法撤销。

【经验提示】

“城中村”改造是近年来拆迁过程中经常出现的字眼；“城中村”是农村村落在城市高速发展进程中，农民转为居民后仍在原村落居住而演变成的居民区，亦称为“都市里的村庄”。简单来说，“城中村”是大力发展经济后的遗留问题，是城市的一块“夹缝地”。“城中村”改造是大势所趋，但征收方却经常以“城中村”名义压低被拆迁人的补偿，降低被拆迁人的生活质量，损害被拆迁人的合法利益。

“城中村”房屋在征收过程中，被征收人最关心的往往还是自己究竟能够得到多少补偿的问题。当地部门在发布征收公告之后，征收方会挨家挨户地同被拆迁人进行协商，让被拆迁人在协议上签字，这时征收方只会让被拆迁人知道一个大概的补偿数额，但是具体补偿的标准及依据被拆迁人并不清楚。实际上，对于征收补偿安置，被拆迁人要先知道自己房屋所在土地是国有土地还是集体土地，土地性质的不同，补偿的依据及标准也不相同。

对于国有土地上房屋征收，应当根据《国有土地上房屋征收与补偿条例》第十七条、第十九条的规定，给予被征收房屋价值的补偿，不能够比房屋征收决定公告发布的那天被征收房屋类似房地产的市场价格更低，需要通过具有相应资质的房地产价格评估机构根据房屋征收评估办法对被征收房屋的价值进行评估确定。

很多人认为集体土地征收的标准一定就低，其实这种观点也不正确。对于集体土地上房屋征收，应依据《土地管理法》第四十八的规定，应当给予公平、合理的补偿，保障被征地农民原有生活水平不降低、长远生计有保障。对其中的农村村民的住宅，应当按照先补偿后搬迁、居住条件有改善的原则，尊重农村村民意愿，采取重新安排宅基地建房、提供安置房或者货币补偿等方式给予公平、合理的补偿，并对因征收造成的搬迁、临时安置等费用予以补偿，以保障农村村民居住的权利和合法的住房财产权益。

【相关规定】

《宪法》

第十条 城市的土地属于国家所有。

农村和城市郊区的土地，除由法律规定属于国家所有的以外，属于集体所有；宅基地和自留地、自留山，也属于集体所有。

国家为了公共利益的需要，可以依照法律规定对土地实行征收或者征用并给予补偿。

任何组织或者个人不得侵占、买卖或者以其他形式非法转让土地。土地的使用权可以依照法律的规定转让。

一切使用土地的组织和个人必须合理地利用土地。

《国有土地上房屋征收与补偿条例》

第一条 为了规范国有土地上房屋征收与补偿活动，维护公共利益，保障被征收房屋所有权人的合法权益，制定本条例。

第二条 为了公共利益的需要，征收国有土地上单位、个人的房屋，应当对被征收房屋所有权人（以下称被征收人）给予公平补偿。

第四条 市、县级人民政府负责本行政区域的房屋征收与补偿工作。

市、县级人民政府确定的房屋征收部门（以下称房屋征收部门）组织实施本行政区域的房屋征收与补偿工作。

市、县级人民政府有关部门应当依照本条例的规定和本级人民政府规定的职责分工，互相配合，保障房屋征收与补偿工作的顺利进行。

第五条 房屋征收部门可以委托房屋征收实施单位，承担房屋征收与补偿的具体工作。房屋征收实施单位不得以营利为目的。

房屋征收部门对房屋征收实施单位在委托范围内实施的房屋征收与补偿行为负责监督，并对其行为后果承担法律责任。

第八条 为了保障国家安全、促进国民经济和社会发展等公共利益的需要，有下列情形之一，确需征收房屋的，由市、县级人民政府作出房屋征收决定：

（一）国防和外交的需要；

（二）由政府组织实施的能源、交通、水利等基础设施建设的需要；

（三）由政府组织实施的科技、教育、文化、卫生、体育、环境和资源保护、防灾减灾、文物保护、社会福利、市政公用等公共事业的需要；

（四）由政府组织实施的保障性安居工程建设的需要；

（五）由政府依照城乡规划法有关规定组织实施的对危房集中、基础设施落后等地段进行旧城区改建的需要；

（六）法律、行政法规规定的其他公共利益的需要。

第十七条 作出房屋征收决定的市、县级人民政府对被征收人给予的补偿包括：

（一）被征收房屋价值的补偿；

（二）因征收房屋造成的搬迁、临时安置的补偿；

（三）因征收房屋造成的停产停业损失的补偿。

市、县级人民政府应当制定补助和奖励办法，对被征收人给予补助和奖励。

第十九条 对被征收房屋价值的补偿，不得低于房屋征收决定公告之日被征收房屋类似房地产的市场价格。被征收房屋的价值，由具有相应资质的房地产价格评估机构按照房屋征收评估办法评估确定。

……

第二十条 房地产价格评估机构由被征收人协商选定；协商不成的，通过多数决定、随机选定等方式确定，具体办法由省、自治区、直辖市制定。

房地产价格评估机构应当独立、客观、公正地开展房屋征收评估工作，任何单位和个人不得干预。

第二十六条 房屋征收部门与被征收人在征收补偿方案确定的签约期限内达不成补偿协议，或者被征收房屋所有权人不明确的，由房屋征收部门报请作出房屋征收决定的市、县级人民政府依照本条例的规定，按照征收补偿方案作出补偿决定，并在房屋征收范围内予以公告。

补偿决定应当公平，包括本条例第二十五条第一款规定的有关补偿协议的事项。

被征收人对补偿决定不服的，可以依法申请行政复议，也可以依法提起行政诉讼。

第二十八条 被征收人在法定期限内不申请行政复议或者不提起行政诉讼，在补偿决定规定的期限内又不搬迁的，由作出房屋征收决定的市、县级人民政府依法申请人民法院强制执行。

强制执行申请书应当附具补偿金额和专户存储账号、产权调换房屋和周转用房的地点和面积等材料。

《土地管理法》

第四十六条 征收下列土地的，由国务院批准：

（一）永久基本农田；

（二）永久基本农田以外的耕地超过三十五公顷的；

（三）其他土地超过七十公顷的。

征收前款规定以外的土地的，由省、自治区、直辖市人民政府批准。

征收农用地的，应当依照本法第四十四条的规定先行办理农用地转用审批。其中，经国务院批准农用地转用的，同时办理征地审批手续，不再另行办理征地审批；经省、自治区、直辖市人民政府在征地批准权限内批准农用地转用的，同时办理征地审批手续，不再另行办理征地审批，超过征地批准权限的，应当依照本条第一款的规定另行办理征地审批。

第四十七条 国家征收土地的，依照法定程序批准后，由县级以上地方人民政府予以公告并组织实施。

县级以上地方人民政府拟申请征收土地的，应当开展拟征收土地现状调查和社会稳定风险评估，并将征收范围、土地现状、征收目的、补偿标准、安置方式和社会保障等在拟征收土地所在的乡（镇）和村、村民小组范围内公告至少三十日，听取被征地的农村集体经济组织及其成员、村民委员会和其他利害关系人的意见。

多数被征地的农村集体经济组织成员认为征地补偿安置方案不符合法律、

法规规定的，县级以上地方人民政府应当组织召开听证会，并根据法律、法规的规定和听证会情况修改方案。

拟征收土地的所有权人、使用权人应当在公告规定期限内，持不动产权属证明材料办理补偿登记。县级以上地方人民政府应当组织有关部门测算并落实有关费用，保证足额到位，与拟征收土地的所有权人、使用权人就补偿、安置等签订协议；个别确实难以达成协议的，应当在申请征收土地时如实说明。

相关前期工作完成后，县级以上地方人民政府方可申请征收土地。

第四十八条 征收土地应当给予公平、合理的补偿，保障被征地农民原有生活水平不降低、长远生计有保障。

征收土地应当依法及时足额支付土地补偿费、安置补助费以及农村村民住宅、其他地上附着物和青苗等的补偿费用，并安排被征地农民的社会保障费用。

征收农用地的土地补偿费、安置补助费标准由省、自治区、直辖市通过制定公布区片综合地价确定。制定区片综合地价应当综合考虑土地原用途、土地资源条件、土地产值、土地区位、土地供求关系、人口以及经济社会发展水平等因素，并至少每三年调整或者重新公布一次。

征收农用地以外的其他土地、地上附着物和青苗等的补偿标准，由省、自治区、直辖市制定。对其中的农村村民住宅，应当按照先补偿后搬迁、居住条件有改善的原则，尊重农村村民意愿，采取重新安排宅基地建房、提供安置房或者货币补偿等方式给予公平、合理的补偿，并对因征收造成的搬迁、临时安置等费用予以补偿，保障农村村民居住的权利和合法的住房财产权益。

县级以上地方人民政府应当将被征地农民纳入相应的养老等社会保障体系。被征地农民的社会保障费用主要用于符合条件的被征地农民的养老保险等社会保险缴费补贴。被征地农民社会保障费用的筹集、管理和使用办法，由省、自治区、直辖市制定。

第八十一条 依法收回国有土地使用权当事人拒不交出土地的，临时使用土地期满拒不归还的，或者不按照批准的用途使用国有土地的，由县级以上人民政府自然资源主管部门责令交还土地，处以罚款。

《土地管理法实施条例》

第三十一条 征收土地申请经依法批准后，县级以上地方人民政府应当自收到批准文件之日起十五个工作日内在拟征收土地所在的乡（镇）和村、村民小组范围内发布征收土地公告，公布征收范围、征收时间等具体工作安排，对个别未达成征地补偿安置协议的应当作出征地补偿安置决定，并依法组织实施。

第三十二条 省、自治区、直辖市应当制定公布区片综合地价，确定征收农用地的土地补偿费、安置补助费标准，并制定土地补偿费、安置补助费分配办法。

地上附着物和青苗等的补偿费用，归其所有权人所有。

社会保障费用主要用于符合条件的被征地农民的养老保险等社会保险缴费补贴，按照省、自治区、直辖市的规定单独列支。

申请征收土地的县级以上地方人民政府应当及时落实土地补偿费、安置补助费、农村村民住宅以及其他地上附着物和青苗等的补偿费用、社会保障费用等，并保证足额到位，专款专用。有关费用未足额到位的，不得批准征收土地。

因评估报告缺失征收补偿决定被撤销

——杜某诉安徽省淮北市某县人民政府房屋征收补偿决定违法案

【案号】 安徽省淮北市中级人民法院行政判决书，（2018）皖06行初31号

【核心提示】

国有土地上房屋征收部门与被征收人在征收补偿方案确定的签约期限内达不成补偿协议，市、县级人民政府可以依据《国有土地上房屋征收与补偿条例》第二十六条的规定按照征收补偿方案作出补偿决定。补偿决定作出前，应当由依法选定的评估公司对于被征收房屋的市场价值进行评估，国有土地上房屋征收部门结合评估报告的价值作出补偿决定。

【关键词】

征收决定　征收补偿决定　评估公司选定　价值时点　评估报告

【案情回顾】

因城市棚户区改造的需要，淮北市某县人民政府于2016年9月作出濉政征收［2016］7号房屋征收决定书，决定对十南棚户区改造项目红线范围内的房屋实施征收，并附房屋征收补偿方案。征收补偿方案确定的签约期限为2016年9月22日至10月11日，杜某的房屋位于十南棚户区改造项目范围。

因杜某在签约期限内未与房屋征收部门达成补偿协议，某县人民政府于2016年12月1日作出濉政征收［2016］30号某县人民政府房屋征收补偿决定书（以下简称30号补偿决定），并要求杜某一家限期搬离，将房屋腾空。

杜某认为30号补偿决定的补偿标准过低，大幅降低了自己的生活水平，故向淮北市人民政府申请行政复议，请求撤销30号补偿决定。淮北市人民政府于2018年4月3日作出淮复决［2017］9号行政复议决定书（以下简称9号复议决定），决定维持某县人民政府作出的30号补偿决定。

后杜某将某县人民政府、淮北市人民政府列为被告，诉至淮北市中级人民法院，请求法院撤销某县人民政府作出的30号房屋补偿决定及淮北市人民政府作出的9号复议决定。

淮北市中级人民法院审理后，认为某县人民政府作出的30号补偿决定违反法定程序；淮北市人民政府在复议程序中对被诉房屋征收补偿决定存在的上述情形未予审查处理，故均依法应予撤销。

【办案结果】

淮北市中级人民法院作出（2018）皖06行初31号行政判决书，判决如下：

1. 撤销被告某县人民政府作出的30号补偿决定。

2. 撤销被告淮北市人民政府作出的9号复议决定中关于维持30号补偿决定的部分。

【律师点评】

在依法征收房屋过程中，若房屋征收部门与被征收人在征收补偿方案确定的签约期限内没有达成补偿协议的，房屋征收部门有权按照《国有土地上房屋征收与补偿条例》第二十六条的规定，报请市、县级人民政府作出征收补偿决定，被征收人在法定期限内不申请行政复议或者不提起行政诉讼，在补偿决定规定的期限内又不搬迁的，由作出房屋征收决定的市、县级人民政府依法申请人民法院强制执行。也就是说，房屋征收补偿决定一经作出，法定期限内不申请行政复议或者不提起行政诉讼又不搬迁的，人民法院就可以对被征收人的房屋实施强制执行了。

当然，对被征收房屋价值的补偿也有相应的法定标准，即不得低于房屋征收决定公告之日被征收房屋类似房地产的市场价格。被征收房屋的价格应当由评估机构进行评估后作出评估报告，因此，评估报告是确定被征收房屋价值的重要依据，是市、县级人民政府作出房屋征收补偿决定的基础。但评估报告往往被被征收人忽略，认为评估公司是征收单位委托的，评估的价值肯定不合理，只要自己不认可评估报告就行，殊不知自己置之不理的行为会使自己丧失救济权利。也正因如此，评估报告直接影响房屋补偿的价值，直接影响补偿决定是否合法，所以审查评估报告的合法性以及收到评估报告后的救济途径更是重中之重，需要引起重视。

一、审查评估机构和评估人员的评估资质

对被拆迁人的房屋等进行评估的评估公司要有相应的评估资质，评估人员要有相应的工作证件；评估资质的举证责任应当在对方，如果没有相应的评估资质，作出的评估报告当然不具有合法性。

二、审查评估机构的选定程序

《国有土地上房屋征收评估办法》第四条规定，评估机构首先应当由被征收人在规定时间内协商选定，协商不成的，进入投票、摇号、抽签等随机选定方式，具体选定的方式各地规定不一样，有的省份明确规定选定评估机构的过程必须经过公证处，以保证选定的评估机构客观、公正。无论通过何种形式选定评估机构，选定程序应当确保公开、公正，保证被征收人能够知情、参与。

三、审查评估时点是否正确

《国有土地上房屋征收评估办法》第十条规定，被征收房屋价值评估时点为房屋征收决定公告之日。但实践中，价值时点的确定也不能机械地认定就是征收决定公告之日。比如一些大的项目可能需要分期分段实施，导致征收决定与补偿决定的时间间隔过长，在此情况下也应当考虑实际补偿时的价格变化，以保证被征收人获得合理的补偿。

四、审查评估程序环节是否齐全、正确

《国有土地上房屋征收评估办法》第十二条规定，注册房地产估价师要对房屋进行实地查勘，拍摄反映房屋内外部状况的照片等影像资料，做好实地查勘记录并妥善保管。评估机构在对房屋价值进行评估时，还应当考虑被征收房屋的区位、用途、建筑结构、新旧程度、建筑面积以及占地面积、土地使用权等影响被征收房屋价值的因素，最终作出确定被征收房屋价值的评估报告。

当然，依法选定的评估机构在进行实地查勘时被征收人也应当予以配合，房屋征收部门、被征收人和注册房地产估价师应当在实地查勘记录上签字或者盖章确认。

五、审查是否存在弄虚作假情形

《国有土地上房屋征收评估办法》第十二条规定，房屋征收部门、被征收人和注册房地产估价师应当在实地查勘记录上签字或者盖章确认。如被征收人拒绝签字的，要由房屋征收部门、注册房地产评估师和无利害关系的第三人作为见证人进行见证，将有关情况在评估报告中说明。实践中，这个签字、盖章环节极易存在虚假操作问题，大量被征收人的签字都是伪造的，被征收人对评估之事毫不知情就要受单方面制作出来的报告的约束，这显然是严重违法的恶劣情形。

另外，根据《国有土地上房屋征收与补偿条例》第三十四条的规定，出具虚假或有重大差错的评估报告的，评估机构、估价师本人都会面临警告、罚款、吊销资质、承担民事赔偿责任直至刑事责任的严重法律后果。实践中，法院曾将一行政机关在庭审中出具虚假的评估报告作为证据而给予其 1 万元的处罚，收到了良好的社会反响。

六、评估报告的公示及送达

根据《国有土地上房屋征收评估办法》第十六条、第十七条的规定，房屋征收部门应当将分户的初步评估结果在征收范围内向被征收人公示（这里说的分户的初步评估结果指的是针对每户被征收人的房屋进行的评估），公示期间，房地产价格评估机构应当安排注册房地产估价师对分户的初步评估结果进行现场说明解释。存在错误的，房地产价格评估机构应当修正。分户初步评估结果公示期满后，房屋征收部门应当向被征收人转交分户评估报告。通过上述规定，可以看出分户评估报告在送达被征收人之前需要经过两个程序。

1. 初步评估结果在征收范围内向被征收人公示。这里所说的公示指的是向全体被征收人进行公示。因为征收本身是向全体被征收人公开的行为，不仅征收程序要合法、公平、公正，而且补偿的标准也要一视同仁，将每户被征收人的初步评估结果进行公示，更能体现征收程序的公开、透明，以接受全体被征收人的监督。

2. 初步评估结果公示期间，房地产价格评估机构应当安排注册房地产估价师对分户的初步评估结果进行现场说明解释。公示期间，被征收人发现初步评估结果对房屋面积、房屋结构、附属物项目、数量等存在少评、漏评的，均可以向房地产价格评估机构进行指正，确有错误的房地产价格评估机构应当修正。

七、收到评估报告后的救济途径

根据《国有土地上房屋征收评估办法》第二十条、第二十二条的规定，被征收人对评估结果有异议的，应当自收到评估报告之日起10日内，向房地产价格评估机构申请复核评估。被征收人对原房地产价格评估机构的复核结果有异议的，应当自收到复核结果之日起10日内，向被征收房屋所在地评估专家委员会申请鉴定。《国有土地上房屋征收与补偿条例》中也作了完全相同的规定。据此，一些被征收人容易认为这样的救济渠道根本没用，复核无非重来一遍，结果也还是一样；专家鉴定也意义不大，因为征收部门和评估机构都是一家，专家的意见也自然不会违背征收部门的意愿。那么，评估报告真的没有司法救济的途径吗？答案当然是否定的。《国有土地上房屋征收评估办法》第二十二条还规定，在申请专家鉴定后，被征收人对补偿仍有异议的，按照《国有土地上房屋征收与补偿条例》第二十六条规定处理。也就是说，被征收人有权在对征收补偿决定提起的行政复议或者行政诉讼中对评估、复核、专家鉴定结果提出异议，而复议机关、法院应当对评估报告的合法性进行全面、细致的审查，并将此作为判断补偿决定是否合理合法的重要依据。

所以，被征收人在收到评估报告后，要在法定期限内及时提起司法救济。

【经验提示】

房屋评估报告决定了被征收房屋的价值，是确定征收补偿数额的直接决定因素。虽然不能认为报告金额等于实际金额，但无疑其对补偿的最终结果具有决定性的重大影响。然而在实践中，房屋评估报告却成为一个最容易被轻轻带过的重要问题，也最容易被被征收人忽略。基于此，笔者建议，被征收人收到评估报告后不仅要看评估金额，更要严格审查评估报告的合法性；若对评估报告不认可，要及时在法定期限内提起司法救济，以免错过了复核评估期限使自己的合法权利得不到保障。

【相关规定】

《国有土地上房屋征收评估办法》

第四条 房地产价格评估机构由被征收人在规定时间内协商选定；在规定时间内协商不成的，由房屋征收部门通过组织被征收人按照少数服从多数的原则投票决定，或者采取摇号、抽签等随机方式确定。具体办法由省、自治区、直辖市制定。

房地产价格评估机构不得采取迎合征收当事人不当要求、虚假宣传、恶意低收费等不正当手段承揽房屋征收评估业务。

第八条 被征收房屋价值评估目的应当表述为“为房屋征收部门与被征收人确定被征收房屋价值的补偿提供依据，评估被征收房屋的价值”。

用于产权调换房屋价值评估目的应当表述为“为房屋征收部门与被征收人计算被征收房屋价值与用于产权调换房屋价值的差价提供依据，评估用于产权调换房屋的价值”。

第九条 房屋征收评估前，房屋征收部门应当组织有关单位对被征收房屋情况进行调查，明确评估对象。评估对象应当全面、客观，不得遗漏、虚构。

房屋征收部门应当向受托的房地产价格评估机构提供征收范围内房屋情况，包括已经登记的房屋情况和未经登记建筑的认定、处理结果情况。调查结果应当在房屋征收范围内向被征收人公布。

对于已经登记的房屋，其性质、用途和建筑面积，一般以房屋权属证书和房屋登记簿的记载为准；房屋权属证书与房屋登记簿的记载不一致的，除有证据证明房屋登记簿确有错误外，以房屋登记簿为准。对于未经登记的建筑，应当按照市、县级人民政府的认定、处理结果进行评估。

第十条 被征收房屋价值评估时点为房屋征收决定公告之日。

用于产权调换房屋价值评估时点应当与被征收房屋价值评估时点一致。

第十二条 房地产价格评估机构应当安排注册房地产估价师对被征收房屋进行实地查勘，调查被征收房屋状况，拍摄反映被征收房屋内外部状况的照片等影像资料，做好实地查勘记录，并妥善保管。

被征收人应当协助注册房地产估价师对被征收房屋进行实地查勘，提供或者协助搜集被征收房屋价值评估所必需的情况和资料。

房屋征收部门、被征收人和注册房地产估价师应当在实地查勘记录上签字或者盖章确认。被征收人拒绝在实地查勘记录上签字或者盖章的，应当由房屋征收部门、注册房地产估价师和无利害关系的第三人见证，有关情况应当在评估报告中说明。

第十四条 被征收房屋价值评估应当考虑被征收房屋的区位、用途、建筑结构、新旧程度、建筑面积以及占地面积、土地使用权等影响被征收房屋价值的因素。

被征收房屋室内装饰装修价值，机器设备、物资等搬迁费用，以及停产停业损失等补偿，由征收当事人协商确定；协商不成的，可以委托房地产价格评估机构通过评估确定。

第十六条 房地产价格评估机构应当按照房屋征收评估委托书或者委托合同的约定，向房屋征收部门提供分户的初步评估结果。分户的初步评估结果应当包括评估对象的构成及其基本情况和评估价值。房屋征收部门应当将分户的初步评估结果在征收范围内向被征收人公示。

公示期间，房地产价格评估机构应当安排注册房地产估价师对分户的初步评估结果进行现场说明解释。存在错误的，房地产价格评估机构应当修正。

第十七条 分户初步评估结果公示期满后，房地产价格评估机构应当向房屋征收部门提供委托评估范围内被征收房屋的整体评估报告和分户评估报告。房屋征收部门应当向被征收人转交分户评估报告。

整体评估报告和分户评估报告应当由负责房屋征收评估项目的两名以上注册房地产估价师签字，并加盖房地产价格评估机构公章。不得以印章代替签字。

第二十条 房地产价格评估机构由被征收人协商选定；协商不成的，通过多数决定、随机选定等方式确定，具体办法由省、自治区、直辖市制定。

房地产价格评估机构应当独立、客观、公正地开展房屋征收评估工作，任何单位和个人不得干预。

第二十二条 因征收房屋造成搬迁的，房屋征收部门应当向被征收人支付搬迁费；选择房屋产权调换的，产权调换房屋交付前，房屋征收部门应当向被征收人支付临时安置费或者提供周转用房。

划定畜禽养殖禁养区关闭养殖场所后行政机关应全面履行行政补偿职责

——某养殖专业合作社诉北京市某区人民政府行政补偿案

【案号】 北京市第四中级人民法院行政判决书，(2018) 京04 行初926 号

【核心提示】

因畜牧业发展规划、土地利用总体规划、城乡规划调整以及划定禁止养殖区域，或者因对污染严重的畜禽养殖密集区域进行综合整治，确需关闭或者搬迁现有畜禽养殖场所，致使畜禽养殖者遭受经济损失的，由县级以上地方人民政府依法予以补偿。地方人民政府应当依法对养殖者进行全面的调查，核实相关损失，确定合理的补偿范围和标准，全面履行补偿职责。

【关键词】

禁养　畜禽养殖　补偿　全面

【案情回顾】

某养殖专业合作社（以下简称养殖场）与所在的村委会签订了承包土地进行养殖的承包合同，养殖场为养殖需要投入了大量的资金建设了众多的圈舍、附属物，并购置了大量的设施设备。2016 年养殖场所在的北京市某区人民政府（以下简称某区政府）作出了《某区畜禽养殖禁养区划定工作方案》（密政发［2016］50 号），将西田各庄区级水源地（面积 22.4 平方公里）作为饮用水水源保护区，即畜禽养殖禁养区。养殖场的经营场地位于前述划定的禁养区范围之内。后某区政府发布《某区禁养区内畜禽规模养殖整治工作

方案的通知》（密政发［2016］62号，以下简称62号文），确定了某区禁养区内畜禽规模养殖整治工作的具体方案，对于补偿的范围及标准作出了规定。其中“政策标准”部分规定：（1）畜禽补助。按照《北京市防治重大动物疫病指挥部办公室关于2016年5月至2017年4月强制扑杀动物补偿基准指导价格》规定标准的30%进行一次性补助。（2）圈舍等设施补助。对自愿拆除养殖场（小区）圈舍等设施的，参照2014年密云水库一级保护区规模养殖场清退标准给予建设年份建设成本价拆除补助。

2016年12月27日，养殖场与某区西田各庄镇人民政府（以下简称西田各庄镇政府）针对畜禽的补偿问题签订了补助协议书，并签署了畜禽规模养殖场永久禁养承诺书。2017年养殖场提交畜禽规模养殖场拆除圈舍申请书。

由于针对建筑物等补偿某区政府未依法落实，2018年5月5日，养殖场根据《畜禽规模养殖污染防治条例》第二十五条的规定，通过邮寄方式向某区政府提交补偿申请书，请求某区政府依法履行行政补偿法定职责，依法对养殖场补偿2600万元。某区政府作出答复意见，告知区政府已经完成畜禽补助工作，养殖户已领取了畜禽补助。现正在开展圈舍等设施补助工作，对自愿拆除养殖场（小区）圈舍等设施的给予补助，补助款已由区农委划拨到各镇人民政府账户，具体由镇政府实施。如对圈舍等设施补助有异议，可与西田各庄镇政府进行沟通。养殖场不服，遂向人民法院提起行政诉讼。

【办案结果】

北京市第四中级人民法院作出（2018）京04行初926号行政判决书，判决如下：

1. 被告某区政府在本判决生效之日起两个月内对养殖场的行政补偿申请作出处理。

2. 案件受理费50元，由被告某区政府负担，于本判决生效之日起7日内交纳。

【律师点评】

本案是因规划调整导致畜禽养殖者无法继续经营，要求所在县级人民政府履行补偿义务所引发。本案的争议焦点有两个：第一个争议焦点，某区政府是否具有本案行政补偿的义务；第二个争议焦点，某区征收是否全面履行了补偿义务。

第一个争议焦点，某区政府是不是本案的适格的补偿主体，是否具有本案行政补偿的义务。《畜禽规模养殖污染防治条例》第二十五条规定，因畜牧业发展规划、土地利用总体规划、城乡规划调整以及划定禁止养殖区域，或者因对污染严重的畜禽养殖密集区域进行综合整治，确需关闭或者搬迁现有畜禽养殖场所，致使畜禽养殖者遭受经济损失的，由县级以上地方人民政府依法予以补偿。某区政府作为县级以上的地方人民政府，具有本案行政补偿的职责。本案中，某区政府答复称将相应工作委托给西田各庄镇政府具体实施，按照行政委托的规定，西田各庄镇政府仅是接受委托具体落实相关补偿的部门，某区政府属于补偿义务主体和责任承担主体。因此，某区政府是本案行政补偿的义务机关。

第二个争议焦点，某区政府是否全面履行了行政补偿职责。如前所述，《畜禽规模养殖污染防治条例》规定因人民政府划定禁止养殖区域，关闭或者搬迁现有畜禽养殖场所而引发的行政补偿由县级以上人民政府负责。县级以上人民政府应当根据前述规定，依法落实相应的补偿，针对养殖者进行全面、合理的补偿。本案中，养殖场向某区政府提出了补偿申请，某区政府应当对养殖场的补偿进行调查核实并作出相应的补偿决定，其仅提出向西田各庄镇政府进行沟通，对于养殖场的具体补偿申请没有作出处理，更并没有全面落实行政补偿职责。

本案中，北京市第四中级人民法院经审理认为：本案中，某区政府发布《某区畜禽养殖禁养区划定工作方案》（密政发〔2016〕50号），将西田各庄区级水源地纳入某区禁养区范围，符合《畜禽规模养殖污染防治条例》的规定。该条例亦明确规定，因划定禁止养殖区域等确需关闭或者搬迁现有畜禽养殖场所，致使畜禽养殖者遭受经济损失的，由县级以上地方人民政府依法予以补偿。本案原告位于某区政府划定的禁养范围内，对于原告所遭受的经济损失，某区政府具有依法补偿的法定职责。原告与西田各庄镇政府签订补助协议书及畜禽规模养殖场永久禁养承诺书，约定原告自行清退其养殖的畜禽并获得相应补偿。协议已实际履行完毕。现原告申请被告继续对原告的其他合法损失予以补偿。依据《畜禽规模养殖污染防治条例》第二十五条的规定，县级以上地方人民政府是进行行政补偿的责任主体。被告应当全面、及时履行补偿职责。某区政府可以将相关工作委托给西田各庄镇政府具体实施，但某区政府仍应承担主体责任，对原告的补偿请求作出明确、具体、具有法律效力的处理决定。被告于2016年开展某区禁养区内畜禽规模养殖整治工作后，已对原告自行清退的畜禽进行补偿。但对原告于2018年5月提出的其他补偿请求，被告仅告知原告与西田各庄镇政府进行沟通，属于未全面、及时履行法定补偿职责。某区禁养区内畜禽规模养殖整治工作开展已逾两年，某区政府应全面、及时履行补偿职责，严格遵循《畜禽规模养殖污染防治条例》第二十五条的规定，以保障原告等畜禽养殖主体主动支持政府整治工作的合法信赖利益。原告亦应积极与政府部门协商，履行相关法定义务，共同促进防治畜禽养殖污染、保护和改善环境、保障公众身体健康的社会公共管理目标的最终实现。综上，北京市第四中级人民法院依法判决被告在判决生效之日起2个月内对原告的行政补偿申请作出处理。

【经验提示】

本案是北京市第四中级人民法院的十大典型案例之一，正如北京市第四中级人民法院对于本案的评析中所说，根据《畜禽规模养殖污染防治条例》的相关规定，防治畜禽养殖污染、保护和改善环境、保障公众身体健康，既是行政机关履行畜禽养殖污染防治行政管理职责所追求的行政目标，也是建设畜禽养殖场、养殖小区的公民、法人或者其他组织应负有的义务。《畜禽规模养殖污染防治条例》规定在饮用水水源保护区区域内禁止建设畜禽养殖场、养殖小区。因划定禁止养殖区域等确需关闭或者搬迁现有畜禽养殖场所，致使畜禽养殖者遭受经济损失的，县级以上地方人民政府依法负有行政补偿职责。本案裁判根据该条例的立法精神，确认被告划定禁养区范围的合法性，同时明确被告应当全面、及时履行补偿职责。被告可以将相关工作委托给属地镇政府具体实施，但其仍应承担主体责任，对原告的补偿请求应作出明确、具体、有法律效力的处理决定。本案对于界定履行补偿职责要件是否具备、是否全面及时，具有一定借鉴意义。

中国社科院法学所宪法与行政法研究室主任、教授、博士生导师李洪雷针对本案作出的点评中也指出，行政法须在公共利益和私人权益、国家权力和私人权利之间寻求平衡，行政补偿是协调公共利益和私人权益冲突的重要机制。对于行政补偿纠纷，法院既要审查行政机关限制私人权益的行为是否合法，同时也要审查行政机关是否对公民、法人或者其他组织依法给予了补偿。

本案中，根据《畜禽规模养殖污染防治条例》的相关规定，被告有权将西田各庄区级水源地纳入某区禁养区范围，相关行为合法。此外，对于为此给原告造成的经济损失，某区政府负有依法补偿的法定职责。某区政府于2016年开展禁养区内畜禽规模养殖整治工作后，虽然已对原告自行清退的畜禽进行补偿，但是针对原告于2018年5月提出的其他补偿请求，仅告知原告与西田各庄镇政府进行沟通，这属于未全面、及时履行法定补偿职责。诚然，区政府可以将相关工作委托给属地镇政府具体实施，但这并不意味着其承担补偿主体责任的免除，其在必要时应对原告的补偿请求作出明确、具体、具有法律效力的处理决定。人民法院通过判决某区政府对原告的行政补偿申请作出处理，为当事人提供了充分的司法救济。

行政机关对公民、法人或者其他组织提出的申请事项负有法定职责的，应当及时、全面、充分地履行，既不能“打折扣”，更不能“踢皮球”式地“推诿”和“敷衍”。本案判决明确了在委托情形下作为委托方的行政主体履行补偿职责的标准，有利于防止行政机关借委托之名推诿承担主体责任，对于同类案件的处理具有较好的示范意义。

笔者在代理本案的过程中，也考察了同一时期北京市怀柔区人民政府、北京市通州区人民政府、北京市顺义区人民政府针对规划调整禁养的补偿规定，就补偿的项目、补偿的范围等内容比62号文更加完善。以通州区人民政府的通政办发［2017］14号《北京市通州区人民政府办公室关于印发通州区低端养殖业及禁养区内规模养殖场退出工作实施方案的通知》为例，通州区政府制定的补偿项目包括：（1）畜禽清退补偿；（2）地上物腾退补偿补助；（3）因禁养区内规模化畜禽养殖场退出工作产生搬迁补助费、地上物搬迁补偿补助费等；（4）一次性停产停业补助。在怀柔区、顺义区的补偿方案中也有对于前述内容进行补偿的表述。而62号文只针对地上建筑物和畜禽进行补偿，对于其他的损失并未纳入补偿范围。为什么针对相同或类似的事项，不同的地方人民政府作出的规定会有所不同，这与我国目前的规范性文件的制定体制相关。我国目前各级政府及其部门均有制定规范性文件的职权。由于各地的经济发展不平衡，所以各地针对相同或类似的事项制定的规范性文件就有所不同。

行政规范性文件，是指除国务院的行政法规、决定、命令以及部门规章和地方政府规章外，由行政机关或者经法律、法规授权的具有管理公共事务职能的组织依照法定权限、程序制定并公开发布，涉及公民、法人和其他组织的权利义务，具有普遍约束力，在一定期限内反复适用的公文。由于规范性文件对于行政相对人或利害关系人的权利义务有直接的影响，因此，对于规范性文件的制定，我国有严格的规定。《国务院办公厅关于全面推行行政规范性文件合法性审核机制的指导意见》明确指出，行政规范性文件必须严格依照法定程序制发，重要的行政规范性文件要严格执行评估论证、公开征求意见、合法性审核、集体审议决定、向社会公开发布等程序。要加强制发程序管理，健全工作机制，完善工作流程，确保制发工作规范有序。《规章制定程序条例》对此也有相同的规定。62号文属于规范性文件，针对规范性文件的制定，我国《行政诉讼法》设立了对规范性文件一并审查的制度。《行政诉讼法》第五十三条规定，公民、法人或者其他组织认为行政行为所依据的国务院部门和地方人民政府及其部门制定的规范性文件不合法，在对行政行为提起诉讼时，可以一并请求对该规范性文件进行审查。《最高人民法院关于适用〈中华人民共和国行政诉讼法〉的解释》第一百四十八条规定："人民法院对规范性文件进行一并审查时，可以从规范性文件制定机关是否超越权限或者违反法定程序、作出行政行为所依据的条款以及相关条款等方面进行。有下列情形之一的，属于行政诉讼法第六十四条规定的'规范性文件不合法'：（一）超越制定机关的法定职权或者超越法律、法规、规章的授权范围的；（二）与法律、法规、规章等上位法的规定相抵触的；（三）没有法律、法规、规章依据，违法增加公民、法人和其他组织义务或者减损公民、法人和其他组织合法权益的；（四）未履行法定批准程序、公开发布程序，严重违反制定程序的；（五）其他违反法律、法规以及规章规定的情形。”因此，如果相对人或利害关系人认为规范性文件的制定不合法的，可以在相应的行政诉讼中一并提起附带审查。《最高人民法院关于适用〈中华人民共和国行政诉讼法〉的解释》第一百四十九条规定，人民法院经审查认为行政行为所依据的规范性文件合法的，应当作为认定行政行为合法的依据；经审查认为规范性文件不合法的，不作为人民法院认定行政行为合法的依据，并在裁判理由中予以阐明。作出生效裁判的人民法院应当向规范性文件的制定机关提出处理建议，并可以抄送制定机关的同级人民政府、上一级行政机关、监察机关以及规范性文件的备案机关。

因畜牧业发展规划、土地利用总体规划、城乡规划调整以及划定禁止养殖区域，或者因对污染严重的畜禽养殖密集区域进行综合整治，确需关闭或者搬迁现有畜禽养殖场所，致使畜禽养殖者遭受经济损失的，由县级以上地方人民政府依法予以补偿。作为被关闭和搬迁的养殖者可以依法向县级以上地方人民政府提出补偿申请。如果认为相应的规范性文件不具有合法性的，可以在复议或诉讼中一并提起对规范性文件的审查。

地方人民政府，应当全面履行补偿义务，切实维护养殖者的合法权益。在制定规范性文件时，要严格按照法定的职权和程序办理，重要的行政规范性文件要严格执行评估论证、公开征求意见、合法性审核、集体审议决定、向社会公开发布等程序。

【相关规定】

《畜禽规模养殖污染防治条例》

第二十五条 因畜牧业发展规划、土地利用总体规划、城乡规划调整以及划定禁止养殖区域，或者因对污染严重的畜禽养殖密集区域进行综合整治，确需关闭或者搬迁现有畜禽养殖场所，致使畜禽养殖者遭受经济损失的，由县级以上地方人民政府依法予以补偿。

《行政诉讼法》

第五十三条 公民、法人或者其他组织认为行政行为所依据的国务院部门和地方人民政府及其部门制定的规范性文件不合法，在对行政行为提起诉讼时，可以一并请求对该规范性文件进行审查。

《最高人民法院关于适用〈中华人民共和国行政诉讼法〉的解释》

第一百四十六条 公民、法人或者其他组织请求人民法院一并审查行政诉讼法第五十三条规定的规范性文件，应当在第一审开庭审理前提出；有正当理由的，也可以在法庭调查中提出。

第一百四十七条 人民法院在对规范性文件审查过程中，发现规范性文件可能不合法的，应当听取规范性文件制定机关的意见。

制定机关申请出庭陈述意见的，人民法院应当准许。

行政机关未陈述意见或者未提供相关证明材料的，不能阻止人民法院对规范性文件进行审查。

第一百四十八条 人民法院对规范性文件进行一并审查时，可以从规范性文件制定机关是否超越权限或者违反法定程序、作出行政行为所依据的条款以及相关条款等方面进行。

有下列情形之一的，属于行政诉讼法第六十四条规定的“规范性文件不合法”：

（一）超越制定机关的法定职权或者超越法律、法规、规章的授权范围的；

（二）与法律、法规、规章等上位法的规定相抵触的；

（三）没有法律、法规、规章依据，违法增加公民、法人和其他组织义务或者减损公民、法人和其他组织合法权益的；

（四）未履行法定批准程序、公开发布程序，严重违反制定程序的；

（五）其他违反法律、法规以及规章规定的情形。

第一百四十九条 人民法院经审查认为行政行为所依据的规范性文件合法的，应当作为认定行政行为合法的依据；经审查认为规范性文件不合法的，不作为人民法院认定行政行为合法的依据，并在裁判理由中予以阐明。作出生效裁判的人民法院应当向规范性文件的制定机关提出处理建议，并可以抄送制定机关的同级人民政府、上一级行政机关、监察机关以及规范性文件的备案机关。

规范性文件不合法的，人民法院可以在裁判生效之日起三个月内，向规范性文件制定机关提出修改或者废止该规范性文件的司法建议。

规范性文件由多个部门联合制定的，人民法院可以向该规范性文件的主办机关或者共同上一级行政机关发送司法建议。

接收司法建议的行政机关应当在收到司法建议之日起六十日内予以书面答复。情况紧急的，人民法院可以建议制定机关或者其上一级行政机关立即停止执行该规范性文件。

第一百五十条 人民法院认为规范性文件不合法的，应当在裁判生效后报送上一级人民法院进行备案。涉及国务院部门、省级行政机关制定的规范性文件，司法建议还应当分别层报最高人民法院、高级人民法院备案。

被安置人认为征地安置补偿方案剥夺或限制其对安置方式选择权的有权寻求司法救济

——陈某诉重庆市某区人民政府驳回征收安置补偿申请违法案

【案号】 重庆市第五中级人民法院行政判决书，(2019) 渝05行初192号

【核心提示】

征收补偿安置方案是征收人作出征收补偿决定的重要依据，补偿决定的结果直接关乎被征收人（含住房安置对象）的财产权益。应当保障被征收人（含住房安置对象）的异议权，对征收决定不服的，其有权申请人民政府协调、裁决，乃至通过提起行政复议或行政诉讼获得救济。

【关键词】

安置补偿方式　选择权　安置补偿方案　可诉性

【案情回顾】

陈某在重庆市某区某村有农房一幢，持有两证，证载用途为住宅，实际上有部分房屋用于经营。根据重庆市人民政府（以下简称重庆市政府）作出的渝府地［2011］590号《关于某区实施城市规划建设农用地转用和土地征收的批复》，陈某所在集体经济组织的土地被征收，其房屋在征收范围。2013年1月3日，重庆市某区国土资源局（以下简称某区国土局）依据

《重庆市某区人民政府关于调整征地安置补偿政策做好征地安置补偿工作的通知》（长寿府发［2008］92号，以下简称《92号征地安置补偿通知》）作出《关于陈某征地房屋拆迁的安置补偿方案》（以下简称《征迁安置补偿方案》），给予货币补偿，由其自行购房居住，也可以按规定购买“定销住房”居住。2014年1月14日，某区国土局将《征迁安置补偿方案》送达陈某。陈某因不认可该方案中补偿结果而拒绝签收。2014年4月1日，某区国土局将该笔补偿款以陈某的名义存入银行。陈某的房屋已于2015年被拆除。

陈某就《征迁安置补偿方案》申请重庆市某区人民政府（以下简称某区政府）协调，未果。于是向重庆市政府申请裁决。2018年12月20日，重庆市政府作出渝府地裁［2018］266号征地补偿安置争议裁决，对陈某提出的征地安置补偿申请请求不予支持或予以驳回。陈某对该裁决不服，向重庆市第五中级人民法院提起诉讼。

重庆市第五中级人民法院审理后认为，“原某区国土资源局虽然在安置补偿方案中提到，原告可以按规定购买‘定销住房’，但并未向法院提交‘定销住房’的具体方案和具体位置，其安置补偿方案中提供的‘定销住房’方案，主要证据不足，因此，并不能证明其对原告进行的住房安置方案符合《重庆市征地补偿安置办法》的规定。被告（重庆市政府）裁决予以支持，显然证据不足，对其裁决应予撤销”。

【办案结果】

2019年10月22日，重庆市第五中级人民法院作出（2019）渝05行初192号行政判决书，判决如下：

1. 撤销被告重庆市政府作出的［2018］266号征地补偿安置争议裁决。

2. 责令被告重庆市政府在本判决生效后，在法定期限内重新对原告陈某作出征地安置补偿裁决。

【律师点评】

宅基地征收、农房搬迁是集体土地征收中不可回避的问题。2020年1月

1 日修订的《土地管理法》施行之前，相关法律法规多把被征收的农村住宅称为地上附着物，如 2014 年《土地管理法实施条例》全文皆无“房屋”“住宅”字样，唯有“地上建筑物、构筑物等附着物”等表述，2004 年《土地管理法》中虽然多处提及“住宅”“房屋”，但涉及征收补偿时，却成了第四十七条中的“地上附着物”。房屋属于地上附着物，应该给予补偿，但如何补偿没有具体规定。于是，有的征收单位为了降低拆迁成本，故意偷换概念，把农房按照地上附着物进行评估，只支付建筑成本价，不考虑宅基地价值，借此压低补偿标准。如此一来，被征收人越拆越穷，因为无法置换得到与原来房屋条件相当的房屋，所以，对征收补偿政策和标准提出怀疑，进而引发纠纷或诉讼。本案就是众多农房征收安置补偿纠纷中的一个。

陈某不满意《征迁安置补偿方案》的实质是不认可其中所依据的补偿标准。他寄希望于通过政府协调或裁决，提高安置补偿标准，增加补偿费用金额和安置房屋面积，从而获得公平合理的补偿。本案中，涉及两个关键问题：一是征收补偿标准的可诉性；二是征地补偿安置方案和《征迁安置补偿方案》性质是否相同及各自的可诉性。

一、关于征收补偿标准的可诉性

不服征收补偿标准的，不能直接提起行政诉讼，先要履行前置程序。2014 年《土地管理法实施条例》（已修订）第二十五条第三款规定，对补偿标准有争议的，由县级以上地方人民政府协调；协调不成的，由批准征收土地的人民政府裁决。《最高人民法院关于审理涉及农村集体土地行政案件若干问题的规定》第十条规定：“土地权利人对土地管理部门组织实施过程中确定的土地补偿有异议，直接向人民法院提起诉讼的，人民法院不予受理，但应当告知土地权利人先申请行政机关裁决。”《国务院办公室关于依法做好征地补偿安置争议行政复议工作的通知》（2011 年 5 月 8 日发布，国法〔2011〕35 号，以下简称《做好征地补偿安置争议行政复议工作的通知》）规定，“被征地集体经济组织和农民对有关市、县人民政府批准的征地补偿、安置方案不服要求裁决的，应当依照行政复议法律、法规的规定向上一级地方人民政府提出申请”。需要注意的是，在对征地安置补偿方案确定的补偿标准申请复议前，仍需要经过县级以上地方人民政府协调，只有在协调不成的情况下，才能向有权机关申请行政复议，对复议决定不服的，才能依法提起行政诉讼。

二、关于征地补偿安置方案和《征迁安置补偿方案》的性质是否相同及各自的可诉性

1. 关于两者性质的差异

笔者认为案例中的征地补偿安置方案与《征迁安置补偿方案》两者的性质完全不同。

征地补偿安置方案的内容包括补偿范围、标准、方式、搬迁奖励以及签约期限等，由于征收项目的土地性质和各地语言习惯的不同而有不同的称呼，如拆迁实施方案、征迁安置补偿方案、集体土地征收安置补偿方案、土地房屋征收补偿方案等。征地补偿安置方案中的补偿标准、安置方式等内容是否合法，每位被征收人都有权提出意见，县级以上地方人民政府应当听取被征收人的意见。例如，2004 年《土地管理法》第四十八条规定，要求“听取被征地的农村集体经济组织和农民的意见”，《土地管理法》第四十七条第三款虽然对听取意见的前提条件和方式进行了变更，但仍坚持民主原则，听取多数被征收人的意见。从前述规定中可以看出，征地补偿安置方案是“针对所有被征收人作出的征收补偿标准和方式”，[①] 不是针对某户被征收人给出补偿安置意见。

《征迁安置补偿方案》是某区国土局依据《92 号征地安置补偿通知》，针对陈某单独作出的补偿结论，明确规定了具体的拆迁补偿款金额、安置方式——自购房或购买“定销住房”以及其他费用。此方案符合征收补偿决定的特点，即征收补偿决定是根据征收补偿安置方案（特别是征收补偿标准）和相关法律法规，针对特定的被征收人单独作出的具体安置补偿结论。陈某是《征迁安置补偿方案》中的相对人，只有他可以依法提出异议，其他被征收人对此则无异议权。

2. 关于征地补偿安置方案和《征迁安置补偿方案》各自的可诉性

对于征地补偿安置方案的可诉性问题，目前，有不同的观点。

---

① 最高人民法院行政裁定书，（2018）最高法行申 5975 号。

第一种观点认为不能诉。因为征地补偿安置方案是集体土地征收搬迁工作中的阶段性行为，没有对被征收人的权利义务产生实际影响，根据《最高人民法院关于执行〈中华人民共和国行政诉讼法〉若干问题的解释》（已废止）第一条第二款第（六）项之规定，不属于行政诉讼的受案范围。最高人民法院在（2019）最高法行申 8655 号行政裁定书中也表达了类似观点，“决定作出之前的准备行为和阶段行为、不具有外部效果的纯内部行为等则不属于行政诉讼受案范围。房屋征收补偿方案是房屋征收决定和房屋征收补偿决定作出前的前置阶段性行为，并不单独对外产生效力，故属于不可诉的行政行为”。即便依据该征收补偿方案作出的补偿不合理，还可以按照行政诉讼全面审查原则，在征收补偿决定的诉讼中，要求对征收补偿方案的合法性进行审查，以维护自身权益。

第二种观点认为应当保障被征收人的异议权，被征收人有权通过行政复议或行政诉讼获得救济。因为征地补偿安置方案是征收人作出征收补偿决定的重要依据，补偿决定的结果直接关乎被征收人的财产权益，《重庆市土地管理规定》第三十七条第一款第三项也规定，“被征地单位和个人对补偿安置方案提出异议的，由区县（自治县、市）人民政府协调。协调不成的，报请批准征用土地的人民政府裁决”。对裁决不服的，可依法提起行政诉讼。对此，《做好征地补偿安置争议行政复议工作的通知》也规定，不服安置方案的，可以经行政复议后，提起行政诉讼。

笔者同意第二种观点，通过对补偿标准、安置方式等提前审查，能够有效地减少后续纠纷，保障多数人公平获得补偿。随着征收领域法律法规越来越规范和完善，被征收人的法律意识不断提高，越来越多的人选择通过法律途径维护自身合法权益。如果在个人的补偿决定行政复议或行政诉讼中，对安置补偿方案的合法性一并审查，在发现安置补偿方案不合法时，已经有很多人签约搬迁了。如果将协议内容做相应变更，一则涉及人数众多，工作量大，二则会增加征收补偿成本。于是征收方就强调“一碗水要端平”“一把尺子量到底”，以此作挡箭牌；如果不变更，意味着早签约搬迁走的人会吃亏。这和法律法规所要求的公平、公正原则相违背。当然，不主动变更，不等于被征收人不能对补偿协议、补偿决定等提起行政复议或行政诉讼。就像陈某不服《征迁安置补偿方案》一样，可以通过诉讼将之撤销。

如前所述，《征迁安置补偿方案》具有补偿决定的性质，是针对陈某作出的具体行政行为，陈某当然可以提起行政诉讼。不过，虽然陈某不服《征迁安置补偿方案》给出的补偿结果，但其并未直接针对《征迁安置补偿方案》本身提出异议，而是针对依据《征迁安置补偿方案》所作出的补偿安置方案提出了异议，质疑其中的房屋补偿单价、安置方式等，以借此改变并提高补偿结果。因此，陈某依据《重庆市土地管理规定》第三十七条第一款第三项之规定，依法申请协调、裁决和诉讼。根据《重庆市征地补偿安置办法》第二十三条、第二十四条第一款、第二十七条以及《重庆市人民政府关于调整征地补偿安置政策有关事项的规定》（渝府发［2008］45号文）等规定，重庆市征地拆迁的住房安置方式有三种：统建优惠购房、货币安置住房、自建住房。被征收人（含住房安置对象）对安置方式具有选择权，既可以选择货币安置，也可以选择住房安置。重庆市第五中级人民法院审理查明，“原某区国土资源局虽然在安置补偿方案中提到，原告可以按规定购买‘定销住房’，但并未向法院提交‘定销住房’的具体方案和具体位置，其安置补偿方案中提供的‘定销住房’方案，主要证据不足，因此，并不能证明其对原告进行的住房安置方案符合《重庆市征地补偿安置办法》的规定”，并认定“被告（重庆市政府）裁决予以支持，显然证据不足，其裁决应予撤销”。实际上，由于安置方案中缺失统建优惠购房（定销住房）的安置方式，剥夺了被征收人（含住房安置对象）对住房安置方式的选择权，所以即使该方案符合地方规定对征收补偿安置方式的要求，最终仍被法院撤销。

对农村房屋征收搬迁时，既要尊重被征收人对安置补偿方式的选择权，还要做到补偿安置方式合法，补偿标准合理，不降低被征收人居住水平和生活条件，真正实现依法征收，和谐搬迁。

【经验提示】

为减少或避免征收搬迁纠纷，征收方应当依法合理补偿，对农村住宅安置补偿时，还应当兼顾被安置人生产、生活的便利性。对农村住宅不能简单地比照地上附着物处理，《土地管理法》第四十八条特别强调征收农村村民住宅的，“应当按照先补偿后搬迁、居住条件有改善的原则，尊重农村村民意愿，采取重新安排宅基地建房、提供安置房或者货币补偿等方式给予公平、合理的补偿，并对因征收造成的搬迁、临时安置等费用予以补偿，保障农村村民居住的权利和合法的住房财产权益”。对已经纳入城市规划区内的住宅，应当根据2011年《最高人民法院关于审理涉及农村集体土地行政案件若干问题的规定》第十二条第二款的规定进行安置补偿，即“征收农村集体土地时未就被征收土地上的房屋及其他不动产进行安置补偿，补偿安置时房屋所在地已纳入城市规划区，土地权利人请求参照执行国有土地上房屋征收补偿标准的，人民法院一般应予支持，但应当扣除已经取得的土地补偿费”。

被征收人认为安置补偿方案、补偿标准以及补偿结果等不合理、不合法的，可以通过法律途径寻求救济。

【相关规定】

《土地管理法实施条例》

第三十一条 征收土地申请经依法批准后，县级以上地方人民政府应当自收到批准文件之日起十五个工作日内在拟征收土地所在的乡（镇）和村、村民小组范围内发布征收土地公告，公布征收范围、征收时间等具体工作安排，对个别未达成征地补偿安置协议的应当作出征地补偿安置决定，并依法组织实施。

《最高人民法院关于审理涉及农村集体土地行政案件若干问题的规定》

第十条 土地权利人对土地管理部门组织实施过程中确定的土地补偿有异议，直接向人民法院提起诉讼的，人民法院不予受理，但应当告知土地权利人先申请行政机关裁决。

《重庆市土地管理规定》

第三十七条 征地拆迁、补偿程序与安置程序：

（一）征用土地方案依法批准后，由被征用土地所在地的区县（自治县、市）人民政府组织实施并在当地将批准征地机关、批准文号、征用土地的用途、范围、面积及征用土地补偿标准、农业人员安置办法和办理征地补偿的期限等予以公告；

（二）被征用土地的所有权人、使用权人应在公告规定期限内，持土地权属证书到公告指定的土地行政主管部门办理征地补偿登记。逾期不办理登记的，由土地行政主管部门调查确认；

（三）区县（自治县、市）土地行政主管部门根据经批准的征地方案和法律法规的规定制定具体的征地拆迁、补偿与安置方案，在被征用土地所在地的乡（镇）、村予以公告，听取被征地的农村集体经济组织和农民的意见。征地拆迁、补偿与安置方案报经区县（自治县、市）人民政府依法批准后，由区县（自治县、市）土地行政主管部门组织实施。被征地单位和个人对补偿安置方案提出异议的，由区县（自治县、市）人民政府协调。协调不成的，报请批准征用土地的人民政府裁决。征地拆迁、补偿与安置争议不影响征地行为的实施；

（四）被征地的单位和个人应按照征地拆迁方案的规定及时拆迁，并按规定到土地行政主管部门领取补偿安置费用。

征用土地的各项费用应当自征地补偿、安置方案批准之日起3个月内全额支付。

《土地管理法》

第四十七条 国家征收土地的，依照法定程序批准后，由县级以上地方人民政府予以公告并组织实施。

县级以上地方人民政府拟申请征收土地的，应当开展拟征收土地现状调查和社会稳定风险评估，并将征收范围、土地现状、征收目的、补偿标准、安置方式和社会保障等在拟征收土地所在的乡（镇）和村、村民小组范围内公告至少三十日，听取被征地的农村集体经济组织及其成员、村民委员会和其他利害关系人的意见。

多数被征地的农村集体经济组织成员认为征地补偿安置方案不符合法律、法规规定的，县级以上地方人民政府应当组织召开听证会，并根据法律、法规的规定和听证会情况修改方案。

拟征收土地的所有权人、使用权人应当在公告规定期限内，持不动产权属证明材料办理补偿登记。县级以上地方人民政府应当组织有关部门测算并落实有关费用，保证足额到位，与拟征收土地的所有权人、使用权人就补偿、安置等签订协议；个别确实难以达成协议的，应当在申请征收土地时如实说明。

相关前期工作完成后，县级以上地方人民政府方可申请征收土地。

第四十八条 征收土地应当给予公平、合理的补偿，保障被征地农民原有生活水平不降低、长远生计有保障。

征收土地应当依法及时足额支付土地补偿费、安置补助费以及农村村民住宅、其他地上附着物和青苗等的补偿费用，并安排被征地农民的社会保障费用。

征收农用地的土地补偿费、安置补助费标准由省、自治区、直辖市通过制定公布区片综合地价确定。制定区片综合地价应当综合考虑土地原用途、土地资源条件、土地产值、土地区位、土地供求关系、人口以及经济社会发展水平等因素，并至少每三年调整或者重新公布一次。

征收农用地以外的其他土地、地上附着物和青苗等的补偿标准，由省、自治区、直辖市制定。对其中的农村村民住宅，应当按照先补偿后搬迁、居住条件有改善的原则，尊重农村村民意愿，采取重新安排宅基地建房、提供安置房或者货币补偿等方式给予公平、合理的补偿，并对因征收造成的搬迁、临时安置等费用予以补偿，保障农村村民居住的权利和合法的住房财产权益。

县级以上地方人民政府应当将被征地农民纳入相应的养老等社会保障体系。被征地农民的社会保障费用主要用于符合条件的被征地农民的养老保险等社会保险缴费补贴。被征地农民社会保障费用的筹集、管理和使用办法，由省、自治区、直辖市制定。

征收安置补偿方案因未经征求意见及论证被确认为违法

——沈某等人诉江苏省徐州市某区人民政府房屋征收补偿决定违法案

【案号】 江苏省徐州市中级人民法院行政判决书，（2018）苏03行初14号

【核心提示】

由于公共利益原因，需要征收国有土地上单位及个人房屋的，应由市、县级人民政府作出征收决定。市、县级人民政府作出的征收决定应当符合国民经济和社会发展规划、土地利用总体规划、城乡规划和专项规划。保障性安居工程建设、旧城区改建，应当纳入市、县级国民经济和社会发展年度计划。征收补偿方案亦应当充分征求被征收人的意见；房屋征收决定作出前，征收补偿费用应当做到足额到位、专户存储、专款专用。

【关键词】

征收决定　补偿方案论证　补偿费用足额到位

【案情回顾】

2017年8月21日，徐州市某区人民政府作出徐鼓政征字［2017］7号房屋征收决定（以下简称7号房屋征收决定），将沈某等人的房屋划入了征收范围进行征收；次日，某区人民政府将7号房屋征收决定进行公告，该公告载明征收项目名称、征收范围、征收补偿方案并告知了申请行政复议和行政

诉讼等权利事项。

因 7 号房屋征收决定在作出前，补偿方案从未征求过沈某等人的意见，故沈某等人对 7 号房屋征收决定及补偿方案不予认可，并委托律师将某区人民政府作为被告，诉至徐州市中级人民法院。

徐州市中级人民法院审理后，认为某区人民政府未在法定举证期限内提交征收项目符合国民经济和社会发展年度计划的证据，也未提交对征收补偿方案进行论证的证据，且提交的证据不能证明征收补偿费用在征收决定作出前已经足额到位、专户存储、专款专用，因此 7 号房屋征收决定应当依法予以撤销。但鉴于该项目涉及公共利益，且绝大多数被征收人已经签约，如果撤销会对国家利益、社会公共利益造成重大损害，故未予撤销。

【办案结果】

徐州市中级人民法院作出（2018）苏 03 行初 14 号行政判决书，判决如下：

确认徐州市某区人民政府作出的 7 号房屋征收决定违法。

【律师点评】

国有土地上的房屋征收决定，是根据《国有土地上房屋征收与补偿条例》第八条的规定，由市、县级人民政府为了保障国家安全、促进国民经济和社会发展等公共利益的需要，作出的征收国有土地上单位、个人所有房屋的法律文书。房屋是居民最基本的生活保障，故征收决定的作出将会对被拆迁人的利益产生重大的影响，因此对房屋实施征收需经过严格的程序，以最大限度地保障被征收人的合法权益。

一、征收国有土地上房屋的基本原则

根据《国有土地上房屋征收与补偿条例》第一条至第三条的规定，因公共利益的需要，确需征收房屋的，由市、县人民政府作出针对国有土地上房屋的征收决定；房屋征收与补偿应当遵循决策民主、程序正当、结果公开的原则。

二、征收国有土地上房屋应符合公共利益的需要

根据《国有土地上房屋征收与补偿条例》第八条的规定，公共利益是指：（1）国防和外交的需要；（2）由政府组织实施的能源、交通、水利等基础设施建设的需要；（3）由政府组织实施的科技、教育、文化、卫生、体育、环境和资源保护、防灾减灾、文物保护、社会福利、市政公用等公共事业的需要；（4）由政府组织实施的保障性安居工程建设的需要；（5）由政府依照城乡规划法有关规定组织实施的对危房集中、基础设施落后等地段进行旧城区改建的需要。

只是单纯地进行商业开发等商业行为，是不能按照《国有土地上房屋征收与补偿条例》进行征收的；但实际上公共利益与商业利益、商业开发等并非完全对立，甚至两者经常存在交叉，事实上也确实存在个别征收项目打着旧城区改建等招牌进行商业开发，在此情况下则需要结合《国有土地上房屋征收与补偿条例》第九条的规定进行综合审查、甄别，以判断征收决定的作出是否符合公共利益需要。

三、征收国有土地上房屋应符合相应的规划要求

在征收的国有土地上房屋进行的各项建设活动，在符合公共利益的前提下，同时还应当符合相应的规划要求。根据《国有土地上房屋征收与补偿条例》第九条的规定，应当符合国民经济和社会发展规划、土地利用总体规划、城乡规划和专项规划。如果涉及保障性安居工程建设、旧城区改建，应当纳入市、县级国民经济和社会发展年度计划。

结合到本案，某区人民政府在法定举证期限内提交了徐州市规划局作出的《关于某旧城区（棚户区）改造项目是否符合市城乡规划和专项规划的函的复函》、徐州市国土资源局作出的《关于〈关于某旧城区（棚户区）改造项目是否符合市土地利用总体规划的函〉的答复》、徐州市发展和改革委员会作出的《关于某旧城区（棚户区）改造项目符合市国民经济和社会发展规划的复函》以证明符合4个规划。但笔者认为，某区人民政府提交的只是相关部门的证明文件，证明文件并不是规划文件本身，证明文件也无法体现规划文件是否依法进行制定和审批，一般情况下，国民经济和社会发展规划是由发展改革部门会同有关部门负责起草；土地利用总体规划实行分级审批，

土地利用总体规划逐级上报省、自治区、直辖市人民政府批准；其中，乡（镇）土地利用总体规划可以由省级人民政府授权的设区的市、自治州人民政府批准；对于城乡规划及专项规划，一般是由规划部门进行编制。因此某区人民政府证明文件不能证明7号房屋征收决定符合4个规划。

另外，因为本案中征收决定涉及的项目为旧城区改造，依照《国有土地上房屋征收与补偿条例》的规定，应当纳入市、县级国民经济和社会发展年度计划，但某区人民政府在开庭审理时才提交相关证据的，根据《行政诉讼法》第三十四条的规定，被告对作出的行政行为负有举证责任，应当提供作出该行政行为的证据和所依据的规范性文件。被告不提供或者无正当理由逾期提供证据的，视为没有相应证据。因此视为某区人民政府作出征收决定时没有该证据。

四、征收补偿方案的制定及补偿标准

因征收国有土地上房屋需要给予被征收人公平的补偿，补偿方案决定着被征收人具体能获得什么样的补偿，因此征收补偿方案的制定有着严格的程序要求，并需要征求被征收人的意见；虽然补偿方案由房屋征收部门拟定，但补偿标准并不是随意制定的，《国有土地上房屋征收与补偿条例》第十九条规定，对被征收房屋价值的补偿是不得低于房屋征收决定公告之日被征收房屋类似房地产的市场价格。

另外，根据《国有土地上房屋征收与补偿条例》第十条、第十一条的规定，最终形成的征收补偿方案需要经过以下环节：

（1）由市、县级人民政府组织有关部门对征收补偿方案进行论证；

（2）将论证后的征收补偿方案予以公布并征求公众意见，征求意见期限不得少于30日；

（3）市、县级人民政府应当将征求意见情况和根据公众意见修改的情况及时公布；

（4）因旧城区改建需要征收房屋，多数被征收人认为征收补偿方案不符合本条例规定的，市、县级人民政府应当组织由被征收人和公众代表参加的听证会，并根据听证会情况修改方案。

本案中，某区人民政府虽发布公告，将房屋征收补偿方案对外公布征求公众意见，公布期限为30日；后某区人民政府也作出公告，将针对补偿方案公布期间征求意见情况和根据公众意见修改后的补偿方案予以公布，但是某区人民政府确没有提供证据证明征收补偿方案已经经有关部门进行了论证，因此，没有论证过的补偿方案无论怎么公示、怎么征求意见、怎么进行修改都不符合《国有土地上房屋征收与补偿条例》的规定。

五、征收决定作出前的风险评估程序

根据《国有土地上房屋征收与补偿条例》第十二条的规定，市、县级人民政府作出房屋征收决定前，应当按照有关规定进行社会稳定风险评估；实践中，风险评估一般需包括以下内容：

（1）对征收的合法性进行评估；

（2）对征收的合理性进行评估；

（3）对征收的可行性进行评估；

（4）对征收的社会治安问题进行评估。

房屋征收决定事关广大人民群众的切身利益，关系群众利益调整的重大决策，必然会影响社会稳定，故社会稳定风险评估系征收程序中的一项必要程序。

六、征收决定作出前，征收补偿费用应当足额到位、专户存储、专款专用

房屋是被征收人最基本的生活保障，房屋征收决定事关广大人民群众的切身利益；因此，为了确保被征收人在房屋征收时能够足额拿到补偿款，《国有土地上房屋征收与补偿条例》第十二条规定，征收决定作出前，征收补偿费用应当足额到位、专户存储、专款专用。这条要求看起来只是简单的一句话，但包含的信息量非常大，要求也十分明确。

1. 征收补偿费用应当足额到位

征收房屋的补偿方式包括房屋置换补偿及货币补偿两部分，征收补偿费用的足额到位，是指用于征收补偿的安置房、货币的数量应当符合征收补偿方案的要求，能够保证全部被征收人得到依法补偿和妥善安置。像补偿费未全部到位就开始征收，或者边征收边安排，这些所谓的“变通”都是违法的。

2. 征收补偿费用应当专户储存

由于是由市、县级人民政府负责本行政区域的房屋征收与补偿工作，因此市、县级人民政府应当保证征收补偿费用的科学管理，且不能够存入市、县人民政府的基本账户或者其他账户。

3. 征收补偿费用应当专款专用

征收补偿费用只能用于发放征收补偿，不得挪作他用，不得以任何形式截留、私分或者变相私分。

本案中，某区人民政府提供的证据不能证明征收决定作出前征收补偿费用已经足额到位、专户存储、专款专用，因此徐州市中级人民法院对该部分亦未予认定。

【经验提示】

房屋是被征收人最基本的生活工具，也是被征收人最基本的生活保障，因此对房屋进行征收虽然看似是简单的一纸征收决定，但涉及成百上千家庭的根本利益，需要进行大量的工作并履行诸多程序。

“风能进、雨能进、国王不能进。”这个古老的谚语说明公民的合法私有财产不可侵犯，国家只有在为了实现公共利益的前提下，才能够要求房屋所有权人将自己的财产让渡给国家，征收房屋应当给予被征收人合理的补偿，因此，征收的补偿对于被征收人而言属于重大的权益事项，补偿方案的制定直接影响被征收人。在此情况下，《国有土地上房屋征收与补偿条例》规定了对征收补偿方案的征求意见制度，在征收补偿方案作出前，给予被征收人充分表达意见的机会，切实保证在征收补偿活动中被征收人的利益，保障被征收人的知情权、参与权、建议权。

笔者代理的案件中，很多被征收人看了公示的安置补偿方案征求意见稿，认为补偿不合理就对其置之不理，以消极的态度进行对抗，其实这种方式是错误的。在征求意见期间，若对安置补偿方案确定的补偿标准有异议，被征收人应当采取积极的方式向有关部门反映、充分表达意见，行使自己的合法权利，并保留好相关的证据，市、县级人民政府有义务将征求意见情况和根据公众意见修改的情况及时公布。若市、县级人民政府未公布上述情况，则被征收人可以提供相应的证据依法维权，以保证自己合法的权益不受侵害。

【相关规定】

《国有土地上房屋征收与补偿条例》

第一条 为了规范国有土地上房屋征收与补偿活动，维护公共利益，保障被征收房屋所有权人的合法权益，制定本条例。

第二条 为了公共利益的需要，征收国有土地上单位、个人的房屋，应当对被征收房屋所有权人（以下称被征收人）给予公平补偿。

第三条 房屋征收与补偿应当遵循决策民主、程序正当、结果公开的原则。

第八条 为了保障国家安全、促进国民经济和社会发展等公共利益的需要，有下列情形之一，确需征收房屋的，由市、县级人民政府作出房屋征收决定：

（一）国防和外交的需要；

（二）由政府组织实施的能源、交通、水利等基础设施建设的需要；

（三）由政府组织实施的科技、教育、文化、卫生、体育、环境和资源保护、防灾减灾、文物保护、社会福利、市政公用等公共事业的需要；

（四）由政府组织实施的保障性安居工程建设的需要；

（五）由政府依照城乡规划法有关规定组织实施的对危房集中、基础设施落后等地段进行旧城区改建的需要；

（六）法律、行政法规规定的其他公共利益的需要。

第十七条 作出房屋征收决定的市、县级人民政府对被征收人给予的补偿包括：

（一）被征收房屋价值的补偿；

（二）因征收房屋造成的搬迁、临时安置的补偿；

（三）因征收房屋造成的停产停业损失的补偿。

市、县级人民政府应当制定补助和奖励办法，对被征收人给予补助和奖励。

第十九条第一款 对被征收房屋价值的补偿，不得低于房屋征收决定公告之日被征收房屋类似房地产的市场价格。被征收房屋的价值，由具有相应资质的房地产价格评估机构按照房屋征收评估办法评估确定。

第二十条 房地产价格评估机构由被征收人协商选定；协商不成的，通过多数决定、随机选定等方式确定，具体办法由省、自治区、直辖市制定。

房地产价格评估机构应当独立、客观、公正地开展房屋征收评估工作，任何单位和个人不得干预。

第二十一条 被征收人可以选择货币补偿，也可以选择房屋产权调换。

被征收人选择房屋产权调换的，市、县级人民政府应当提供用于产权调换的房屋，并与被征收人计算、结清被征收房屋价值与用于产权调换房屋价值的差价。

因旧城区改建征收个人住宅，被征收人选择在改建地段进行房屋产权调换的，作出房屋征收决定的市、县级人民政府应当提供改建地段或者就近地段的房屋。

第二十六条 房屋征收部门与被征收人在征收补偿方案确定的签约期限内达不成补偿协议，或者被征收房屋所有权人不明确的，由房屋征收部门报请作出房屋征收决定的市、县级人民政府依照本条例的规定，按照征收补偿方案作出补偿决定，并在房屋征收范围内予以公告。

补偿决定应当公平，包括本条例第二十五条第一款规定的有关补偿协议的事项。

被征收人对补偿决定不服的，可以依法申请行政复议，也可以依法提起行政诉讼。

《行政诉讼法》

第三十四条 被告对作出的行政行为负有举证责任，应当提供作出该行政行为的证据和所依据的规范性文件。

被告不提供或者无正当理由逾期提供证据，视为没有相应证据。但是，被诉行政行为涉及第三人合法权益，第三人提供证据的除外。

《土地管理法》

第十七条 土地利用总体规划按照下列原则编制：

（一）落实国土空间开发保护要求，严格土地用途管制；

（二）严格保护永久基本农田，严格控制非农业建设占用农用地；

（三）提高土地节约集约利用水平；

（四）统筹安排城乡生产、生活、生态用地，满足乡村产业和基础设施用地合理需求，促进城乡融合发展；

（五）保护和改善生态环境，保障土地的可持续利用；

（六）占用耕地与开发复垦耕地数量平衡、质量相当。

第二十条 土地利用总体规划实行分级审批。

省、自治区、直辖市的土地利用总体规划，报国务院批准。

省、自治区人民政府所在地的市、人口在一百万以上的城市以及国务院指定的城市的土地利用总体规划，经省、自治区人民政府审查同意后，报国务院批准。

本条第二款、第三款规定以外的土地利用总体规划，逐级上报省、自治区、直辖市人民政府批准；其中，乡（镇）土地利用总体规划可以由省级人民政府授权的设区的市、自治州人民政府批准。

土地利用总体规划一经批准，必须严格执行。

《城乡规划法》

第十五条 县人民政府组织编制县人民政府所在地镇的总体规划，报上一级人民政府审批。其他镇的总体规划由镇人民政府组织编制，报上一级人民政府审批。

第二部分

行政强制与违法拆除

民事主体为行政目的实施强制行为应视为行政委托

——杨某诉湖北省武汉市某区人民政府强拆违法最高人民法院再审案

【案号】 最高人民法院行政裁定书，(2018) 最高法行申 3017 号

【核心提示】

民事主体接受行政机关的委托，虽然委托内容不明，但其行为是为行政目的而实施，且最终结果为行政机关所接受的，应定性为行政委托。

【关键词】

行政委托　行政强制　行政目的

【案情回顾】

杨某系湖北省武汉市某路 113 号房屋的合法所有人，房屋所在地为武汉市某区。2014 年年初，某区人民政府为实施道路综合改造提升工程，口头委托武汉市某拆迁事务所对该工程涉及范围内的 4 栋房产采取“协议收购”模式，将土地及房产收回。除杨某之外，该拆迁事务所先后与其他 3 户居民就房屋征收达成协议，2014 年 6 月，该事务所通知杨某到拆迁现场表示要拆除房屋，杨某坚持不同意见，但拆迁事务所称当天必须拆除，杨某无奈地说“你们拆就拆吧”，随之拆迁事务所强行将杨某所有的 113 号房屋拆除并对外宣称系杨某同意而采取的措施。拆除后不久，某区政府对包括杨某房屋和土

地在内的区域，作出了房屋征收决定，并认为因杨某的房屋已经被拆除，故杨某不是征收决定的被征收人。与之同时，区政府按原规划用途将房屋所在地改建为城市绿地。

杨某认为拆迁事务所拆除自己房屋的行为，系拆迁事务所接受区政府委托之行为，遂以某区政府为被告向武汉市中级人民法院提起行政诉讼。

【办案结果】

武汉市中级人民法院审理后作出的（2015）鄂武汉中行初字第00234号行政判决书认为：

杨某的房屋被拆除，是某拆迁事务所接受某区政府委托进行的行为，故判令某区政府强拆杨某房屋的行政行为违法。一审判决作出后，某区政府向湖北省高级人民法院提起上诉。

湖北省高级人民法院审理后作出的（2016）鄂行终201号行政判决书认为：原判决既然认定某区政府委托某拆迁事务所拆除了杨某的房屋，应当将拆迁事务所列为第三人参加诉讼，原审没有把某拆迁事务所作为第三人追加到本案诉讼，认定基本事实不清，证据不足，遂撤销原判决，发回重审。

武汉市中级人民法院重审后作出的（2016）鄂01行初466号行政裁定书认为：某区政府委托某拆迁事务所进行协议收购，并没有委托该拆迁事务所拆除房屋，拆迁事务所超出了某区政府的委托范围；拆迁事务所自认拆除杨某的房屋，是自身作为民事主体实施的民事行为，与某区政府无关。杨某以某区政府作为被告起诉到法院，不属于行政诉讼受案范围，武汉市中级人民法院遂驳回杨某的起诉。杨某不服，向湖北省高级人民法院提起上诉。

湖北省高级人民法院对原审裁定审理后作出的（2017）鄂行终791号行政裁定书认为：杨某提供的证据不足以证明案涉房屋被拆除，是拆迁事务所接受区政府委托而实施的行为。某区政府的事后征收行为，与拆迁事务所的先前拆除行为无关。湖北省高级人民法院维持原审裁定。杨某不服，向最高人民法院申请再审。

最高人民法院经审查，作出的（2018）最高法行申3017号行政裁定书认为：市、县级人民政府负责本辖区内的房屋征收与补偿工作，被诉行为作出时虽然没作出征收决定，但征收决定作出时，涉案房屋所在区域在征收范围内。同时，某区政府对委托拆迁事务所协议收购房产没有异议，对拆迁事务所对其他对象的房屋拆除也没有异议。故某区政府称拆迁事务所超过其委托范围，从而不承担责任的辩解，不能成立。最高人民法院遂指令湖北省高级人民法院对此案予以再审，再审期间中止原裁定的执行。

湖北省高级人民法院接受最高人民法院的指令后进行再审，其间，当事人双方协调结案。

【律师点评】

本案中，武汉市中级人民法院先是确认了某区政府强拆行为违法，后某区政府上诉，经湖北省高级人民法院审理作出裁定后，某区政府把责任完全推给拆迁事务所，认为该拆除行为系民事行为，拆迁事务所则对强拆责任大包大揽。案件从 2014 年开始一直延续到 2020 年，直到最高人民法院再审作出认定后，案件才归回到原点，即某区政府要对强拆杨某房屋的行为承担法律责任，案件从原点回到原点，从某种意义上讲也是终点，经最高人民法院对强拆行为的法律责任确定后，当事人的赔偿问题经协商而得以解决。

一、本案所涉“协议收购”是行政行为，这期间所产生的行为受行政法调整

某区政府是承担中北路沿线整治范围拆迁工作的行政单位。某区政府所称协议收购，是为实施自己辖区内中北路整体改造提升的行政目的而产生的行为，区政府及第三人对该情节及相关事实均无异议。但需要明确，“政府协议收购房产”和公民之间市场经济中的房产交易行为不同。政府为了实施某个建设项目，能采取协议收购模式对公民的房产进行收回吗？答案是否定的。首先，从收购主体上来看，民间对房产的交易行为，建立在当事人对个人财产的所有权支配上，购买的房产最终归属于当事人本人。其次，政府收购房产所支付的费用，是基于国家资产，并非归属其单位所有；而收购后的法律后果，房产权属也不能归单位私有。故某区政府的该种“协议收购行为”和市场经济中的民事行为不同，该行为是行政行为。

我国《行政诉讼法》第十二条第一款第（十一）项，把行政机关为了实施行政管理需要而产生的政府与公民的协议，纳入受案范围，故本案虽然未达成协议，但有关在行政协议过程中所产生的协商、订立、履行、拆除等行为，均属于行政行为范畴。

二、“协议收购”作为委托事项，因无法律法规授权属于违法行为，基于违法行为而产生的法律责任后果，由委托人某区政府承担责任

“协议收购行为”既然不是民事行为而属于行政行为，就要依法进行，否则即属于违法。我国《土地管理法》《民法典》《国有土地上房屋征收与补偿条例》规定，因公共利益需要进行项目建设，可以对土地及房产按照法律规定的程序进行征收，现有法律规定并不存在“协议收购”之条款，故“协议收购”是一种违法的行政行为。

根据《最高人民法院关于执行〈中华人民共和国行政诉讼法〉若干问题的解释》（法释〔2000〕第8号）第二十一条的规定：行政机关在没有法律、法规或者规章规定的情况下，授权其内设机构、派出机构或者其他组织行使行政职权的，应当视为委托。当事人不服提起诉讼的，应当以该行政机关为被告。本案在一审和二审期间，法释〔2000〕第8号司法解释处于有效期，后被2018年2月8日实施的《最高人民法院关于适用〈中华人民共和国行政诉讼法〉的解释》（法释〔2018〕1号）废止，但法释〔2018〕1号司法解释第二十条第三款亦规定：“没有法律、法规或者规章规定，行政机关授权其内设机构、派出机构或者其他组织行使行政职权的，属于行政诉讼法第二十六条规定的委托。当事人不服提起诉讼的，应当以该行政机关为被告。”所以，无论新旧司法解释，都将没有法律、法规或者规章的规定而产生的授权事项，界定为委托行为，由处于委托人地位的行政机关承担法律后果，故某区政府系适格的被告主体。

三、权责一致性原则，某区政府亦应承担相应法律责任

对收购房产进行拆除，是某区政府委托第三人处理的一部分行政事务，这点在审理过程已经查明：“拆迁事务所对其他被收购人的房产进行拆除、区政府没有表示异议。”第三人在庭审中也明确提到“虽然是收购，但实际上和征收程序相同”。被告和第三人也均认可“协议收购”所签订的协议，其范本也是征收协议。且案涉区域的房屋被拆除后，房屋所在土地经绿化也实际用于行政管理需要，享有权利即应要承担义务，案涉行为的责任归属，与区政府行政目的的实现，两者密不可分，按照权责一致原则，某区人民政府也要依法应承担拆除行为的法律后果。

如上所述，因政府基于行政管理目的而实施的行为所形成的收购协议是行政协议，在行政协议的协商、订立、实施及实施行政行为过程中产生的行为是行政行为。房屋拆除工作不仅只针对当事人本人，对协议收购区域内的房屋拆除也是拆迁事务所的工作，且某区政府对该拆除行为均没有表示异议。案涉房屋被拆除后，最终利益也由区政府享有。故拆迁事务所的拆除行为，是一种基于受托而作出的行政行为。另外，区政府无法提供强拆房屋合法性的程序及实体证据，应当被认定是违法拆除行为。

【经验提示】

某区政府为实施市政工程而采取“协议收购”模式进行收回房屋及土地，违反了法律规定，虽然违法，但现实中以所谓“协议收购”进行征收的地方仍然很多，因为“协议收购”往往很高效。其主要原因在于双方如以协商的方式订立了协议，即包含了双方自愿的意思表示，即便是“被征收人”事后发现不妥，但一方面因为对方是政府机关，另一方面自己在当时也认可，如想推翻原协议再进行诉讼也面临巨大压力，所以只好放弃。但根据我国《土地管理法》《民法典》《国有土地上房屋征收与补偿条例》的规定，因公共利益需要使用国有土地的，要依照法律规定的权限和程序进行。作为“被征收人”，如果在没有看到法定的征收批准文件及征收决定前，无论征收方采取何种途径，都可初步判断为违法，那么就意味着地方政府本身就不应该进行征收。同理，“协议收购”即便是披上了双方自愿的外衣，也属于以“合法形式掩盖非法目的”之行为，应为无效。

关于责任归属问题，因“协议收购”模式本身不符合法律规定，地方政府的委托事项就不具备合法性，受托人在实施非法事项中所产生的责任，应由委托人及受托人共同承担责任。即委托事项虽然非法，但不影响某区政府和拆迁事务所委托关系的成立。本案当中，某区政府即是因为此，最终被最高人民法院确认，由其承担违法行政行为的责任后果。

有必要说明的是，《最高人民法院关于适用〈中华人民共和国行政诉讼法〉的解释》第二十五条规定：市、县级人民政府确定的房屋征收部门组织实施房屋征收与补偿工作过程中作出行政行为，被征收人不服提起诉讼的，以房屋征收部门为被告。征收实施单位受房屋征收部门委托，在委托范围内从事的行为，被征收人不服提起诉讼的，应当以房屋征收部门为被告。据此很多地方政府为了推脱责任，把征收实务中的所有问题都推卸到房屋征收部门，从而将管辖权掌控在地方政府的管理范围之内。但实际上，该条款的运用是有前提的，即必须是在依法征收的前提下，才能把征收部门作为被告。如地方政府连基本的征地批复或者征收决定都不存在，就开始进行所谓“征收”，则该“征收”属于“违法的行政行为”，从而形成地方政府将“非法事务”交给所谓的“征收部门”进行“违法的行政行为”，应按照《最高人民法院关于适用〈中华人民共和国行政诉讼法〉的解释》第二十条第三款规定界定为委托，由委托人作为被告。

【相关规定】

《行政诉讼法》

第十二条 人民法院受理公民、法人或者其他组织提起的下列诉讼：

（一）对行政拘留、暂扣或者吊销许可证和执照、责令停产停业、没收违法所得、没收非法财物、罚款、警告等行政处罚不服的；

（二）对限制人身自由或者对财产的查封、扣押、冻结等行政强制措施和行政强制执行不服的；

（三）申请行政许可，行政机关拒绝或者在法定期限内不予答复，或者对行政机关作出的有关行政许可的其他决定不服的；

（四）对行政机关作出的关于确认土地、矿藏、水流、森林、山岭、草原、荒地、滩涂、海域等自然资源的所有权或者使用权的决定不服的；

（五）对征收、征用决定及其补偿决定不服的；

（六）申请行政机关履行保护人身权、财产权等合法权益的法定职责，行政机关拒绝履行或者不予答复的；

（七）认为行政机关侵犯其经营自主权或者农村土地承包经营权、农村土地经营权的；

（八）认为行政机关滥用行政权力排除或者限制竞争的；

（九）认为行政机关违法集资、摊派费用或者违法要求履行其他义务的；

（十）认为行政机关没有依法支付抚恤金、最低生活保障待遇或者社会保险待遇的；

（十一）认为行政机关不依法履行、未按照约定履行或者违法变更、解除政府特许经营协议、土地房屋征收补偿协议等协议的；

（十二）认为行政机关侵犯其他人身权、财产权等合法权益的。

除前款规定外，人民法院受理法律、法规规定可以提起诉讼的其他行政案件。

第二十六条 公民、法人或者其他组织直接向人民法院提起诉讼的，作出行政行为的行政机关是被告。

经复议的案件，复议机关决定维持原行政行为的，作出原行政行为的行政机关和复议机关是共同被告；复议机关改变原行政行为的，复议机关是被告。

复议机关在法定期限内未作出复议决定，公民、法人或者其他组织起诉原行政行为的，作出原行政行为的行政机关是被告；起诉复议机关不作为的，复议机关是被告。

两个以上行政机关作出同一行政行为的，共同作出行政行为的行政机关是共同被告。

行政机关委托的组织所作的行政行为，委托的行政机关是被告。

行政机关被撤销或者职权变更的，继续行使其职权的行政机关是被告。

《最高人民法院关于适用〈中华人民共和国行政诉讼法〉的解释》

第二十条 行政机关组建并赋予行政管理职能但不具有独立承担法律责任能力的机构，以自己的名义作出行政行为，当事人不服提起诉讼的，应当以组建该机构的行政机关为被告。

法律、法规或者规章授权行使行政职权的行政机关内设机构、派出机构或者其他组织，超出法定授权范围实施行政行为，当事人不服提起诉讼的，应当以实施该行为的机构或者组织为被告。

没有法律、法规或者规章规定，行政机关授权其内设机构、派出机构或者其他组织行使行政职权的，属于行政诉讼法第二十六条规定的委托。当事人不服提起诉讼的，应当以该行政机关为被告。

《民法典》

第二百四十三条 为了公共利益的需要，依照法律规定的权限和程序可以征收集体所有的土地和组织、个人的房屋以及其他不动产。

征收集体所有的土地，应当依法及时足额支付土地补偿费、安置补助费以及农村村民住宅、其他地上附着物和青苗等的补偿费用，并安排被征地农民的社会保障费用，保障被征地农民的生活，维护被征地农民的合法权益。

征收组织、个人的房屋以及其他不动产，应当依法给予征收补偿，维护被征收人的合法权益；征收个人住宅的，还应当保障被征收人的居住条件。

任何组织或者个人不得贪污、挪用、私分、截留、拖欠征收补偿费等费用。

第三百五十八条 建设用地使用权期限届满前，因公共利益需要提前收回该土地的，应当依据本法第二百四十三条的规定对该土地上的房屋以及其他不动产给予补偿，并退还相应的出让金。

拆危代拆迁不具有正当性
危房鉴定应当遵守法定程序

——张某诉辽宁省盘锦市某区人民政府危险房屋强制拆除暨紧急避险决定案

【案号】辽宁省高级人民法院行政裁定书，(2018）辽行终206号

【核心提示】

1989年，原建设部制定了《城市危险房屋管理规定》，2004年原建设部对该规定进行了修订。2004年修订后的《城市危险房屋管理规定》对危房管理部门、危房鉴定的申请主体、启动方式、鉴定机构资质、鉴定标准、鉴定程序、鉴定意见及相应的处理方式等作出了较为详细的规定。对于纳入征收范围内的房屋，房屋征收部门无权申请危房鉴定。房屋征收部门以拆除危房的名义实施征收的行为，行政目的不当，属于违法行为。

【关键词】

危房鉴定　拆危代拆迁　紧急避险

【案情回顾】

张某在辽宁省盘锦市某区拥有合法房屋一栋，并取得国有土地上使用权证和房屋所有权证。2010年，张某房屋所在区域进行拆迁，某房地产开发公司通过出让的方式取得涉案区域的土地使用权，并申请取得了拆迁许可证。由于拆迁补偿资金不足等原因，拆迁工作长期处于停滞状态，双方之间未达

成补偿安置协议。2016 年 11 月，原某区住建局突然向张某下发《危险房屋拆除通知书》。随后，某区人民政府作出《危险房屋强制拆除暨紧急避险决定书》（以下简称涉案《决定书》），认定张某的涉案房屋属于危房，以危害公共安全，紧急避险为由，限张某于 2016 年 11 月 18 日前自行拆除，逾期不拆除的，将组织强制拆除，并根据《突发事件应对法》的规定，将以《新开河小区项目房屋征收补偿安置方案》规定的标准进行补偿或者安置。

张某认为，某区人民政府对于早已列入拆迁范围内的房屋，作出的涉案《决定书》没有法律依据。房屋属于独门独院，且只有两层高，周围并无相邻建筑物，远离道路，且已有围挡，并不危害公共安全。某区人民政府作出的涉案《决定书》，名为拆除危房，实际上是欲违法强拆，张某遂向法院提起诉讼，请求撤销某区人民政府作出的涉案《决定书》。

【办案结果】

盘锦市中级人民法院于 2017 年 11 月 21 日作出（2016）辽 11 行初 22 号行政判决书，判决：

确认某区人民政府 2016 年 11 月 11 日作出的涉案《决定书》违法。

辽宁省高级人民法院于 2019 年 12 月 30 日作出（2018）辽行终 206 号行政裁定书，裁定：

1. 准许上诉人张某及盘锦市某区人民政府撤回上诉；

2. 准许原审原告张某撤回起诉；

3. 一审判决视为撤销。（注：在本案二审审理期间，经过协调，张某与某区人民政府达成庭外和解，双方均申请撤诉）

【律师点评】

近年来，在房屋征收过程中，房屋征收部门通过一些看似合法实则违法的“拆违促征收”“拆危促征收”等行为，以求尽快完成征收工作。但是，这种行为因行政目的不当，侵犯了当事人的合法权益。基于本案这种拆危代拆迁行为的典型性与特殊性，北京大学、中国政法大学等在内的多名宪法学与行政法学教授经过专家论证，认为将涉案房屋认定为危房并要求拆除，无论是从危房鉴定的程序、法律的适用，还是执法的目的等多方面，均是违法的。

诉讼中，某区人民政府辩称其为了贯彻《国务院关于进一步做好城镇棚户区和城乡危房改造等有关工作的意见》，根据《突发事件应对法》《城市危险房屋管理规定》的规定，在辖区范围内进行危房排查，排查中发现张某的房屋年久失修，随时有危害张某及不特定人员生命、健康的潜在危险，遂委托山东省建筑工程质量监督检验测试中心进行鉴定，认定张某的房屋为D级危房，无修缮价值，需立即拆除，为此作出了涉案《决定书》。根据《刑法》的规定，紧急避险不属于行政诉讼的受案范围。同时辩称其作出的涉案《决定书》属于授益性行为，没有损害行政相对人的利益。

代理律师认为，根据《城市危险房屋管理规定》中关于危房鉴定的申请主体、启动方式、鉴定机构的资质、鉴定的程序等方面，某区人民政府作出的涉案《决定书》不符合规定，所谓的依据《突发事件应对法》也是法律适用错误，本案情形不符合《突发事件应对法》第三条以及《国务院办公厅关于印发〈省（区、市）人民政府突发公共事件总体应急预案框架指南〉的函》（国办函〔2004〕39号）附件部分第三条关于四类突发事件的规定。张某的房屋被纳入了拆迁范围内，其房屋补偿问题应当通过法定的程序解决，不能通过拆除危房的形式，代替征收拆迁过程中应当履行的法定程序。某区人民政府以拆除危房为名实施征收行为，目的不当。

一审盘锦市中级人民法院支持了代理律师的观点，一审判决书中除了对某区人民政府作出涉案《决定书》的法定职权、事实依据、法定程序、法律适用作出评价之外，还特别明确了某区人民政府作出涉案《决定书》的行政目的不当。本案通过司法确认的形式，认定在征收过程中，试图通过拆除危房的名义实现征收目的的行为，是不合法的。

结合本案，在征收过程中，涉及拆除危房的行为是否合法，可以从以下几个方面进行判断。

第一，先对危房鉴定过程是否合法进行审查，主要审查启动危房鉴定的主体是否有资格、鉴定机构是否具有鉴定资格、鉴定的程序是否合法、鉴定标准是否合法、鉴定意见是否合法等。

1. 启动危房鉴定的主体是特定的。危房的鉴定是一种被动行为，鉴定机构无权主动启动鉴定程序进行鉴定，只有有资格的主体提出申请，鉴定机构受理后才能按照法定的程序进行鉴定。根据《城市危险房屋管理规定》第七条、第十三条的规定，一般情况下，具有申请危房鉴定资格的主体是房屋的所有人或者使用人，前者如房屋的所有权人，后者如公房的承租人。在特殊情况下，受理危房争议的仲裁机构、审判机关，在受理涉及危险房屋纠纷案件的仲裁或者审理过程中，可以要求危房鉴定机构进行鉴定。

那么，危房管理机构是否有权提出鉴定呢？《城市危险房屋管理规定》赋予城市县级以上地方人民政府房地产行政主管部门负责辖区内的城市危房管理工作。对于危房管理机构能否提起危房鉴定，法律并未进行明确的规定。如果从严格的职权法定角度来说，法律、法规、规章没有授予危房管理机构提出危房鉴定的职权，那么其就无权提起鉴定程序。但是，从行政机关履行行政管理职责的角度，必要时可以赋予危房管理机构启动危房鉴定程序的权利，这一“必要时”应当受到严格的限制。结合拟鉴定房屋的周边环境，在影响他人人身财产安全或者影响公共安全，必须立即整改的情况下，危房管理机构告知房屋的权利人或者使用人申请鉴定，而房屋权利人或者使用人不提出申请的情况下，危房管理机构可以提起鉴定程序。但是，就其鉴定意见应当给予房屋的所有权人或者使用人提起异议的权利。目前《城市危险房屋管理规定》中并未作出类似的规定，期待后续修改时能够进行完善。

2. 危房鉴定机构与鉴定机构印章是特定的。对于危险房屋的鉴定，并非任何一个鉴定机构就能鉴定的，根据《城市危险房屋管理规定》第六条的规定，进行危房鉴定的机构应当是市、县人民政府房地产行政主管部门应设立房屋安全鉴定机构，统一启用“房屋安全鉴定专用章”。本案中，一审人民法院未采信山东省建筑工程质量监督检验测试中心出具的鉴定报告，其中一个理由，就是该鉴定机构并非由房地产行政主管部门设定，提供的资质证明文件中没有对危房鉴定的资质，鉴定报告中所加盖的公章也非“房屋安全鉴定专用章”。

3. 看危房鉴定的对象是针对整幢房屋还是针对单一的或者个别的住户。根据《城市危险房屋管理规定》第十四条的规定，鉴定危险房屋执行部颁《危险房屋鉴定标准》（CJ－86）。对工业建筑、公共建筑、高层建筑及文物保护建筑等的鉴定，还应参照有关专业技术标准、规范和规程进行。其中，《危险房屋鉴定标准》（CJ－86）经过多次修改，现行有效的是《危险房屋鉴定标准》（JGJ125－2016）。在《危险房屋鉴定标准》（JGJ125－2016）中明确要求，对于危险房屋的鉴定，应当是针对整幢房屋进行鉴定。但是，在实践中，对于纳入征收范围的房屋，按照拆除危房的程序处理时，往往仅是针对没有签订安置补偿协议的被征收人，启动危房鉴定的程序，而对于同一幢房屋中已经签订了补偿安置协议的房屋，则不再进行鉴定。这样的鉴定，显然是违法的。

4. 危房鉴定应当遵守法定程序。《城市危险房屋管理规定》第八条规定中的鉴定程序包括：（1）受理申请；（2）初始调查，摸清房屋的历史和现状；（3）现场勘验、测试、记录各种损坏数据和状况；（4）检验测算，整理技术资料；（5）全面分析，论证定性，作出综合判断，提出处理建议；（6）签发鉴定文书的程序进行。在具体的《危险房屋鉴定标准》中进行了更详细的程序规定，分两阶段三层次。第一阶段：地基危险性鉴定；第二阶段基础及上层结构危险性鉴定。在第一阶段鉴定为危险的情况下，才会启动第二阶段的鉴定程序；第二阶段鉴定分三个层次，分别为：构件危险性、楼层危险性、房屋危险性。如果不是为了专门的危险房屋鉴定，一般会流于形式，而不会按照法定程序严格进行，甚至对实地的现场勘验程序都不会进行。在本案的审理中，因原告对于鉴定的事项不知情，申请鉴定机构的鉴定人员出庭作证，代理人对鉴定人员经过询问，发现其很可能没有来过现场勘验。

5. 看危房鉴定报告的内容以及送达程序是否合法。鉴定报告的内容应当包括：（1）房屋的建筑、结构概况，以及使用的历史、维修情况等；（2）鉴定的目的、内容、范围、依据及日期；（3）调查、检测、分析过程及结果；（4）鉴定等级或评定结果；（5）鉴定意见及建议；（6）相关附件。鉴定报告要加盖“房屋安全鉴定专用章”。

鉴定机构作出鉴定报告后要将鉴定报告送达申请人，由于鉴定是基于房屋所有人或者申请人申请而启动的，故鉴定报告是由鉴定机构送达，而非行政机关向房屋权利人送达鉴定报告或者鉴定意见。但以拆危代征收案件的处理中，鉴定意见一般是房屋征收部门向房屋权利人送达，有些案件中行政机关向当事人送达的并非鉴定报告，而仅是一个结论。本案中，鉴定机构山东省建筑工程质量监督检验测试中心并未向房屋的权利人张某送达鉴定报告，房屋征收部门某区住建局及某区人民政府也未向张某送达鉴定报告，仅是作出了《危险房屋拆除通知书》及涉案《决定书》，其中仅告知涉案房屋属于D级危房，要求拆除。

6. 看鉴定意见的处理是否合法。《危险房屋鉴定标准》（JGJ125－2016）中，将鉴定后房屋的危险性，分为A级无危险点，无危险构件，房屋结构能满足安全使用要求；B级有危险点，个别结构构件评定为危险构件，但不影响主体结构安全，基本能满足安全使用要求；C级局部危险，部分承重结构不能满足安全使用要求，房屋局部处于危险状态，构成局部危房；D级整体危险，承重结构已不能满足安全使用要求，房屋整体处于危险状态，构成整幢危房。对于其中鉴定为危房的，也就是鉴定房屋危险性为B、C、D级别的，根据《城市危险房屋管理规定》及《危险房屋鉴定标准》（JGJ125－2016）的规定，分为观察使用、处理使用、停止使用、整体拆除4个级别。其中采取适当安全技术措施后，尚能短期使用，但需继续观察的房屋，结论是观察使用；采取适当技术措施后，可解除危险的房屋，结论是处理使用；已无修缮价值，暂时不便拆除，又不危及相邻建筑和影响他人安全的房屋，结论是停止使用；整幢危险且无修缮价值，需立即拆除的房屋，属于整体拆除。

在征收过程中，对于一些鉴定为B、C级的房屋，作出的处理结论也是要求必须拆除，这种情况下，有关部门对于危房管理的目的是否正当，值得怀疑。

第二，对鉴定危房的行政目的进行审查，看其认定危房的实质目的是否合法。每部行政实体法都有其自身的立法目的，行政机关依照行政实体法作出行政行为之时，应当符合相应的立法目的。

比如，《行政处罚法》的立法目的，是“规范行政处罚的设定和实施，保障和监督行政机关有效实施行政管理，维护公共利益和社会秩序，保护公民、法人或者其他组织的合法权益”，《国有土地上房屋征收与补偿条例》的立法目的，是“规范国有土地上房屋征收与补偿活动，维护公共利益，保障被征收房屋所有权人的合法权益”，《城市危险房屋管理规定》的立法目的，是“加强城市危险房屋管理，保障居住和使用安全，促进房屋有效利用”。房屋征收过程中，对于被征收人的房屋，在签约期限内达不成一致的情形下，不按照法定的程序作出征收补偿决定，而是按照危房管理的程序进行鉴定，显然不是为了保障居住和使用安全，促进房屋的有效利用，其实质目的是规避补偿的司法审查程序以及司法强拆，利用对公共安全的保护，以应对突发事件的名义，实施强拆行为，显然就是一种违法行为。

【经验提示】

房屋征收过程中，房屋征收部门，应当依照法律、法规所规定的职权与程序，行使相应的权力，而不能通过这种变相的形式，规避法定的程序，侵犯行政相对人的合法权益，其行为最终将承担行政违法的责任，损害行政机关的公信力。适当性原则是衡量行政行为合法性的重要原则之一，该原则要求行政行为的目的必须正当，即须以维护公民私权利、实现国家公共利益为目的，且行政行为的目的与手段不能独立于彼此，必须是“手段以目的为导向，目的依托于手段”的关联关系。结合城市房屋征收，强制征收房屋是一种行政手段，而实现公共利益才是行政目的。倘若强制征收是为了商业开发，那么行政目的便是不适当的，这种情形势必违反适当性原则，自然也就无法成为合法的行政行为。故意歪曲事实，通过鉴定把安全房屋鉴定成为危房，进而以避险为名加以拆除，这样的做法不但因执法目的欠缺正当性，构成违法行政，不受法律保护，也不得民心，所谓名不正则言不顺。被征收人在遇到类似的违法行为之时，应当积极利用法律所赋予的行政复议、行政诉讼的权利，保护自身的合法权益。

【相关规定】

《行政诉讼法》

第七十条 行政行为有下列情形之一的，人民法院判决撤销或者部分撤销，并可以判决被告重新作出行政行为：

（一）主要证据不足的；

（二）适用法律、法规错误的；

（三）违反法定程序的；

（四）超越职权的；

（五）滥用职权的；

（六）明显不当的。

第七十四条　行政行为有下列情形之一的，人民法院判决确认违法，但不撤销行政行为：

（一）行政行为依法应当撤销，但撤销会给国家利益、社会公共利益造成重大损害的；

（二）行政行为程序轻微违法，但对原告权利不产生实际影响的。

行政行为有下列情形之一，不需要撤销或者判决履行的，人民法院判决确认违法：

（一）行政行为违法，但不具有可撤销内容的；

（二）被告改变原违法行政行为，原告仍要求确认原行政行为违法的；

（三）被告不履行或者拖延履行法定职责，判决履行没有意义的。

《城市危险房屋管理规定》

第五条　建设部负责全国的城市危险房屋管理工作。

县级以上地方人民政府房地产行政主管部门负责本辖区的城市危险房屋管理工作。

第六条　市、县人民政府房地产行政主管部门应设立房屋安全鉴定机构（以下简称鉴定机构），负责房屋的安全鉴定，并统一启用“房屋安全鉴定专用章”。

第七条　房屋所有人或使用人向当地鉴定机构提供鉴定申请时，必须持有证明其具备相关民事权利的合法证件。

鉴定机构接到鉴定申请后，应及时进行鉴定。

第八条　鉴定机构进行房屋安全鉴定应按下列程序进行：

（一）受理申请；

（二）初始调查，摸清房屋的历史和现状；

（三）现场查勘、测试、记录各种损坏数据和状况；

（四）检测验算，整理技术资料；

（五）全面分析，论证定性，作出综合判断，提出处理建议；

（六）签发鉴定文书。

第九条 对被鉴定为危险房屋的，一般可分为以下四类进行处理：

（一）观察使用。适用于采取适当安全技术措施后，尚能短期使用，但需继续观察的房屋。

（二）处理使用。适用于采取适当技术措施后，可解除危险的房屋。

（三）停止使用。适用于已无修缮价值，暂时不便拆除，又不危及相邻建筑和影响他人安全的房屋。

（四）整体拆除。适用于整幢危险且无修缮价值，需立即拆除的房屋。

第十条 进行安全鉴定，必须有两名以上鉴定人员参加。对特殊复杂的鉴定项目，鉴定机构可另外聘请专业人员或邀请有关部门派员参与鉴定。

第十三条 受理涉及危险房屋纠纷案件的仲裁或审判机关，可指定纠纷案件的当事人申请房屋安全鉴定；必要时，亦可直接提出房屋安全鉴定的要求。

《突发事件应对法》

第三条 本法所称突发事件，是指突然发生，造成或者可能造成严重社会危害，需要采取应急处置措施予以应对的自然灾害、事故灾难、公共卫生事件和社会安全事件。

按照社会危害程度、影响范围等因素，自然灾害、事故灾难、公共卫生事件分为特别重大、重大、较大和一般四级。法律、行政法规或者国务院另有规定的，从其规定。

突发事件的分级标准由国务院或者国务院确定的部门制定。

《国务院办公厅关于印发〈省（区、市）人民政府突发公共事件总体应急预案框架指南〉的函》

三、内容和范围

突发公共事件是指突然发生，造成或者可能造成重大人员伤亡、重大财产损失、重大生态环境破坏，影响和威胁本地区甚至全国经济社会稳定和政治安定局面的，有重大社会影响的涉及公共安全的紧急事件。根据突发公共事件的性质、演变过程和发生机理，突发公共事件主要分为以下四类：

（一）自然灾害。主要包括水旱灾害，台风、冰雹、雪、沙尘暴等气象灾害，火山、地震灾害，山体崩塌、滑坡、泥石流等地质灾害，风暴潮、海啸等海洋灾害，森林草原火灾和重大生物灾害等。

（二）事故灾难。主要包括民航、铁路、公路、水运等重大交通运输事故，工矿企业、建设工程、公共场所及机关、企事业单位发生的各类重大安全事故，造成重大影响和损失的供水、供电、供油和供气等城市生命线事故以及通讯、信息网络、特种设备等安全事故，核与辐射事故，重大环境污染和生态破坏事故等。

（三）突发公共卫生事件。主要包括突然发生，造成或可能造成社会公众健康严重损害的重大传染病（如鼠疫、霍乱、肺炭疽、O157、传染性非典型肺炎等）疫情、群体性不明原因疾病、重大食物和职业中毒，重大动物疫情，以及其他严重影响公众健康的事件。

（四）突发社会安全事件。主要包括重大刑事案件、涉外突发事件、恐怖袭击事件、经济安全事件以及规模较大的群体性事件等。

随着形势的发展，今后还会出现一些新情况，突发公共事件的类别和内容将适当调整，同时要注意各类突发公共事件的相互联系和相互影响。

拆违代拆迁属于行政违法行为

——申某诉贵州省贵阳市某县级市综合行政执法局强制执行决定案

【案号】 贵州省贵阳市南明区人民法院行政判决书，（2018）黔0102行初2号

【核心提示】

为了公共利益的需要征收公民、法人或者其他组织的私人财产，尤其是房产，是法律赋予国家机关强制力的一种体现形式，但是具体的征收部门在实施征收工作中，必须严格依照法律法规规定的程序实施。如果在实施征收工作的过程中，通过一些违背征收目的的行为，促进征收工作，该种行为为法律所禁止。比如，在征收中有关部门经常使用的拆违代征收、拆违促征收这种工作方式，就应当被法律作出否定性评价。不能为了征收工作的需要，而将当事人的房屋按照违法建筑的程序拆除。

【关键词】

强制执行决定　违法建筑　拆违代征收

【案情回顾】

2018年4月18日，贵州省贵阳市某县级市综合行政执法局接到红枫片区管委会举报申某在某县级市××社区××组修建了面积约1922.82平方米的无产权房屋。某县级市综合行政执法局于次日立案进行处理，并在同日对申某作出清行政执法通知字［2018］第×××号行政执法调查通知书，要求

申某于2018年4月20日前接受调查并提供相关材料。同日，某县级市综合行政执法局到现场对申某修建的房屋进行勘验并制作勘验记录，但勘验记录上没有申某的签字。2018年4月23日，某县级市综合行政执法局作出清行政执法责改字［2018］第×××号责令限期改正通知书，就申某修建案涉房屋的行为，告知其违反了《城乡规划法》第六十四条之规定，责令其于2018年4月24日前“限期内自行拆除”。同年5月17日某县级市综合行政执法局作出清行政执法告知字［2018］×××号行政处罚告知通知书，告知申某根据《城乡规划法》第四十条、第六十四条之规定，拟对其作出“限三日内自行拆除”的行政处罚并告知其陈述、申辩、听证的权利。某县级市综合行政执法局根据其向相关部门调取的“某县级市红枫四小扩建工程”房屋征收面积认定表、房屋调查表等证据于2018年5月23日作出清行政执法罚决字［2018］第×××号行政处罚决定书，依据《城乡规划法》第六十四条之规定，责令申某等于2018年5月28日前自行拆除其在某县级市××社区××组修建的约1922.82平方米的砖混结构建筑物，逾期将依法强制执行。2018年6月21日某县级市综合行政执法局作出筑（清）综执催告字［2018］第×××号催告书，催告申某等自收到催告书之日起3日内自行拆除上述违法建筑。2018年6月27日某县级市综合行政执法局作出筑（清）综执强执决字［2018］×××号强制执行决定书，就原告申某（户）未办理相关建房许可手续，在某县级市××社区××建造1922.82平方米五层砖混结构建筑物的违法行为，根据《城乡规划法》第六十八条、《行政强制法》第三十七条的规定，决定于2018年7月3日依法对上述违法建筑物实施强制拆除。同日，某县级市综合行政执法局作出筑（清）综执限拆公字［2018］×××号限期拆除公告。

申某等认为，其属于当地的村民，房屋已经被纳入当地的建设项目征收范围，在征收补偿未能达成一致意见的情况下，由房屋征收实施单位红枫片区管委会向某县级市综合行政执法局举报其房屋是违法建筑，对其进行立案调查并作出强制拆除的执行决定，显然违反了法律的规定，执法目的也违法，系典型的通过拆违代拆迁的违法行为，于是向法院提起诉讼，请求法院撤销某县级市综合行政执法局作出的筑（清）综执强执决字［2018］×××号强制执行决定书。

【办案结果】

贵阳市南明区人民法院作出（2018）黔0102行初2号行政判决书，判决：

撤销被告某县级市综合行政执法局2018年6月27日作出的筑（清）综执强执决字［2018］×××号强制执行决定书。

【律师点评】

在房屋征收领域，一种看似合法实则违法的征收行为，即通过拆违的形式促进或者代替征收，将已经纳入征收范围的房屋，在达不成补偿协议的情况下，按照违法建筑的形式进行认定拆除，从而实现征收拆除房屋的目的。这种行为，从其目的来说，并非单纯地为了治理违法建筑，而是通过拆除违法建筑的形式逼迫被征收人签订协议搬迁，属于严重违法的行为。

从我国《行政诉讼法》的立法沿革来看，《行政诉讼法》将行政行为的执法目的的合法性审查，纳入了司法审查的范围。我国第一部《行政诉讼法》（1990年10月1日施行，主席令16号）第五十四条规定，可撤销的行政行为，主要是具有下列情形之一的：（1）主要证据不足的；（2）适用法律、法规错误的；（3）违反法定程序的；（4）超越法定职权的；（5）滥用职权的。在2014年修改后的《行政诉讼法》（2015年5月1日施行，主席令第15号）第七十条中，在保留了之前的5种情形之外，增加了第6种可撤销的情形，即"明显不当的"，2017年再次修改《行政诉讼法》（2017年7月1日施行，主席令第71号）时，这一规定得到了保留。行政行为明显不当，是对行政行为的合理性的审查，其范围包括对行政机关适用行政裁量权的是否适当进行审查，也包括对行政行为的执法目的的审查。征收中这种通过拆除违法建筑的形式逼迫被征收人签订补偿协议的行为，属于典型的不当行为。

对于纳入征收范围的未登记房屋，在法定征收期限内不能签约的，法律赋予了征收主体通过征收程序解决的强制力，没有必要通过另一种形式去完成。根据《国有土地上房屋征收与补偿条例》第十五条的规定，房屋征收部门对于征收范围内的房屋权属、区位、用途、建筑面积等进行调查并公示。在调查的过程中，房屋是否有相应的权属证书，房屋征收部门应当清楚。对于无证的房屋是按照合法建筑认定还是按照违法建筑认定，也应当作出处理之后进行公示。公示之后就会产生公信力与公定力，如果在之后的征收过程中推翻之前公示的情况，明显是违背了行政行为公信力与公定力的。同时，在《国有土地上房屋征收与补偿条例》第二十四条第二款中对于未登记的房屋是否要进行补偿，也作出了明确的规定，要求有关部门在房屋征收决定作出之前进行调查认定，如果认定为合法建筑或者未超过批准期限的临时建筑的，应当予以补偿；如果认定为违法建筑或者超过批准期限的临时建筑，则不予补偿。但是本案中有关部门并未按照此规定进行处理，其在涉案区域内的房屋征收决定作出之前，在对房屋情况进行调查后进行了公示，公示中并未认定原告申某等人的房屋属于违法建筑，征收决定作出之前也未单独认定申某的房屋属于违法建筑。征收决定作出之后，在解决补偿问题的过程中，因为补偿标准过低，又不给安置房，所以申某等人与房屋征收部门在补偿问题无法达成一致的情况下，作为房屋征收实施单位的红枫管委会向城管部门举报当事人的房屋属于违法建筑，且在违法建筑查处的过程中进行送达见证的人员也是红枫管委会的工作人员，让举报人见证对被举报对象的执法送达程序并证明送达程序合法，违背了回避的原则。同时，这种要求拆除违法建筑的目的昭然若揭，实质上就是为了完成征收。

其实，对于纳入征收范围的房屋，完全没有通过查处违法建筑的形式拆除被征收房屋的必要，《国有土地上房屋征收与补偿条例》中已经赋予了房屋征收主体及房屋征收部门相应的救济权利。对于征收范围内的房屋，如果在征收期限内达不成一致协议的，《国有土地上房屋征收与补偿条例》第二十六条规定，房屋征收部门可以报请作出房屋征收决定的市县级人民政府作出房屋征收补偿决定，如果被征收人在法定的期限内对房屋征收补偿决定不提起行政复议或者行政诉讼，又不在补偿决定规定的期限内搬迁的，市县级人民政府可以向人民法院申请强制执行。《国有土地上房屋征收与补偿条例》的规定，既赋予了房屋征收部门通过协商的方式达成补偿协议的权利，又赋予了其达不成协议的情况下可以通过法定的强制力完成征收的权力，以保障征收工作的顺利实施。征收部门将法律赋予其的正当权力搁置一边，反而利用行政权力，通过违法的形式逼签，这是法律所不允许的。也正是基于《国有土地上房屋征收与补偿条例》中有关于强制征收的规定，在本案的判决书中，南明区人民法院特别强调，"政府及相关行政部门不宜采取以查处违法建筑的形式迫使达不成协议的被征收人妥协，并以此规避依法补偿的征收程序"，并说明这样做的后果"有可能造成政府承担由正当的补偿责任转化为后果更为严重的行政赔偿责任"。

实践中通过拆违代征收的违法行为很多，但像南明区人民法院这样对拆违代征收的违法行为作出明确认定并警告相应不利后果的判决不多。无独有偶，临颍县人民法院（2018）豫1122行初27号行政判决书、河南省高级人民法院在（2017）豫行终2450号行政判决书中也作出了类似的认定。

在（2017）豫行终2450号行政判决书中，河南省高级人民法院认为："一审原告系农村村民，其在本村集体土地上建有房屋，并办理了集体土地使用权证，兰考县政府在土地征收及城中村改造过程中，因拆除一审原告的上述房屋而发生本案的行政强制争议。兰考县政府以一审原告没有办理规划手续、土地证缺乏档案等理由，认定一审原告的房屋属于违法建筑，其称在下发限期拆除决定、限期拆除通知、强制拆除公告等法律文书后，对涉案的违法建筑物进行了拆除，但一审原告持相反意见，其认为强制拆除的根本原因不是违法建设，而是由于其未与兰考县政府达成安置补偿协议。对此，由于农村发展程度及行政管理的实际情况等，农村集体土地上房屋普遍存在着只有部分建设手续甚至完全缺乏建设手续的情况，这是一种客观现实，不是农村居民能够克服和解决的，其不存在过错，相反，这种管理现状在很大程度上是行政机关造成的。兰考县政府推进征收实施工作，已与大部分村民签订补偿协议，因本案一审原告没有签订补偿协议，兰考县政府便不遵循法定的组织实施程序，而径行将涉案房屋认定为违法建筑并强制拆除，其执法目的不是严格农村土地的管理使用，而是避开法定的组织实施程序、加快拆除进程，属于滥用职权，其所称据此作出的限期拆除决定、限期拆除通知、强制拆除公告等法律文书，本院均不予认可，也不能成为本案被诉的强制拆除行为的依据。”①

“法律需要被信仰，否则它将形同虚设。”不止作为行政管理相对人的公民、法人或者其他组织需要信仰法律并遵守法律，同样的作为管理者的行政机关更应当信仰法律并遵守法律，如此才能真正实现依法治国的目标。

【经验提示】

征收中通过拆违代征收的行为，是不合法的，被征收人遇到类似的违法行为时，应当及时通过行政复议或者行政诉讼的方式，维护自身的合法权益。行政机关不能通过拆违代征收的形式实施征收工作，既然法律赋予了征收主体强制征收的权力，在达不成协议的情况下，可以依法作出征收补偿决定，在符合条件时依法申请人民法院强制执行。

但是，这种行为虽然违法，被征收人在遇到时依然要重视，对于违法的行政行为，在未被撤销或者确认无效之前，依然是具有法律效力的。所以，被征收人如果收到行政机关作出的强制执行决定书，强制执行决定书中所涉的房屋就有被强拆的风险。如果相应的权利人认为强制执行决定书不合法的，应当在法定的复议期限或者起诉期限内，向复议机关提起行政复议或者向人民法院提起行政诉讼。因为，在行政机关作出强制执行决定之前，应当依据《行政强制法》第三十五条、第三十六条的规定，依法进行催告，并给予当事人陈述、申辩的权利；如果当事人提出陈述、申辩的，行政机关应当充分听取当事人的意见，对当事人提出的事实、理由和证据，进行记录、复核。如果当事人提出的事实、理由或证据成立的，行政机关应当采纳。经过催告之后，当事人仍不履行行政决定确定的义务，且没有正当理由的，行政机关可以根据《行政强制法》第三十七条的规定作出强制执行决定，并送达当事人。根据《行政强制法》第四十四条的规定，在复议或者诉讼期间，行政机关不能强制执行，也就是不能强拆决定书中所涉的房屋，如果在复议或者诉讼期间或者复议、起诉之后，尚未作出生效判决期间，行政机关就直接强拆了房屋的，则构成程序违法。如果在收到强制执行决定书之后被征收人不申

① 河南省高级人民法院行政判决书，(2017) 豫行终2450号。

请行政复议或者行政诉讼，又不自行履行决定书中的义务的，在期限届满之后，行政机关就可以依法强制拆除。此时的拆除行为，如果行政机关尽到了合理的义务，没有造成损失的扩大，比如，未对合法的物品造成损害，则拆除行为就是合法的拆除。

所以，当事人在收到行政机关作出的强制执行决定书之后，如果认为该强制执行决定书存在事实认定不清、证据不足或者法律适用错误、程序违法等情形的，一定要在法定的期限内申请行政复议或者向人民法院提起行政诉讼，通过司法审查的方式进行救济，如果怠于行使权利，最终只能自行承担不利后果。

【相关规定】

《行政强制法》

第三十四条 行政机关依法作出行政决定后，当事人在行政机关决定的期限内不履行义务的，具有行政强制执行权的行政机关依照本章规定强制执行。

第三十五条 行政机关作出强制执行决定前，应当事先催告当事人履行义务。催告应当以书面形式作出，并载明下列事项：

（一）履行义务的期限；

（二）履行义务的方式；

（三）涉及金钱给付的，应当有明确的金额和给付方式；

（四）当事人依法享有的陈述权和申辩权。

第三十六条 当事人收到催告书后有权进行陈述和申辩。行政机关应当充分听取当事人的意见，对当事人提出的事实、理由和证据，应当进行记录、复核。当事人提出的事实、理由或者证据成立的，行政机关应当采纳。

第三十七条 经催告，当事人逾期仍不履行行政决定，且无正当理由的，行政机关可以作出强制执行决定。

强制执行决定应当以书面形式作出，并载明下列事项：

（一）当事人的姓名或者名称、地址；

（二）强制执行的理由和依据；

（三）强制执行的方式和时间；

（四）申请行政复议或者提起行政诉讼的途径和期限；

（五）行政机关的名称、印章和日期。

在催告期间，对有证据证明有转移或者隐匿财物迹象的，行政机关可以作出立即强制执行决定。

第三十八条 催告书、行政强制执行决定书应当直接送达当事人。当事人拒绝接收或者无法直接送达当事人的，应当依照《中华人民共和国民事诉讼法》的有关规定送达。

第四十四条 对违法的建筑物、构筑物、设施等需要强制拆除的，应当由行政机关予以公告，限期当事人自行拆除。当事人在法定期限内不申请行政复议或者提起行政诉讼，又不拆除的，行政机关可以依法强制拆除。

《国有土地上房屋征收与补偿条例》

第十五条 房屋征收部门应当对房屋征收范围内房屋的权属、区位、用途、建筑面积等情况组织调查登记，被征收人应当予以配合。调查结果应当在房屋征收范围内向被征收人公布。

第二十四条 市、县级人民政府及其有关部门应当依法加强对建设活动的监督管理，对违反城乡规划进行建设的，依法予以处理。

市、县级人民政府作出房屋征收决定前，应当组织有关部门依法对征收范围内未经登记的建筑进行调查、认定和处理。对认定为合法建筑和未超过批准期限的临时建筑的，应当给予补偿；对认定为违法建筑和超过批准期限的临时建筑的，不予补偿。

第二十五条 房屋征收部门与被征收人依照本条例的规定，就补偿方式、补偿金额和支付期限、用于产权调换房屋的地点和面积、搬迁费、临时安置费或者周转用房、停产停业损失、搬迁期限、过渡方式和过渡期限等事项，订立补偿协议。

补偿协议订立后，一方当事人不履行补偿协议约定的义务的，另一方当事人可以依法提起诉讼。

第二十六条 房屋征收部门与被征收人在征收补偿方案确定的签约期限

内达不成补偿协议，或者被征收房屋所有权人不明确的，由房屋征收部门报请作出房屋征收决定的市、县级人民政府依照本条例的规定，按照征收补偿方案作出补偿决定，并在房屋征收范围内予以公告。

补偿决定应当公平，包括本条例第二十五条第一款规定的有关补偿协议的事项。

被征收人对补偿决定不服的，可以依法申请行政复议，也可以依法提起行政诉讼。

野蛮方式拆除违法建筑被确认违法

——石某诉山东省济宁市某区综合行政执法局、济宁市某区人民政府行政强制案

【案号】山东省高级人民法院行政判决书，（2018）鲁行终1583号

【核心提示】

行政机关在行政程序中必须严格按照法定程序处理。特别是实施行政强制过程中，应严格按照我国《行政强制法》规定的法定程序依法行使行政强制权。在行政强制过程中应当采取科学、合理的方式，避免给相对人造成财产损失。

【关键词】

强拆　违法建筑　行政强制　合理　野蛮

【案情回顾】

石某为济宁市某区民族美食城经营者，其承租了第三人的房屋并投资对涉案房屋进行了装饰装修，用于餐饮经营。2017年9月20日，由某区人民政府领导带队，某区综合执法局联合相关部门对石某正常经营的民族美食城进行了强制清理，将人员强制带离。在这个过程中，某区综合执法局工作人员对石某及石某的人员采取了拖拉、拽扯及人身控制行为。后民族美食城使用的建筑物被拆除。石某认为某区人民政府、某区综合执法局实施的涉案行政强制行为违法，故诉至人民法院。

【办案结果】

本案在济宁市中级人民法院一审中，法院认为某区人民政府、某区综合执法局实施的涉案行政强制行为违反法定程序，遂作出了确认某区人民政府、某区综合执法局行政强制行为违法的判决。某区人民政府、某区综合执法局不服，上诉至山东省高级人民法院，山东省高级人民法院认为某区人民政府和某区综合执法局行政强制行为违反法定程序，且在实施行政强制过程中，采取的方式方法不当，属于野蛮执法。二审驳回了某区人民政府、某区综合执法局的上诉，维持原判。

济宁市中级人民法院2018年4月9日作出的（2018）鲁08行初91号行政判决：

确认被告某区综合执法局、某区政府针对原告石某经营场所的行政强制行为违法。

山东省高级人民法院于2019年2月26日作出（2018）鲁行终1583号行政判决书：

驳回上诉，维持原判决。

【律师点评】

本案是因当事人不服行政机关的行政强制行为提起的诉讼。本案共计涉及三个争议焦点：第一个争议焦点，石某是否具有本案起诉的原告主体资格；第二个争议焦点，某区人民政府和某区综合行政执法局是否是本案适格的被告；第三个争议焦点，本案的行政强制行为是否合法，方式和手段是否适当。

一、石某是否具有本案起诉的原告主体资格

一般而言，针对承租房屋实施的行政行为承租人不具有法律上的利害关系，其不具有起诉的原告主体资格。因此，在实践中，承租人针对承租房屋实施的行政行为（如行政征收、行政征用、行政强制）起诉的，人民法院一般不予受理。但在某些情形下，针对承租房屋实施的行政行为可能会对承租人的权利造成影响，承租人与该行政行为具有法律上的利害关系，承租人就具有起诉的原告主体资格。比如，用于经营的房屋被征收，承租人在行政补偿中提出的室内装修价值、机器设备搬迁、停产停业等损失，与补偿决定之间具有利害关系，此时承租人可以作为原告提起诉讼。本案中，石某虽然对涉案建筑物没有物权，但其承租涉案的房屋以济宁市某区民族美食城的名义从事餐饮经营，石某为了经营需要对涉案的建筑物进行了装饰装修，并添置了许多的设备。其对建筑物的装修及室内物品等享有所有权。某区综合执法局作出《限期清理室内物品告知书》并联合相关部门对民族美食城进行强制清理，对民族美食城所使用的建筑物强制拆除。某区综合执法局的行为涉及石某的财产权益和经营利益，对石某的餐饮物品、房屋装修和经营活动产生了实际影响。石某与被诉行为有明显的利害关系，其应当具有原告主体资格。某区综合执法局虽主张石某系违法使用涉案违章建筑非法从事餐饮业，但石某系基于对涉案建筑物的装修及室内物品等享有所有权而取得原告主体资格，涉案建筑是否为违法建筑、石某使用该建筑及其从事餐饮行业是否合法等，均不影响其在本案中原告主体资格的取得。

二、本案某区人民政府和某区综合执法局是否是适格的被告

首先，某区人民政府是适格的被告。石某提交的照片、视频以及证人证言等证据足以证实某区政府的工作人员张某带队实施了本案被诉行政行为。张某是某区人民政府的副区长，其对外代表某区人民政府，张某在涉案的行政强制现场，张某的行为视为某区人民政府的行为，故某区人民政府是适格的被告。其次，某区综合执法局是本案适格的被告。某区综合执法局称涉案建筑系由某区创世纪肉类联合有限公司破产管理人自行清理拆除的，并在庭审中提交了某区创世纪肉类联合有限公司破产管理人出具的协助拆除申请书、情况说明及自行拆除违法建筑的回复等予以证明。但某区创世纪肉类联合有限公司破产管理人协助拆除申请书的落款时间为2017年9月8日，而某区综合执法局于2017年9月7日早已向民族美食城租赁户发出《限期清理室内物品告知书》，要求民族美食城的租户在9月12日前将所有私人物品全部清除，并告知某区综合执法局将于9月11日后联合相关部门对建筑物强制拆除。且石某提供的事发当天有关视频、照片以及证人证言等能够证实行政强制现场有某区综合执法局的相关工作人员参与。故某区综合执法局关于涉案建筑系某区创世纪肉类联合有限公司管理人自行拆除的主张不能成立。故某区综合执法局是本案适格的被告。

三、本案的行政强制行为是否合法，采取的行政强制方式是否适当

首先，我国《行政强制法》第三十四条规定，行政机关依法作出行政决定后，当事人在行政机关决定的期限内不履行义务的，具有行政强制执行权的行政机关依照本章规定强制执行。该条款是关于强制执行启动的规定，只有当事人在行政决定的期限内不履行义务的，才能依法启动强制执行程序。《行政强制法》第三十五条规定，行政机关作出强制执行决定前，应当事先催告当事人履行义务。第三十六条规定，当事人收到催告书后有权进行陈述和申辩。行政机关应当充分听取当事人的意见，对当事人提出的事实、理由和证据，应当进行记录、复核。当事人提出的事实、理由或者证据成立的，行政机关应当采纳。行政程序中听取当事人的陈述与申辩是行政执法的基本原则，在我国关于行政执法的相关规定中，均有相关程序要求。在行政强制过程中也不例外。第三十七条规定，经催告当事人逾期仍不履行行政决定，且无正当理由的，行政机关可以作出强制执行决定。如果当事人无正当理由逾期不履行生效行政决定的，行政机关要制作强制执行决定，这也是行政强制的法定程序之一。我国《行政强制法》第四十三条规定，行政机关不得在夜间或者法定节假日实施行政强制执行。但是，情况紧急的除外。行政机关不得对居民生活采取停止供水、供电、供热、供燃气等方式迫使当事人履行相关行政决定。前述是关于行政强制执行的限制性规定。夜间是人们休息的时间，休息权也是基本的人权。夜间实施行政强制将会影响相对人和其他人的正常休息，以前有不少行政机关为了执行行政决定，特别是在实施针对房屋的强制拆除行为时，往往在夜间趁人们熟睡时将当事人拖出家中，并将家具等物品强制搬离、强拆房屋，严重侵犯了老百姓的权益。行政强制执行也应尊重当事人的休息权，不能搞“突然袭击”和扰民，因此《行政强制法》作出了前述的限制性规定。此外，有些行政机关为了达到执行行政决定的目的，采取停止供水、供电、供热、供燃气等方式迫使当事人履行相关行政决定，这种方式也是《行政强制法》所禁止的。《行政强制法》第四十四条规定，对违法的建筑物、构筑物、设施等需要强制拆除的，应当由行政机关予以公告，限期当事人自行拆除。当事人在法定期限内不申请行政复议或者提起行政诉讼，又不拆除的，行政机关可以依法强制拆除。前述《行政强制法》第四十四条是关于强制拆除违法建设的特殊规定，根据该规定，违法建设要拆除的，可以先行要求当事人限期自行拆除。这与《行政处罚法》第二十三条关于行政机关实施行政处罚时，应当责令当事人改正或者限期改正违法行为的规定是一致的。特别是当事人针对行政机关作出的违法建筑的处理决定提起行政复议或者行政诉讼的，是不能实施行政强制的。针对违法建筑的强制拆除，我国《城乡规划法》第六十八条规定，城乡规划主管部门作出责令停止建设或者限期拆除的决定后，当事人不停止建设或者逾期不拆除的，建设工程所在地县级以上地方人民政府可以责成有关部门采取查封施工现场、强制拆除等措施。由此可见，从行政决定作出到行政强制必须履行法定的程序。在本案中某区政府和某区综合行政执法局实施的行政强制行为未依法履行催告程序，也没有依法听取石某的陈述、申辩，在实施行政强制前没有依法作出行政强制决定，也没有取得县级以上人民政府的同意，二被告的行为显然违反了前述规定，不具有合法性。

其次，本案的行政强制行为的方式和手段是否适当，是否合理。如山东省高级人民法院在本案的二审判决中所述，我国《行政强制法》第五条规定：“行政强制的设定和实施，应当适当……”该法第四章对行政机关实施强制行为应当遵循的法定程序作了明确、具体的规定。程序合法是行政执法的基本原则之一，行政机关作出任何行政行为，均应按照相应的法定程序进行。行政强制的对象是违法建筑本身的，组成建筑物的可重复利用的建筑装饰装修材料及建筑内的物品，属于当事人的合法财产。对违法建筑物进行拆除前，应给予适当时间以搬离动产；对于建筑物内仍未搬离的物品，行政机关应当采用公证、见证等方式，对所有物品逐一核对清点登记分类造册、制作现场笔录、妥善保管并及时移交。行政机关对违法建筑实施强制拆除时，手段、方式必须科学、适当，不得以野蛮的方式进行。本案中，两上诉人在行政强制过程中，本应依法妥善处置并保全证据，以证明其在行政过程中已尽慎重、妥善之注意义务，对涉案建筑物中的合法财产已经予以清空并妥善处理，但某区综合执法局仅提交了物品明细及估价表一宗，石某对上述材料的真实性不予认可，两被上诉人亦均未能提供其他相关证据予以佐证。另外，在行政强制过程中，上诉人还对石某及石某方人员采取了拖拉、拽扯及直接人身控制等行为。上诉人实施的行政强制行为，不符合法定程序，应确认为违法。原审法院判决基于"石某虽然对涉案建筑物没有物权，但是，其作为济宁市某区民族美食城经营者，对建筑物的装修及室内物品等有所有权"的认定，确认两上诉人针对被上诉人石某经营场所实施的行政强制行为违法，内容明确，亦未超出石某原审诉讼请求的范围。某区综合执法局以此为由主张应撤销原审法院的判决，该项上诉理由不能成立，不予支持。由此可见，某区人民政府在行政强制过程中不但违反法定程序，而且实施行政强制的方式和手段亦不合理。

行政机关在行使行政职权过程中，尤其是实施直接针对相对人的人身、财产等权益的行政强制行为，应严格遵守我国《行政强制法》和其他相关法律法规定的规定。因为行政强制一旦实施将直接会对相对人的人身、财产权利发生直接的影响，有时还会造成不可挽回的损失。一旦行政强制行为被确认违法，行政机关有可能因此承担国家赔偿责任，相应的执法人员可能会因此被追责。更重要的是，如果执法人员违法实施行政强制行为，将会造成很坏的社会影响，严重影响政府的公信力。因此，行政机关在行政强制过程中，必须严格依法办事，一方面要保证行政行为的正确实施，确保行政管理工作依法有序进行；另一方面也要依法保障当事人的合法权利。

【经验提示】

本案是山东省高级人民法院针对野蛮执法行为作出的行政判决。该案也被山东省高级人民法院作为典型案例予以公告。

行政强制是行政机关经常实施的行政行为。我国《行政强制法》规定了行政强制措施和行政强制执行。行政强制措施，是指行政机关在行政管理过程中，为制止违法行为、防止证据损毁、避免危害发生、控制危险扩大等情形，依法对公民的人身自由实施暂时性限制，或者对公民、法人或者其他组织的财物实施暂时性控制的行为。行政强制执行，是指行政机关或者行政机关申请人民法院，对不履行行政决定的公民、法人或者其他组织，依法强制履行义务的行为。由于行政强制可能会对相对人或利害关系人的权利义务造成直接的影响，在实践中如果不依法实施，容易发生冲突或对抗，对于行政管理的正常实施也会造成很大的障碍。因此，我国《行政强制法》对行政强制的设定以及实施有明确的规定，行政机关在实施行政强制过程中必须严格遵守《行政强制法》的实体及程序规定。

对行政机关在行政执法过程中文明、高效执法是基本的要求。实践中，有些行政机关在存在门难进、脸难看、话难听、事难办的情形。行政机关在实施行政行为的过程中，存在执法行为简单、粗暴，不考虑相关因素等情形，这也一直备受诟病，造成了不良影响。在违法建设的强制拆除过程中，有些执法人员的执法行为简单、粗暴，导致一些极端事件的发生，比如与执法机关发生冲突等情形，造成了很坏的社会影响。

行政机关的执法是否合法，方式、方法是否适当也一直备受关注。对行政行为的合法性审查是我国《行政诉讼法》确定的审判原则。司法实践中，针对行政强制案件的审理，法院一般局限于对行政强制行为的程序进行判决，即是否按照法定程序实施，很少针对行政执法过程中所采取的具体手段、方式进行评判。《行政诉讼法》第七十条第（六）项规定了针对明显不当的行政行为，人民法院可以判决撤销或者部分撤销，并可以判决被告重新作出行政行为。实践中，对于行政行为的合理性审查，一般审查是否违反比例原则、缺乏正当理由的区别对待、未考虑相关因素、违背业已形成的裁量准则等情形。对于行政行为在实施过程中所采取的方式和手段等很少进行审查，特别是在行政强制过程中，对于采取的方式及手段无法单独进行审查。因为按照行政诉讼案件一案一审的原则，行政强制案件主要审查行政强制行为的合法性，即对行政强制的职权依据、程序依据、法律依据和事实认定进行审查；而对于行政强制过程中行政机关采取的方式方法是否适当基本上不做审查。

本案中，山东省高级人民法院的审判没有限于行政强制行为本身，针对行政机关实施行政强制行为时的手段和方式一并进行了评价，本案最值得一提的是，山东省高级人民法院将此行政机关不得以野蛮的方式强制拆除违法建筑，作为重点进行评判。这在以往法院的判决中是很少见的。行政强制行为的实施不能片面追求行政决定的执行结果，即不能为了执行行政决定而执行行政决定，不能片面地把实现处理决定的内容作为目的。即便行政机关在行政执法中遵守了一般的程序规定，也要注意方式方法。特别是要遵守我国《行政强制法》第五条所规定的行政强制实施的适当原则。如果行政机关在行政强制过程中，违反了我国《行政强制法》有关行政强制实施的适当性原则，属于违法，可以作为判决行政行为违法的标准。

通过本案的判决可以看出，山东省高级人民法院的法官已经注意到了行政机关在执法过程中存在的简单粗暴的问题，故在判决中重点提到不能以野蛮方式执法的观点。本案的判决对于今后类似案件的审理提供了借鉴和参考。

为了规范行政机关的执法行为，我国陆续出台了针对执法行为实施过程的相关规定。2015 年 12 月 24 日，中共中央和国务院联合出台了《中共中央、国务院关于深入推进城市执法体制改革改进城市管理工作的指导意见》（以下简称《城市执法指导意见》），《城市执法指导意见》第十五条规定，改进执法方式。各地城市管理执法人员应当严格履行执法程序，做到着装整齐、用语规范、举止文明，依法规范行使行政检查权和行政强制权，严禁随意采取强制执法措施。坚持处罚与教育相结合的原则，根据违法行为的性质和危害后果，灵活运用不同执法方式，对情节较轻或危害后果能够及时消除的，应当多做说服沟通工作，加强教育、告诫、引导。综合运用行政指导、行政奖励、行政扶助、行政调解等非强制行政手段，引导当事人自觉遵守法律法规，及时化解矛盾纷争，促进社会和谐稳定。住房和城乡建设部根据《城市执法指导意见》，于 2018 年制定了《城市管理执法行为规范》，《城市管理执法行为规范》中对于城市管理执法人员从思想到着装，从言谈举止到仪容仪表等均作出了详细的规定。《城市执法指导意见》对于规范城市管理执法部门的执法具有重要的作用。城市管理执法部门在执法过程中，不仅应当严格遵守行政强制的程序规定，也要落实在执法实施过程中的适当性原则，特别是要按照《城市执法指导意见》和《城市管理执法行为规范》等的规定文明执法。

实践中，行政机关在实施行政强制过程中要依法保障相对人的权利，特别注意方式方法，摒弃将处罚作为目的的观点，做好说服教育工作，这样也可以杜绝或者减少冲突或对抗。行政机关在实施行政行为时，要严格遵守我国《行政强制法》和相关法律法规的规定。程序合法是行政执法的基本原则之一，行政机关作出任何行政行为，均应按照相应的法定程序进行。但是，程序合法只是行政执法的基本原则之一，行政机关在行政执法过程中，要文明执法、高效执法，讲究方式方法。行政相对人要依法履行生效的行政决定，如果认为行政决定违法，可以通过法律手段维护自身的权益，或复议或诉讼。行政机关在实施行政强制过程中，如果方式、方法不当，实施行政强制时未依法保护行政相对人合法权益的，行政相对人可以依法维护自己的权利。

【相关规定】

《行政强制法》

第五条 行政强制的设定和实施，应当适当。采用非强制手段可以达到行政管理目的的，不得设定和实施行政强制。

第八条 公民、法人或者其他组织对行政机关实施行政强制，享有陈述权、申辩权；有权依法申请行政复议或者提起行政诉讼；因行政机关违法实施行政强制受到损害的，有权依法要求赔偿。

公民、法人或者其他组织因人民法院在强制执行中有违法行为或者扩大强制执行范围受到损害的，有权依法要求赔偿。

第三十四条 行政机关依法作出行政决定后，当事人在行政机关决定的期限内不履行义务的，具有行政强制执行权的行政机关依照本章规定强制执行。

第三十五条 行政机关作出强制执行决定前，应当事先催告当事人履行义务。催告应当以书面形式作出，并载明下列事项：

（一）履行义务的期限；

（二）履行义务的方式；

（三）涉及金钱给付的，应当有明确的金额和给付方式；

（四）当事人依法享有的陈述权和申辩权。

第三十六条 当事人收到催告书后有权进行陈述和申辩。行政机关应当充分听取当事人的意见，对当事人提出的事实、理由和证据，应当进行记录、复核。当事人提出的事实、理由或者证据成立的，行政机关应当采纳。

第三十七条 经催告，当事人逾期仍不履行行政决定，且无正当理由的，行政机关可以作出强制执行决定。

强制执行决定应当以书面形式作出，并载明下列事项：

（一）当事人的姓名或者名称、地址；

（二）强制执行的理由和依据；

（三）强制执行的方式和时间；

（四）申请行政复议或者提起行政诉讼的途径和期限；

（五）行政机关的名称、印章和日期。

在催告期间，对有证据证明有转移或者隐匿财物迹象的，行政机关可以作出立即强制执行决定。

第三十八条 催告书、行政强制执行决定书应当直接送达当事人。当事人拒绝接收或者无法直接送达当事人的，应当依照《中华人民共和国民事诉讼法》的有关规定送达。

第四十三条 行政机关不得在夜间或者法定节假日实施行政强制执行。但是，情况紧急的除外。

行政机关不得对居民生活采取停止供水、供电、供热、供燃气等方式迫使当事人履行相关行政决定。

第四十四条 对违法的建筑物、构筑物、设施等需要强制拆除的，应当由行政机关予以公告，限期当事人自行拆除。当事人在法定期限内不申请行政复议或者提起行政诉讼，又不拆除的，行政机关可以依法强制拆除。

《行政诉讼法》

第七十条 行政行为有下列情形之一的，人民法院判决撤销或者部分撤销，并可以判决被告重新作出行政行为：

（一）主要证据不足的；

（二）适用法律、法规错误的；

（三）违反法定程序的；

（四）超越职权的；

（五）滥用职权的；

（六）明显不当的。

《城乡规划法》

第六十八条 城乡规划主管部门作出责令停止建设或者限期拆除的决定后，当事人不停止建设或者逾期不拆除的，建设工程所在地县级以上地方人民政府可以责成有关部门采取查封施工现场、强制拆除等措施。

对被拆迁人的权利义务产生实际影响的拆迁通告具有可诉性

——李某诉陕西省西安市某区人民政府、某生态区管理委员会《拆迁通告》案

【案号】 最高人民法院行政裁定书，(2019) 最高法行再34号

【核心提示】

一般而言，行政机关作出的公告、通告等文件，是将行政机关的行政决定内容进行公示告知的行为，不会影响相对人或利害关系人的权利义务，不具有可诉性。但如果公告、通告等文件的内容对相对人或利害关系人的权利义务造成了限制或剥夺，或者通告或公告本身代替了行政决定，或者在应当取得行政决定而未取得的情况下发布公告，将可能对相对人或利害关系人的权利义务产生实际影响，则可能具有可诉性。

【关键词】

公告　通告　可诉性　利害关系　权利义务

【案情回顾】

李某是陕西省西安市某区某街道办事处长乐坡村（以下简称长乐坡村）的村民。因长乐坡村进行“城中村”改造，李某的房屋被列入了拆迁改造范围。西安市某区人民政府（以下简称某区政府）、某生态区管理委员会（以下简称某管委会）共同作出西浐灞告字［2013］2号《关于长乐坡村地区城

中村综合改造项目拆迁工作的通告》（以下简称《拆迁通告》），并开始实施房屋拆迁工作。李某认为涉案的《拆迁通告》不具有合法性，诉至人民法院。一审陕西省西安市中级人民法院认为，涉案的《拆迁通告》不违反法律规定，故驳回了李某的诉讼请求。李某不服上诉至陕西省高级人民法院，陕西省高级人民法院认为涉案的《拆迁通告》仅是公示告知行为，对李某的权利义务不造成影响，且涉案的《拆迁通告》不具有可诉性，驳回了李某的起诉。李某不服陕西省高级人民法院的二审判决书，向最高人民法院申请再审，本案经最高人民法院再审，最高人民法院认定涉案的《拆迁通告》并非仅公示告知行为，对李某的权利义务造成了影响，具有可诉性，故撤销了陕西省高级人民法院的二审裁定，发回重审。

【办案结果】

最高人民法院作出（2019）最高法行再 34 号行政裁定书：

1. 撤销陕西省高级人民法院（2016）陕行终 76 号行政裁定。

2. 发回陕西省高级人民法院重新审理。

陕西省西安市中级人民法院作出（2021）陕 01 行初 3 号判决书，确认了某区政府作出的《拆迁通告》违法。

【律师点评】

本案的审理焦点是《拆迁通告》是否具有可诉性，即是否属于人民法院行政诉讼的受案范围。本案《拆迁通告》的内容是否对被拆迁人的权利义务造成了影响、涉案的《拆迁通告》的性质如何界定，是本案审理的核心。

一审人民法院认为，《拆迁通告》在“城中村”改造中具有承上启下、广而告之的作用。从内容上看，《拆迁通告》主要涉及长乐坡村“城中村”改造项目的拆迁工作，明确了拆迁范围、组织实施主体、对拆迁工作人员及被拆迁人的要求、对各有关政府部门拆迁安置工作的要求及扰乱拆迁安置工作的法律后果等有关事项，并未超出批复范围。从后果上看，《拆迁通告》也不具有强制执行力，仅要求“相关部门要停止拆迁范围内宅基地手续审批工作，不再新划宅基地。在拆迁范围内严禁突击建房，不得新建、改建、扩建房屋”，阻止被拆迁人在《拆迁通告》发布后盲目建设，对拆迁范围内原有的房屋不具有强制执行力。对于“城中村”改造，国家尚无具体的规定，主要依据当地人民政府制定的相关规范性文件执行。长乐坡村经批准，于2011年7月4日取得市城改办印发的前期工作通知，进行“城中村”改造的前期准备工作。《长乐坡村城中村改造项目搬迁安置补偿方案》经长乐坡村党支部、村委会、村监委会全体成员、各村民小组组长、全体村民代表讨论并表决通过，由十里铺街办审核后上报区城改办。区城改办作出批复，要求十里铺街办按照“政府主导、市场化运作”的原则，指导长乐坡村进行“城中村”改造，做好该村“城中村”改造拆迁安置补偿工作。某区政府、某管委会按照工作流程，为确保长乐坡村“城中村”综合改造项目的顺利实施，就拆迁范围、注意事项、防范措施及规范行为等提出了要求和安排，并以通告的方式公布于众，其行为符合正当程序原则和《西安市城中村改造管理办法》的要求，并无违法之处。因此，一审法院作出了驳回李某诉讼请求的判决。二审陕西省高级人民法院认为，某区政府、某管委会作出的《拆迁通告》是对拆迁范围、组织实施主体，以及对拆迁工作人员和被拆迁人的原则性要求等相关事项予以公示告知的行为，并未超出相关批复范围。《拆迁通告》本身仅是一个阶段性行为，对被征收人的权利义务不具有独立的实际影响和法律后果。对被征收人的权利义务产生直接实际影响的主要是拆迁补偿安置方案、拆迁实施行为。一审法院认为，被诉《拆迁通告》在“城中村”改造过程中具有承上启下、广而告之的作用，不具有强制执行力是正确的，但以判决驳回李某的诉讼请求，属适用法律错误。李某以《拆迁通告》违法、侵犯其合法权益为由提起本案诉讼，因该《拆迁通告》不具有可诉性，故对其上诉请求依法不予支持。据此，二审法院撤销一审行政判决，驳回李某的起诉。对比一审法院和二审法院的裁判结果可以看到，两审法院的观点有相同之处，即均认为涉案的《拆迁通告》不对被征收人的权利义务产生直接的影响，二审法院同时认定本案的《拆迁通告》属于阶段性行政行为，因此不具有可诉性。

笔者认为，涉案的《拆迁通告》并非阶段性行政行为。按照最高人民法院（2017）最高法行申295号行政裁定书的观点，所谓阶段性行政行为，是指行政机关作出行政行为，须有其他行政机关批准、附和、参与始能完成。各行政机关之间，既可能是平行关系，也可能是垂直关系。后者一般如下级机关的行政行为须经上级机关批准才能对外生效，或者上级机关指示其下级机关对外作出发生法律效果的行政行为。在存在多个行政行为的情况下，只有直接对外发生法律效果的那个行为才是可诉的行政行为，其他阶段的行政行为只是行政机关的内部程序。本案的《拆迁通告》不属于阶段性行政行为。首先，在无相关行政决定的情况下，《拆迁通告》径行确定了拆迁范围、确定了拆迁主体，而且存在要求相关部门停办手续，并且不允许新建、扩建等限制被征收人权利的内容。《拆迁通告》以发布通告的方式对外发布，是已经成熟的行政行为，不属于阶段性行政行为。其次，从涉案的《拆迁通告》的内容看，对被征收人的权利义务产生了影响。第一，涉案的《拆迁通告》将被征收人房屋所在区域纳入了拆迁范围，并确定了拆迁主体。被征收人房屋所在区域面临拆迁，对被征收人行使房屋所有权及土地使用权造成了限制或者剥夺。第二，涉案的《拆迁通知》要求相关部门停止办理审批，不允许进行新建、改建、扩建，而且要停止经营并限期进行搬迁等，对被征收人的权利造成了限制和剥夺。最后，涉案的《拆迁通告》的作出并没有依据具体的行政决定，即以通告的形式代替行政决定。而且《拆迁通告》作出后，李某所在的村即开始实施拆迁行为，《拆迁通告》的内容已经实际实施。因此本案的《拆迁通告》应属于可诉的行政行为。

本案经最高人民法院再审，再审法院认为，本案的核心争议是《拆迁通告》对李某的权利义务是否产生实际影响、是否具有可诉性。本案一审法院认为，根据原审法院查明的事实，《拆迁通告》对长乐坡村“城中村”综合改造项目所涉的拆迁范围作出了界定；同时，对通告发布之日起拆迁人与被拆迁人的相关活动给予了告知与约束，如告知自通告发布之日起相关部门停止拆迁范围内宅基地手续审批工作、严禁突击建房、长乐坡村农业人口户籍认定截止时间、要求拆迁范围内停止一切生产经营活动并在规定期限内搬离拆除现场，并规定相关人员和单位在拆迁工作中应依法全力配合拆迁相关工作等。经本院两次询问并认定，《关于长乐坡村城中村改造项目相关事项的批复》晚于被诉《拆迁通告》作出，《关于长乐坡村城中村改造项目相关事项的批复》中亦有关于该《拆迁通告》的表述，且被申请人未说明《拆迁通告》的全部内容包含于《关于长乐坡村城中村改造项目相关事项的批复》之内。申言之，根据本案有效证据难以证明《拆迁通告》系对上述批复的广而告之，亦难以证明该通告仅系程序性告知行为。《拆迁通告》径行规定了拆迁范围、要求停止生产经营、规定期限内搬离拆除现场等内容，对被拆迁人李某的权利义务产生了实际影响，具有可诉性。二审法院以《拆迁通告》不具有独立的实际影响和法律后果为由，对李某的起诉予以驳回，属于事实认定错误及适用法律错误，应当予以纠正。

实践中，行政机关作出的公告、通告类行为一般不纳入人民法院行政诉讼受案范围，通常情况下公告仅是公示告知相关行政决定的内容，不为相对人设定新的权利义务。对公民、法人或者其他组织的权利义务不产生实际影响。

一般而言，行政机关作出行政行为，需要向行政相对人送达才能生效，但在一些特殊情况下，如行政相对人人数众多时，法律规定以公告作为对行政行为进行送达的方式，在这种情况下，对行政相对人权利义务产生实际影响的是行政行为本身而非公告，行政相对人对公告提起诉讼的，不符合起诉条件。常见的公告有征收土地方案公告、征地补偿安置方案公告、房屋征收决定公告等。以征收土地方案公告为例，征收土地方案公告主要包括以下内容：（1）征地批准机关、批准文号、批准时间和批准用途；（2）被征收土地的所有权人、位置、地类和面积；（3）征地补偿标准和农业人员安置途径；（4）办理征地补偿登记的期限、地点。从中我们可以看出，征收土地方案公告的是批准的征收土地方案的内容，并按照法律规定将相关补偿落实的内容进行告知。即将征收土地方案以公告的方式进行告知，并不会改变征收土地方案的内容。正如最高人民法院在（2016）最高法行申 1963 号行政裁定书的裁判观点，人民政府根据《土地管理法》第四十六条以及《土地管理法实施条例》第二十五条的规定，依法发布征收公告的行为，仅是将批准征地机关、批准文号、征收土地的用途、范围、面积以及征地补偿标准、农业人员安置办法和办理征地补偿的期限等事项，在被征收土地所在地的乡（镇）、村予以公示告知的行为，并不会对被征收人的权利义务产生实际影响，对被征收人权利义务产生实际影响的是征收土地批复以及后续的相关征收土地行为，而非征收公告。因此，公告行为本身不会为相对人设定新的权利义务，而影响相对人权利的是批准的征地批复及后续的征收土地行为。并且，一般情况下征收土地公告不具有可诉性。

有时会发生从形式上看是对行政决定的公告，但公告内容却为相对人增设新义务的情形，即超出了行政决定的内容。以征收土地方案公告为例，如前所述，征收土地方案公告是将征收土地方案的内容进行公示，但有些征收土地公告内容与征地批复批准征收土地的用途、范围、面积、补偿标准等内容不相符，或者对被征地农民增设新的义务。此时，公告并非对行政决定内容的公示。针对此种类型的公告，最高人民法院在许某媛诉河南省唐河县人民政府土地行政征收案［（2019）最高法行申3656号行政裁定书］中作出了认定，通常情况下，市、县级人民政府依法发布征收土地公告的行为，仅是将批准征地机关、批准文号、征收土地的用途、范围、面积以及征地补偿标准、农业人员安置办法和办理征地补偿的期限等事项，在被征收土地所在地的乡（镇）、村予以公示告知的行为，对被征收人的权利义务并不产生实际影响，对被征收人权利义务产生实际影响的是征收土地批复以及后续的相关征收实施行为，而非征收土地公告。因此，征收土地公告不属于人民法院行政诉讼的受案范围。但在实践中，有些征收土地公告内容与征地批复批准征收土地的用途、范围、面积、补偿标准等内容不相符，该公告行为将对被征收人的权利义务产生实际影响，被征收人以此为由，针对征收土地公告提起诉讼的，应当属于人民法院行政诉讼的受案范围。笔者代理的福建省福州市的一起土地征收案件中，地方政府发布的征收土地方案公告中，一方面公告了福建省人民政府批准的征收土地方案的内容，另一方面在公告中又作出了限制被征地农民的其他规定，而且该具体规定与法律规定不符。该公告的内容已经超出了征收土地方案公告的合理的范围，此时的征收土地方案公告就具有可诉性。

有时，行政机关在发布公告之前并未单独作出行政决定，公告除了是公示送达方式之外，同时也是行政行为本身的载体，此时公告具有可诉性。在笔者2012年代理的江苏省宿迁市一起房屋征收案件中，地方人民政府发布了国有土地上房屋征收决定的公告，当事人遂以地方人民政府为被告向人民法院起诉，要求撤销地方人民政府作出的房屋征收决定。一般而言，按照《国有土地上房屋征收与补偿条例》第十三条第一款的规定，房屋征收决定是将房屋征收决定的内容进行公示告知，不会对被征收人设定新的权利义务。因此，房屋征收决定公告一般不具有可诉性。但在本案的审理过程中，人民法院发现地方人民政府并未单独制作房屋征收决定，仅有房屋征收决定公告。该案的情形就属于前述的除了是公示送达方式之外，同时也是行政行为本身的载体。在此种情形下，公告具有可诉性。最终人民法院以房屋征收决定公告为审查对象进行审理并作出判决。针对类似的案件，最高人民法院在2019年12月16日，在邹某良诉新疆维吾尔自治区乌鲁木齐市新市区人民政府土地行政征收案［（2019）最高法行申8351号行政裁定］中，针对新市区人民政府在未作出房屋征收决定的情况下径行作出房屋征收决定公告的行为指出，如果行政机关在发布公告之前并未单独作出行政行为，那么公告除了是公示送达方式之外，同时也是行政行为本身的载体，此时公告应具有可诉性。本案被诉行为形式上是作为送达行政行为方式的公告，但从一审、二审查明的事实来看，新市区政府并未作出房屋征收决定，该公告既是公示告知行为，亦是房屋征收决定的载体，对房屋所有人的权利产生实际影响，具有可诉性。

实践中，有些行政机关发布公告需要以其他部门作出的行政决定为基础，但发布公告的机关在未取得相关行政决定的情况下就发布了公告。此种类型的公告将可能具有可诉性。以征收土地方案公告为例，发布征收土地方案公告的是市、县级人民政府，征收土地方案公告的审批机关是省、自治区、直辖市人民政府或中央人民政府。市、县级人民政府只能在取得征收土地方案的批复后，按照我国《土地管理法》及实施条例的规定，将批准的征收土地方案内容进行公示告知。但实践中，有的地方政府在未取得征地批复的情况下，就发布征收土地公告。此时，地方人民政府发布征收土地方案公告缺少必备的行政决定房屋征收土地方案的批复，不具有合法性。有时在地方人民政府发布的征收土地公告中，会存在限制或者剥夺被征收人权利的情形。例如，最高人民法院在谢某敏等诉四川省阆中市人民政府土地行政征收案［（2018）最高法行申4370号］的判决中指出，阆中市政府发布的征收土地公告中没有载明批准征地机关、批准文号和批准时间等内容，实际上也没有获得上级政府关于征收涉案土地的批复，属于未批先征，违反了《土地管理法》第四十四条、第四十五条等相关规定，侵犯了谢某敏等10人的合法权益。因为征收土地公告载明“本公告自发布之日起执行”，故自2013年6月27日起，谢某敏等10人随时可以向人民法院提起行政诉讼。由此可见，缺乏必备的行政决定的公告是可以纳入司法审查的范畴的。

本案的《拆迁通告》虽以通告的方式出现，但内容中却径行规定了拆迁范围、要求停止生产经营、规定期限内搬离拆除现场等内容，而且被告所述的是针对《关于长乐坡村城中村改造项目相关事项的批复》的公告，但《关于长乐坡村城中村改造项目相关事项的批复》晚于被诉《拆迁通告》作出，《关于长乐坡村城中村改造项目相关事项的批复》中亦有关于该《拆迁通告》的表述，且被申请人未说明《拆迁通告》的全部内容包含于《关于长乐坡村城中村改造项目相关事项的批复》之内。无法证明《拆迁通告》系对上述批复广而告之，亦难以证明该通告仅系程序性告知行为。因此，本案的公告就属于缺乏行政决定的公告，该公告具有公告送达和行政决定本身的双重身份，而且在通告中直接对被征收人设定了义务，对被征收人的权利义务造成了影响，被征收人与公告具有法律上的利害关系，故本案的《拆迁通告》属于我国《行政诉讼法》规定的受案范围。通过最高人民法院对本案的判决，我们不难看出，并非所有通告和公告均不可诉。当通告和公告中对于相对人或利害关系人的权利义务设定了新的义务、对相对人或利害关系的权利产生实际影响的情况下，通告和公告将具有可诉性。

【经验提示】

通告和公告是否具有可诉性，是否属于人民法院行政诉讼的受案范围，在司法实践中掌握不一致，有的法院将通知和公告类的行政行为一概排除在司法审查范围之外。如前所述，一般情况下通告和公告是排除在司法审查范围之外的，但在符合法定条件的情况下，通告和公告是可以纳入司法审查范围的。

本案是最高人民法院针对类似通告和公告案件是否具有可诉性作出的裁判。对于之前司法实践中关于通告和公告类行为均作为不可诉案件的行为进行了纠正，为人民法院审理类似案件确定了标准。即审查通告和公告类行政案件，不应仅对文件的名称进行判断，要审查通告和公告的具体内容，是否对相对人或利害关系人的权利义务产生了实际影响，是否为其增设了新的义务。如果产生了实际影响，增设了新的义务，就应当保障相对人或利害关系人的救济权利，将此类案件纳入人民法院行政诉讼的受案范围。

实践中，行政机关会制作和发布很多类型的通告和公告，尤其是在房屋征收拆迁过程中，行政机关会以通告和公告的方式将征收拆迁的相关内容进行公示。有的是将其他部门的行政决定进行公示告知。例如，集体土地征收中，市、县级人民政府将省、自治区、直辖市人民政府或中央人民政府批准征收土地方案的内容进行公告；有的是将自己制作的行政决定进行公告，例如，市、县级人民政府作出房屋征收决定后发布的房屋征收决定公告，一般而言，不具有可诉性。被征收人只能依据相关法律规定，针对公告所依托的行政行为提起诉讼。例如，集体土地征收中可以针对征收土地方案公告所依据的对省、自治区、直辖市人民政府批准的征收土地方案提起复议（需要说明，征收土地方案目前尚未纳入人民法院的受案范围）。但在国有土地房屋征收过程中，可针对市、县级人民政府作出的房屋征收决定提起复议或诉讼。但如果公告的内容超出了行政决定的内容，对相对人或利害关系人设定了新的权利义务；或者公告作出时并未依法作出行政决定，公告兼有公告送达以及行政决定本身的双重身份；或者公告作出应当依据其他部门的行政决定而相应的行政决定并未作出的，这些情形下的公告将可能具有可诉性。

行政机关制作和发布公告等内容的，应严格按照法定的程序及实体要求进行处理，正确区分公告和行政行为本身的法律关系，依法保障行政相对人或利害关系人的合法权利。行政管理的相对方，要认真甄别行政机关制作的公告的内容。如果公告超出了行政行为本身，给自己附加了新的义务，或者减损了相关权利，那么，相对人或利害关系人可以依法通过诉讼程序维护自身的权利。

【相关规定】

《行政诉讼法》

第二十五条 行政行为的相对人以及其他与行政行为有利害关系的公民、法人或者其他组织，有权提起诉讼。

……

《最高人民法院关于适用〈中华人民共和国行政诉讼法〉的解释》

第一条 公民、法人或者其他组织对行政机关及其工作人员的行政行为不服，依法提起诉讼的，属于人民法院行政诉讼的受案范围。

下列行为不属于人民法院行政诉讼的受案范围：

……

（十）对公民、法人或者其他组织权利义务不产生实际影响的行为。

第十二条 有下列情形之一的，属于行政诉讼法第二十五条第一款规定的“与行政行为有利害关系”：

（一）被诉的行政行为涉及其相邻权或者公平竞争权的；

（二）在行政复议等行政程序中被追加为第三人的；

（三）要求行政机关依法追究加害人法律责任的；

（四）撤销或者变更行政行为涉及其合法权益的；

（五）为维护自身合法权益向行政机关投诉，具有处理投诉职责的行政机关作出或者未作出处理的；

（六）其他与行政行为有利害关系的情形。

《土地管理法实施条例》

第三十一条 征收土地申请经依法批准后，县级以上地方人民政府应当自收到批准文件之日起十五个工作日内在拟征收土地所在的乡（镇）和村、村民小组范围内发布征收土地公告，公布征收范围、征收时间等具体工作安排，对个别未达成征地补偿安置协议的应当作出征地补偿安置决定，并依法组织实施。

《国有土地上房屋征收与补偿条例》

第十三条 市、县级人民政府作出房屋征收决定后应当及时公告。公告应当载明征收补偿方案和行政复议、行政诉讼权利等事项。

市、县级人民政府及房屋征收部门应当做好房屋征收与补偿的宣传、解释工作。

房屋被依法征收的，国有土地使用权同时收回。

对当事人具有实质影响的公告行为具有可诉性

——韩某等人诉安徽省合肥市某区人民政府搬迁公告违法案

【案号】 安徽省高级人民法院行政判决书，(2017) 皖行终 361 号

【核心提示】

行政行为的作出，有时采取公告方式送达。当事人对公告行为不服提起诉讼，司法机关往往以“公告”仅是告知行为，对当事人不产生实际影响为由驳回当事人的起诉。但如果行政机关以“公告形式”赋予当事人义务，对当事人权利产生实际影响，则该公告行为具有可诉性。司法机关应对“公告行为”的合法性进行实质性审查并依法作出判决。

【关键词】

集体土地　征地公告　搬迁公告　可诉性

【案情回顾】

韩某等人系安徽省合肥市某区某街道居民，在村组有自己的房产及土地使用权。2013 年 9 月，某区大建设指挥部发布征告［2013］第 15 号搬迁公告：某街道王卫社区王岗、刘大郢“城中村”改造项目已经市政府同意确定改造。要求韩某等人配合做好工作，限期搬迁，并以此对韩某等人的部分房屋进行拆除。韩某等人不服，认为该搬迁公告无事实根据和法律依据，于

2015 年以某区人民政府为被告，向合肥市中级人民法院起诉。

【办案结果】

合肥市中级人民法院一审行政裁定书认为：涉案搬迁公告仅是程序性告知，对韩某等人的权利义务不产生实际影响，故韩某等人的起诉不属于人民法院受案范围，裁定驳回韩某等人的起诉。韩某等人不服一审裁定书，提起上诉。

安徽省高级人民法院二审裁定书认为：从涉案搬迁公告内容上看，为包括当事人在内的住户设定了具体明确的义务，对当事人的权利义务产生实际影响。从发布主体上看，某区大建设指挥部是某区政府设立的临时机构，某区人民政府是适格被告。撤销一审裁定，指令合肥市中级人民法院继续审理。

合肥市中级人民法院继续审理，作出的一审判决书认为：被告作出的行政行为证据不足，无法律依据。判决撤销被告作出征告［2013］第 15 号搬迁公告的行政行为。某区政府不服一审判决书，提起上诉。

安徽省高级人民法院二审判决书认为：一审判决书认定事实清楚，适用法律正确，某区政府的上诉理由不能成立，判决驳回上诉，维持原判。

【律师点评】

一、“城中村”改造和集体土地房屋征收搬迁的关系

“城中村”的形成，是基于城乡土地二元化的存在，随着经济发展，使农村的现状与周边城市的发展不相协调而产生。“城中村”如果滞后于周边的环境发展，必然涉及改造，这是大势所趋、人心所向。但是，“城中村”的改造项目能否实施，与“城中村”改造如何实施，是两个不同概念。

“城中村”改造项目的实施，必然涉及对“城中村”进行改造、清理、腾退。如果由政府统一开发改造利用，则涉及征收。根据我国法律规定，国有土地上房屋征收的，由县级以上地方政府根据《国有土地上房屋征收与补偿条例》的规定，发布国有土地上房屋征收决定，从而开始国有土地上的房屋征收补偿工作。涉及集体土地征收的，则由市、县级地方人民政府按照《土地管理法》的规定，组织实施对集体土地的征收工作，并对地上附属物进行依法补偿。

二、对集体土地的征收，能否以“搬迁公告形式”进行

本案原告的土地为集体土地，对“城中村”改造项目的实施，实质是对集体土地及地上房屋的征收。根据《物权法》（已废止）第四十二条第一款的规定，为了公共利益需要，依照法律规定的权限和程序可以征收集体所有的土地和单位、个人的房屋及其不动产。本案中，如果某区政府以“搬迁公告”的形式实施集体土地的征收，就不具备我国2004年《土地管理法》第四十六条的规定，即国家征收土地的，依照法定程序批准后，由县级以上地方人民政府予以公告并组织实施。所以，对集体土地的征收，首先要看有无法定程序的批准。根据2004年《土地管理法》第四十五条的规定，集体土地的征收，应当首先由国务院或者省人民政府批准。然后，根据2014年《土地管理法实施条例》第二十五条的规定，由市、县级人民政府发布征地公告。

征地补偿方案的制定，则是土地行政主管部门先行拟定并经听证后（放弃听证的除外），报市、县级人民政府同意，再由土地行政主管部门实施。①

征地公告和搬迁公告不同，根据《征收土地公告办法》（已废止）第5条的规定，一个合法的征地公告，包括征地批准机关、批准文号、批准时间和批准用途；被征收土地的所有权人、位置、地类和面积；征地补偿标准和农业人员安置途径；办理征地补偿登记的期限、地点。在本案中，搬迁公告显然和上述法定征地公告的形式及内容不同。

从集体土地征收的法律规定及程序上，根本不存在“搬迁公告”的相关规定。根据“法无明文规定不可为”的基本原则，以“搬迁公告”实施集体土地的征收，明显系违法行为。

三、涉案公告行为是与原告具有利害关系的可诉行政行为

从“公告”的表现形式上来看，“公告”貌似是对被征收人进行搬迁的告知。但实际上是以该“公告”为依据开展征收工作，和被征收人开始洽谈拆迁安置事宜，有的甚至对房子实施了拆除。故该“公告”对包括原告在内

① 2019年《土地管理法》修正时，将征收补偿安置方案的制定放到了征地报批之前。

的被征收人苛以权利义务，对原告具有利害关系，是可诉的行政行为。

四、规范性文件如果包含对当事人权利义务的处置，则该部分内容具有可诉性

实务中，除了用公告形式对行政行为相对人施加影响之外，行政机关也往往以公示的形式发布一些规范性文件。这类规范性文件中包含对不特定人群可以反复适用的条款，也包含针对某一项目的实施而对特定人群作出的效力性条款；对后一种情况，当事人可以对规范性文件中具有约束力的部分提起行政诉讼，防止以规范性文件对当事人的实际权利义务产生影响。《最高人民法院办公厅关于印发〈行政审判办案指南（一）〉的通知》中明确，行政机关发布的具有普遍约束力的规范性文件不可诉，但包含具体行政行为内容的，该部分内容具有可诉性。由此，如果行政机关以规范性文件的外衣，掩盖对当事人产生的实际影响，当事人就此行为可以提起维权诉讼。

当然，规范性文件中如并未设定具体条款对当事人的权利义务施加影响，但该规范性文件的制定及内容违反上位法规定，则在行政机关根据该规范性文件实施某种行为时，当事人可以对该行政行为提起行政诉讼，同时要求对该规范性文件进行合法性审查，以维护自身权益。

【经验提示】

土地及房屋的征收工作，是一个多阶段、多程序的行为结合体。区分哪些行为可诉，哪些行为不可诉，更是一项专业性的法律事务工作。实务中区分哪些行为可诉或不可诉，要看这个行为的实施是否相对独立并对当事人具有实际影响。从“公告”的表现形式及内涵分析，一般性的公告只是告知，是一种送达程序，对当事人不产生实际影响。但如果“公告”不只是送达，而是通过“公告”对当事人的权利义务加以影响，则该“公告”具备可诉性。

在分析“公告”是否可诉的情况下，还要注意“公告”的送达。很多行政行为是通过公告方式送达的，至于送达内容，有的在公告本身中显示，有的则独立于公告之外。如该“公告”本身是一个可诉的行政行为，自收到该公告之日起，根据《行政诉讼法》的规定计算起诉期限。如公告行为经分析就只是一个送达行为，则该送达行为不可诉，但公告送达的文书对当事人具有实际影响的，可对公告送达的法律文书所载明的行政行为起诉，起诉期限自公告届满之日起开始计算。

征收过程中存在多个公告送达行为，对于法律规定必须要公告送达的行为，地方政府当然要采取公告方式送达，但也有部分地方政府在征收工作过程中，为了减少行政机关和行政行为相对人的冲突和接触，或有意避免直接送达产生的麻烦，事无巨细均直接以公告形式送达相关法律文书，这种情况则要对公告行为进行综合分析。如法律规定需要送达给当事人本人，而行政主体未尝试其他送达方式而径行通过公告送达方式送达行政处罚决定的，视为未送达。因此只能理解为相对人不知道具体行政行为的内容，从其知道具体行政行为的内容之日起计算起诉期限。该观点在《最高人民法院司法观点集成（新编版）·行政及国家赔偿卷Ⅰ》列举的河北省任丘市城内公共汽车有限公司诉任丘市工商行政管理局工商行政处罚案（行政审判指导案例第89号）中予以体现。

所以，在当事人遇到公告行为时，首先要分析该“公告行为”是一个影响自身利益的可诉行为，还是一个公告送达的程序性行为；然后根据不同情况维护自身权益。

【相关规定】

《行政诉讼法》

第四十六条 公民、法人或者其他组织直接向人民法院提起诉讼的，应当自知道或者应当知道作出行政行为之日起六个月内提出。法律另有规定的除外。

因不动产提起诉讼的案件自行政行为作出之日起超过二十年，其他案件自行政行为作出之日起超过五年提起诉讼的，人民法院不予受理。

第六十三条 人民法院审理行政案件，以法律和行政法规、地方性法规为依据。地方性法规适用于本行政区域内发生的行政案件。

人民法院审理民族自治地方的行政案件，并以该民族自治地方的自治条例和单行条例为依据。

人民法院审理行政案件，参照规章。

《土地管理法》

第四十六条 征收下列土地的，由国务院批准：

（一）永久基本农田；

（二）永久基本农田以外的耕地超过三十五公顷的；

（三）其他土地超过七十公顷的。

征收前款规定以外的土地的，由省、自治区、直辖市人民政府批准。

征收农用地的，应当依照本法第四十四条的规定先行办理农用地转用审批。其中，经国务院批准农用地转用的，同时办理征地审批手续，不再另行办理征地审批；经省、自治区、直辖市人民政府在征地批准权限内批准农用地转用的，同时办理征地审批手续，不再另行办理征地审批，超过征地批准权限的，应当依照本条第一款的规定另行办理征地审批。

《土地管理法实施条例》

第三十一条 征收土地申请经依法批准后，县级以上地方人民政府应当自收到批准文件之日起十五个工作日内在拟征收土地所在的乡（镇）和村、村民小组范围内发布征收土地公告，公布征收范围、征收时间等具体工作安排，对个别未达成征地补偿安置协议的应当作出征地补偿安置决定，并依法组织实施。

非法强拆房屋实施主体推定原则

——邓某、王某诉河南省洛阳市A区人民政府，冯某诉山东省菏泽市B区人民政府强拆房屋行为违法案

【案号】 河南省洛阳市中级人民法院行政判决书，（2018）豫03行初74号；山东省菏泽市中级人民法院行政判决书，（2020）鲁17行初184号

【核心提示】

在强制拆除房屋案件中，原告应当对适格被告承担初步证明责任。在行政机关作出房屋征收决定后原告的房屋被强制拆除，原告提供了初步证据，但由于客观原因无法提供确凿证据证明具体组织实施强制拆除机关的，原则上应推定作出征收决定的行政机关是强制拆除机关，除非该行政机关有证据证明强制拆除行为确属其他行政机关或者组织所为。

【关键词】

农村土地征收　国有土地房屋征收　非法强拆　实施主体推定原则

【案情回顾】

邓某、王某系夫妻关系，二人均为洛阳市A区关林镇连庄村村民，其合法所有的房屋位于连庄村五组。2018年1月5日晚，诸多不明身份人员以建设工程为由，强行进入连庄村进行施工占地，并将邓某、王某的房屋门窗毁坏，随后将房屋非法拆除，屋内财产全部被毁。与此同时，连庄村诸多房屋均遭到同一批人的非法强拆。被强拆房屋均未收到任何行政机关或者人民法院作出的强拆决定。邓某、王某根据相关证据认为是A区人民政府和关林街

道办事处组织人员实施了非法强拆行为，但 A 区人民政府及关林街道办事处并不承认进行了上述的非法强拆行为。为了维护合法权利，邓某、王某以 A 区人民政府及关林街道办事处为共同被告诉至洛阳市中级人民法院，要求人民法院判令两主体强拆房屋的行为违法。

无独有偶。山东省菏泽市 B 区人民政府于 2017 年 3 月 20 日作出 B 区 2012—15 号地块房屋征收决定书并发布房屋征收通告，冯某的房屋被纳入征收范围，冯某因认为房屋征收部门未按照法律规定的“周边商品房市场交易价格”进行补偿而未签订安置补偿协议。2019 年 9 月 12 日，冯某的房屋被强拆。冯某家人向“110”报警，“110”指令牡丹南路派出所出警核查这一事实，民警称该强拆行为属于政府行为。2020 年 5 月，冯某一纸诉状将 B 区人民政府诉至菏泽市中级人民法院要求判令强拆房屋的行为违法。

笔者作为两案的代理人，庭审中提交了包括强拆现场照片、视频、被告下发的征迁文件、通知等能够证明被告实施了强拆行为的证据。但无论是 A 区人民政府还是 B 区人民政府均否认实施了强拆行为，但又未提供任何证明说明到底是哪个行政机关强拆了涉案房屋。

【办案结果】

河南省洛阳市中级人民法院经过审理，于 2018 年 8 月 20 日作出（2018）豫 03 行初 74 号行政判决书，确认洛阳市 A 区人民法院对原告房屋进行强拆的行为违法。该行政判决书认定：在本案中，关林街道办事处未取得独立实施征地补偿安置的行政主体资格，不能认定其取得了以自己名义实施强制拆除的法定职权，因此，关林街道办事处不是本案的适格被告。洛阳市 A 区人民政府是案涉土地征收的实施机关，其不能举证证明确系其他主体违法实施的强制拆除，故被告洛阳市 A 区人民政府应被推定为实施强制拆除的主体。2014 年《土地管理法实施条例》第四十五条规定：“违反土地管理法律、法规规定，阻挠国家建设征收土地的，由县级以上人民政府土地行政主管部门责令交出土地；拒不交出土地的，申请人民法院强制执行。”被告洛阳市 A 区人民政府没有强制执行权，应申请人民法院强制执行，故被告实施强制拆除原告房屋的行为不合法，因该强制行为系事实行为，无可撤销内容，应确认被告洛阳市A区人民政府实施强制拆除原告房屋的行为违法。

山东省菏泽市中级人民法院经过审理，于2020年7月14日作出（2020）鲁17行初184号行政判决书，确认B区人民政府实施的强拆行为违法。该行政判决书认定：本案涉及的是非正常状态下拆除原告被征收房屋的行为，属于被告菏泽市B区人民政府主导的权限范围。在被告菏泽市B区人民政府无法提出确凿证据证明原告的房屋是其他组织或个人拆除的情况下，可以推定被告菏泽市B区人民政府组织拆除了原告的房屋，被告菏泽市B区人民政府应当作为本案事实强制拆除的行为主体。

【律师点评】

上述两个案例确认了强拆主体推定原则。

一、非法强拆主体的推定

两案判决中均在原告未提供直接证据证明区政府是涉案强拆行为的实施主体，而区人民政府否认作出强拆行为的情况下，法院直接根据《土地管理法》和《国有土地上房屋征收与补偿条例》确定的土地或者房屋征收法定机关及法定职权直接推定区人民政府属于实施主体，需承担法律责任。在第一个案例中，同时又以“洛阳市A区关林街道办事处未取得独立实施征地补偿安置的行政主体资格，更不能认定其取得了以自己名义实施强制拆除的法定职权”为由，否认了关林街道办事处自认强拆的事实，认为其不是本案的适格被告。

在集体土地征收和国有土地房屋征收过程中涉及非法强拆的诉讼中，各级人民法院采用非法强拆主体推定原则的判决非常多。在（2018）最高法行再106号韩某诉武汉市政府行政强拆案中，最高人民法院在行政裁定书中明确写道：2004年《土地管理法》第四十六条第一款规定：“国家征收土地的，依照法定程序批准后，由县级以上地方人民政府予以公告并组织实施。”2014年《土地管理法实施条例》第二十五条规定：“征收土地方案经依法批准后，由被征收土地所在地的市、县人民政府组织实施……”据此，在集体土地征收过程中，有且仅有市、县级人民政府才具有依法征收土地及其附属物的职权，发布公告亦是其履行职权的表现。因而，在被拆除房屋位于市、县级人民政府确定的征收范围的情况下，除非市、县级人民政府能够举证证明房屋确系在其不知情的情况下由其他主体违法强拆，否则人民法院可以依据上述法律规定，推定强制拆除行为系市、县级人民政府或其委托的主体实施。

当然国有土地上房屋征收中的强拆同样也适用上述审理规则。除了菏泽案外，在李某诉山东省惠民县人民政府强拆行为违法案中，最高人民法院在（2018）最高法行再113号行政裁定书明确认定：行政诉讼的适格被告应当根据“谁行为，谁被告；行为者，能处分”的原则确定。通常情况下，行政行为一经作出，该行为的主体就已确定。但在某些特殊情况下，行政行为的适格主体在起诉时难以确定，只能通过审理并运用举证责任规则进行判断。《国有土地上房屋征收与补偿条例》第四条第一款和第二款规定：“市、县级人民政府负责本行政区域的房屋征收与补偿工作。市、县级人民政府确定的房屋征收部门（以下称房屋征收部门）组织实施本行政区域的房屋征收与补偿工作。”第五条规定：“房屋征收部门可以委托房屋征收实施单位，承担房屋征收与补偿的具体工作，房屋征收实施单位不得以营利为目的。房屋征收部门对房屋征收实施单位在委托范围内实施的房屋征收与补偿行为负责监督，并对其行为后果承担法律责任。”上述规定明确了市、县级人民政府及房屋征收部门、实施单位之间因房屋征收补偿工作应承担的法律责任。在无主体对强拆行为负责的情况下，人民法院应当根据职权法定原则及举证责任作出认定或推定。如果用地单位、拆迁公司等非行政主体实施强制拆除的，应当查明是否受行政机关委托实施强拆行为。另外，在北京市第四中级人民法院作出的（2016）京04行初439号行政判决书中也认定，在强制拆除房屋案件中，原告应当对适格被告承担初步证明责任。在行政机关作出房屋征收决定后原告的房屋被强制拆除，原告提供了初步证据，但由于客观原因无法提供确凿证据证明具体组织实施强制拆除机关的，原则上应推定作出征收决定的行政机关是强制拆除机关，除非该行政机关有证据证明强制拆除行为确由其他行政机关或者组织所为。依据上述观点，法院认定门头沟区人民政府的强拆行为违法。门头沟人民政府上诉后，北京市高级人民法院（2017）京行终2691号行政判决书维持原判。

二、强制主体推定原则的适用条件

在土地及房屋征收过程中，因被征收人与征收部门达不成拆迁协议，房子一夜之间被强拆，因取证及举证能力有限，被征收人无法举证证明强拆主体，并且在法庭上，负责征收的政府或者职能部门会否认实施了强拆行为。这就造成被征收人维权困难。为了解决司法实践中这些问题，维护被征收人的合法权利，有效惩治行政机关的违法行为，促进依法行政、依法治国进程，各级人民法院在未有充分证据证明实施主体时或者行政机关不承认实施强拆行为时确定了上述主体推定原则。主体推定原则，一般是指政府及其职能部门具有征收土地房屋、收回国有土地使用权及强制拆除房屋的职权，政府如不能举证证明确系其他主体违法实施的强制拆除，将可能被推定为实施强制拆除的主体，并承担相应的赔偿责任。根据判决书内容及笔者查询到的上述同类案例，可以总结出强拆主体推定原则的适用条件如下：

（1）有证据或者法律规定被告具有相关法定职责，强拆行为与其直接具有高度的关联性，是强拆行为的直接受益人；

（2）原告已经提交初步证据证明强拆行为系被告所为，而被告对证据不予认可，对强拆事实不予承认；

（3）被告怠于进行强拆主体的积极举证，无相反证据证明强拆行为系其他机关所为；

（4）根据《行政诉讼法》第三十四条的规定，被告承担举证不能的不利法律后果。

由此可见，主体推定原则的核心法律依据其实就是行政诉讼法所确定的举证分配问题。《行政诉讼法》第三十四条规定，被告对作出的行政行为负有举证责任，应当提供作出该行政行为的证据和所依据的规范性文件。被告不提供或者无正当理由逾期提供证据，视为没有相应证据。作为负责土地及房屋征收的区、县级人民政府来讲，其有条件、有职权知晓强拆行为的实施主体，并且其有义务对征收过程中的非法行为进行监督查处，查明非法强拆的实施主体并在法庭上进行陈述，履行其举证责任及义务。但区、县级人民政府怠于履行职责及举证责任，就应当承担不利的法律后果，承担非法强拆的包括国家赔偿在内的所有法律责任。上述案例中，涉案中级人民法院就是依据《土地管理法》和《国有土地上房屋征收与补偿条例》所规定的区、县级人民政府是土地及房屋征收的实施主体的规定，在其不能举证证明系其他主体实施了强拆行为的前提下，推定区级人民政府实施了强制行为，并认定其强拆行为违法。

三、非法强拆诉讼被告的确定原则

在非法强拆案件中，确定强拆主体是非法强拆行为案件非常关键的环节，也是原告的核心义务。根据上述内容、相关法律规定及相关司法实务，被告应该按照如下原则予以确定。

（1）如实施强制行为的主体明确、证据充分的，应以实际实施主体为被告；当然，如有证据证明强拆行为是多部门共同实施的，所有参与行政机关都作为被告一并参加诉讼。

（2）无证据证明实施主体或者无法查明实施主体的，以作出征收决定或者组织实施征地的市、县级人民政府为被告。

（3）用地单位、拆迁公司等非行政主体实施强制搬迁的，查明是否受行政机关委托，受行政机关委托的，以委托机关为被告；未受行政机关委托的，不是行政行为，不属行政案件，只能进行民事侵权诉讼。

四、行政机关无房屋强拆执行权，实施的强制行为违法

我国的土地分为国有土地及集体土地，涉及房屋征收也划分为这两大类，上述两个案例将这两种类型完全覆盖。这两种类型案件所依据的法律规定是不同的，前者依据《国有土地上房屋征收与补偿条例》，后者依据《土地管理法》。在上述两个案例中，法院均认定强拆行为违法，由此可见，行政机关无房屋强拆的执行权，尤其直接实施的强制行为更是违法。

洛阳市中级人民法院判决 A 区人民政府强拆行为违法的法律依据是 2014 年《土地管理法实施条例》第四十五条。该条规定："违反土地管理法律、法规规定，阻挠国家建设征收土地的，由县级以上人民政府土地行政主管部门责令交出土地；拒不交出土地的，申请人民法院强制执行。"菏泽市中级人民法院判决 B 区人民政府强拆行为违法的法律依据是《国有土地上房屋征收与补偿条例》第二十八条。该条第一款规定："被征收人在法定期限内不申请行政复议或者不提起行政诉讼，在补偿决定规定的期限内又不搬迁的，由作出房屋征收决定的市、县级人民政府依法申请人民法院强制执行。”由此可见，房屋征收过程中，无论是区、县级人民政府还是其职能部门，法律均未赋予它们强制执行权，强制拆除房屋应由相关行政主管部门履行一定法定程序后申请人民法院强制执行。

【经验提示】

非法强拆一直是土地房屋征收过程中最恶劣的逼签手段，也是对被征收人权利侵害最严重的违法行为，很多被征收人的房屋被非法强拆后，受不了压力而选择接受安置补偿条件。很多非法强拆因行政机关偷拆或者被征收人被控制造成取证困难，而在诉讼中征收部门或者人员又否认实施了强拆行为，这些问题增加严重阻碍了被征收人的维权进程及结果。主体推定原则在司法审判中的确立及运用，将举证责任归于被告，有效地解决了上述问题，具有积极的意义。

其实征收过程中的强拆行为均有明确的法律规定，利用法律规定判断确定强拆违法并不困难，广大的被征收人没有必要“谈强拆色变”，应积极运用法律手段维护自己的合法权利。当然，诉讼中也不能仅依靠推定原则，还要积极收集证据，妥善保留征收部门下发的相关文件。尤其在强拆过程中，要通过合法手段保留证据，为法院查明事实提供充分证据，争取诉讼中的主动地位，获得合理、公平及客观的判决，最大限度维护自己的合法权利。

【相关规定】

《土地管理法》

第四十七条 国家征收土地的，依照法定程序批准后，由县级以上地方人民政府予以公告并组织实施。

县级以上地方人民政府拟申请征收土地的，应当开展拟征收土地现状调查和社会稳定风险评估，并将征收范围、土地现状、征收目的、补偿标准、安置方式和社会保障等在拟征收土地所在的乡（镇）和村、村民小组范围内公告至少三十日，听取被征地的农村集体经济组织及其成员、村民委员会和其他利害关系人的意见。

多数被征地的农村集体经济组织成员认为征地补偿安置方案不符合法律、法规规定的，县级以上地方人民政府应当组织召开听证会，并根据法律、法规的规定和听证会情况修改方案。

拟征收土地的所有权人、使用权人应当在公告规定期限内，持不动产权属证明材料办理补偿登记。县级以上地方人民政府应当组织有关部门测算并落实有关费用，保证足额到位，与拟征收土地的所有权人、使用权人就补偿、安置等签订协议；个别确实难以达成协议的，应当在申请征收土地时如实说明。

相关前期工作完成后，县级以上地方人民政府方可申请征收土地。

《土地管理法实施条例》

第六十二条 违反土地管理法律、法规规定，阻挠国家建设征收土地的，由县级以上地方人民政府责令交出土地；拒不交出土地的，依法申请人民法院强制执行。

《国有土地上房屋征收与补偿条例》

第二十八条 被征收人在法定期限内不申请行政复议或者不提起行政诉讼，在补偿决定规定的期限内又不搬迁的，由作出房屋征收决定的市、县级人民政府依法申请人民法院强制执行。

强制执行申请书应当附具补偿金额和专户存储账号、产权调换房屋和周转用房的地点和面积等材料。

《最高人民法院关于审理涉及农村集体土地行政案件若干问题的规定》

第十三条 在审理土地行政案件中，人民法院经当事人同意进行协调的期间，不计算在审理期限内。当事人不同意继续协商的，人民法院应当及时审理，并恢复计算审理期限。

第十四条 县级以上人民政府土地管理部门根据土地管理法实施条例第四十五条的规定，申请人民法院执行其作出的责令交出土地决定的，应当符合下列条件：

（一）征收土地方案已经有权机关依法批准；

（二）市、县人民政府和土地管理部门已经依照土地管理法和土地管理法实施条例规定的程序实施征地行为；

（三）被征收土地所有权人、使用人已经依法得到安置补偿或者无正当理由拒绝接受安置补偿，且拒不交出土地，已经影响到征收工作的正常进行；

（四）符合《最高人民法院关于执行〈中华人民共和国行政诉讼法〉若干问题的解释》第八十六条规定的条件。

人民法院对符合条件的申请，应当裁定予以受理，并通知申请人；对不符合条件的申请，应当裁定不予受理。

《行政诉讼法》

第三十四条 被告对作出的行政行为负有举证责任，应当提供作出该行政行为的证据和所依据的规范性文件。

被告不提供或者无正当理由逾期提供证据，视为没有相应证据。但是，被诉行政行为涉及第三人合法权益，第三人提供证据的除外。

《最高人民法院关于适用〈中华人民共和国行政诉讼法〉的解释》

第一百六十条 人民法院受理行政机关申请执行其行政行为的案件后，应当在七日内由行政审判庭对行政行为的合法性进行审查，并作出是否准予执行的裁定。

人民法院在作出裁定前发现行政行为明显违法并损害被执行人合法权益的，应当听取被执行人和行政机关的意见，并自受理之日起三十日内作出是否准予执行的裁定。

需要采取强制执行措施的，由本院负责强制执行非诉行政行为的机构执行。

第一百六十一条 被申请执行的行政行为有下列情形之一的，人民法院应当裁定不准予执行：

（一）实施主体不具有行政主体资格的；

（二）明显缺乏事实根据的；

（三）明显缺乏法律、法规依据的；

（四）其他明显违法并损害被执行人合法权益的情形。

《民事诉讼法》

第二百三十二条 当事人、利害关系人认为执行行为违反法律规定的，可以向负责执行的人民法院提出书面异议。当事人、利害关系人提出书面异议的，人民法院应当自收到书面异议之日起十五日内审查，理由成立的，裁定撤销或者改正；理由不成立的，裁定驳回。当事人、利害关系人对裁定不服的，可以自裁定送达之日起十日内向上一级人民法院申请复议。

第二百三十四条 执行过程中，案外人对执行标的提出书面异议的，人民法院应当自收到书面异议之日起十五日内审查，理由成立的，裁定中止对该标的的执行；理由不成立的，裁定驳回。案外人、当事人对裁定不服，认为原判决、裁定错误的，依照审判监督程序办理；与原判决、裁定无关的，可以自裁定送达之日起十五日内向人民法院提起诉讼。

建筑区分所有权人在房屋征收中的权利应予保护

——朱某诉湖南省衡阳市某区人民政府行政强制案

【案号】 湖南省高级人民法院行政判决书，(2016) 湘行终字第 458 号

【核心提示】

业主对建筑物内的住宅、经营性用房等专有部分享有所有权，对专有部分以外的共有部分享有权利，承担义务。房屋征收过程中，征收部门不能擅自处分建筑物专有部分以外的共有部分。未签订征收补偿协议的被征收人针对征收部门擅自拆除、损毁建筑物共有部分的，可以提起诉讼。

【关键词】

征收　共有　建筑物区分所有权　违法　补偿

【案情回顾】

朱某通过公开竞买的方式购买了湖南省衡阳市某区粤汉码头 3 号院的房屋、土地以及油罐等，因滨江新区项目建设 3 号院被纳入征收范围，朱某房屋所在地块的绝大多数被征收人已经与征收部门签订了征收补偿协议并搬迁。在朱某未与征收部门达成征收补偿协议的情况下，2015 年 6 月 15 日某区政府组织相关职能部门对衡阳市某区粤汉码头 3 号院的部分房屋实施了拆除，并拆除了围墙、楼梯等共有部分，导致朱某无法正常行使房屋权利，朱某遂诉至人民法院。本案一审法院衡阳市中级人民法院以朱某无法证明其是围墙、楼梯等共有部分的权利人为由驳回了朱某的诉讼请求。朱某不服一审判决，

上诉至湖南省高级人民法院。二审法院审理认为，围墙、楼梯等属于业主的共有部分，朱某购置了粤汉码头 3 号院落内的房屋，属于建筑区划内的围墙和楼梯等公用设施的共有权人，其与某区实施的拆除行为具有法律上的利害关系，具有起诉的主体资格。此外，某区人民政府在行政强制过程中违反法定程序，属于违法。二审法院撤销一审判决，确认某区人民政府行政强制行为违法。

【办案结果】

湖南省高级人民法院作出（2016）湘行终字第 458 号行政判决：

1. 撤销衡阳市中级人民法院（2015）衡中法行初字第 228 号行政判决；

2. 确认衡阳市某区人民政府于 2015 年 6 月 15 日对衡阳市某区粤汉码头 3 号院的房屋楼梯、围墙实施强制拆除的行为违法；

3. 一审、二审案件受理费 100 元，由被上诉人衡阳市某区人民政府承担。

【律师点评】

本案涉及三个方面的问题：第一，朱某是否对建筑物共有部分享有权利；第二，朱某对于建筑物共有部分被拆除是否具备起诉的主体资格；第三，某区政府实施的本案行政强制行为是否违法。

一、朱某对于建筑物共有部分是否享有权利

我国《物权法》（已废止）第七十条、第七十一条、第七十二条规定了两种权利方式，业主对建筑物内的住宅、经营性用房等专有部分享有所有权；对专有部分以外的共有部分享有权利，承担义务。各区分所有权人既对各自的专有部分享有独立的所有权，又对整幢楼房及其共用部分享有共有权，对共用部分的任何改动，应以不违背共同利益为前提，并须经全体区分所有权人同意。对于建筑物的专有部分，2009 年《最高人民法院关于审理建筑物区分所有权纠纷案件具体应用法律若干问题的解释》第二条分三款进行了规定，即建筑区划内符合具有构造上的独立性，能够明确区分；具有利用上的独立性，可以排他使用；能够登记成为特定业主所有权的客体的房屋（包括

整栋建筑物），以及车位、摊位等特定空间。规划上专属于特定房屋，且建设单位销售时已经根据规划列入该特定房屋买卖合同中的露台等。享有专有部分所有权的业主，在征收过程对其专有部分享有处分权，其可以自行与征收部门签订征收补偿协议。对于共有部分，我国《物权法》（已废止）第七十三条规定，共有部分主要包括建筑区划内的道路（城镇公共道路除外）、绿地（城镇公共绿地或者明示属于个人的除外）、其他公共场所、公用设施和物业服务用房。2009 年《最高人民法院关于审理建筑物区分所有权纠纷案件具体应用法律若干问题的解释》第三条规定："除法律、行政法规规定的共有部分外，建筑区划内的以下部分，也应当认定为物权法第六章所称的共有部分：（一）建筑物的基础、承重结构、外墙、屋顶等基本结构部分，通道、楼梯、大堂等公共通行部分，消防、公共照明等附属设施、设备，避难层、设备层或者设备间等结构部分；（二）其他不属于业主专有部分，也不属于市政公用部分或者其他权利人所有的场所及设施等。建筑区划内的土地，依法由业主共同享有建设用地使用权，但属于业主专有的整栋建筑物的规划占地或者城镇公共道路、绿地占地除外。"本案中，朱某已经购买了涉案的房屋及土地，案涉的楼梯、围墙等属于建筑物共有部分，根据《物权法》（已废止）的规定，朱某对于相应区域内的共有部分自然享有权利。

二、朱某是否具有本案起诉的主体资格

需要说明，本案是2018 年2 月8 日《最高人民法院关于适用〈中华人民共和国行政诉讼法〉的解释》施行前作出的判决。《最高人民法院关于适用〈中华人民共和国行政诉讼法〉的解释》对于建筑物区分所有权中共有部分权利遭受影响时，有权起诉的主体进行了规定。因此，在2018 年《最高人民法院关于适用〈中华人民共和国行政诉讼法〉的解释》实施之后，针对本案的处理可能会有不同的结果。

我国《物权法》（已废止）第七十二条规定，业主对建筑物专有部分以外的共有部分，享有权利，承担义务；不得以放弃权利不履行义务。可见，业主对于建筑物共有部分的权利是法定的。本案中，一审判决认为没有证据证明朱某是共有部分的权利人，认定事实明显错误，业主对共有部分的权利依托于专有部分的权利，业主如果享有建筑物专有部分的所有权，其当然享有相应的建筑物共有部分的权利，该权利是法定的，如果在房屋的共有部分被非法破坏或拆除时，却不赋予未签订拆迁补偿协议的相应的共有权人诉讼的权利，将导致未签约的被征收人的合法权利无法得到保障。客观上，房屋共有部分被损毁或拆除的，对于未签约的被征收人的权利会造成直接的影响，未签约的被征收人与前述行为具有法律上的利害关系，应当赋予其起诉的原告主体资格。二审法院依据我国《物权法》（已废止）关于建筑物区分所有权的规定，确认了朱某对于建筑物共有部分的权利，根据“有权利就有保障、有损害就有救济”的原则，在建筑物共有部分遭到破坏，导致朱某无法正常使用的情况下，认定朱某与某区人民政府的行政强制行为具有法律上的利害关系，其具有起诉的原告主体资格。

三、某区人民政府实施的本案行政强制行为是否合法

房屋征收中，涉及成栋的房屋比较多，每个被征收人的房屋都是相互独立的。在房屋征收的实践中，房屋征收部门一般只针对专有部分与业主签订征收补偿协议。对于建筑物共有部分，按照《国有土地上房屋征收与补偿条例》的规定，政府征收规划小区的，对于小区内的共有部分的建筑以及占用范围内的土地等应当依法进行补偿。按照《国有土地上房屋征收评估办法》第十一条的规定，对于共有部分的价值，应当通过评估程序进行处理。但是在实践中如何处理，应当由谁在什么情况下签订征收补偿协议，目前并无具体的规定。这导致在房屋征收过程中，对于建筑物共有部分的征收补偿在处理时没有明确的依据。

按照行政机关权力法定的原则，行政机关在未针对建筑物共有部分依法补偿的情况下，针对建筑物共有部分的拆除没有法律依据。在部分被征收人签订房屋征收补偿协议后，征收部门往往会实施对相应房屋的拆除行为。征收部门实施房屋拆除时，应当只能针对已经签约的房屋实施，即只能针对签约的专有部分，不能擅自扩大拆除范围，也不能在实施针对专有部分拆除时影响其他业主的权利，更不能在未依法进行征收补偿的情况下拆除属于业主的共有部分。如前所述，目前针对建筑物共有部分的征收补偿没有明确的规定，但是按照“先补偿后搬迁”的一般原则，在没有完成针对共有部分的补偿前，是不能实施拆除的。而且，共有部分对于业主正常行使专有部分的权利有重要的作用。一般而言，在未达到全部被征收人签订征收补偿协议时，房屋征收部门不应当对建筑物共有部分实施拆除行为，如因特殊情况确实需要拆除房屋共有部分时，征收部门应当依法履行法定程序且保障未签订征收补偿协议的业主的合法权利。如果征收部门在未履行法定程序的情况下，擅自实施对建筑物共有部分的拆除行为，其行为则不具有合法性。

本案中，正如湖南省高级人民法院在二审判决中的裁判，朱某的房屋被纳入征收改造范围，朱某是被征收人，某区政府组织对征收范围内的房屋及附属设施进行拆除应符合法律、法规规定的征收、补偿程序，《国有土地上房屋征收与补偿条例》第三条规定，房屋征收与补偿应当遵循决策民主、程序正当、结果公开的原则。《湖南省实施〈国有土地上房屋征收与补偿条例〉办法》第二十三条规定："下列房屋征收与补偿信息，设区的市（自治州）、县市区人民政府或者房屋征收部门应当予以公布：（一）房屋征收与补偿相关法规和政策；（二）房屋征收决定；（三）征收补偿方案；（四）补助、奖励政策和标准；（五）房屋征收范围内调查结果；（六）被征收房屋分户的初步评估结果；（七）被征收房屋分户补偿情况。前款规定的房屋征收与补偿信息，第（一）项应当向社会公布；第（二）至（七）项应当在征收范围内公布。"本案中，某区政府未依法全面实施和完成涉案项目征收补偿程序，也未按照上述规定完整履行对房屋征收补偿信息的公布程序，在征收部门未与朱某达成补偿协议，未按照补偿方案作出补偿决定的情况下，单方组织有关部门对粤汉码头 3 号院的围墙、楼梯实施拆除，侵犯了朱某对粤汉码头 3 号院建筑区划内的围墙和楼梯等公用设施所享有的共有权，违反了上述规定，构成违法。因此，湖南省高级人民法院撤销一审判决，作出了确认某区人民政府行政强制违法的判决，保障了朱某的合法权利。

【经验提示】

如前所述，本案是 2018 年 2 月 8 日《最高人民法院关于适用〈中华人民共和国行政诉讼法〉的解释》施行前作出的判决。《最高人民法院关于适用〈中华人民共和国行政诉讼法〉的解释》对于建筑物区分所有权中共有部分权利遭受影响时，有权起诉的主体进行了规定。《最高人民法院关于适用

〈中华人民共和国行政诉讼法〉的解释》第十八条规定，业主委员会对于行政机关作出的涉及业主共有利益的行政行为，可以自己的名义提起诉讼。业主委员会不起诉的，专有部分占建筑物总面积过半数或者占总户数过半数的业主可以提起诉讼。《最高人民法院关于适用〈中华人民共和国行政诉讼法〉的解释》第十八条规定了三种有权提起诉讼的主体，即业主委员会、专有部分占建筑物总面积过半数的业主和占总户数过半数的业主。通过前述规定我们可以看出，《最高人民法院关于适用〈中华人民共和国行政诉讼法〉的解释》否定了单个业主的诉权。本案如果发生在《最高人民法院关于适用〈中华人民共和国行政诉讼法〉的解释》施行后，法院有可能不予立案或者立案后裁定驳回起诉。笔者认为，虽《最高人民法院关于适用〈中华人民共和国行政诉讼法〉的解释》对于前述共有利益部分没有赋予业主独立的诉权，但在房屋征收拆迁过程中不能僵化适用。特别是在房屋征收拆迁过程中，大多数业主签订了征收补偿协议，建筑物共有部分被破坏或拆除而直接影响未签约的被征收人的合法权利的，如果还按照前述规定处理，将会导致未签订征收补偿协议的被征收人的权利保障调到很大的障碍。

首先，需要说明房屋征收过程中的业主委员会权利的行使不同于一般情况下业主委员会依据国务院制定的《物业管理条例》的规定履行职责。《物业管理条例》第十五条规定："业主委员会执行业主大会的决定事项，履行下列职责：（一）召集业主大会会议，报告物业管理的实施情况；（二）代表业主与业主大会选聘的物业服务企业签订物业服务合同；（三）及时了解业主、物业使用人的意见和建议，监督和协助物业服务企业履行物业服务合同；（四）监督管理规约的实施；（五）业主大会赋予的其他职责。"按照前述规定，业主赋予其建筑物共有部分的管理职权后，业主委员会可以依法针对建筑物共有部分代表业主行使权利。前述权利的行使，在小区没有纳入征收范围进行征收搬迁的情况下，一般不会有什么障碍。理论上，针对建筑物共有部分的征收补偿，在业主委员会取得业主大会授权后，可以就建筑物共有部分与征收部门进行征收协商谈判，并签订征收补偿协议。但是，在房屋征收的实践中，鲜有业主委员会与征收部门就建筑物共有部分进行协商并签订征收补偿协议的。大多数业主也是针对各自专有部分与征收部门协商谈判，一般既不顾及也不会考虑共有部分的征收补偿，而且，随着业主逐一签订征收补偿协议并搬迁，业主委员会基本上名存实亡，其无法再履行职责，更不可能再行针对共有部分提起诉讼。而且有很多小区由于种种原因根本没有成立业主委员会。因此，在房屋征收过程中，特别是在大多数业主签订征收补偿协议后，再要求业主委员会针对共有部分提起诉讼，将不具有现实性。而且，在房屋征收过程中，业主签订征收补偿协议后，业主委员会是否存续目前没有明确的说法。但一般而言，业主签订征收补偿协议后，放弃了对专有部分的权利，业主委员会的存续将缺乏事实和法律基础。因此，在房屋征收过程中，以业主委员会的名义针对共有利益的起诉，存在现实和法律上的障碍。

其次，《最高人民法院关于适用〈中华人民共和国行政诉讼法〉的解释》规定，专有部分占建筑物总面积过半数的业主或占总户数过半数的业主有权针对共有利益提起诉讼。但这在征收补偿的实践中很难操作。而且，在确定前述权利主体作为原告起诉时，还需要厘清一个法律关系。如果全体业主都没有签订征收补偿协议，对于上述主体的确定相对比较好处理。但是如果有部分业主针对专有部分签订了征收补偿协议，是否意味着其放弃了相应的共有部分的权利，是否仍将签订征收补偿协议部分的房屋面积计算至专有部分占建筑物的总面积？或者说，是否仍要看签订征收补偿协议的业主数量有没有超过总户数的一半？房屋征收补偿与一般的房屋买卖不同。我国《民法典》第二百七十三条第二款规定，业主转让建筑物内的住宅、经营性用房，其对共有部分享有的共有和共同管理的权利一并转让。如果按照前述规定，将签订房屋征收补偿协议视为业主将建筑物转让，将会造成房屋征收过程中的法律适用混乱。而且，业主就专有部分签订征收补偿协议，如果认定其将共有部分享有的共有和共同管理的权利一并转让，那么将有可能造成征收部门无须对建筑物共有部分进行补偿。这不但直接影响全体业主的合法征收补偿权益，而且针对建筑物共有部分不进行补偿也没有法律依据。但是在房屋征收补偿中，对建筑物共有部分的征收补偿是必须面对和解决的问题。此外，签订征收补偿协议的征收部门主体如何进行界定，一般而言，房屋征收补偿协议是国家以支付被征收人对价的方式取得了对被征收房屋的处分权利。对于房屋征收部门来说，是否因其与被征收人签订征收补偿协议就取得了相应的房屋，从而成为新的业主？如果将征收部门界定为新业主，由于征收部门与大多数被征收人签订了征收补偿协议，征收部门就成了专有部分和共有部分的权利人。《最高人民法院关于适用〈中华人民共和国行政诉讼法〉的解释》所确定的三个主体，业主委员会、专有部分占建筑物总面积过半数的业主和占总户数过半数的业主，在部分被征收人签订征收补偿协议后又该如何进行界定？如前所述，抛开业主委员会，如果按照面积计算，由于征收部门与大部分业主签订了征收补偿协议，取得了相应的专有部分的权利，其成为专有部分占建筑物总面积过半数的业主，在此种情形下，征收部门不可能自己起诉自己。因此，以面积计算，将会造成未签约业主的权利无法得到保障。另外，过半数的业主如何计算，按照同一买受人拥有一个以上专有部分的，按一人计算的规定，签订征收补偿协议的征收部门，最多只能作为一个业主计算。因此，笔者认为，在司法实践中，对于已经签订房屋征收补偿协议的业主，在针对业主共有利益起诉时不宜作为业主计算，征收部门签订协议后也不能作为业主，征收补偿协议中相应的面积也不应计入计算范围。可以按照起诉时未签订征收补偿协议的业主人数或未签约的专有部分总面积计算，过半数的业主或占未签约专有部分总面积过半数的业主可以提起诉讼。这样，可以依法保证未签约业主对建筑物共有部分的权利。但是这里还会有一个法律问题，即签订征收补偿协议的业主权利如何界定，如果按照一般的房屋买卖处理，会视为其将共有部分一并转让。此外，按照我国《民法典》关于建筑物共有部分的规定，业主对于共有部分享有共同的权利，如果在建筑物共有部分未依法签订征收补偿协议，业主并未实际取得共有部分的补偿，将已经签订征收补偿协议的业主排除在起诉权利人之外，对于其权利也是一种侵犯；但是如果将其纳入起诉权利人，在实践中又很难处理，特别是对签订征收补偿协议的业主权利的界定。因此，对于这个问题也有待进一步规范和明确。

业主建筑物区分所有权的专有部分的权利和共有部分的权利都应保障。在房屋征收过程中，对于两种权利的保障，一方面要坚持法律的基本原则，另一方面要灵活适用。对于业主依法行使其专有部分的处分权应予以保护，对于未签订征收补偿协议的被征收人的权利，特别是对于所对应的建筑物共有部分的权利也应予以保护，不应因征收或者部分业主签订征收补偿协议而侵犯未签订征收补偿协议的被征收人的合法权利。

实践中如何具体操作，笔者认为朱某诉某区人民政府行政强制的案件，湖南省高级人民法院的判决给出了很好的诠释。

房屋征收过程中，征收部门在拆除已经签订征收补偿协议的房屋时，应当保护未签订征收补偿协议的被征收人的权利，在未达到全部签署征收补偿协议的情况下，不能擅自处理房屋共有部分。如果房屋征收部门拆除房屋共有部分，未签订征收补偿协议的相应的共有权人可以依法向人民法院提起诉讼。

此外，建筑物共有部分属于业主共同的权利，所获的征收补偿应当属于全体业主所有。在房屋征收过程中，针对建筑物共有部分如何落实征收补偿，是需要解决的问题。由谁代表业主就建筑物共有部分与征收部门进行协商谈判，签订征收补偿协议；在什么阶段签订征收补偿协议；在什么条件下可以针对建筑物共有部分实施拆除等措施都是需要尽快明确和解决的问题。在房屋征收补偿过程中，被征收人不应将眼光仅放在专有部分，对于建筑物共有部分其也有获得的征收补偿的权利。

【相关规定】

《行政诉讼法》

第二十五条 行政行为的相对人以及其他与行政行为有利害关系的公民、法人或者其他组织，有权提起诉讼。

有权提起诉讼的公民死亡，其近亲属可以提起诉讼。

有权提起诉讼的法人或者其他组织终止，承受其权利的法人或者其他组织可以提起诉讼。

人民检察院在履行职责中发现生态环境和资源保护、食品药品安全、国有财产保护、国有土地使用权出让等领域负有监督管理职责的行政机关违法行使职权或者不作为，致使国家利益或者社会公共利益受到侵害的，应当向行政机关提出检察建议，督促其依法履行职责。行政机关不依法履行职责的，人民检察院依法向人民法院提起诉讼。

《民法典》

第二百七十一条 业主对建筑物内的住宅、经营性用房等专有部分享有所有权，对专有部分以外的共有部分享有共有和共同管理的权利。

第二百七十二条 业主对其建筑物专有部分享有占有、使用、收益和处分的权利。业主行使权利不得危及建筑物的安全，不得损害其他业主的合法权益。

第二百七十三条 业主对建筑物专有部分以外的共有部分，享有权利，承担义务；不得以放弃权利为由不履行义务。

业主转让建筑物内的住宅、经营性用房，其对共有部分享有的共有和共同管理的权利一并转让。

《最高人民法院关于适用〈中华人民共和国行政诉讼法〉的解释》

第十八条 业主委员会对于行政机关作出的涉及业主共有利益的行政行为，可以自己的名义提起诉讼。

业主委员会不起诉的，专有部分占建筑物总面积过半数或者占总户数过半数的业主可以提起诉讼。

《最高人民法院关于审理建筑物区分所有权纠纷案件适用法律若干问题的解释》

第二条 建筑区划内符合下列条件的房屋，以及车位、摊位等特定空间，应当认定为民法典第二编第六章所称的专有部分：

（一）具有构造上的独立性，能够明确区分；

（二）具有利用上的独立性，可以排他使用；

（三）能够登记成为特定业主所有权的客体。

规划上专属于特定房屋，且建设单位销售时已经根据规划列入该特定房屋买卖合同中的露台等，应当认定为前款所称的专有部分的组成部分。

本条第一款所称房屋，包括整栋建筑物。

第三条 除法律、行政法规规定的共有部分外，建筑区划内的以下部分，也应当认定为民法典第二编第六章所称的共有部分：

（一）建筑物的基础、承重结构、外墙、屋顶等基本结构部分，通道、楼梯、大堂等公共通行部分，消防、公共照明等附属设施、设备，避难层、设备层或者设备间等结构部分；

（二）其他不属于业主专有部分，也不属于市政公用部分或者其他权利人所有的场所及设施等。

建筑区划内的土地，依法由业主共同享有建设用地使用权，但属于业主专有的整栋建筑物的规划占地或者城镇公共道路、绿地占地除外。

法院不宜直接将被征收房屋认定为违法建筑

——贺某诉浙江省绍兴市某区某街道办事处强拆行为违法再审案

【案号】 浙江省高级人民法院行政裁定书，(2020) 浙行申 477 号

【核心提示】

认定违法建筑，是对房屋权属进行否定性效力评价，具有行政处罚性质，依法只能由相应行政机关作出。人民法院并没有该项权能，作为司法机关，人民法院是居中裁判者，应依法审查被诉行政行为的合法性，而不是在诉讼中替行政机关行使行政职权，更不是通过司法权认定违法建筑。在审查征收行为合法性的诉讼中，人民法院直接将被征收房屋认定为违法建筑，属于司法权滥用，剥夺了权利人（行政相对人或利害关系人，下同）行政复议或行政诉讼权利，阻断了权利人申请国家赔偿的途径，不利于监督和规范行政机关依法行政。

【关键词】

房屋征收　行政诉讼　违法建筑　司法认定

【案情回顾】

贺某原为浙江省绍兴市某区某村村民，其在该村拥有房屋一处，并已取得集体土地建设用地使用证。2018 年 7 月 18 日，其所在街道办事处（以下

简称街道办）作出拆迁公告，将他的房屋纳入“城中村”改造范围。街道办在未与贺某达成房屋拆迁安置补偿协议的情况下，于2019年5月14日，强行将其房屋拆除。贺某对强拆行为不服，诉至人民法院。经审理后，两审法院均判决确认街道办强制拆除案涉房屋的行政行为违法。但判决书中认定案涉房屋“系一间三层楼房，第三层未经过合法审批，取得相应权证，因此，涉案房屋的第三层系违法建筑”。

贺某对法院将其房屋第三层认定为违法建筑不服，因为，此前街道办及其内设机构城市管理综合执法局办公室先后作出的两份责令限期拆除通知书，均被行政复议机关某区人民政府撤销。遂向浙江省高级人民法院申请再审。浙江省高级人民法院认为，“由于本案争议焦点是被申请人强制拆除案涉房屋行为的合法性，故案涉房屋建筑的合法性并非本案审理事项”。

【办案结果】

2020年7月27日，浙江省高级人民法院作出（2020）浙行申477号行政裁定书，指出“一、二审法院对强制拆除案涉房屋行为合法性争议焦点进行审查时，又主动审查并确认案涉房屋为违法建筑，显属超越案件审理事项，本院对此予以指正并依法纠正”。

【律师点评】

在国家法律层面上提出违法建筑的概念见诸1990年《城市规划法》，该法第四十条规定：“在城市规划区内……严重影响城市规划的……责令停止建设，限期拆除或者没收违法建筑物、构筑物或者其他设施……”但是，2008年实施的《城乡规划法》取消了违法建筑物等表述。现行全国性法律法规并未对违法建筑进行界定，只是散见于地方性法规之中，例如，2011年4月1日施行的《北京市禁止违法建设若干规定》第三条规定，“违法建设包括城镇违法建设和乡村违法建设。城镇违法建设是指未取得建设工程规划许可证、临时建设工程规划许可证或者未按照许可内容进行建设的城镇建设工程，以及逾期未拆除的城镇临时建设工程。乡村违法建设是指应当取得而未取得乡村建设规划许可证、临时乡村建设规划许可证或者未按照许可内容进行建设的乡村建设工程”。根据该规定，违法建设形成的建筑，即违法建筑。

按通说，违法建筑限定在违反我国《土地管理法》《城乡规划法》《建筑法》《村庄和集镇规划建设管理条例》等法律、法规范围之内，狭义上的违法建筑是指违反法律、法规规定的条件或程序所建造的建筑物、构筑物。通常表现为，未经行政管理部门审批，私自建设，或者不按行政许可要求，擅自改变许可内容进行建设。所违反的规定不同，享有行政执法权的行政机关也就不尽相同，如违反《城乡规划法》的，由规划部门查处；违反《土地管理法》的，由土地管理部门查处。当然，在行政执法权改革试点的地方，将违法建筑查处权划归城市管理综合执法局集中行使。不过，需要注意的是，违法建设行为属于行政法律法规调整范畴，应当受到的是行政法制裁，对违法建筑的认定与处罚行为是行使行政执法权的体现，本质上属于行政行为。因此，住宅、厂房等建筑物、构筑物是否属于违法建筑，应当由行政机关通过行政程序进行认定和查处。

但是在实践中，尤其是在房屋征收补偿、确认强制拆除房屋违法纠纷案件中，时有人民法院在争议事项之外，直接在裁判文书中认定案涉房产为违法建筑，如本案，贺某只是请求人民法院审查确认街道办强拆其房屋的行为违法，而两审法院在判决确认被诉强拆行为违法的同时，还在“本院认为部分”载明“涉案房屋的第三层系违法建筑”。此类裁判很多，仅在贺某委托笔者代理的案件中就有三个。笔者基于以下几点考虑认为，在审查征收行为合法性诉讼中，人民法院不宜也不应直接将被征收房屋认定为违法建筑。

一、基于行政优先原则，避免司法权滥用的需要

《行政诉讼法》立法目的之一是“监督行政机关依法行使职权”，即通过行政诉讼，实现对行政机关依法行政的监督职能。行政诉讼全面审查原则可有效保障实现这一目的。但全面审查不是对案件中涉及的任何事项都逐一进行审查认定，应为最高人民法院在（2018）最高法行再128号行政裁定书中所说，“行政诉讼中的全面审查一般是指人民法院在行政案件审理中，应当对被诉行政行为的事实根据、法律依据、行政程序、职责权限等各方面进行合法性审查，不受诉讼请求和理由的拘束”。此外，我国《行政诉讼法》第六条也规定：“人民法院审理行政案件，对行政行为是否合法进行审查。”可见，行政诉讼所审查之内容应围绕被诉行政行为，不应对争议事项之外，特别是本属行政权评判事项的对错作出认定或裁判。

在本案中，被诉行政行为是街道办强制拆除贺某房屋的行为，审理时，应当全面审查拆除案涉房屋的事实根据、法律依据、行政程序、街道办职权等的合法性。浙江省高级人民法院认为，“由于本案争议焦点是被申请人强制拆除案涉房屋行为的合法性，故案涉房屋建筑的合法性并非本案审理事项”，“对强制拆除案涉房屋行为合法性争议焦点进行审查时，又主动审查并确认案涉房屋为违法建筑，显属超越案件审理事项，本院对此予以指正并依法纠正”。

在没有证据证明案涉房屋已经被认定为违法建筑的情况下，法院则不应在裁判文书中直接将其认定为违法建筑。因为，认定房屋为违法建筑，是对房屋权属进行否定性效力评价，具有行政处罚性质，依法只能由相应行政机关作出。如《浙江省违法建筑处置规定》第六条规定，“设区的市、县（市）城乡规划主管部门和乡（镇）人民政府分别负责各自行政区域内违法建筑处置工作”。人民法院并没有该项权能，作为司法机关，人民法院是居中裁判者，依法审查被诉行政行为合法性，而不是在诉讼中替行政机关行使行政职权，更不是通过司法权认定违法建筑。在审查征收行为合法性的诉讼中，人民法院直接将被征收房屋认定为违法建筑，显然超出了审理范围，也违背了不告不理原则，造成司法权滥用。只有在权利人对认定违法建筑行政行为不服并起诉时，人民法院才有权对该行政处罚行为进行评判。即便如此，评价对象也只是针对该行政处罚行为，即对认定违法建筑的行政行为是否合法作出评价，通过判决维持、撤销被诉行政处罚或确认该处罚违法等，进而间接对建筑物、构筑物本身合法与否作出认定。

二、基于保障权利人救济权利的需要

有损害必有救济，而人民法院在征收纠纷等案件中，直接将案涉房屋界定为违法建筑，实际上切断了权利人相应的救济途径。

首先，剥夺了权利人行政复议和行政诉讼的权利。前文已经述及，认定违法建筑属于行政处罚行为，按照我国《行政处罚法》第七条的规定，公民、法人或者其他组织对行政机关所给予的行政处罚不服的，有权依法申请行政复议或者提起行政诉讼。鉴于人民法院司法裁判行为本身不具有可诉性，即便对人民法院认定违法建筑的行为不服，权利人也不能就此提起行政复议或行政诉讼。只能寄希望于通过申请再审或检察监督程序予以纠正。可见，人民法院在裁判文书中认定违法建筑的行为变相地剥夺了权利人依法本应享有的行政复议、行政诉讼的权利。

其次，阻断了权利人申请国家赔偿的途径。按照程序法规定，生效裁判文书认定的事实，可以直接作为其他案件的定案依据。虽然，两审法院判决街道办强拆贺某的案涉房屋的行政行为违法，但生效判决书中又载明“涉案房屋的第三层系违法建筑”。这就意味着，在国家赔偿案件中，赔偿义务机关街道办可以以违法建筑为由，拒绝对案涉的第三层房屋进行赔偿，因为，根据我国《国家赔偿法》第二条第一款的规定，“国家机关和国家机关工作人员行使职权，有本法规定的侵犯公民、法人和其他组织合法权益的情形，造成损害的，受害人有依照本法取得国家赔偿的权利”。《国有土地上房屋征收与补偿条例》第二十四条规定，对认定为违法建筑的，不予补偿。也就是说，违法利益不受保护，即使违法行政的行为对权利人造成了损失，也会因为该部分损失属于违法建筑而不能获得赔偿。

三、不利于监督和规范行政机关依法行政

程序正义是看得见的正义。当房屋被定性为违法建筑或因此被拆除前，应当在程序上给予权利人申辩的机会，诚如《行政处罚法》第六十三条之规定，行政处罚涉及权利人重大权益的，行政机关在作出行政处罚决定之前，应当告知其听证权利，依法组织听证活动。如果对于此类认定违法建筑的方式，法院不能给予当事人进行救济的权利，这可能会导致本应严格遵循的行政执法程序被弱化或抛弃。为了快速拆迁、低成本拆迁，地方政府可能会大搞查处违法建筑，以“拆违”代替拆迁，把本不符合征收要求的项目，也通过“拆违”方式予以强制拆除，实现腾退搬迁。于是，各种所谓的“土政策”当道，认定违法建筑的标准五花八门，有按航拍图的，有以某个时间节点为界的，也有以房产证、土地证为标准的，还有按政府会议纪要规定的等。此类查处违法建筑引发的财产侵权纠纷频发，救济渠道又不通畅，导致社会秩序和法治环境被破坏，进一步增加了社会矛盾激化的风险。总之，失去了法律的正当规制和司法权的有效监督，行政权就很难被约束。

因此，人民法院应当积极履行司法审判监督职能，不能任由行政机关为了拆迁而“拆违”。其中，最有效的方式之一就是不在征收纠纷案件的裁判文书中把案涉房屋定性为违法建筑。如果在国家赔偿案件中，赔偿义务机关不能证明案涉房屋是违法建筑，就应当依法承担赔偿责任，从而有助于打消其借助法院生效判决中对违法建筑的认定结论，来免除自己赔偿责任的错误想法，倒逼行政机关依法行政。

总之，在征收决定、房屋安置补偿决定或房屋强拆等行政纠纷案件中，人民法院在裁判文书中把案涉房屋认定为违法建筑的做法有弊无利，也不符合法律规定，在争议事项之外，“主动审查并确认案涉房屋为违法建筑，显属超越案件审理事项”。

【经验提示】

征收工作中，行政机关应秉持正当的执法目的，既不能假借“拆违”实施拆迁，也不能借助“拆违”进行逼迁。行政机关应当在强制拆除房屋前完成对违法建筑的调查、处罚等工作，《国有土地上房屋征收与补偿条例》第二十四条第二款规定，“市、县级人民政府作出房屋征收决定前，应当组织有关部门依法对征收范围内未经登记的建筑进行调查、认定和处理”。而“对拆迁范围内由于历史原因造成的手续不全房屋”，根据国务院办公厅下发的《关于认真做好城镇房屋拆迁工作维护社会稳定的紧急通知》的要求，即“应依据现行有关法律法规补办手续”“要本着实事求是的原则”“坚持依法行政原则”“切实保护群众合法权益”。不能仅把“红头文件”作为执法依据，如前所述，认定为违法建筑并限期拆除的行为具有行政处罚性，根据《行政处罚法》第四条的规定，行政机关应当以法律、法规或规章为执法依据。虽然，根据《立法法》第七十二条、第七十三条和第八十二条等的规定，对城乡建设与管理事项，设区的市的人民代表大会及其常务委员会和设区的市、自治州的人民政府可依法分别制定地方性法规、规章。但就此制定规章时，需要注意的是，不得擅自设定违法建筑认定标准，减损他人财产权益。因为，该法第八十二条第六款规定，“没有法律、行政法规、地方性法规的依据，地方政府规章不得设定减损公民、法人和其他组织权利或者增加其义务的规范”。如果行政机关未就被拆除房屋进行违法建筑认定，或认定违法建筑行为被法院判决违法或撤销的，在涉及国家赔偿时，则不得将违法建筑作为不予赔偿的抗辩理由。

人民法院不应超出争议事项，主动认定违法建筑，以免出现裁判差错。如果出现此类裁判内容，案涉房屋权利人可以通过上诉或申请再审等程序，请求相关司法机关加以纠正，就像贺某通过申请再审维护自身权益一样。就本案的处理结果对其他类似案件而言，其有很好的借鉴意义。虽然我国是成文法国家，但随着最高人民法院“类案及关联案件强制检索”制度的全面推行，尤其是2020年7月31日《最高人民法院关于统一法律适用加强类案检索的指导意见（试行）》的试行，为实现同案同判提供了制度保障。其中规定，具有参考效力的类案范围包括：最高人民法院发布的指导性案例、典型案例及裁判生效的案件；本省（自治区、直辖市）高级人民法院发布的参考性案例及裁判生效的案件；上一级人民法院及本院裁判生效的案件。所以，权利人可以依前述规定，收集符合条件的类案，提供给法院参考，以充分维护自身的合法权益。

【相关规定】

《国家赔偿法》

第二条 国家机关和国家机关工作人员行使职权，有本法规定的侵犯公民、法人和其他组织合法权益的情形，造成损害的，受害人有依照本法取得国家赔偿的权利。

本法规定的赔偿义务机关，应当依照本法及时履行赔偿义务。

《行政处罚法》

第五条 行政处罚遵循公正、公开的原则。

设定和实施行政处罚必须以事实为依据，与违法行为的事实、性质、情节以及社会危害程度相当。

对违法行为给予行政处罚的规定必须公布；未经公布的，不得作为行政处罚的依据。

第七条 公民、法人或者其他组织对行政机关所给予的行政处罚，享有陈述权、申辩权；对行政处罚不服的，有权依法申请行政复议或者提起行政诉讼。

公民、法人或者其他组织因行政机关违法给予行政处罚受到损害的，有权依法提出赔偿要求。

第六十三条 行政机关拟作出下列行政处罚决定，应当告知当事人有要求听证的权利，当事人要求听证的，行政机关应当组织听证：

（一）较大数额罚款；

（二）没收较大数额违法所得、没收较大价值非法财物；

（三）降低资质等级、吊销许可证件；

（四）责令停产停业、责令关闭、限制从业；

（五）其他较重的行政处罚；

（六）法律、法规、规章规定的其他情形。

当事人不承担行政机关组织听证的费用。

《立法法》

第七十二条 省、自治区、直辖市的人民代表大会及其常务委员会根据本行政区域的具体情况和实际需要，在不同宪法、法律、行政法规相抵触的前提下，可以制定地方性法规。

设区的市的人民代表大会及其常务委员会根据本市的具体情况和实际需要，在不同宪法、法律、行政法规和本省、自治区的地方性法规相抵触的前提下，可以对城乡建设与管理、环境保护、历史文化保护等方面的事项制定地方性法规，法律对设区的市制定地方性法规的事项另有规定的，从其规定。设区的市的地方性法规须报省、自治区的人民代表大会常务委员会批准后施行。省、自治区的人民代表大会常务委员会对报请批准的地方性法规，应当对其合法性进行审查，同宪法、法律、行政法规和本省、自治区的地方性法规不抵触的，应当在四个月内予以批准。

省、自治区的人民代表大会常务委员会在对报请批准的设区的市的地方性法规进行审查时，发现其同本省、自治区的人民政府的规章相抵触的，应当作出处理决定。

除省、自治区的人民政府所在地的市，经济特区所在地的市和国务院已经批准的较大的市以外，其他设区的市开始制定地方性法规的具体步骤和时间，由省、自治区的人民代表大会常务委员会综合考虑本省、自治区所辖的设区的市的人口数量、地域面积、经济社会发展情况以及立法需求、立法能力等因素确定，并报全国人民代表大会常务委员会和国务院备案。

自治州的人民代表大会及其常务委员会可以依照本条第二款规定行使设区的市制定地方性法规的职权。自治州开始制定地方性法规的具体步骤和时间，依照前款规定确定。

省、自治区的人民政府所在地的市，经济特区所在地的市和国务院已经批准的较大的市已经制定的地方性法规，涉及本条第二款规定事项范围以外的，继续有效。

第七十三条 地方性法规可以就下列事项作出规定：

（一）为执行法律、行政法规的规定，需要根据本行政区域的实际情况作具体规定的事项；

（二）属于地方性事务需要制定地方性法规的事项。

除本法第八条规定的事项外，其他事项国家尚未制定法律或者行政法规的，省、自治区、直辖市和设区的市、自治州根据本地方的具体情况和实际需要，可以先制定地方性法规。在国家制定的法律或者行政法规生效后，地方性法规同法律或者行政法规相抵触的规定无效，制定机关应当及时予以修改或者废止。

设区的市、自治州根据本条第一款、第二款制定地方性法规，限于本法第七十二条第二款规定的事项。

制定地方性法规，对上位法已经明确规定的内容，一般不作重复性规定。

第八十二条 省、自治区、直辖市和设区的市、自治州的人民政府，可以根据法律、行政法规和本省、自治区、直辖市的地方性法规，制定规章。

地方政府规章可以就下列事项作出规定：

（一）为执行法律、行政法规、地方性法规的规定需要制定规章的事项；

（二）属于本行政区域的具体行政管理事项。

设区的市、自治州的人民政府根据本条第一款、第二款制定地方政府规章，限于城乡建设与管理、环境保护、历史文化保护等方面的事项。已经制定的地方政府规章，涉及上述事项范围以外的，继续有效。

除省、自治区的人民政府所在地的市，经济特区所在地的市和国务院已经批准的较大的市以外，其他设区的市、自治州的人民政府开始制定规章的时间，与本省、自治区人民代表大会常务委员会确定的本市、自治州开始制定地方性法规的时间同步。

应当制定地方性法规但条件尚不成熟的，因行政管理迫切需要，可以先制定地方政府规章。规章实施满两年需要继续实施规章所规定的行政措施的，应当提请本级人民代表大会或者其常务委员会制定地方性法规。

没有法律、行政法规、地方性法规的依据，地方政府规章不得设定减损公民、法人和其他组织权利或者增加其义务的规范。

《国有土地上房屋征收与补偿条例》

第二十四条 市、县级人民政府及其有关部门应当依法加强对建设活动的监督管理，对违反城乡规划进行建设的，依法予以处理。

市、县级人民政府作出房屋征收决定前，应当组织有关部门依法对征收范围内未经登记的建筑进行调查、认定和处理。对认定为合法建筑和未超过批准期限的临时建筑的，应当给予补偿；对认定为违法建筑和超过批准期限的临时建筑的，不予补偿。

签订补偿协议后强拆同样违法

——杜某某诉安徽省淮北市某区相南街道办事处强拆违法案

【案号】 安徽省淮北市中级人民法院行政判决书，（2018）皖06行初78号

【核心提示】

根据《国有土地上房屋征收与补偿条例》的规定，房屋征收应当先补偿、后搬迁。补偿协议订立后，一方当事人不履行补偿协议约定的义务的，另一方当事人可以依法提起诉讼。即便签订补偿协议，但在未交房、相应补偿款未支付到位的情况下的拆除行为应当属违法行为。

【关键词】

安置补偿协议　先补偿后搬迁　不履行

【案情回顾】

2016年12月14日，安徽省淮北市某区政府作出相政［2016］167号“某区人民政府关于西城社区棚户区改造项目房屋征收的决定”（以下简称167号征收决定），决定征收淮北市人民路以北、规划黎苑西路以南、鹰山中路以西、符夹铁路以东的西城社区棚户区范围内的房屋及附属物，并附房屋征收补偿方案，杜某某的房屋位于征收范围内。2018年3月1日，相南街道办事处与丁某举（丁某举系与杜某某同住家属）签订西城社区棚户区三期改造项目房屋征收补偿协议，协议约定乙方在签订协议之日起15日内，须腾空房屋并将房屋交付甲方处置，甲方根据规定报审后及时发放搬迁费、临时安

置费、差价款、“超市自购购房券”等内容。

2018年5月，在杜某某没有腾空房屋、没有进行交房且相南街道办事处也没有向杜某某支付补偿款的情况下，相南街道办事处便安排中标的拆迁公司将杜某某的被征收房屋予以拆除。

故杜某某将淮北市政府、某区政府、某区综合执法局、相南街道办事处诉至淮北市中级人民法院（以下简称淮北中院），淮北中院审理后认为实施房屋征收应当先补偿、后搬迁。补偿协议订立后，一方当事人不履行补偿协议约定的义务的，另一方当事人可以依法提起诉讼。本案中，相南街道办事处虽然与杜某某的同住成年家属签订了房屋征收补偿协议，但未提交在案涉房屋被拆除前杜某某已腾空并交付房屋的证据，相应补偿款亦未支付到位。在此情况下，相南街道办事处即安排人员实施了对杜某某房屋的拆除行为，违反了《国有土地上房屋征收与补偿条例》的规定。

【办案结果】

淮北中院作出（2018）皖06行初78号行政判决书，判决如下：

确认被告淮北市某区相南街道办事处拆除原告杜某某被征收房屋的行为违法。

【律师点评】

被征收人与征收单位就补偿方式、补偿金额和支付期限、用于产权调换房屋的地点和面积、搬迁费、临时安置费或者周转用房、停产停业损失、搬迁期限、过渡方式和过渡期限等事项达成一致的，应当签订补偿协议；签订安置补偿协议后，并不意味着被征收人的房屋可以随意被拆除；确需拆除的，应当履行补偿、交房等程序后，才可以依法拆除，否则拆除行为便属违法。

一、安置补偿协议

因安置补偿协议不同于一般的协议，其涉及被征收人的重大财产利益，因此，安置补偿协议应当包括以下内容：

1. 补偿方式

房屋征收安置补偿方式有两种，一是货币补偿，二是产权调换。关于货币补偿，应当包含对被征收房屋价值的补偿，因征收房屋造成的搬迁、临时安置的补偿，因征收房屋造成的停产停业损失的补偿；被征收房屋价值不得低于房屋征收决定公告之日的被征收房屋类似房地产的市场价格，且应当依法评估。关于产权调换，应当尊重被征收人的意愿；当然，被征收人既可以选择货币补偿，也可以选择产权调换。

2. 补偿金额和支付期限

安置补偿协议中应当明确补偿的具体金额及项目明细，并明确支付期限。

3. 用于产权调换房屋的地点和面积

被征收人若选择产权调换，协议中应当明确调换房屋的具体地理位置、小区名称、门牌号码以及房屋的建筑面积等内容，确保调换的房屋是确定的、唯一的。

4. 协议也要明确搬迁费、临时安置补偿费及停产停业损失的补偿金额

需要注意的是，签订安置补偿协议时房屋的价值，应当由评估机构依法评估；若无评估公司进行评估，可以进行救济。此外，违反法定程序签订补偿协议属无效，也可以进行救济。

二、签订补偿协议后，应当遵循先补偿、后搬迁的原则

《国有土地上房屋征收与补偿条例》第二十七条规定，实施房屋征收应当先补偿、后搬迁，被征收人获得安置补偿后，应当在补偿协议约定的搬迁期限内完成搬迁。任何单位和个人不得采取暴力、威胁或者违反规定中断供水、供热、供气、供电和道路通行等非法方式迫使被征收人搬迁。

从本条的整体内容来看，实际上主要是对征收人、被征收人在房屋搬迁活动中权利义务的规定。依照本条规定，作为征收人在履行对被征收人的补偿义务后，即享有要求征收人限期搬迁的权利；同样，作为被征收人享有要求获得公平补偿的权利，在获得补偿后则负有按照搬迁期限完成搬迁的义务，两者是相辅相成的。

从上述规定可以看出，任何单位或者个人在征收过程中不得采取暴力、威胁或者违反规定中断供水、供热、供气、供电和道路通行等非法方式迫使被征收人搬迁；若使用非法手段迫使被征收人搬迁造成损失的，也应当承担相应的赔偿责任。

三、签订安置补偿协议后不履行的解决途径

根据《国有土地上房屋征收与补偿条例》第二十五条的规定，补偿协议订立后，一方当事人不履行补偿协议约定的义务的，另一方当事人可以依法提起诉讼。解决问题必须经过法定程序，而不是可以随意强拆。

本案中，虽然相南街道办事处与杜某某的同住成年家属签订了房屋征收补偿协议，但相南街道办事处并没有履行其支付补偿款的相关义务，故无权要求杜某某搬离房屋，更无权自行拆除。因此，其强拆行为被法院确认违法。

【经验提示】

现实生活中，往往存在被征收人签订补偿协议后，补偿款还没拿到、房屋还没有腾空的情况下就被强制拆除，进而使被征收人的损失扩大；甚至有些被征收人被迫签订了不平等的协议，签订后房屋就被拆除，使被征收人束手无策。

实际上，如果认可补偿的内容及标准，根据《国有土地上房屋征收与补偿条例》的规定，应当先补偿、后搬迁，被征收人享有要求获得公平补偿的权利，在获得补偿后则有义务按照搬迁期限完成搬迁。

若被迫签订了一些不平等的协议，可以就该协议依法提起诉讼，要求确认协议无效、撤销协议或者确认协议违法；在一方当事人不履行补偿协议约定的义务时，另一方当事人也只能依法提起诉讼，通过法院诉讼的程序要求履行协议，进而达到拆除的目的。

【相关规定】

《国有土地上房屋征收与补偿条例》

第二十五条 房屋征收部门与被征收人依照本条例的规定，就补偿方式、补偿金额和支付期限、用于产权调换房屋的地点和面积、搬迁费、临时安置费或者周转用房、停产停业损失、搬迁期限、过渡方式和过渡期限等事项，订立补偿协议。

补偿协议订立后，一方当事人不履行补偿协议约定的义务的，另一方当事人可以依法提起诉讼。

第二十七条 实施房屋征收应当先补偿、后搬迁。

作出房屋征收决定的市、县级人民政府对被征收人给予补偿后，被征收人应当在补偿协议约定或者补偿决定确定的搬迁期限内完成搬迁。

任何单位和个人不得采取暴力、威胁或者违反规定中断供水、供热、供气、供电和道路通行等非法方式迫使被征收人搬迁。禁止建设单位参与搬迁活动。

强拆房屋纠纷中如何区分民事侵权和违法行政

——李某诉北京市某房地产公司和某拆迁公司强拆违法案

【案号】 北京市第三中级人民法院民事判决书，(2019) 京 03 民终 16510 号

【核心提示】

土地/房屋征收补偿协议被定性为行政合同，属于人民法院行政诉讼受案范围，但是冠以土地/房屋征收安置补偿字样的协议并不当然都是行政协议。被征收人提起拆迁安置补偿诉讼，要建立在征收双方签有安置补偿协议，征收人未按约履行的基础上，且以征收、拆除行为合法为前提。如果征收双方未签订安置补偿协议，房屋即被拆除。或虽有协议，但房屋系被违法拆除的。若是行政机关违法拆除的，构成违法行政，应承担行政赔偿责任；若是公司法人或自然人违法拆除的，构成民事侵权，需承担民事侵权和赔偿责任。

【关键词】

强拆房屋　合同纠纷　民事侵权

【案情回顾】

1994 年，李某从村民臧某处购得其位于北京市朝阳区崔各庄乡某村的房屋（以下简称案涉房屋）。1995 年李某对案涉房屋进行了翻建和扩建，面积增至 229 平方米。此后李某一直居住于此。

2017 年，该村开始拆迁。当年 8 月 25 日，李某与北京某房地产开发有限公司（以下简称房地产公司）签订了拆迁安置补偿协议，安置补偿费为 248 万元，但李某未取得该协议。李某多次催促征收单位兑现安置补偿费用未果。4 天后，即 8 月 29 日，案涉房屋被强制拆除。事后，李某以房屋拆迁安置补偿合同纠纷为由，将北京某拆迁有限公司（以下简称拆迁公司）诉至人民法院，请求补偿安置房屋 200 平方米（以下简称另案）。因其未能提交证据证明已就案涉房屋腾退补偿事宜与被告拆迁公司达成腾退补偿协议，故两审法院均未支持其诉讼请求。

2019 年 1 月 9 日，李某以侵权责任纠纷为由，将房地产公司和拆迁公司列为共同被告，再次向北京市朝阳区人民法院（以下简称朝阳法院）提起诉讼（以下简称本案）。同年 4 月，进行了第一次开庭审理，李某将案由变更为“拆迁补偿”。李某感觉此次开庭对自己不利，于是向北京市朝阳区法律援助中心申请法律援助。北京市朝阳区法律援助中心指派笔者为其提供法律援助。

笔者认真听取李某的陈述，并对调取的另案两审庭审笔录、裁判文书进行了仔细阅读和分析后，提出两点意见：一是本案属于民事侵权，案由需要变更为侵权责任纠纷；二是追加案涉房屋所在村的村委会作为共同被告。2019 年 7 月 15 日，庭前证据交换时，朝阳法院同意了这两点意见。经依法审理后，朝阳法院判决村委会赔偿原告李某 213 万余元。村委会不服该判决，提起上诉。二审法院判决驳回上诉，维持原判。

【办案结果】

2019 年 10 月 28 日，朝阳法院作出（2019）京 0105 民初 4900 号民事判决书，判决“被告北京市朝阳区崔各庄乡 × × 村民委员会于本判决生效后十日内赔偿原告李某损失二百一十三万三千零七元”。

2019 年 12 月 25 日，北京市第三中级人民法院作出（2019）京 03 民终 16510 号民事判决书，判决驳回上诉，维持原判。

【律师点评】

本案系因拆迁安置补偿过程中房屋被违法拆除而引发的侵权纠纷，是一起较为典型的房屋拆迁安置补偿的合同行为与民事侵权行为交叉竞合的案件。究竟主张是合同纠纷还是侵权责任纠纷，要看拆除房屋行为的本质，而不是简单地依据合同名称。

土地房屋征收补偿协议被列入《行政诉讼法》第十二条第一款规定的人民法院行政诉讼受案范围。法律上，该类协议被定性为行政合同，但是冠以土地/房屋征收安置补偿字样的协议并不当然都是行政协议，如本案中李某与房地产公司签订的拆迁安置补偿协议，协议双方分别是自然人和公司法人，房地产公司不具有行政职权，本身既不是房屋征收的行政主体，也没有取得行政机关的授权，那么他们之间签订的拆迁安置补偿协议是自然人和公司法人之间签订民事协议，属于民事法律关系调整的范畴。所以李某先后均选择民事诉讼而非行政诉讼是正确的。既然如此，为何前后判决结果却截然相反呢？

笔者认为，导致另案与本案诉讼结果差异的原因在于对案由和被告的选择以及对法律关系认识的不同。

被征收人主张拆迁安置补偿合同纠纷，要建立在征收双方签有安置补偿协议，征收人未按约履行的基础上，且以征收、拆除行为合法为前提。如果征收双方未签订安置补偿协议，房屋即被拆除；或虽有协议，但房屋系被违法拆除的。为弥补由此造成的财产损失的行为属于赔偿性质，行政机关违法拆除的，构成违法行政，应承担行政赔偿责任；公司法人或自然人违法拆除的，构成侵权，需承担民事赔偿责任。

根据相关规定，可以强制征收房屋的法定事由包括：一是因公共利益需要征收国有土地上房屋；二是国家征收集体土地时，需要对地上附着物——房屋——一并征收。征收工作分别由县级以上人民政府土地行政主管部门和市、县级人民政府代表国家实施。当被征收人无正当理由拒绝搬迁腾退时，应分别依据《土地管理法实施条例》第六十二条和《国有土地上房屋征收与补偿条例》第二十八条的规定，依法申请人民法院强制执行。而案涉项目系由被告村委会自行实施的棚改项目，不符合其中任何一种情形，故该征收行为不属于行政征收。同时，由于本案三被告系民事主体，无权对案涉房屋实施强制征收和拆除。本案中，原告李某拿不出安置补偿协议，被告也无法证明拆除行为的合法性，所以在不符合约定和法律规定情形下，拆除案涉房屋的行为构成的是民事侵权，并非拆迁安置补偿合同纠纷。

李某之所以主张房屋拆迁安置补偿合同纠纷，其原因在于，他认为自己曾就案涉房屋与某房地产公司签订过拆迁安置补偿协议，只是对方把协议全部拿回单位盖章，没有给她留存备份协议而已。从李某提交录音的内容来看，她的确在房屋拆迁安置补偿合同上签过名。这是客观存在的事实，但这一客观事实要成为法律事实，让法官裁判并支持她主张的事实依据，仅凭录音还不够，因为录音尚不能证明合同相对方某房地产公司也在该合同上盖了章，并且合同已经生效。而且被告也辩称“上述协议未通过审计，所以腾退人未盖章，协议未生效”。如果不能确定该合同已经生效，那么李某提出的按房屋拆迁安置补偿合同进行补偿的主张当然也就不能成立。遗憾的是，除了录音以外，李某别无其他证据能够印证自己的主张。按照民事诉讼中“谁主张，谁举证”的举证规则，当事人对自己提出的主张，有责任提供证据。没有证据或者证据不足以证明当事人主张的事实的，按照2008年《最高人民法院关于民事诉讼证据的若干规定》第二条第二款的规定“由负有举证责任的当事人承担不利后果”。所以在另案诉讼中，由于李某不能提供有效证据对房屋拆迁安置补偿合同生效事实和合同内容进行证明，一审法院认为“腾退人与被腾退人未就腾退补偿事项达成补偿安置协议，就补偿安置争议向人民法院提起民事诉讼的，人民法院不予受理”，据此裁定“驳回原告起诉”，李某上诉后，二审法院裁定驳回上诉，维持原裁定。就此裁判结果而言，符合法律规定。

虽然主张合同纠纷的依据不足，但案涉房屋被拆毁灭失，这是不争事实。在既无协议约定，又未经法院裁判、执行的情形下，强行拆除他人房屋的行为，严重侵害了他人的财产权益，构成了民事侵权。《侵权责任法》（已废止）第六条规定“行为人因过错侵害他人民事权益，应当承担侵权责任”。所以受害人李某只要找到拆除行为人，就能确定侵权和赔偿责任主体。尽管没有直接证据证明谁拆除了案涉房屋，但是通过动迁宣传材料、录音、交房验收单、限期搬离通知书等证据，可以确定本案三被告与被诉强拆行为之间存在关联，纵观该项目征收的实施过程，村委会组织拆除的可能性极大，其不仅多次向李某下发通知，称“现责令你户在2017年8月24日前自行拆除上述违法建设，逾期不拆除的，我村将实施强制拆除”，而且村委会是发起者和最终的受益人，有充分的拆迁利益动因。在庭审中，某房地产公司辩称“案涉房屋是被村委会拆除的”，同时，村委会也认可本案另外两名被告是受其委托实施拆迁工作。最终，朝阳法院在判决书中认定“原告依照其与案外人的协议合法地占有朝阳区崔各庄乡×号房屋，不论其与案外人之间的合同是何种效力状态以及原告是否能够实际取得上述房屋、宅基地的使用权，其合法的占有也应当受到法律保护”。“根据双方陈述等证据足以认定，原告合法占有的地上物被村委会拆除”“上述房屋被拆除前，腾退人或者拆除人并未与权利人达成协议，故上述拆除行为应认定为侵权。拆除人应当承担相应的侵权责任”。

对赔偿数额的合理性和合法性问题，本应由李某承担举证责任，但由于非其自身原因，无法完成举证义务，且被告“擅自拆除标的物，导致标的物无法通过评估等方式确定补偿”，故“该责任应由被告承担”。这与《行政诉讼法》第三十八条第二款确立的举证规则一致，即“在行政赔偿、补偿的案件中，原告应当对行政行为造成的损害提供证据。因被告的原因导致原告无法举证的，由被告承担举证责任。”最高人民法院在（2019）最高法行赔申495号行政赔偿裁定书中确定，“本案中，案涉建筑物被违法强制拆除，杨某培、石某燕已提供了财产损失的初步证据，对于具体损失情况，应适用举证责任倒置，由尧都区政府承担举证责任”。本案中，鉴于房屋和宅基地已经灭失，无法评估定价，所以朝阳法院参照拆除前的协商意见及相关协议等，确定原告应取得的补偿款数额，如分款承诺书、评估结果通知单、第一次草签的协议、录音等，尤其是经房地产公司工作人员陈某签字确认的分款承诺书中载明“所得腾退补偿安置款为2,133,007元……直接分配给李某单独所有”。最终，朝阳法院判决村委会“于本判决生效后十日内赔偿原告李某损失二百一十三万三千零七元”。

通过案例可以发现：第一，强拆行为并不全都是行政强拆协议或司法强拆，还有可能是民事侵权；第二，名为“房屋拆迁安置补偿协议”的协议，不一定是行政协议；第三，土地/房屋征收搬迁腾退纠纷中，尤其在偷拆、突击拆除案件中，没有直接证据能够证明责任主体和赔偿、补偿金额时，一定要积极收集并提供相关证据材料，形成证据链，以证明自己的主张。

该案判决恰当地运用举证责任转移，最大限度地保护被侵权人的合法权益，同时对规范和约束征收拆迁行为起到了警示和引导作用，有助于消除“你抓不住我拆你房，我就不用赔偿”的认识误区。

【经验提示】

被征收人与征收人协议搬迁时，双方签订和履行协议土地/房屋征收安置补偿过程中，务必做到以下几点。

一、慎签、不签空白合同

一旦将签订的空白协议交给对方，就意味着把填写的决定权也一并交给了对方。最高人民法院（2018）最高法民申3112号民事裁定书中的裁判要旨之一为“一方将留有空白内容的合同交于合同相对方的，应视为对合同内容中约定事项的无限授权，合同相对方在空白部分可以填写相应内容”。所以处于相对弱势一方的被征收人应该特别注意防范，尤其涉及财产数量和价值内容的部分，如被征收土地/房屋面积、附属物数量、财产价值以及安置房屋位置、面积、差价结算款等，应当填写完整，以免房屋拆除后，发现协议中的内容和当初口头约定的不一致。

二、保留与合同内容相关的证据

在必须先签空白协议的情况下，建议由征收单位及其工作人员出具书面承诺或说明，或通过录音录像等方式，把双方商定的内容固定下来，以防变故。

三、坚持先补偿、后搬迁原则

为防止出现房屋拆除后，被征收人无法及时获得安置补偿的情况，《国有土地上房屋征收与补偿条例》第二十七条规定“实施房屋征收应当先补偿、后搬迁”。集体土地征收时，也应当参照该原则，确保及时兑现被征收人的安置补偿利益。先补偿、后搬迁，既是征收工作需要遵守的法定程序，也是被征收人保障自身权益及时实现的有力办法。

四、诚信履约

征收双方都应本着诚实信用原则，按约履行安置补偿协议内容。征收人更应带头守约，不能恶意违约，特别是不能在被征收人的房屋被拆除后，降低补偿标准；否则，是对国家公信力的严重破坏，得不偿失。

【相关规定】

《土地管理法实施条例》

第六十二条 违反土地管理法律、法规规定，阻挠国家建设征收土地的，由县级以上地方人民政府责令交出土地；拒不交出土地的，依法申请人民法院强制执行。

《国有土地上房屋征收与补偿条例》

第八条 为了保障国家安全、促进国民经济和社会发展等公共利益的需要，有下列情形之一，确需征收房屋的，由市、县级人民政府作出房屋征收决定：

（一）国防和外交的需要；

（二）由政府组织实施的能源、交通、水利等基础设施建设的需要；

（三）由政府组织实施的科技、教育、文化、卫生、体育、环境和资源保护、防灾减灾、文物保护、社会福利、市政公用等公共事业的需要；

（四）由政府组织实施的保障性安居工程建设的需要；

（五）由政府依照城乡规划法有关规定组织实施的对危房集中、基础设施落后等地段进行旧城区改建的需要；

（六）法律、行政法规规定的其他公共利益的需要。

第二十七条第一款 实施房屋征收应当先补偿、后搬迁。

第二十八条 被征收人在法定期限内不申请行政复议或者不提起行政诉讼，在补偿决定规定的期限内又不搬迁的，由作出房屋征收决定的市、县级人民政府依法申请人民法院强制执行。

强制执行申请书应当附具补偿金额和专户存储账号、产权调换房屋和周转用房的地点和面积等材料。

《最高人民法院关于民事诉讼证据的若干规定》

第二条 人民法院应当向当事人说明举证的要求及法律后果，促使当事人在合理期限内积极、全面、正确、诚实地完成举证。

当事人因客观原因不能自行收集的证据，可申请人民法院调查收集。

《行政诉讼法》

第三十八条 在起诉被告不履行法定职责的案件中，原告应当提供其向被告提出申请的证据。但有下列情形之一的除外：

（一）被告应当依职权主动履行法定职责的；

（二）原告因正当理由不能提供证据的。

在行政赔偿、补偿的案件中，原告应当对行政行为造成的损害提供证据。因被告的原因导致原告无法举证的，由被告承担举证责任。

诉讼请求是否明确具体的司法审查

——王某诉山东省青岛市某区人民政府行政强制案

【案号】 最高人民法院行政裁定书，(2017) 最高法行申 587 号

【核心提示】

诉讼请求是人民法院审判的依据，其是否明确具体，对人民法院能否顺利开展审判业务至关重要，也关系原告的合法权利能否得到保护。人民法院在审查原告的诉讼请求是否明确、具体时，应根据原告的起诉状等予以综合、审慎判断。有权利则有救济，不告不理是诉讼活动应当遵循的基本原则，有诉不理则系司法的失职。

【关键词】

诉讼请求　明确　具体　审查

【案情回顾】

王某在山东省青岛市某区湖岛村的房屋因水淹片改造项目被划入拆迁范围。因王某与拆迁人未能就拆迁补偿事宜达成一致，拆迁人向原山东省青岛市某区房屋拆迁管理办公室（以下简称拆迁办）申请拆迁裁决。2010 年 7 月 5 日，拆迁办作出青四拆管裁字〔2010〕第 23 号行政裁决书。2010 年 10 月 14 日，拆迁办组织王某等人就涉案房屋的强制拆迁问题进行听证。2010 年 10 月 19 日，拆迁办以王某不能自觉履行青四拆管裁字〔2010〕第 23 号行政裁决书所确定的义务为由，向山东省青岛市某区人民政府（以下简称某区政府）申请行政强迁。2010 年 11 月 12 日，某区政府作出《关于实施强制拆迁

的通告》。该通告未告知诉权及起诉期限。2011 年 1 月 7 日，某区政府作出青四政发〔2010〕1 号《关于对湖岛村 34 号等 5 户房屋依法实施强制拆迁的通知》，责成某区城市管理行政执法局对未在行政裁决书规定期限内自行搬迁的湖岛村 34 号等 5 户房屋依法实施强制拆迁。2011 年 1 月 12 日，王某的房屋被某区人民政府等部门实施强制拆迁。王某针对某区人民政府等部门的行政强制行为提起行政诉讼。

【办案结果】

一审青岛市中级人民法院判决驳回了王某的诉讼请求；王某不服，上诉至山东省高级人民法院，法院裁定撤销一审判决，驳回王某的起诉；王某对山东省高级人民法院的二审裁定不服，向最高人民法院申请再审，最高人民法院作出（2017）最高法行申 587 号行政裁定，撤销了山东省高级人民法院的二审裁定，并指令山东省高级人民法院对本案进行再审，再审期间，中止原裁定的执行。

山东省青岛市中级人民法院作出（2018）鲁 02 行初 104 号判决，确认某区人民政府等部门的强制拆除行为违法。

【律师点评】

本案是《城市房屋拆迁管理条例》（已废止）施行过程中，因房屋拆迁所引发的纠纷。本案审理涉及的焦点问题是王某的诉讼请求是否明确，二审法院驳回王某的起诉是否正确。

本案中，王某的诉讼请求是否明确，通过王某向人民法院提交的行政起诉状的内容可以确定，王某的诉讼请求为依法确认某区政府等部门实施的行政强制行为违法。另外，在本案的审理中，王某的诉讼请求亦非常明确，即王某针对的是某区政府等部门的行政强制行为。王某的该诉讼请求是明确具体的。在本案的审理中，由于某区政府等部门依据《关于实施强制拆迁的通告》实施的行政强制行为，故人民法院将行政强制行为和《关于实施强制拆迁的通告》一并进行审查。但是需要说明的是，本案是因王某对于某区政府的行政强制行为不服提起的诉讼。无论《关于实施强制拆迁的通告》在行政强制案件中能否一并审查，也不能因针对《关于实施强制拆迁的通告》的审查而取代或者变更王某的诉讼请求。二审法院认为，在一审庭审中，王某明确其主张为“对涉案通告和拆除行为本身”不服，请求对两个行为进行整体评价。一审法院认为，王某对强制拆迁行为不服，应当先行对某区政府作出涉案通告的行为提起行政诉讼，并将涉案通告作为被诉行政行为进行审查，并无不当。但王某在提起本案诉讼前，青岛市政府已经受理其针对涉案通告提起的行政复议申请，对此其在一审庭审中曾提到“行政强制行为发生在涉案裁决、强拆通告、拆迁许可、用地批复等复议或诉讼当中”，而一审法院对该主张未予充分查证。一审法院在复议机关已经受理王某的行政复议申请的情况下，对其起诉予以受理并作出实体判决，不符合《最高人民法院关于执行〈中华人民共和国行政诉讼法〉若干问题的解释》（已废止）第三十四条的规定，属于程序违法，应予撤销。王某如对 2011 年 1 月 12 日的强制拆迁行为不服，可另行主张权利。王某的起诉不具备法定起诉条件，应予驳回。二审法院的该观点缺乏事实和法律依据。如前所述，本案中，王某在起诉状及庭审中均表明其诉讼请求为“请求撤销强制拆迁的具体行政行为”，一审、二审法院以涉案通告系实施强制拆迁行为的执行依据为由，认为王某对强制拆迁行为不服，应当先行对某区政府作出涉案通告的行为提起行政诉讼，并将涉案通告作为被诉行政行为进行审查，于法不符，遗漏了当事人的诉讼请求，且不利于实质性化解矛盾纠纷，原审裁定予以驳回显有不当。

我国《行政诉讼法》第四十九条第（三）项规定，提起诉讼应当有具体的诉讼请求和事实依据。《最高人民法院关于适用〈中华人民共和国行政诉讼法〉的解释》第六十八条规定：“行政诉讼法第四十九条第三项规定的‘有具体的诉讼请求’是指：（一）请求判决撤销或者变更行政行为；（二）请求判决行政机关履行特定法定职责或者给付义务；（三）请求判决确认行政行为违法；（四）请求判决确认行政行为无效；（五）请求判决行政机关予以赔偿或者补偿；（六）请求解决行政协议争议；（七）请求一并审查规章以下规范性文件；（八）请求一并解决相关民事争议；（九）其他诉讼请求。当事人单独或者一并提起行政赔偿、补偿诉讼的，应当有具体的赔偿、补偿事项以及数额；请求一并审查规章以下规范性文件的，应当提供明确的文件名称或者审查对象；请求一并解决相关民事争议的，应当有具体的民事诉讼请求。当事人未能正确表达诉讼请求的，人民法院应当要求其明确诉讼请求。”关于诉讼请求应当具体明确，最高人民法院在（2018）最高法行申9011号行政裁定书中指出，提出符合法律规定的明确具体的诉讼请求是原告的义务。《行政诉讼法》第四十九条第（三）项规定，提起诉讼应当“有具体的诉讼请求”。因为诉讼请求是原告提起诉讼时向人民法院提出的在诉讼中应当被实现的实体权利主张，它构成诉讼的标的和对象，决定了人民法院审理和判决的范围。《最高人民法院关于适用〈中华人民共和国行政诉讼法〉的解释》第六十八条第三款规定：“当事人未能正确表达诉讼请求的，人民法院应当要求其明确诉讼请求。”这一规定有两个方面的含义：第一，诉讼是由原告发起，因此在起诉时必须正确表达诉讼请求；第二，当事人未能正确表达诉讼请求的，人民法院既有要求其明确的职责，又有帮助其明确的释明义务。

实践中，不准确的或不明确的诉讼请求包括以下几种：第一种情形，没有书写诉讼请求。这种情况一般是因为原告不具备法律知识，不知道起诉状的格式及内容要求。大多数原告在起诉状的事实与理由中提出了相应的行政行为和相关的诉求，而没有在起诉状诉讼请求部分进行明确。第二种情形，诉讼请求书写得比较模糊或混乱，无法判断出原告真实的诉求。第三种情形，诉讼请求是针对多个行政行为，而该多个行政行为是相互独立的。如在起诉状中请求撤销多个行政行为或确认多个行政行为违法。第四种情形，针对同一个行政行为提出多个诉讼请求，而该多个诉讼请求又相互不能同时并存。诉讼请求不正确或不具体的，将导致行政诉讼无法正常开展。因此，我国《行政诉讼法》及司法解释对行政诉讼不正确或不具体的处理方式作出了相应的规定。

首先，在行政诉讼的立案阶段，我国《行政诉讼法》第五十一条第三款规定，起诉状内容欠缺或者有其他错误的，应当给予指导和释明，并一次性告知当事人需要补正的内容。不得未经指导和释明即以起诉不符合条件为由不接收起诉状。在立案阶段，如果诉讼请求不正确或不明确应当属于“起诉状内容欠缺或者有其他错误的”情形，人民法院应当履行指导和释明职责，告知起诉人对此进行修改，当事人拒绝修改的，人民法院可以不接收起诉状，也可以以“起诉不符合条件为由”作出不予立案裁定。人民法院未履行指导和释明职责的，不得以“起诉不符合条件为由”不接收起诉状。

其次，在行政诉讼的审理阶段发现诉讼请求不具体的。行政诉讼案件在立案庭立案后，将交由审判庭进行审理。由于立案庭和审判庭对于案件的审查和处理标准不同，所以经常出现立案庭在起诉状内容欠缺，诉讼请求不具体明确的情形未予以纠正的情况下，将案件立案。审判庭在案件的审理过程中发现原告的诉讼请求不具体不明确，在这种情况下，人民法院仍然要按照前述规定，履行释明义务，要求原告明确诉讼请求。但是该种释明不能超出法定范围，不能因释明而变更原告的诉讼请求。《最高人民法院关于适用〈中华人民共和国行政诉讼法〉的解释》第七十条亦规定，起诉状副本送达被告后，原告提出新的诉讼请求的，人民法院不予准许，但有正当理由的除外。因此，不能因人民法院履行释明义务而导致原告提出新的诉讼请求。

诉讼请求不明确和诉讼请求不正确是不同的法律概念。如前所述，诉讼请求不明确一般是指诉讼请求内容比较模糊或者混乱，或者诉讼请求是对不同的行政行为一并提起诉讼，或对一个行政行为提出了多个不能并存的诉讼请求。在这种情况下，要求原告明确诉讼请求不会超出原告的原有诉讼请求的范围。而诉讼请求不正确一般不存在要求原告针对不正确诉讼请求进行具体明确的基础。比如，原告不服行政机关作出的行政处罚决定，在没有对处罚决定进行司法审查的情况下，径行提出了行政赔偿之诉。由于行政处罚和行政赔偿之诉属于不同的法律关系。此时就不存在将行政赔偿之诉明确为行政处罚之诉的基础。如果允许变更实际上是将原告的诉讼请求进行了变更，而该种变更诉讼请求则超出了原告的原有诉讼请求，即新的诉讼请求，这与《最高人民法院关于适用〈中华人民共和国行政诉讼法〉的解释》第七十条的规定也不符。因此，针对不正确的诉讼请求不存在释明和明确的前提。

本案中，最高人民法院认为，《最高人民法院关于适用〈中华人民共和国行政诉讼法〉若干问题的解释》（已废止）第二条第二款规定，当事人未能正确表达诉讼请求的，人民法院应当予以释明。

【经验提示】

本案是最高人民法院以公告案例的方式针对诉讼请求是否明确进行的裁判。该案的判决是在 2018 年施行的《最高人民法院关于适用〈中华人民共和国行政诉讼法〉的解释》之前作出的裁判，该案的判决与前述司法解释的规定保持了一致。原告的诉讼请求不明确不具体人民法院应当依法履行释明义务。在判断原告的诉讼请求是否明确、具体时，应根据原告的起诉状等予以综合、审慎判断。有权利则有救济，不告不理是诉讼活动应当遵循的基本原则，有诉不理则系司法的失职。

行政诉讼中，原告的诉讼请求明确具体是原告的义务，也是原告依法维护自己合法权益的基础。如果行政诉讼的原告无法或不知道如何确定诉讼请求的，在起诉前可以咨询相关法律工作人员，明确自己的诉讼请求。在诉讼中，诉讼请求不明确不具体的，人民法院在履行释明义务时，原告要按照人民法院的指引依法行使自己的权利，准确确定自己的诉讼请求。如果诉讼请求不明确不具体，也不按照人民法院的释明明确诉讼请求的，人民法院将会依据我国《行政诉讼法》的规定不予立案或者立案后驳回起诉。因此，行政诉讼的原告要依法行使诉讼权利。

人民法院在行政诉讼的司法实践中，遇到原告诉讼请求不明确不具体的情形时，要按照我国《行政诉讼法》的规定履行释明义务，人民法院履行释明义务不能超出法定的范围。一方面对于原告合法的诉讼权利要予以保护，另一方面也不能因人民法院履行释明义务而导致原告扩大诉讼请求。

【相关规定】

《行政诉讼法》

第四十九条 提起诉讼应当符合下列条件：

（一）原告是符合本法第二十五条规定的公民、法人或者其他组织；

（二）有明确的被告；

（三）有具体的诉讼请求和事实根据；

（四）属于人民法院受案范围和受诉人民法院管辖。

《最高人民法院关于适用〈中华人民共和国行政诉讼法〉的解释》

第六十八条 行政诉讼法第四十九条第三项规定的“有具体的诉讼请求”是指：

（一）请求判决撤销或者变更行政行为；

（二）请求判决行政机关履行特定法定职责或者给付义务；

（三）请求判决确认行政行为违法；

（四）请求判决确认行政行为无效；

（五）请求判决行政机关予以赔偿或者补偿；

（六）请求解决行政协议争议；

（七）请求一并审查规章以下规范性文件；

（八）请求一并解决相关民事争议；

（九）其他诉讼请求。

当事人单独或者一并提起行政赔偿、补偿诉讼的，应当有具体的赔偿、补偿事项以及数额；请求一并审查规章以下规范性文件的，应当提供明确的文件名称或者审查对象；请求一并解决相关民事争议的，应当有具体的民事诉讼请求。

当事人未能正确表达诉讼请求的，人民法院应当要求其明确诉讼请求。

第七十条 起诉状副本送达被告后，原告提出新的诉讼请求的，人民法院不予准许，但有正当理由的除外。

行政诉讼中新证据的认定

——刘某诉贵州省黔南州某县人民政府房屋强拆行为违法案

【案号】贵州省高级人民法院行政裁定书，(2018) 黔行申299号

【核心提示】

行政诉讼中，原被告双方都有举证的责任，对于各自提出的主张，应当提供证据证明。而诉讼过程中举证责任的履行，又有期限的限制，诉讼中各方当事人应在法定的举证期限内提交证据。如果逾期举证，所提交证据能否得到人民法院认定，需要看其提交的证据是否符合法律规定。

【关键词】

举证责任　举证期限　新证据

【案情回顾】

刘某是贵州省黔南州某县三合街道办事处某村村民，其在老宅宅基地上建有房屋一栋。2017年5月，在没有任何通知的情况下，刘某的房屋被强制拆除。房屋被强拆之后，刘某多次寻找基层人民政府三合街道办事处沟通赔偿事宜，但是房屋被强拆之后，没有任何单位承认拆除刘某房屋的行为，更谈不上赔偿了。后刘某决定通过法律程序维权，接受委托之后，代理律师详细向刘某了解了房屋的情况以及房屋周边的情况，了解到刘某所在的村某县人民政府正在实施棚户区改造项目，且已经在2017年2月作出过棚户区改造项目的房屋征收决定。据此，代理律师经与刘某沟通，决定以某县与其所在

的基层人民政府三合街道办事处为共同被告，向法院起诉请求确认拆除行为违法。但某县人民政府及三合街道办事处均否认实施了强拆行为，一审人民法院根据原告刘某及代理律师提供的证据，适用推定规则，认为涉案房屋在猴场片区棚户区改造项目的征收范围内，本案被告某县人民政府按法院指令提交的水书广场、水王城项目征迁红线图仅能证明涉案房屋不在两个具体项目的征收范围内，不能将本案原告排除于猴场片区棚户区改造项目征收范围。被告某县人民政府作为法定征收主体，在实施集体土地房屋征收过程中，未能提供证据证明房屋拆除行为为他人所为，故可认定被告某县人民政府对涉案房屋实施了强制拆除行为，应当对涉案强拆行为承担法律责任，故而作出一审判决确认某县人民政府对刘某房屋实施了强拆行为违法。一审判决作出后，刘某与某县人民政府均未提起上诉。但某县人民政府在一审判决生效后，向贵州省高级人民法院申请再审。

【办案结果】

贵州省高级人民法院于2018年10月19日作出（2018）黔行申299号行政裁定书，裁定驳回某县人民政府的再审申请。

【律师点评】

本案中，对于拆除刘某房屋的行为，某县人民政府不予认可，一审人民法院适用推定规则确认相应的法律后果应当由县人民政府承担，在一审判决生效后，某县人民政府又以涉案房屋经由城市综合执法部门作出限期拆除通知，拆除单位是城市综合执法部门为由申请再审，并提交了城市综合执法部门作出的限期拆除通知作为新证据，该限期拆除通知在一审人民法院审理期间，某县人民政府并未向人民法院提交。

但是，贵州省高级人民法院审理之后，并未采纳某县人民政府提交的新证据，认为“原审法院已经依法告知了再审申请人相关举证责任及举证不能的法律后果，但其未提供证据证明拆除行为不是其实施，应承担举证不能的法律后果。根据《最高人民法院关于行政诉讼证据若干问题的规定》第一条的规定，行政诉讼被告对作出的具体行政行为负有举证责任，行政诉讼被告无正当事由超过举证期限提供或不提供证据的，视为被诉具体行政行为没有相应证据。再审申请人在申请再审时提交限期拆除通知书等证据，拟证明被申请人的房屋实际被其下属部门拆除。但是该证据在一审开庭前就已经存在，再审申请人在一审举证期限内未依法提供，其在申请再审中才提供，不属于再审新证据，依法不应采纳”。贵州省高级人民法院根据法律规定驳回了某县人民政府的再审申请。此后，某县人民政府又向人民检察院申请法律监督，检察院亦以同样的理由未予支持。

此案中县人民政府的主张未能得到支持，主要原因是其在法定的举证期限内未提供证据，如果其在一审审理的法定期限内向人民法院提交了城市综合执法部门作出的限期拆除通知书，根据司法实践，一审人民法院将会作出与本案一审结果截然相反的裁判结果。而其在再审中才提交，因不符合“新证据”的规定，人民未能认定。那么，什么是新证据呢？

当事人在第一审或者原一审、二审中未提供的证据，在第二审或者审判监督程序中提出的，是为新提供的证据。但是新提供的证据不等于新证据，只有符合法定情形的新提供的证据才属于新证据。《最高人民法院关于行政诉讼证据若干问题的规定》第五十二条规定：“本规定第五十条和第五十一条中的‘新的证据’是指以下证据：（一）在一审程序中应当准许延期提供而未获准许的证据；（二）当事人在一审程序中依法申请调取而未获准许或者未取得，人民法院在第二审程序中调取的证据；（三）原告或者第三人提供的在举证期限届满后发现的证据。”只有符合以上条件之一的证据，才能作为新证据。

《最高人民法院关于行政诉讼证据若干问题的规定》第五十二条规定的人民法院可以认定的新证据主要有三种情形，而行政机关能够提供新证据的则只有第（一）项规定的情形。

根据《最高人民法院关于行政诉讼证据若干问题的规定》第五十二条第一项的规定，主要是指当事人在法定的举证期限内不能提供证据，依法向人民法院提出延期举证申请，而一审人民法院未予准许，而后在二审或者再审中向人民法院提供的证据。行政诉讼中，对于举证期限的规定，相对来说，原告与第三人的举证期限规定相对灵活，而被告的举证期限则非常严格。

关于原告与第三人的举证期限，根据《最高人民法院关于适用〈中华人民共和国行政诉讼法〉的解释》第三十五条的规定，如果人民法院指定了证据交换之日的，原告或者第三人的举证期限在人民法院指定的证件交换之日届满；如果人民法院未指定证据交换之日的，则原告或者第三人的举证期限在一审开庭审理前届满。

关于被告的举证期限，行政诉讼中规定非常严格。《行政诉讼法》第六十七条规定，“被告应当在收到起诉状副本之日起十五日内向人民法院提交作出行政行为的证据和所依据的规范性文件”。

无论是原告或者第三人，还是被告，如果在法定的举证期限内不能提供证据的，则应当在举证期限届满前向人民法院提出书面申请，对此《最高人民法院关于适用〈中华人民共和国行政诉讼法〉的解释》第三十四条、第三十五条、第三十六条作出了明确的规定。

如果原告、被告或者第三人在法定期限内不举证，也不向人民法院申请延期举证或者申请后人民法院未予准许的，则视为没有证据或者逾期提供的证据，应当承担举证不能的法律后果。如果当事人在法定的期限内向人民法院提出了延期举证的申请，申请延期举证的理由亦符合法律规定，人民法院应当准许而未准许的，则当事人可以在二审或者再审中提供，此时其提供的证据符合《最高人民法院关于行政诉讼证据若干问题的规定》第五十二条规定的新证据的情形，人民法院应当依法采纳。

本案中，某县人民政府在一审审理中，法定的举证期限内既未向一审人民法院提交城市综合执法部门作出的限期拆除通知，也未向一审人民法院申请延期举证，而是在再审中才提交，再审法院认定其不符合新证据的规定而未予采纳。

《最高人民法院关于行政诉讼证据若干问题的规定》第五十二条第二项、第三项规定的新证据情形，不适用于被告。因第二项中规定的是当事人向人民法院申请调取而未获取或者未取得的，《行政诉讼法》第四十一条只规定了原告或者第三人对于符合规定的不能自行收集的证据，可以申请人民法院调取，而《行政诉讼法》并未规定被告可以向人民法院申请调取证据。《行政诉讼法》之所以作出如此规定，系因行政诉讼是对行政行为的事后审查，作为被告的行政机关应当遵守“先取证后裁决”的原则，即其在行政行为作出时就应当取得证据，所以不存在申请人民法院调取证据的可能。而第三项只规定原告或者第三人在举证期限届满后发现的证据可以作为新证据，而未规定被告在举证期限届满后发现的证据可以作为新证据，亦是基于“先取证后裁决”原则的规定，系因被告在行政行为作出之时其所依据的证据就已经固定。

【经验提示】

《行政诉讼法》第五条规定，“人民法院审理行政案件，以事实为根据，以法律为准绳”，而事实主要是依据证据证明的事实，所以证据是诉讼活动的核心，如果当事人对自己的主张不能提供证据，则可能要承担不利的法律后果。此处有两层含义：一是当事人要对自己的主张提供证据；二是当事人提供的证明自己主张的证据应当在法定的举证期限内提交。如果当事人不提交证据或者提交了证据但已经超过了法定的举证期限，则导致的后果将是人民法院视为没有证据或者不予接纳。如《行政诉讼法》第三十四条第二款规定“被告不提供或者无正当理由逾期提供证据，视为没有相应证据”。《最高人民法院关于适用〈中华人民共和国行政诉讼法〉的解释》第三十五条第二款规定“原告或者第三人在第一审程序中无正当事由未提供而在第二审程序中提供的证据，人民法院不予接纳”。当事人应当严格遵守举证责任及举证期限的规定，在法定的举证期限内及时提交证据。

【相关规定】

《行政诉讼法》

第四十一条 与本案有关的下列证据，原告或者第三人不能自行收集的，可以申请人民法院调取：

（一）由国家机关保存而须由人民法院调取的证据；

（二）涉及国家秘密、商业秘密和个人隐私的证据；

（三）确因客观原因不能自行收集的其他证据。

《最高人民法院关于适用〈中华人民共和国行政诉讼法〉的解释》

第三十四条 根据行政诉讼法第三十六条第一款的规定，被告申请延期提供证据的，应当在收到起诉状副本之日起十五日内以书面方式向人民法院提出。人民法院准许延期提供的，被告应当在正当事由消除后十五日内提供证据。逾期提供的，视为被诉行政行为没有相应的证据。

第三十五条 原告或者第三人应当在开庭审理前或者人民法院指定的交换证据清单之日提供证据。因正当事由申请延期提供证据的，经人民法院准许，可以在法庭调查中提供。逾期提供证据的，人民法院应当责令其说明理由；拒不说明理由或者理由不成立的，视为放弃举证权利。

原告或者第三人在第一审程序中无正当事由未提供而在第二审程序中提供的证据，人民法院不予接纳。

第三十六条 当事人申请延长举证期限，应当在举证期限届满前向人民法院提出书面申请。

申请理由成立的，人民法院应当准许，适当延长举证期限，并通知其他当事人。申请理由不成立的，人民法院不予准许，并通知申请人。

《最高人民法院关于行政诉讼证据若干问题的规定》

第五十条 在第二审程序中，对当事人依法提供的新的证据，法庭应当进行质证；当事人对第一审认定的证据仍有争议的，法庭也应当进行质证。

第五十一条 按照审判监督程序审理的案件，对当事人依法提供的新的证据，法庭应当进行质证；因原判决、裁定认定事实的证据不足而提起再审所涉及的主要证据，法庭也应当进行质证。

第五十二条 本规定第五十条和第五十一条中的“新的证据”是指以下证据：

（一）在一审程序中应当准予延期提供而未获准许的证据；

（二）当事人在一审程序中依法申请调取而未获准许或者未取得，人民法院在第二审程序中调取的证据；

（三）原告或者第三人提供的在举证期限届满后发现的证据。

征收实施单位在特定条件下可以成为适格被告

——岳某诉山西省太原市某区人民政府和某镇人民政府强拆违法案

【案号】 山西省高级人民法院行政判决书，(2018) 晋行终552号

【核心提示】

当房屋征收决定及其公告等文件没有明确相关单位在房屋征收补偿中的身份，或房屋征收部门与征收实施单位缺位，又或征收行为人实施的行为与其公示身份不一致时，征收行为实施人是房屋征收部门，还是征收实施单位，我们不能拘泥于名义上的称谓，要从单位性质、职责分工、权限等方面加以甄别，尤其要看该单位在房屋征收过程中是否具有独立的自主决定权。

【关键词】

违法强拆　房屋征收部门　征收实施单位　被告主体资格

【案情回顾】

2017年2～4月，太原市某区重点工程建设指挥部先后作出《关于高铁沿线绿化范围内涉及拆迁的通告》、《某区关于开展境内铁路沿线环境综合整治范围内涉及拆迁的通告》和《高铁沿线绿化集体土地上房屋征收补偿安置方案》，告知：由太原市某区人民政府（以下简称某区政府）和太原市某区某镇人民政府（以下简称某镇政府）分别作为征收人、征收实施单位，对北

起某镇岗底村，南至尖草坪高铁沿线绿化线及规划控制范围内的所有建筑、临时建筑进行整治，房屋权属单位未按拆迁通知期限拆除的，将依法予以拆除。

岳某是太原市某村村民，于2014年依法取得其祖母遗留的祖宅一套，该房屋位于前述征收搬迁范围内。2018年1月10日，在岳某未与任何单位签订安置补偿协议的情况下，该房屋被强制拆除。事后，某镇政府出具情况说明，称系镇、村两级对包括岳某在内的4户宅基地上的建筑物进行拆除，且太原市某派出所出具的警情信息写明该次拆迁是由某镇政府组织的。岳某不完全认可该结论，认为是某区政府、某镇政府共同实施了强拆行为，侵犯了其合法财产权益，故将二者列为共同被告，诉至山西省阳泉市中级人民法院（以下简称阳泉中院）。

阳泉中院审理后，作出（2018）晋03行初109号行政判决书，认为某镇政府实施的被诉强拆行为违法，但《高铁沿线绿化集体土地上房屋征收补偿安置方案》中未明确征收部门，某镇政府作为征收实施单位，其法律责任应由征收人即被告某区政府承担。故只判决确认某区政府拆除案涉房屋的行政行为违法。某区政府不服一审判决，上诉至山西省高级人民法院（以下简称山西高院）。

山西高院认为，某镇政府在涉案征收项目中名为征收实施单位，实为房屋征收部门，对其在征收补偿过程中作出的行为具有承担法律责任的能力。另“涉案拆迁项目的补偿资金来源于市财政拨款，足以印证涉案项目系政府基于公共利益实施的征收”，因此村委会实施的与征收相关的行为“均应视为受政府委托实施的行为，并非村委会自主决策的行为，由此产生的法律后果也应当由政府承担”。

【办案结果】

2018年9月25日，山西高院作出（2018）晋行终552号行政判决书，判决：

1. 撤销阳泉中院（2018）晋03行初109号行政判决第一项（确认某区政府强拆案涉房屋行政行为违法）；

2. 确认太原市某区政府和某镇政府拆除涉案房屋的行政行为违法；

3. 维持阳泉中院（2018）晋03行初109号行政判决第二项（驳回原告岳某的其他诉讼请求）。

【律师点评】

本案中的被诉强拆行为涉及三个主体，两种态度。一种态度是否认。征收人某区政府矢口否认实施了被诉强拆行为，辩称“没有与某镇政府共同实施涉诉强拆行为”“村集体经济组织在签订补偿协议后实施的收回土地的行为”“村委会作出的《某镇某村铁路沿线整治拆迁补偿安置方案》并非代为通知行为”，主张不应对被诉强拆行为承担责任。另一种态度是自认。征收实施单位某镇政府和村委会分别出具情况说明，称“由镇、村两级对包括岳某在内的4户宅基地建筑物进行拆除”。两审中争议的焦点在于谁才是被诉强拆行为的真正责任主体，即谁是适格被告，并对被诉强拆行为承担法律责任。

我们通常说“谁行为，谁负责”。不过需要注意的是，仅凭被告实施了被诉行政行为还不足以认定其主体是适格的，因为适格的被告还要具备为该行为独立承担责任的能力。就像本案中的村委会，其既不是行政主体，也不具备征收集体土地的职能，非法定情形下不能成为行政诉讼的被告。按最高人民法院在（2017）最高法行再101号行政赔偿判决书中的意见，对于房屋征收过程中发生的合法房屋被强制拆除行为，首先应推定为政府及其确定的房屋征收部门实施的行政强制行为，并由其承担相应责任。山西高院认为，涉案拆迁项目收回土地的用途、补偿资金来源等，“足以印证涉案项目系政府基于公共利益实施的征收……均应视为受政府委托实施的行为，并非村委会自主决策的行为，由此产生的法律后果也应当由政府承担”。根据《行政诉讼法》第二十六条第五款的规定，行政机关委托的组织所作的行政行为，委托的行政机关是被告。所以不能把村委会作为本案被告。法院最终认定某区政府是适格被告，判决由其对村委会参与实施的征收、强拆行为承担责任。

《高铁沿线绿化集体土地上房屋征收补偿安置方案》载明某镇政府是征收实施单位，根据《国有土地上房屋征收与补偿条例》第五条的规定，房屋征收实施单位在受委托范围内实施的房屋征收与补偿行为产生的法律后果，由委托方房屋征收部门承担。也就是说，某镇政府不是前述法定的责任主体，不具备独立承担征收搬迁的行政责任能力，应当由房屋征收部门对其行为负责。按照《最高人民法院关于适用〈中华人民共和国行政诉讼法〉的解释》第二十五条第二款的规定，征收实施单位受房屋征收部门委托，在委托范围内从事的行为，被征收人不服提起诉讼的，应当以房屋征收部门为被告。但为何山西高院却直接判决某镇政府独立对被诉强拆行为承担责任，并确认共同实施的被诉强拆行为违法呢？

本案特殊之处就在于没有房屋征收部门，无法判决“房屋征收部门”对某镇政府的被诉强拆行为承担责任。正是这个原因，阳泉中院认为，“某镇政府作为征收实施单位，其违法强制拆除行为应由征收人即被告某区政府承担法律责任”。但是这个结论的依据又与《最高人民法院关于适用〈中华人民共和国行政诉讼法〉的解释》第二十五条的规定不一致，因为某区政府是征收人，而非规定中的房屋征收部门。那么究竟谁应该为某镇政府的被诉强拆行为承担责任，谁才是该诉讼的适格被告？这就涉及对某镇政府在被诉行为中实质身份的探究，即它在被诉强拆行为中的地位以及所起的作用是什么，其中，最根本的一点就是某镇政府对强拆案涉房屋有没有自主决策权。

《国有土地上房屋征收与补偿条例》规定，房屋征收部门和征收实施单位都可以开展征收补偿工作，前者组织实施，后者承担具体工作。如果征收决定、公告等文件中没有明确相关单位在房屋征收补偿中的身份，或房屋征收部门与征收实施单位缺位，又或征收行为人实施的行为与其公示身份不一致时，征收行为实施人是房屋征收部门，还是征收实施单位，我们不能拘泥于名义上的称谓，要从单位性质、职责分工、权限等方面加以甄别，尤其要看该单位在房屋征收过程中是否具有独立的自主决定权。正如山西高院在二审判决书中所述，“房屋征收部门是市、县级人民政府设立的专门的房屋征收部门或政府职能部门或所辖镇人民政府、街道办事处，而‘征收实施单位’则通常是由政府设立且经费由政府财政予以保障的事业单位或具有管理公共事务职能的组织。从职责分工来看，房屋征收部门负责组织实施本行政区域房屋征收与补偿工作，而征收实施单位则是受房屋征收部门委托承担房屋征收与补偿的具体工作，如协助调查登记、协助编制征收补偿方案、协助就补偿问题与被征收人协商、协助组织对被征收房屋的拆除等。可见，征收实施单位在房屋征收过程中并不具有独立决策权和自主行动权，其完全是根据房屋征收部门的委托从事相关工作”。某镇政府作为一级人民政府，自行决定并拆除岳某等房屋的行为，业已表明他“具有独立行使决策权和承担法律责任的能力，并不符合《国有土地上房屋征收与补偿条例》规定的‘征收实施单位’的特征，而是更符合房屋征收部门的特征。因此，应当认定某镇政府在涉案征收项目中名为征收实施单位，实为房屋征收部门”。所以判决认定某镇政府是该案适格被告，并确认其实施的被诉强拆行为违法是正确的。

至此，我们可以看出，在房屋行政强拆纠纷中，被告主体是否适格，既不取决于一方自认，或第三方证明，也不拘泥于其在征收材料的称谓，而是要根据强拆的实际行为人及其独立承担责任的能力加以判断。

【经验提示】

《国有土地上房屋征收与补偿条例》之所以对房屋征收人、征收部门和征收实施单位的性质、职责及相互关系作出具体规定，实质是为了在明确分工的基础上，厘清各自职责，以便更好地合作。不过在实际操作时，经常会走样，比如，上门开展动员宣传工作的人不是房屋征收决定或公告列明的征收部门和征收实施单位的工作人员，而是来自其他单位或组织的人，如社区、联合工作组、拆迁公司的人员等。由于这些非法定主体的工作人员无权代表征收部门和征收实施单位开展征收搬迁工作，所以其行为当然也就不具有合法性。征收方在安排人员时，务必事先核对人员身份，依法指派或委托相关单位和人员实施征收、补偿。

被征收人应当通过核对动迁人员的工作证件，确认他们是否为征收部门和征收实施单位的工作人员，不然会出现说了不算的尴尬结局。同时注意收集并保存房屋征收决定、公告、安置补偿方案、安置补偿协议、支付补偿款的凭证、强拆决定书或告知书等，以便涉诉时，可以帮助法院客观、全面地分析、认定相关单位在征收补偿中的身份，并判断被诉行为的责任主体与被诉行为的对错。

【相关规定】

《行政诉讼法》

第二十六条 公民、法人或者其他组织直接向人民法院提起诉讼的，作出行政行为的行政机关是被告。

经复议的案件，复议机关决定维持原行政行为的，作出原行政行为的行政机关和复议机关是共同被告；复议机关改变原行政行为的，复议机关是被告。

复议机关在法定期限内未作出复议决定，公民、法人或者其他组织起诉原行政行为的，作出原行政行为的行政机关是被告；起诉复议机关不作为的，复议机关是被告。

两个以上行政机关作出同一行政行为的，共同作出行政行为的行政机关是共同被告。

行政机关委托的组织所作的行政行为，委托的行政机关是被告。

行政机关被撤销或者职权变更的，继续行使其职权的行政机关是被告。

《国有土地上房屋征收与补偿条例》

第五条 房屋征收部门可以委托房屋征收实施单位，承担房屋征收与补偿的具体工作。房屋征收实施单位不得以营利为目的。

房屋征收部门对房屋征收实施单位在委托范围内实施的房屋征收与补偿行为负责监督，并对其行为后果承担法律责任。

上级人民法院违反级别管辖规定将案件指定下级人民法院管辖被判违法

——李某诉山东省菏泽市某区人民政府房屋强拆违法案

【案号】山东省菏泽市中级人民法院行政裁定书，(2020) 鲁 17 行初 57 号

【核心提示】

人民法院依职权将案件指定或者移送其他法院管辖时，不得违反级别、专属管辖等相关规定。管辖权异议权并非被告的专属权利，原告在对人民法院指定管辖、移送管辖及管辖权转移不服的情况下，可以提出管辖权异议。

【关键词】

级别管辖　移送管辖　指定管辖　管辖权异议

【案情回顾】

2017 年 3 月，山东省菏泽市某区人民政府（以下简称某区人民政府）作出《某区 2012—15 号地块房屋征收决定书》，将位于某区中华路 1599 号的 A 院、B 院等纳入征收范围，以棚户区改造的名义对上述范围内的房屋进行强制征收。虽然根据《国有土地上房屋征收与补偿条例》的规定以及国务院办公厅、原国土资源部等相关法律规定，实施房屋征收应当先补偿、后搬迁，未经司法程序不得强拆。2019 年 9 月，李某等三人的房屋却被非法强制拆除，私有财物遭受毁坏。李某等报警后，某派出所出警并称该强拆行为属于政府行为。为了维护自身合法权利，李某等三人以某区人民政府为被告向菏泽市中级人民法院提起行政诉讼，要求法院确认某区人民政府强拆房屋的行

为违法。

立案审查期过后，李某等三人没有收到菏泽市中级人民法院的立案通知书，却收到一纸行政裁定书。该行政裁决书以“根据菏泽市两级人民法院已经上级法院批准，实行跨行政区划管辖行政案件”为由裁定本案由鄄城县人民法院管辖。

收到上述行政裁决书后，李某等三人立即以上述行政裁定书违反《行政诉讼法》关于管辖的法律规定为由向菏泽市中级人民法院提起了管辖权异议，但菏泽市中级人民法院在法定期限内未作出任何答复，于是李某等三人向山东省高级人民法院提起上诉。

【办案结果】

山东省高级人民法院受理后，指令菏泽市中级人民法院对本案作出裁定，落实管辖权问题。后菏泽市中级人民法院裁定，将本案移交到菏泽市鄄城县人民法院管辖。据此，菏泽市中级人民法院通知李某等三人对本案重新立案。

【律师点评】

本案是典型的因为管辖权而引发的纠纷。行政诉讼管辖是指各级人民法院之间以及不同地区的同级人民法院之间，受理第一审行政案件的职权范围和具体分工。由此可见，行政诉讼管辖所解决的是公民，法人或者其他组织向哪一级、哪一个法院提起行政诉讼的问题，对于法院而言，管辖制度明确了同级法院和上下级法院审理第一审行政案件的权限划分。

一、行政案件管辖的基本规定

根据《行政诉讼法》的相关规定，行政诉讼案件的管辖以级别管辖为原则，专属管辖为补充。当然专属管辖不能违反级别管辖的相关规定。我国目前设有四级法院，即基层人民法院、中级人民法院、高级人民法院、最高人民法院。根据《行政诉讼法》的规定，行政案件由最初作出行政行为的行政机关所在地人民法院管辖。第一审行政案件一般由基层人民法院受理审判，但对国务院部门或者县级以上地方人民政府所作的行政行为、海关处理的案件及本辖区内重大、复杂的案件由中级人民法院直接立案管辖。高级人民法院管辖本辖区内重大、复杂的第一审行政案件，最高人民法院管辖全国范围内重大、复杂的第一审行政案件。在一般情况下，社会影响重大的共同诉讼案件、涉外或者涉及我国香港特别行政区、澳门特别行政区、我国台湾地区的案件均属于重大、复杂的案件。当然，对限制人身自由的行政强制措施不服提起的诉讼，由被告所在地或者原告所在地人民法院管辖。因不动产提起的行政诉讼，由不动产所在地人民法院管辖。

本案中，某区人民政府属于县级以上人民政府，那么以其为被告的行政诉讼当然应该由菏泽市中级人民法院受理立案。但现却以“跨区域管辖”违反了管辖的基本规定为由，裁定鄄城县人民法院受理，显然违法。

二、裁定管辖

除了上述管辖的基本规定外，人民法院可以通过裁定的方式确定案件的管辖法院。裁定管辖解决的就是行政诉讼中管辖冲突问题。裁定管辖一般包括移送管辖、指定管辖、管辖权转移。

1. 移送管辖

人民法院有义务对案件的管辖进行审查，如受诉人民法院发现错误受理不具管辖权的案件时，应当将案件移送有管辖权的人民法院。《行政诉讼法》第二十二条规定，“人民法院发现受理的案件不属于本院管辖的，应当移送有管辖权的人民法院，受移送的人民法院应当受理。受移送的人民法院认为受移送的案件按照规定不属于本院管辖的，应当报请上级人民法院指定管辖，不得再自行移送”。移送管辖一般适用于同级人民法院之间。当然根据上述法律规定，移送管辖又可能演变成指定管辖。

2. 指定管辖

指定管辖也属于裁定管辖的范畴，是指上级人民法院依法将行政案件交由下级人民法院审理的制度。指定管辖的实质，是法律赋予上级人民法院在特殊情况下有权变更和确定案件管辖法院，以适应审判实践的需要，保证案件及时正确地裁判。指定管辖一般由受诉法院的上级法院作出，一般以行政裁定书的形式作出。《行政诉讼法》第二十三条、第二十四条规定了人民法院可以指定管辖的法定情况，包括以下几种情形：

（1）有管辖权的法院因特殊原因不能行使管辖权

有管辖权的人民法院由于特殊原因不能行使管辖权时，由上级人民法院指定其他的同级人民法院管辖。这里的特殊原因，既包括事实上也包括法律上的原因。事实上的原因，如有管辖权的人民法院遇到了不可抗力的事由，如地震、水灾等无法行使管辖权；法律上的原因，如受诉法院的审判人员，因当事人申请回避或者审判人员自行回避无法组成合议庭对案件进行审理。在此情况下，就需要报请共同的上级法院指定管辖了。

（2）人民法院对管辖权发生争议而协商不成的

案件根据不同的管辖原则，有可能有两个或者两个以上的管辖法院。如合同纠纷案件，被告所在地和合同履行地的法院都有管辖权。法院之间也会存在辖区界限不明或者对法律的理解不一致的情况，当然也有因地方保护主义为其局部经济利益争先立案的各种情况出现。法院之间就会出现相互推诿或者相互争夺案件的情况。无论哪种原因引起的争议，应由双方协商解决，协商不成时也应报请它们的共同上级人民法院指定管辖。如为同属一个地、市辖区的基层人民法院，由该地、市的中级人民法院及时指定管辖；同属一个省、自治区、直辖市的多个中级人民法院，由该省、自治区、直辖市的高级人民法院及时指定管辖；如双方为跨省、自治区、直辖市的人民法院由最高人民法院及时指定管辖。报请上级人民法院指定管辖时，应当逐级进行。

三、管辖权转移

《行政诉讼法》第二十四条规定，上级人民法院有权审理下级人民法院管辖的第一审行政案件。下级人民法院对其管辖的第一审行政案件，认为需要由上级人民法院审理或者指定管辖的，可以报请上级人民法院决定。上述就是规定了管辖权转移的请求。

管辖权转移和移送管辖不同。移送管辖是因受案法院原本对于案件就没有管辖权，移送的仅仅是案件。而管辖权的转移是将原本自己有管辖权的案件，由于某些原因导致有管辖权的人民法院无法审理而移交给其他人民法院。

由此可见，无论是移送管辖、指定管辖还是管辖权转移，上级人民法院有权直接审理下级人民法院管辖的案件，但法律并未赋予上级人民法院将本属于其审理的案件直接移送或者指定下级人民法院审理。所以本案中菏泽中级人民法院通过裁定将案件指定由其下级鄄城县人民法院管辖受理显然没有法律依据，属违法行为。

四、原告启动裁定管辖的途径

原告出于案件审理需要，可以利用指定管辖与管辖权转移争取有利的审理地位。指定管辖与管辖权转移的启动主要有以下几种途径。

（一）由案件当事人启动

当事人以案情重大、复杂为由，认为基层人民法院不宜审理直接起诉到中级人民法院的，《行政诉讼法》及《最高人民法院关于适用〈中华人民共和国行政诉讼法〉的解释》均规定了当事人认为所诉行政行为案情重大、复杂，基层人民法院不适宜审理时，可以起诉到中级人民法院。但是，该规定仅是赋予了当事人具有向中级人民法院起诉的权利，至于案件是否重大、复杂，且能否最终由中级人民法院进行审理，需要由中级人民法院依法审查确定。针对前述情形，《最高人民法院关于适用〈中华人民共和国行政诉讼法〉的解释》第六条规定，中级人民法院应当根据不同情况在7日内分别作出以下处理。

1. 由中级人民法院自行审理

中级人民法院审查认为，当事人所称的案件重大、复杂属实，且基层人民法院确实具有不宜行使案件管辖权的，由中级人民法院自行决定由其审理。这与《行政诉讼法》所确定的中级人民法院管辖本辖区重大、复杂的案件是一致的。

2. 中级人民法院指定本辖区其他基层人民法院管辖

针对前述情形，如果当事人所称的案件重大、复杂属实，基层人民法院不宜审理的情形成立，中级人民法院既可以自行审理，也可以指定非作出行政行为的行政机关所在地的人民法院管辖。不过需要说明，重大、复杂行政案件，按照《行政诉讼法》第十五条第（三）项的规定，本辖区内重大、复杂的案件本应由中级人民法院进行管辖。如果将重大、复杂的案件交由基层人民法院审理，存在降低案件法定审理级别的嫌疑。特别是在司法实践中，有些中级人民法院，如本案的菏泽市中级人民法院，为了减少案件的压力，违反级别管辖的规定，将大量应当属于中级人民法院管辖的第一审行政案件，交由下辖的基层人民法院进行审理。因基层人民法院的整体素质和业务能力有限，导致对重大、复杂案件的审理困难重重，且评判标准不一。

3. 书面告知当事人向有管辖权的基层人民法院起诉

如中级人民法院经审查认为，当事人所称的案件重大、复杂不属实，且不存在基层人民法院不宜审理的情形的，中级人民法院应当书面告知当事人向有管辖权的人民法院起诉。即当事人不能违反级别管辖的规定，越级诉讼。

（二）当事人以受诉法院在7日内不立案，也不作出不予受理决定为由向上级人民法院起诉的

《行政诉讼法》第五十二条规定，对于当事人的起诉，人民法院既不立案，又不作出不予立案裁定的，当事人可以向上一级人民法院起诉。上一级人民法院认为符合起诉条件的，应当立案、审理，也可以指定其他下级人民法院立案、审理。实践中，部分法院在收到当事人的起诉材料后，既不立案，又不作出不予立案裁定，当事人可以根据前述规定向上一级人民法院起诉。上一级人民法院针对此种情形的处理方式与当事人以案情重大、复杂为由，认为基层人民法院不宜审理或直接起诉到中级人民法院的相同，不再赘述。

五、跨行政区划异地交叉管辖

跨区划异地交叉管辖是由最初作出行政行为的行政机关所在地之外的其他地域的人民法院管辖。比如，A 地行政机关的行政行为，由 B 地的人民法院管辖，B 地行政机关的行政行为由 C 地人民法院管辖，C 地行政机关的行政行为由 A 地人民法院管辖，管辖法院之间交叉不重合。此种交叉管辖的方式，是对作出行政行为的行政机关所在地人民法院管辖的补充。

在菏泽市中级人民法院的行政裁定书中就提到了行政案件跨行政区划管辖的问题。《行政诉讼法》第十八条第二款规定，经最高人民法院批准，高级人民法院可以根据审判工作的实际情况，确定若干人民法院跨行政区域管辖行政案件。近几年来，部分地方人民法院在当地党委、人大、政府的支持配合下，以行政案件管辖制度改革为突破口，通过提级管辖、指定管辖、交叉管辖和相对集中管辖等方式，在现行法律框架下实现了司法审判区域与行政管理区域的有限分离，使行政审判制度及时有效化解行政争议、妥善处理人民内部矛盾的功能得以正常发挥。但最高人民法院、各地高级人民法院出

台的跨行政区划管辖行政案件的规定不能违反《行政诉讼法》的规定。纵观各地行政司法改革中有关于行政案件相对集中管辖的文件规定，允许跨行政区划管辖行政案件，但均限于中级人民法院辖区内各个基层法院受理及审理行政案件的情况，当然不能违反行政诉讼法的级别管辖及专属管辖的规定。

菏泽市中级人民法院经最高人民法院批准，按照山东省高级人民法院的统一部署，2018 年出台了《菏泽市中级人民法院关于跨行政区划管辖行政案件的实施方案》，在全市各基层人民法院推行“以当事人选择管辖为核心的跨行政区划管辖行政案件试点工作。在该实施方案中，明确规定在不违反级别管辖、专属管辖的前提下，当事人可以在‘相对集中’片区范围内任意选择一审行政案件的管辖法院”。

在本案中，菏泽市中级人民法院将该由其管辖的案件以“跨行政区划行政案件”为由指定基层法院管辖也违反了其自行制定的上述实施方案及《行政诉讼法》相关的规定。这也是被山东省高级人民法院撤销裁定责令其重新立案受理的根本原因。

六、集中管辖

行政案件除了上述的交叉管辖外，2013 年起，最高人民法院还启动了行政案件集中管辖的试点工作。2013 年 1 月 4 日，最高人民法院出台《关于开展行政案件相对集中管辖试点工作的通知》。该通知指出“行政案件相对集中管辖，就是将部分基层人民法院管辖的一审行政案件，通过上级人民法院统一指定的方式，交由其他基层人民法院集中管辖的制度”。《最高人民法院关于适用〈中华人民共和国行政诉讼法〉的解释》第三条第二款规定，铁路运输法院等专门人民法院审理行政案件，应当执行《行政诉讼法》第十八条第二款的规定。关于集中管辖权制度，我国以立法和司法解释的方式予以确立。集中管辖制度是我国行政诉讼制度的改革与尝试，是我国行政诉讼审判的重大调整。

集中管辖在实践中比较常见的有以下几种。

（一）将平行的若干基层法院的行政案件依法指定由其中一个或者少数几个基层法院管辖

目前，各地铁路运输法院跨区域集中管辖行政案件，就是落实集中管辖制度司法实践的具体表现。比如，广州、兰州、西安等地的行政案件均由铁路运输法院集中管辖。由于铁路运输法院不再按照行政区划进行设立，从人、财、物等方面摆脱了地方政府的约束，在很大程度上，减少了行政干扰。此外，还有一些地方指定特定的法院集中审理行政案件。比如，在广东省中山市，由中山市第一人民法院集中管辖行政案件。在江苏省宿迁市由宿城区人民法院集中管辖审理原属于沭阳县人民法院、泗阳县人民法院、泗洪县人民法院以及宿豫区人民法院管辖的行政案件及非诉行政审查案件。北京市第四中级人民法院集中管辖以北京市区（县）人民政府为被告的行政案件。

上述只是简单地列举出部分法院管辖的措施，具体各个地方是否施行集中管辖，可以查询当地高级人民法院公告或者中级人民法院公告予以确定。

（二）根据行政案件涉及特定的专业领域不同，设立专门法院

这种情形比较常见的是涉及知识产权和海事纠纷的案件。知识产权案件由于涉及专业知识要求较高，尤其是专利发明中涉及技术类的案件，这也对审判人员的法律知识和相关理工科专业知识提出了更高的要求，因此，有必要设立专门的法院进行审理。目前，北京、上海、广州设立了专门的知识产权法院，集中审理行政机关涉及知识产权的行政处罚、行政处理决定等行政行为引发的行政案件。海事纠纷不仅常涉及多部门域外法，还涉及域外当事人，关乎我国司法水准和国际形象，因此，对法官综合业务能力和素质要求极高，有必要设立海事法院专门审理此类纠纷。我国目前已在上海、天津、广州、青岛、大连和武汉等市设立海事法院，集中审理涉及海事纠纷案件。

由于知识产权纠纷和海事纠纷有专门的法院进行审理，因此，前述两类案件的管辖与一般行政案件的管辖不同。关于知识产权法院管辖权的规定主要在《最高人民法院关于北京、上海、广州知识产权法院案件管辖的规定》中。关于海事纠纷案件的管辖，《最高人民法院关于海事诉讼管辖问题的规定》第二条规定，（1）海事法院审理第一审海事行政案件。海事法院所在地的高级人民法院审理海事行政上诉案件，由行政审判庭负责审理。（2）海事行政案件由最初作出行政行为的行政机关所在地海事法院管

辖。经复议的案件，由复议机关所在地海事法院管辖。对限制人身自由的行政强制措施不服提起的诉讼，由被告所在地或者原告所在地海事法院管辖。前述行政机关所在地或者原告所在地不在海事法院管辖区域内的，由行政执法行为实施地海事法院管辖。

因此，知识产权纠纷和海事纠纷案件管辖法院的选择，要依据相应的特别法律规定和司法解释进行处理。

七、管辖权异议的救济途径

本案中，在对菏泽市中级人民法院作出的指定鄄城县人民法院受理案件的行政裁定书不服时，李某等三人即刻提出了管辖权异议。在菏泽市中级人民法院未对管辖权异议作出回复时，李某等三人又向山东省高级人民法院提起了上诉，从而使权利得到实现及保障。

根据《最高人民法院关于适用〈中华人民共和国行政诉讼法〉的解释》第十条第一款的规定，人民法院受理案件后，被告提出管辖异议的，应当在收到起诉状副本之日起 15 日内提出。由此可见，若被告认为受诉人民法院对于已经受理的行政案件没有管辖权的，应当在收到起诉状副本之日起 15 日内提出。大家应该注意到本案是原告针对法院的指定管辖裁定提出的管辖权异议。目前，《行政诉讼法》及相关司法解释并未对原告提出管辖异议进行禁止，“法无明文规定不违法”，所以这也是原告享有的一项诉讼权利。

如果当事人提出了管辖权异议，但经人民法院审查，认为当事人的管辖异议不成立，会裁定驳回当事人的异议。如果当事人不服人民法院驳回异议的裁定，可以在收到驳回裁定后 10 日内向上一级人民法院提起上诉。上一级人民法院应当在法定期限内，对管辖权异议的上诉进行审查，如果认为当事人的上诉理由成立的，裁定将案件移送有管辖权的人民法院。如果上一级人民法院审查认为当事人的上诉理由不成立的，裁定驳回上诉。当事人应当按照生效裁定所确定的管辖法院参加诉讼。

本案中，在李某等三人上诉后，山东省高级人民法院经过审查认为菏泽市中级人民法院对本案享有管辖权，于是责令菏泽市中级人民法院受理该案件。

【经验提示】

我们为什么对本案的管辖权如此较劲呢？行政诉讼是畅通和规范群众诉求表达的重要制度安排。《行政诉讼法》实施以来，对于妥善化解行政争议，保障和促进经济社会科学发展、维护社会和谐稳定作出了重要贡献。但由于有的地方政府不愿让行政争议脱离其行政区划及权力范围，案件的受理和审理往往受到一定程度的干预。我国行政诉讼采取“两审终审制”，如果一审由基层人民法院审理，二审上诉就由中级人民法院审理，但如果一审由中级人民法院审理，二审上诉就由高级人民法院审理，这样对行政行为的审查就脱离了区县级人民政府的行政权力管辖区。

本案中，李某等三人就是为了避免上述情况的出现，通过法律赋予的权利，严格按照法律的规定及途径，经过管辖权异议及上诉程序，让案件回到法律轨道，很好地维护了自己的合法权利。

行政诉讼，作为“民”的原告在诉讼地位上存在天然的劣势，但这种“劣势”并不意味着法律对“民”权利保护得不充分，也不应该成为行政权力恣意碾压的对象。这种“劣势”也不应成为合法权利受到侵害不去主张权利而选择逃避的借口。当自身合法权利受到侵害时，合理表达诉求，依法理性维权，不失为一种正确的选择。

【相关规定】

《行政诉讼法》

第十四条 基层人民法院管辖第一审行政案件。

第十五条 中级人民法院管辖下列第一审行政案件：

（一）对国务院部门或者县级以上地方人民政府所作的行政行为提起诉讼的案件；

（二）海关处理的案件；

（三）本辖区内重大、复杂的案件；

（四）其他法律规定由中级人民法院管辖的案件。

第十六条 高级人民法院管辖本辖区内重大、复杂的第一审行政案件。

第十七条 最高人民法院管辖全国范围内重大、复杂的第一审行政案件。

第十八条 行政案件由最初作出行政行为的行政机关所在地人民法院管辖。经复议的案件，也可以由复议机关所在地人民法院管辖。

经最高人民法院批准，高级人民法院可以根据审判工作的实际情况，确定若干人民法院跨行政区域管辖行政案件。

第十九条 对限制人身自由的行政强制措施不服提起的诉讼，由被告所在地或者原告所在地人民法院管辖。

第二十条 因不动产提起的行政诉讼，由不动产所在地人民法院管辖。

第二十二条 人民法院发现受理的案件不属于本院管辖的，应当移送有管辖权的人民法院，受移送的人民法院应当受理。受移送的人民法院认为受移送的案件按照规定不属于本院管辖的，应当报请上级人民法院指定管辖，不得再自行移送。

第二十三条 有管辖权的人民法院由于特殊原因不能行使管辖权的，由上级人民法院指定管辖。

人民法院对管辖权发生争议，由争议双方协商解决。协商不成的，报它们的共同上级人民法院指定管辖。

第二十四条 上级人民法院有权审理下级人民法院管辖的第一审行政案件。

下级人民法院对其管辖的第一审行政案件，认为需要由上级人民法院审理或者指定管辖的，可以报请上级人民法院决定。

第八十五条 当事人不服人民法院第一审判决的，有权在判决书送达之日起十五日内向上一级人民法院提起上诉。当事人不服人民法院第一审裁定的，有权在裁定书送达之日起十日内向上一级人民法院提起上诉。逾期不提起上诉的，人民法院的第一审判决或者裁定发生法律效力。

《最高人民法院关于适用〈中华人民共和国行政诉讼法〉的解释》

第五条 有下列情形之一的，属于行政诉讼法第十五条第三项规定的“本辖区内重大、复杂的案件”：

（一）社会影响重大的共同诉讼案件；

（二）涉外或者涉及香港特别行政区、澳门特别行政区、台湾地区的案件；

（三）其他重大、复杂案件。

第六条 当事人以案件重大复杂为由，认为有管辖权的基层人民法院不宜行使管辖权或者根据行政诉讼法第五十二条的规定，向中级人民法院起诉，中级人民法院应当根据不同情况在七日内分别作出以下处理：

（一）决定自行审理；

（二）指定本辖区其他基层人民法院管辖；

（三）书面告知当事人向有管辖权的基层人民法院起诉。

第七条 基层人民法院对其管辖的第一审行政案件，认为需要由中级人民法院审理或者指定管辖的，可以报请中级人民法院决定。中级人民法院应当根据不同情况在七日内分别作出以下处理：

（一）决定自行审理；

（二）指定本辖区其他基层人民法院管辖；

（三）决定由报请的人民法院审理。

第八条 行政诉讼法第十九条规定的“原告所在地”，包括原告的户籍所在地、经常居住地和被限制人身自由地。

对行政机关基于同一事实，既采取限制公民人身自由的行政强制措施，又采取其他行政强制措施或者行政处罚不服的，由被告所在地或者原告所在地的人民法院管辖。

第九条 行政诉讼法第二十条规定的“因不动产提起的行政诉讼”是指因行政行为导致不动产物权变动而提起的诉讼。

不动产已登记的，以不动产登记簿记载的所在地为不动产所在地；不动产未登记的，以不动产实际所在地为不动产所在地。

第十条 人民法院受理案件后，被告提出管辖异议的，应当在收到起诉状副本之日起十五日内提出。

对当事人提出的管辖异议，人民法院应当进行审查。异议成立的，裁定将案件移送有管辖权的人民法院；异议不成立的，裁定驳回。

人民法院对管辖异议审查后确定有管辖权的，不因当事人增加或者变更诉讼请求等改变管辖，但违反级别管辖、专属管辖规定的除外。

第一百零一条第一款和第二款 裁定适用于下列范围：

（一）不予立案；

（二）驳回起诉；

（三）管辖异议；

（四）终结诉讼；

（五）中止诉讼；

（六）移送或者指定管辖；

（七）诉讼期间停止行政行为的执行或者驳回停止执行的申请；

（八）财产保全；

（九）先予执行；

（十）准许或者不准许撤诉；

（十一）补正裁判文书中的笔误；

（十二）中止或者终结执行；

（十三）提审、指令再审或者发回重审；

（十四）准许或者不准许执行行政机关的行政行为；

（十五）其他需要裁定的事项。

对第一、二、三项裁定，当事人可以上诉。

《菏泽市中级人民法院关于跨行政区划管辖行政案件的实施方案》

经最高人民法院批准，按照山东省高级人民法院统一部署，菏泽市中级人民法院制定了《菏泽市中级人民法院关于跨行政区划管辖行政案件的实施方案》，在全市各基层人民法院推行“以当事人选择管辖”为核心的跨行政区划管辖行政案件试点工作。自2018年6月1日起，全市各基层人民法院按照实施方案受理一审行政诉讼案件。现将方案主要内容公告如下：

一、辖区基层法院片区的划分及原告选择管辖法院的权利

结合当前全市行政区划及基层法院设置情况，将全市县区划分为三个

"相对集中"的片区。即某区、高新区、鄄城县、东明县为一个片区；市经济开发区、巨野县、郓城县为一个片区；定陶区、曹县、成武县、单县为一个片区。在不违反级别管辖、专属管辖的前提下，当事人可以在"相对集中"片区范围内任意选择一审行政案件的管辖法院。为坚持便民诉讼和节约诉讼成本的原则，复议机关作共同被告（原行政行为被复议决定所维持）的行政案件，原告仍可选择复议机关所在地人民法院管辖。

法不溯及既往原则保护权利人的诉讼权利及诉讼目的

——王某诉安徽省某市人民政府强拆房屋违法案

【案号】 安徽省高级人民法院行政裁定书，（2019）皖行终1152号；
山西省高级人民法院行政裁定书，（2019）晋行终192号

【核心提示】

《立法法》第九十三条确定了法不溯及既往的基本法律原则，但在溯及既往能够有利于当事人时可以适用旧法。行政行为作出之后，法律及司法解释对于起诉期限作出了变更，当事人在新法生效实施之后，对新法生效实施之前行政行为提起行政诉讼的，起诉期限应当按照有利于当事人的原则确定，即如果在新法实施之前，按照当时的法律规定，已经过了起诉期限的，当事人在新法生效之后提起诉讼的，属于超过法定起诉期限；如果在新法实施之后，当事人对新法实施之前的行政行为提起行政诉讼，按照当时的有效规定尚未超过起诉期限，但按照新法确定的期限计算已经超过起诉期限的，则应当按照有利于当事人的原则确定。

强拆行为必然由某一实施主体完成。根据主体性质及情况的不同，主要分为自然人，单位、组织等民事主体及行政主体。三种不同主体从事的强拆行为救济途径各不相同。如是自然人非法强拆房屋，自然人构成故意毁坏财物罪，权利人通过刑事附带民事赔偿实现权利；如是单位、组织等民事主体非法强拆房屋，单位、组织等民事主体构成侵权，权利人通过侵权赔偿的民事诉讼实现权利；如是行政主体非法强拆房屋，权利人通过确认强拆行为违法及国家赔偿程序实现权利。

【关键词】

起诉期限　法不溯及既往

【案情回顾】

2008 年 1 月 25 日，某市建设委员会向某市土地收购储备中心颁发了某市北门棚户区改造项目的拆许字［2008］第 1 号房屋拆迁许可证。王某位于某市江滨路 292 号的房屋属于该拆迁许可证的范围。因未与拆迁人达成安置补偿协议，王某一直未搬迁。2017 年 5 月 13 日，在王某未接到任何强拆决定及通知的情况下，上述房屋被非法拆除。

王某通过政府信息公开等方式，得知某市人民政府于 2007 年发布《某市区北门改造工程实施方案》（建城［2007］591 号）成立了某市中心城市大建设指挥部专门负责本次拆迁工作。王某收集的证据显示，某市中心城市大建设指挥部土地房屋征收三部的部长刘某、杨某负责自己房屋的拆迁补偿工作。房屋被拆迁后，王某通过某市官方媒体报道得知，自己的房屋是在某市人民政府组织的“清零行动”中被指挥部拆除的。某市人民政府及大指挥部的行为严重侵害了王某的合法权利。因大指挥部由某市人民政府组建，故王某于 2019 年 2 月 13 日以某市人民政府为被告向中级人民法院提起行政诉讼，请求人民法院确认某市人民政府强制拆除房屋的行政行为违法。

【办案结果】

经过开庭审理，2019 年 8 月 14 日，安徽省某市中级人民法院作出（2019）皖 18 行初 22 号行政裁定书。该裁定书称：起诉期限属于程序问题，在新旧法的适用上应坚持“实体从旧、程序从新”的原则，故行政诉讼的起诉期限应适用新法的规定，即适用 1 年的规定。但为了充分保护行政相对人的诉权，兼顾行政行为的稳定性，在《最高人民法院关于适用〈中华人民共和国行政诉讼法〉的解释》第六十四条已将相关起诉期限缩短为 1 年的情形下，对于该解释施行之前（2018 年 2 月 8 日之前）的被诉行政行为，其起诉期限应当自 2018 年 2 月 8 日起算 1 年的时间。因案涉强制拆除行为发生在

2018 年 2 月 8 日之前，王某最迟应当自 2019 年 2 月 7 日之前提起本案行政诉讼，现其于 2019 年 2 月 13 日提起本案行政诉讼，已经超过了法定起诉期限。因此人民法院驳回了王某的诉讼请求。

王某不服提起上诉，安徽省高级人民法院于 2019 年 11 月 4 日作出（2019）皖行终 1152 号行政裁定书，以“王某房屋被强制拆除行为发生在 2017 年 5 月 13 日，根据当时生效的《最高人民法院关于执行〈中华人民共和国行政诉讼法〉若干问题的解释》第四十一条第一款的规定，行政机关作出具体行政行为时，未告知公民、法人或者其他组织诉权或者起诉期限的，起诉期限从公民、法人或者其他组织知道或者应当知道诉权或者起诉期限之日起计算，但从知道或者应当知道具体行政行为内容之日起，最长不得超过 2 年。涉案房屋于 2017 年 5 月 13 日被强制拆除，王某于 2019 年 3 月 8 日向一审法院提起行政诉讼，并未超过起诉期限”为由，裁定一审法院适用法律错误撤销安徽省某市中级人民法院（2019）皖 18 行初 22 号行政裁定并指令其继续审理。2020 年 5 月 20 日，某市中级人民法院再次开庭审理本案。2020 年 6 月 19 日，安徽省某市中级人民法院作出（2020）皖 18 行初 5 号行政判决书。某市中级人民法院确认王某提供的新闻报道、相关大指挥部成立书证及拆迁现场视听资料等证据足以证明某市人民政府是涉案强拆行为的实施主体并以“某市政府在未经人民法院司法审查准许强制拆除且王某未依法获得补偿的情况下即对王某的涉案房屋实施强制拆除，违反了《国有土地上房屋征收与补偿条例》及《城市房屋拆迁管理条例》的规定”为由，确认某市人民政府强制拆除王某房屋的行政行为违法。

【律师点评】

一、新旧《行政诉讼法》交替事项，起诉期限的确定原则

《最高人民法院关于执行〈中华人民共和国行政诉讼法〉若干问题的解释》于 2018 年 2 月 8 日废止，之后《最高人民法院关于适用〈中华人民共和国行政诉讼法〉的解释》开始实施。而上述两部司法解释对于起诉期限的规定是不同的。关于起诉期限，《最高人民法院关于执行〈中华人民共和国行政诉讼法〉若干问题的解释》（已废止）规定的是从知道或者应当知道具体行政行为内容之日起最长不得超过2年，但《最高人民法院关于适用〈中华人民共和国行政诉讼法〉的解释》规定的是从知道或者应当知道具体行政行为内容之日起最长不得超过1年。那么针对行政行为发生在2018年2月8日前，但起诉在2018年2月8日以后的行政行为应该适用新法还是旧法呢？本案中，王某于2017年5月13日已知道房屋被强制拆除的事实，其于2019年2月13日对该强制拆除行为提起本案行政诉讼，如果适用旧法未超过起诉期限，适用新法就超过了起诉期限。一审法院裁定适用新法规定的1年的起诉期限驳回了王某的诉讼请求，而二审法院裁定适用旧法2年的起诉期限撤销了一审判决，指令某市人民法院继续审理该案件。

笔者认为，安徽省高级人民法院的认定是符合法律规定的。《立法法》第九十三条规定，法律、行政法规、地方性法规、自治条例和单行条例、规章不溯及既往，但为了更好地保护公民、法人和其他组织的权利和利益而作的特别规定的除外。法不溯及既往是一项基本的法律原则，除非溯及既往能够有利于当事人。本案中，《最高人民法院关于适用〈中华人民共和国行政诉讼法〉的解释》不能溯及既往，否则不利于当事人通过司法程序保护自己的合法权益，与《立法法》的规定严重不符，宣城市中级人民法院根据《最高人民法院关于适用〈中华人民共和国行政诉讼法〉的解释》认定本案起诉期限为1年，系法律适用错误。因此，无论是根据行为作出之时生效的法律规定，还是根据法不溯及既往以及有利于当事人的原则，应当适用行为作出当时生效的《最高人民法院关于执行〈中华人民共和国行政诉讼法〉若干问题的解释》的规定，按照2年的法定起诉期限计算。

关于新旧司法解释衔接之时，起诉期限如何适用的问题，2018年7月23日，最高人民法院第一巡回法庭发布的《关于行政审判法律适用若干问题的会议纪要》“12 未告知起诉期限情形下，起诉期限应当如何计算，新旧法之间如何衔接”作出了与本案起诉期限适用结论不同的规定。在该部分，最高人民法院第一巡回法庭认为：“2015年5月1日之前，行政机关作出行政行为未告知起诉期限的，从知道或者应当知道行政行为之日起最长不超过两年；至2015年5月1日，起诉期限尚未届满的，以剩余期限计算起诉期限，但剩余期限超过修改后的行政诉讼法第四十六条第一款规定的六个月起诉期限的，以六个月为限，至2015年11月1日起诉期限届满；2015年5月1日至2018年2月8日期间，行政机关作出的行政行为未告知起诉期限的，从当事人知道或者应当知道行政行为之日起仅有六个月的有效起诉期限，超过六个月起诉期限届满；至2018年2月8日，起诉期限尚未届满的，起诉期限适用《适用解释》第六十四条第一款规定，从知道或者应当知道行政行为之日起最长不超过一年。”理由是：根据《最高人民法院关于适用〈中华人民共和国行政诉讼法〉若干问题的解释》（已废止）第二十六条第一款规定，2015年5月1日前起诉期限尚未届满的，适用修改后的行政诉讼法关于起诉期限的规定。修改后的《行政诉讼法》只有6个月起诉期限的规定，因此，2年起诉期限至2015年5月1日起不再适用，当事人剩余起诉期限在2015年5月1日之后最长只能保留6个月。2015年5月1日至2018年2月8日，适用修改后的行政诉讼法规定的6个月起诉期限，2年起诉期限不再适用。至2018年2月8日《最高人民法院关于适用〈中华人民共和国行政诉讼法〉的解释》生效，行政机关作出行政行为未告知起诉期限的，从知道或应当知道行政行为之日起，起诉期限最长不超过1年。至2018年2月8日，当事人6个月起诉期限尚未届满的，符合1年起诉期限适用条件的，起诉期限延长至1年。

在最高人民法院审理的（2018）最高法行申11441号案件中，关于起诉期限的适用，与笔者代理的本案在法律适用上具有相似性。最高人民法院在该案中认为，“（一）适用1年起诉期限造成了当事人客观上起诉不能，影响行政诉讼法立法宗旨的实现。本案中，如适用《最高人民法院关于适用〈中华人民共和国行政诉讼法〉的解释》并直接从蝶海月酒店等经营户知道大理市政府3号通告内容之日起计算起诉期限，其起诉期限在2018年3月底4月初即已经届满。亦即，该司法解释于2018年2月8日施行之后，蝶海月酒店等经营户仅剩一个多月的起诉期限，而按照《最高人民法院关于执行〈中华人民共和国行政诉讼法〉若干问题的解释》（已废止）第四十一条规定，其尚有一年多的起诉期限。如此，因新司法解释实施而导致蝶海月酒店等经营户在本案中的起诉期限严重缩短，而对此蝶海月酒店等经营户显然无法预知。故适用1年起诉期限违反了‘法不溯及既往’原则，亦有悖于《最高人民法院关于适用〈中华人民共和国行政诉讼法〉的解释》的制定初衷。（二）适用1年起诉期限违反了有利于行政相对人的法律适用原则，不利于当事人诉权的行使。最高人民法院《关于审理行政案件适用法律规范问题的座谈会纪要》（法〔2004〕96号）第三部分规定了‘实体从旧、程序从新’并有利于行政相对人的原则，对于发生在新法施行之前的行政行为应当从有利于保护行政相对人合法权益的角度选择法律及司法解释适用。故虽然起诉期限属于程序性规定还是实体性规定尚有争议，但在《最高人民法院关于执行〈中华人民共和国行政诉讼法〉若干问题的解释》（已废止）规定的起诉期限较长的情形下，本案也应从有利于保护行政相对人行使诉权的角度，适用该司法解释有关2年起诉期限的规定，即使不能，亦应自《最高人民法院关于适用〈中华人民共和国行政诉讼法〉的解释》施行后从施行日起重新计算1年起诉期限，而不应如二审法院简单地认定本案超出法定起诉期限”。

我国《立法法》第九十三条规定了法不溯及既往但有利于当事人的基本原则，这一法律原则的适用，能够有效地解决法律修改时出现的法律适用冲突问题，且能够最大限度地保障公民、法人和其他组织的合法权益。但行政相对人为了更好地维护自身的合法权益，还是应当在得知行政行为侵犯其合法权益后及时向人民法院提起诉讼，这一方面可以有效地保护自己的合法权益，另一方面也防止因为期限的问题造成实体权利救济不能或者造成程序的空转。

二、不同主体实施强拆的救济途径解析

强拆行为必然由某一主体实施。根据主体性质及情况不同，主要分为自然人，单位、组织等民事主体及行政主体。三种不同主体实施的强拆行为救济途径各不相同。

（一）自然人

如在房屋征收过程中，未与房屋所有人达成征收补偿协议且没有任何强拆手续的情况下，自然人将房屋强拆，一般构成《刑法》第二百七十五条规定的故意毁坏财物罪。构成故意毁坏财物罪的，应处3年以下有期徒刑、拘役或者罚金；数额巨大或者有其他特别严重情节的，处3年以上7年以下有期徒刑。在房屋被不明身份的人员非法偷拆，权利人由于无证据证明实施人，

一般需要向公安机关报警，以房屋被故意毁坏构成故意毁坏财物罪为由要求公安机关刑事立案并调查，追究加害人的刑事责任。例如，笔者曾经代理的张某房屋拆迁纠纷案件，房屋被强拆后，青岛市四方区人民法院判处拆迁项目负责人王某非法强制拆除张某房屋构成故意毁坏财物罪；又如，淮北市相山区人民法院判处指使他人非法强拆被害人朱某房屋的张某构成故意毁坏财物罪。

需要注意的是，故意毁坏财物罪的主体是一般主体，只有达到刑事责任年龄且具备刑事责任能力的自然人才能构成本罪。如果是某一单位或者组织等，如村委会、拆迁公司、房地产开发公司等民事主体强拆了房屋，不能以本罪论处。

（二）单位、组织等民事主体

虽然单位、组织等民事主体非法强拆了房屋，不构成故意毁坏财物罪，但已经构成民事侵权，权利人可以依法提起侵权诉讼，要求加害人承担民事赔偿责任。

关于故意毁坏财物罪和单位、组织等民事主体侵权的界限，尤其是单位或者组织员工实施了非法强拆行为应如何定性方面，在一般情况下，如果自然人自认是个人行为，非职务行为就构成故意毁坏财物罪；如自认或单位承认其是职务行为则构成民事侵权行为。

（三）行政机关

在我国的行政法学领域，行政主体是指享有行政职权，以自己的名义行使行政职权并独立承担责任的组织。行政主体是行政管理法律关系的一方当事人，是指能以自己名义行使国家行政职权，作出影响行政相对人权利义务的行政行为，并能对外承担行政法律责任，在行政诉讼中能作为被告应诉的行政机关或法律、法规授权的组织。

如强拆的实施主体为行政机关或者法律、法规授权的组织，那么引发的就是行政诉讼。在直接起诉的行政作为类案件中，《行政诉讼法》第二十六条第一款明确规定，作出行政行为的行政机关是适格被告。当然，因为行政主体是单位法人，无法自行实施行政行为，需要由工作人员以其名义代为实施相关行为，但并不因此该行为或者通过自认就认定为工作人员的个人行为。

因为工作人员为履行职责而实施的行政行为属于职务行为，由此所产生的法律后果，应由其所在单位或授权单位享受权利、承担义务。如本案主张强拆行为违法，虽然进行房屋强拆工作的是某市人民政府的工作人员，但政府才是强拆的实施机关，同时也是行政责任主体。一旦涉及诉讼，某市人民政府即是被告。所以被诉行政行为是行政机关工作人员所为，依法并不能将该工作人员列为被告，请求其承担法律责任。

三、行政诉讼中确定强拆主体的有效证据解析

本案中还有一个关键问题就是涉案强拆主体的确定，即被告适格。在行政诉讼中，被告适格包含两个层面的含义。一是形式上适格，亦即《行政诉讼法》第四十九条第二项规定的“有明确的被告”。所谓“有明确的被告”，是指起诉状指向了具体的、特定的被诉行政机关。但“明确”不代表“正确”，因此，被告适格的第二层含义则是实质上适格，即《行政诉讼法》第二十六条第一款规定的“公民、法人或者其他组织直接向人民法院提起诉讼的，作出行政行为的行政机关是被告”。

强拆房屋行为属于事实行为，需要通过原告提交的证据或者法律规定推定还原事实真相或本质，而强拆主体又是事实行为中最核心及关键的，它直接关系本案被告是否适格，直接关系王某的权利通过哪种方式实现及如何实现的问题。可以用作证明案件事实的材料，都是证据。基于行政诉讼的特点，杨寅、吴偕林在《中国行政诉讼制度研究》一书中，将行政诉讼证据定义为“能够用来证明行政案件真实情况的一切材料或手段”。从这一定义来看，学者将行政诉讼中的证据确定为“材料”或者“手段”。但笔者认为，行政诉讼中的证据，应当是可以证明行政案件事实的一切材料。手段本身不能成为证据，而通过一定的手段取得的最终材料则有可能成为证据。在具体的行政诉讼中，凡是可以证明己方或者否定对方的材料都可以作为证据提交。至于是否符合证据的要求及是否能够完成举证责任证明待证事实，需要由法官根据相关证据规则进行评判和认定。《行政诉讼法》第三十三条共规定了8类证据，分别是书证、物证、视听资料、电子数据、证人证言、当事人的陈述、鉴定意见、勘验笔录、现场笔录。《行政诉讼法》第三十四条第一款规定：被告对作出的行政行为负有举证责任，应当提供作出该行政行为的证据和所依据的规范性文件。《行政诉讼法》关于举证责任分配的这一规定，奠定了行政诉讼中举证责任倒置的基本规则。当然，《行政诉讼法》规定了基本的举证责任倒置的分配机制，但并不是免除原告的举证责任。诉讼过程中，根据法律的规定，原告也要承担相应的举证责任，主要体现在提起的诉讼要符合法律规定的起诉条件、被诉行政行为存在及赔偿案件中受到的损失等方面。

【经验提示】

西方有句著名的法谚："法律帮助勤勉人，不帮睡眠人。"

一方面，法律不保护躺在权利上睡觉的人（The laws aid the vigilant，not the negligent)，通俗地讲就是"权利不用，过期作废"。这两句话非常恰当地说明了法律上规定的起诉期限的立法本意。为什么法律会规定保护期限呢?因为法律只能依据接近真相的事实（证据）决断是非，行使权利的时间越长，就越难以接近真相，越难接近真相，就越难决断是非。所以法律作出相关时效的规定，目的就在于敦促权利人及时行使自己的权利，关心自己的权利，避免长期躺在权利的"温床"上任性而为。在法律规定的诉讼时效期间内，权利人提出请求的，人民法院就会强制义务人履行所承担的义务。而在法定的诉讼时效期间届满之后，权利人行使请求权的，人民法院就不再予以保护。如果王某在 2019 年 5 月 13 日提起本案诉讼，除非修改法律，否则他的诉请根本得不到支持，也不可能有被安徽省高级人民法院发回重审及宣城市中级人民法院确认某市人民政府违法的事实了，那么他的维权之路就会因为怠于行使权利而戛然而止。权利被侵害也许不可怕，但躺在权利"温床"上无所事事才是可怕的!

另一方面，法律帮助积极主动争取权利的人，帮助对自己利益警觉的人。现实中很多人对自己的利益漠不关心，不积极主动，却以"法律不公平"为由怠慢不作为。如果王某不通过政府信息公开程序取得关键文件，或者房屋被强拆时不积极取证，或者不留意收集相关新闻媒体的报道，仅凭在法庭上的陈述是无法达到胜诉的结果的。

【相关规定】

《立法法》

第九十三条 法律、行政法规、地方性法规、自治条例和单行条例、规章不溯及既往，但为了更好地保护公民、法人和其他组织的权利和利益而作的特别规定的除外。

《行政诉讼法》

第二十六条 公民、法人或者其他组织直接向人民法院提起诉讼的，作出行政行为的行政机关是被告。

经复议的案件，复议机关决定维持原行政行为的，作出原行政行为的行政机关和复议机关是共同被告；复议机关改变原行政行为的，复议机关是被告。

复议机关在法定期限内未作出复议决定，公民、法人或者其他组织起诉原行政行为的，作出原行政行为的行政机关是被告；起诉复议机关不作为的，复议机关是被告。

两个以上行政机关作出同一行政行为的，共同作出行政行为的行政机关是共同被告。

行政机关委托的组织所作的行政行为，委托的行政机关是被告。

行政机关被撤销或者职权变更的，继续行使其职权的行政机关是被告。

第三十三条 证据包括：

（一）书证；

（二）物证；

（三）视听资料；

（四）电子数据；

（五）证人证言；

（六）当事人的陈述；

（七）鉴定意见；

（八）勘验笔录、现场笔录。

以上证据经法庭审查属实，才能作为认定案件事实的根据。

第四十九条 提起诉讼应当符合下列条件：

（一）原告是符合本法第二十五条规定的公民、法人或者其他组织；

（二）有明确的被告；

（三）有具体的诉讼请求和事实根据；

（四）属于人民法院受案范围和受诉人民法院管辖。

《最高人民法院关于适用〈中华人民共和国行政诉讼法〉的解释》

第六十四条 行政机关作出行政行为时，未告知公民、法人或者其他组织起诉期限的，起诉期限从公民、法人或者其他组织知道或者应当知道起诉期限之日起计算，但从知道或者应当知道行政行为内容之日起最长不得超过一年。

复议决定未告知公民、法人或者其他组织起诉期限的，适用前款规定。

第六十九条 有下列情形之一，已经立案的，应当裁定驳回起诉：

（一）不符合行政诉讼法第四十九条规定的；

（二）超过法定起诉期限且无行政诉讼法第四十八条规定情形的；

（三）错列被告且拒绝变更的；

（四）未按照法律规定由法定代理人、指定代理人、代表人为诉讼行为的；

（五）未按照法律、法规规定先向行政机关申请复议的；

（六）重复起诉的；

（七）撤回起诉后无正当理由再行起诉的；

（八）行政行为对其合法权益明显不产生实际影响的；

（九）诉讼标的已为生效裁判或者调解书所羁束的；

（十）其他不符合法定起诉条件的情形。

前款所列情形可以补正或者更正的，人民法院应当指定期间责令补正或者更正；在指定期间已经补正或者更正的，应当依法审理。

人民法院经过阅卷、调查或者询问当事人，认为不需要开庭审理的，可以迳行裁定驳回起诉。

《国有土地上房屋征收与补偿条例》

第三十五条 本条例自公布之日起施行。2001 年 6 月 13 日国务院公布的《城市房屋拆迁管理条例》同时废止。本条例施行前已依法取得房屋拆迁许可证的项目，继续沿用原有的规定办理，但政府不得责成有关部门强制拆迁。

《刑法》

第二百七十五条 故意毁坏公私财物，数额较大或者有其他严重情节的，处三年以下有期徒刑、拘役或者罚金；数额巨大或者有其他特别严重情节的，处三年以上七年以下有期徒刑。

《最高人民检察院、公安部关于公安机关管辖的刑事案件立案追诉标准的规定（一）》

第三十三条 ［故意毁坏财物案（刑法第二百七十五条）］故意毁坏公私财物，涉嫌下列情形之一的，应予立案追诉：

（一）造成公私财物损失五千元以上的；

（二）毁坏公私财物三次以上的；

（三）纠集三人以上公然毁坏公私财物的；

（四）其他情节严重的情形。

第三部分

行政处罚与国家赔偿

行政执法部门在规划部门未认定房屋系违法建筑的情况下的处罚行为违法

——白某诉贵州省某市综合行政执法局撤销违法建筑行政处罚决定案

【案号】贵阳市南明区人民法院行政判决，（2018）黔0102行初525号

【核心提示】

行政机关只有在职权依据合法、事实清楚、证据充分、程序合法且适用法律正确的情况下才能对行政相对人进行行政处罚。在进行违法建筑查处过程中，城管部门在规划部门未认定违法建设的情况下，认定房屋属于违法建筑证据不足，以违法建设为由作出行政处罚决定书违法。

【关键词】

无证房屋　违法建筑　行政处罚决定书

【案情回顾】

白某系贵州省某市红新社区青龙村村民。2018年3月，因红枫四小扩建工程建设需要，某市人民政府作出征收决定，将白某位于青龙村的上述房屋划在了征收范围内。之后，白某积极与征收部门协商安置补偿问题，但政府征收部门制定的安置补偿标准低于《国有土地上房屋征收与补偿条例》中规定的不低于征收决定公布时周边房地产市场价格之标准，故白某一直未与征收部门达成安置补偿协议，因此白某一直未搬迁。在安置补偿条件无法达成

的情况下，某市综合行政执法局介入了征收工作，2018 年 5 月 23 日，向白某作出行政处罚决定书。白某对上述行政处罚决定书不服，以某市综合行政执法局“证据不足，程序违法”、“以拆违代拆迁”、滥用职权、执法目的不当为由向贵阳市南明区人民法院提起诉讼，要求法院撤销上述行政处罚决定书。

某市综合行政执法局在庭审中辩称，根据《某市农村住房产权确认管理办法（试行）》第九条的规定，凡在 2011 年 3 月 29 日之后未经过法定程序批准修建的房屋一律不予确权并作为违法建筑处理。白某的房屋建于 2011 年 3 月 29 日至 2013 年 5 月 18 日，不符合房屋确权条件，也未取得规划许可证，违反《城乡规划法》第四十条规定，属违法建筑，其作出责令限期拆除的处罚决定合法，应该驳回白某的起诉。

【办案结果】

经过审理，2018 年 12 月 27 日，贵阳市南明区人民法院作出（2018）黔 0102 行初 525 号行政判决书，以某市综合行政执法局行政行为证据不足为由撤销了涉案行政处罚决定书。该判决书认定：“被告未提交城乡规划管理部门认定原告房屋是否系违法建筑；被告称其提交的某市红枫湖四小扩建工程房屋征收面积认定表上有某市住房和城乡规划建设局的签字，该面积认定表可作为违法建筑认定的依据，但该面积认定表只是确认原告的房屋无产权，并非被认定违法建筑，被告仅凭该面积认定表认定原告的房屋为违法建筑证据不充分，故被告作出行政处罚决定书的行为主要证据不足。”

【律师点评】

一、无证房不等于违法建筑，无证房在房屋征收过程中如何补偿

根据《城乡规划法》的相关规定，违法建筑是指未取得建设工程规划许可证或者违反工程规划许可证的规定建设的建筑，或者是采取欺骗手段骗取批准而新建、扩建或改建的建筑。一般情况下，建筑物、构筑物及其他设施有如下几种情形的属于违法建设：

1. 未依法取得建设工程规划许可证或者未按照建设工程规划许可证的规

定进行建设的；

2. 未依法取得乡村建设规划许可证或者未按照乡村建设规划许可证的规定进行建设的；

3. 未经依法批准擅自进行临时建设或者未按照批准内容进行临时建设，或者临时建筑物、构筑物超过批准期限未拆除的；

4. 在城市规划区范围内的建设工程未依法办理建筑施工许可证擅自施工的；

5. 未经依法批准或者采取欺骗手段骗取批准占用土地进行建设的；

6. 未经依法批准擅自占用林地、绿地进行建设或者违反有关饮用水源管理规定进行建设的；

7. 不符合城市市容和环境卫生管理规定或者城市容貌标准的；

8. 未经依法批准擅自占用城市道路进行建设的；

9. 公路两侧建筑控制区范围内违法进行建设，或者在公路建筑控制区内已存在的建筑物、地面构筑物原地改建、扩建、重建的；

10. 其他禁止或者未经批准擅自进行的违法建设。

无证房一般是民间对于未办理产权登记房屋的俗称。房屋办理了权证，房屋所有人就享有不动产的物权。因无证房未进行产权登记，物权未设立，只有在权证办理完毕之后才能取得完整的权利。无证房享有物权期待权。

《国有土地上房屋征收与补偿条例》第二十四条规定："市、县级人民政府作出房屋征收决定前，应当组织有关部门依法对征收范围内未经登记的建筑进行调查、认定和处理。对认定为合法建筑和未超过批准期限的临时建筑的，应当给予补偿；对认定为违法建筑和超过批准期限的临时建筑的，不予补偿。"根据上述法律规定，在房屋征收过程中，无证房是否能够获得补偿必须要经过相关部门的认定：认定为合法建筑的，应当给予补偿；认定为违法建筑的，不给予补偿。征收过程中，征收人直接依据《城乡规划法》等规定认定无房产证的房屋是违法建筑，这种做法是错误的。未经产权登记的房屋并非均属违法建筑，也并非所有违法建筑都必须拆除。征收范围内的房屋情况复杂，尤其是城中村或旧城区，存在大量由于历史原因未依法办理产权登记或依法未办理审批许可手续的建筑，对征收范围内的此类建筑，政府应当在征收决定作出前组织有关部门依法进行调查、认定和处理。

由此可见，房屋征收过程中，对于无证房的认定处理必须在征收决定作出之前。在征收过程中，尤其是如本案中，在安置补偿无法达成一致意见情况下非出于行政管理之目的而启动的违法建筑的行政处罚程序本身就是违法的。司法实践中，诸多法院对于征收人在征收过程中认定的或者根本未认定的所谓的“无证面积”而不予补偿的行为认定是违法的。

对于无证房屋被违法强拆之后，相应的赔偿标准，主要涉及无证房屋的性质认定：（1）如果认定无证房屋是合法建筑的，应当按照合法建筑的标准赔偿。（2）如果认定是违法建筑，则一般情况下按照可回收利用建筑材料的标准赔偿；如果行政机关在强拆之前，已经履行完毕了全部的关于违法建筑的认定、处罚、催告、强制执行决定等法律程序，只是在拆除之时存在程序违法，则可能不予赔偿。（3）如果认定无证房屋既不是违法建筑，也不是合法建筑，则可能按照重置成新价标准赔偿。

将无证建筑认定为违法建筑是征收方惯用的手段。征收方通过认定为违法建筑，一方面可以减少拆迁补偿，另一方面也压缩了时间成本，严重地损害了被拆迁人的利益。无证并非违法，应具体情况具体分析，现实中，即使属于违法建筑，也应根据行政法中的“比例原则”即《行政处罚法》中的“过罚相当”原则给予合理补偿。至于如何补偿，可以考虑建造的时间、当时的立法状况、当时执法机关是否存在不作为等因素综合制定无证房屋的征收补偿方案。在此情况下，法院对于无证房屋被违法强拆之后，按照重置成新价标准判决赔偿，这样既可以实现对公民、法人或者其他组织的建房行为的惩戒，也可以实现对行政机关违法行为的惩戒，类似于对双方“各打五十大板”，最大限度地实现行政法律法规及《国家赔偿法》规定的立法目的。

二、虽然城市综合执法局有行政处罚权，但违法建筑认定权应由城乡规划管理部门行使

《行政处罚法》第十八条第二款、第三款规定：“国务院或者省、自治区、直辖市人民政府可以决定一个行政机关行使有关行政机关的行政处罚权。限制人身自由的行政处罚权只能由公安机关和法律规定的其他机关行使。”依据上述的法律规定，2002 年 8 月 12 日，国务院出台《关于进一步推进相对集中行政处罚权工作的决定》，授权省、自治区、直辖市人民政府可以决定在本行政区域内有计划、有步骤地开展相对集中行政处罚权工作。至此，全国各级政府基本上都设立了城市综合执法局，其在人民政府的授权下集中行使行政处罚权，一般情况下，违法建筑的查处权均由各级城市管理综合行政执法部门行使。如本案中，依据《市人民政府办公室印发关于某市综合行政执法局（某市城市管理局、某市城市管理委员会办公室）主要职责、内部机构和人员编制规定的通知》，某市综合行政执法局享有本案的行政处罚权。

享有违法建筑的行政处罚权并意味着一并享有违法建筑的认定权。《城乡规划法》第四十条规定，在城市、镇规划区内进行建筑物、构筑物、道路、管线和其他工程建设的，建设单位或者个人应当向城市、县人民政府城乡规划主管部门或者省、自治区、直辖市人民政府确定的镇人民政府申请办理建设工程规划许可证。《某市制止和查处违法建设规定》第十条第（三）项明确规定了城管部门有权实施城乡规划、城市绿化、城市市容和环境卫生、市政管理、住房城乡建设等法律、法规、规章规定的行政处罚，同时第十条也规定，城乡规划主管部门发现违法建设行为，及时核查、认定，提出处理建议并移送城市综合执法部门实施行政处罚。

由此可见，建设行为的规划手续审批、认定权在城乡规划主管部门。这就意味着，城市管理综合行政执法部门必须依据城乡规划管理部门对违法建筑的认定作出最终的处罚决定。缺乏合法有效的城乡规划管理部门的认定径直作出行政处罚决定就属于事实不清，证据不足。本案中，某市综合行政执法局在无城乡规划管理部门对于房屋合法性认定的情况下，仅凭征收部门制作的一份房屋面积认定表就作出涉案行政处罚决定显然违法，故南明区人民法院撤销了该行政处罚决定书。

三、人民法院如何适用规范性文件审理案件

在庭审答辩中，某市综合行政执法局主张，根据《某市农村住房产权确认管理办法（试行）》第九条“凡在 2011 年 3 月 29 日之后未经过法定程序批准修建的房屋一律不予确权并作为违法建筑处理”的规定确定白某的房屋属于违法建筑，但法院并未采纳其主张。法院的上述认定是正确的，因为法院审理案件的法律适用是有明确规定的，上述的《某市农村住房产权确认管理办法（试行）》不属于行政诉讼审理的法律适用范畴。

行政诉讼适用的是举证责任倒置原则。《行政诉讼法》第三十四条规定，被告对作出的行政行为负有举证责任，应当提供作出该行政行为的证据和所依据的规范性文件。被告不提供或者无正当理由逾期提供证据，视为没有相应证据。本案中被告提交的规范性问题就涉及诉讼中的“法律适用”问题。行政诉讼中，无论是原告、被告还是法院作出的判决书，“法律适用”是使用频率非常高的名称。行政诉讼中的法律适用问题，一般分为两种：“行政行为的法律适用”和“行政诉讼的法律适用”。所谓的“行政行为的法律适用”，是指行政机关及工作人员在执法过程中依据法定的职权和程序，针对行政管理中发生的具体案件事实选择并引用特定的法律规范作出处理或行政决定而产生特定法律效果的活动；而所谓的“行政诉讼的法律适用”，是指人民法院在审查行政行为合法性的过程中，具体运用法律规定作出裁判的活动，它是法院适用法律规定并作出一定裁判的司法行为。人民法院在查明案件事实之后，必须明确以什么样的标准及尺度判断行政行为的合法性，通俗讲就是指人民法院依据“行政诉讼的法律适用”规则裁决“行政行为的法律适用”是否合法。

《行政诉讼法》第六十三条规定，人民法院审理行政案件，以法律和行政法规、地方性法规为依据。地方性法规适用于本行政区域内发生的行政案件。人民法院审理民族自治地方的行政案件，并以该民族自治地方的自治条例和单行条例为依据。人民法院审理行政案件，参照规章。在我国，法律是指由全国人民代表大会及其常务委员会根据宪法依照法定立法程序制定的规范性文件。通俗地讲，只有行政行为符合法律、行政法规、地方性法规的要求才是合法的。如果行政行为是依据除法律、行政法规及地方性法规之外的其他规范性文件作出的，如这些规范性文件与法律、行政法律及地方性法规不符，那么法院也只能认定行政行为无法律依据或者法律依据错误，从而不具合法性。

依据《行政诉讼法》第六十三条规定，行政审判法律适用中还要“参照规章”，由此可见，规章在行政诉讼的法律适用中具有特殊地位。“参照规章”，言下之意是人民法院审理行政案件具有对规章的选择适用权。有选择适用权就说明法院有对规章合法性的审查权。根据《立法法》的相关规定，法院并不具有改变或者撤销规章的权限。行政诉讼中，如果原告认为被告依据的规章不具合法性，可以从制定规章的行政机关是否有职权、程序是否合法以及规章的内容是否与上位法抵触等方面进行审查。前两种情形，该规章当然不能作为认定行政行为合法的法律依据，最后一种情形下，抵触的条款不能适用，其他部分仍然可以适用。

为更全面地阐述行政诉讼中的法律适用问题，下面着重对法律规范的种类进行介绍。

1. 法律

在法律依据的规范体系中，法律的效力等级仅次于宪法，是行政审判适用的最基本依据。

2. 行政法规

行政法规是指国务院根据宪法和法律的有关规定，为行政管理工作依照法定程序制定的规范性文件。行政法规的法律地位仅次于宪法和法律，是行政判决中经常适用的依据。

3. 地方性法规

地方性法规是指由省、自治区、直辖市和设区的市、自治州的人民代表大会及其常务委员会，根据法律、行政法规和本行政区域的具体情况和实际需要，按照法定程序就法定事项制定的规范性文件。人民法院在审理本行政区域内的案件时需要适用地方性法规。

4. 自治条例、单行条例

自治条例是民族自治地方的人民代表大会根据宪法和法律的规定，结合本地区民族的政治、经济、文化特点制定的，仅在本民族区域自治中实施的一种条例。单行条例则是民族自治地方的人民代表大会适应当地的民族特点，为解决某一方面的专门性问题而制定的条例。自治条例和单行条例都带有明显的民族性，只在本民族自治区域内具有普遍的约束力。人民法院在审理相应民族自治地方内的案件时需要适用自治条例和单行条例。

5. 规章

在我国规章包括地方政府规章和部门规章。地方政府规章指省、自治区、直辖市的人民政府根据法律、行政法规，设区的市、自治州的人民政府根据法律、行政法规和本省自治区、直辖市的地方性法规制定的规范性文件的总称。部门规章指国务院各部委、中国人民银行、审计署和其他具有行政管理职能的直属机构，根据法律和国务院的行政法规、决定、命令，在本部门的权限范围内，制定的规范性法律问题的总和。

本案中，《某市制止和查处违法建设规定》是某市人民政府，以某市人民政府令第7号颁布的，属于地方性法规，因此作为法院判案的法律依据，而《某市农村住房产权确认管理办法（试行）》既不属于法律、行政法规、地方性法规，也不属于规章，不是符合法律规定的行政诉讼可以适用的规范性文件，法院当然对其的主张不予采纳。

四、行政诉讼及复议程序中的规范性文件的审核

规范性文件是行政行为的重要依据与源头，也是实践中产生行政争议的因素之一。根据相关法律规定，超越制定机关的法定职权或者超越法律、法规、规章的授权范围的，与法律、法规、规章等上位法的规定相抵触的，没有法律、法规、规章依据，违法增加公民、法人和其他组织义务或者减损公民、法人和其他组织合法权益的，未履行法定批准程序，公开发布程序，严重违反制定程序等均属于不合法的规范性文件。这些规范性文件均不能作为人民法院定案的法律适用规范。

无论是《行政复议法》还是《行政诉讼法》都针对行政行为规范性文件审核程序进行了专门的规定。

《行政复议法》第七条规定："公民、法人或者其他组织认为行政机关的具体行政行为所依据的下列规定不合法，在对具体行政行为申请行政复议时，可以一并向行政复议机关提出对该规定的审查申请：（一）国务院部门的规定；（二）县级以上地方各级人民政府及其工作部门的规定；（三）乡、镇人民政府的规定。前款所列规定不含国务院部、委员会规章和地方人民政府规章。规章的审查依照法律、行政法规办理。"《行政诉讼法》对于规范性文件程序进行了更加详细的规范。《行政诉讼法》第五十三条规定，公民、法人或者其他组织在诉讼中认为行政行为所依据的国务院部门和地方人民政府及其部门制定的规范性文件（不含规章）不合法，可以一并请求对该规范性文件进行审查。请求人民法院审查相关规范性文件的，必须是“在对行政行为提起诉讼时”。由此可见，规范性文件审查附属于行政行为诉讼，由行政行为案件受理法院一并管辖，不能独立成诉，一并审查的对象，仅限于被告援引或适用的规范性文件。与此同时，根据《最高人民法院关于适用〈中华人民共和国行政诉讼法〉的解释》第一百四十六条规定，规范性文件审查，一般在第一审开庭审理前提出，有正当理由的，可以在法庭调查中提出。

人民法院在对规范性文件审查过程中，如发现规范性文件可能不合法的，应当听取规范性文件制定机关的意见，制定机关有权申请出庭陈述意见。人民法院对规范性文件进行一并审查时，可以从规范性文件制定机关是否超越权限或者违反法定程序、作出行政行为所依据的条款以及相关条款等方面进行。

根据《最高人民法院关于适用〈中华人民共和国行政诉讼法〉的解释》的第一百四十九条至第一百五十一条的规定，对规范性文件进行审查后按照如下情况处理。

1. 规范性文件合法

人民法院经审查认为规范性文件合法的，可以直接作为认定行政行为合法的依据。

2. 规范性文件不合法

人民法院经审查认为规范性文件不合法的，当然不能作为认定行政行为合法的依据，并在裁判理由中予以阐明，那么涉诉行政行为必然违法、无效或者被直接撤销。人民法院应当在裁判生效后报送上一级人民法院进行备案。

在认定规范性文件不合法的同时人民法院应当向规范性文件的制定机关提出处理建议，并可以抄送制定机关的同级人民政府、上一级行政机关、监察机关以及规范性文件的备案机关。不仅如此，人民法院还可以在裁判生效之日起 3 个月内，向规范性文件的制定机关提出修改或者废止该规范性文件的司法建议。接收司法建议的行政机关应当在收到司法建议之日起 60 日内予以书面答复。当然如果情况紧急的，人民法院可以建议制定机关或者其上一级行政机关立即停止执行该规范性文件。如规范性文件涉及国务院部门、省级行政机关制定的规范性文件，人民法院还应将司法建议分别层报最高人民法院、高级人民法院备案。

【经验提示】

“无证房就是违法建筑，房屋征收中不予补偿”。这种观点似乎也已深入被征收人内心，很多人对它深信不疑。征收过程中，被征收人只要看到行政机关张贴的违法建筑认定文件就觉得“天旋地转”，认为补偿没有任何希望了。在征收人员的动员下，被征收人稀里糊涂地就签订了安置补偿协议，结果房屋被拆除。殊不知违法建筑行政处罚程序的启动时点、程序、事实依据、证据等多种因素都影响行政处罚的合法性，并不是所有的无证房都是违法建筑，行政机关的执法行为就必然合法。

在房屋征收过程中，被征收人一定要抱着“怀疑一切”的态度看待整个世界。针对行政机关下发的行政处罚决定书一定要保持理智冷静，尽快启动诉讼程序。《行政强制法》第四十四条规定，对违法的建筑物、构筑物、设施等需要强制拆除的，应当由行政机关予以公告，限期当事人自行拆除。当事人在法定期限内不申请行政复议或者提起行政诉讼，又不拆除的，行政机关可以依法强制拆除。根据上述法律规定，一旦对行政处罚决定书提起法律程序后，行政机关就无法进行强制拆除。所以，诉讼程序是对合法权利最大的保护，一定要充分利用。

另外，盖有政府公章的文件必须符合立法规范的要求且不能与上位法相抵触。在行政诉讼中可以要求法院对规范性文件一并审查，更加全面地对行政行为的合法性进行审查。维权的过程其实就是穷尽所有法律手段争取利益最大化的过程。

【相关规定】

《行政处罚法》

第十八条 国家在城市管理、市场监管、生态环境、文化市场、交通运输、应急管理、农业等领域推行建立综合行政执法制度，相对集中行政处罚权。

国务院或者省、自治区、直辖市人民政府可以决定一个行政机关行使有关行政机关的行政处罚权。

限制人身自由的行政处罚权只能由公安机关和法律规定的其他机关行使。

第四十条 公民、法人或者其他组织违反行政管理秩序的行为，依法应当给予行政处罚的，行政机关必须查明事实；违法事实不清、证据不足的，不得给予行政处罚。

《行政强制法》

第四十四条 对违法的建筑物、构筑物、设施等需要强制拆除的，应当由行政机关予以公告，限期当事人自行拆除。当事人在法定期限内不申请行政复议或者提起行政诉讼，又不拆除的，行政机关可以依法强制拆除。

《城乡规划法》

第四十条 在城市、镇规划区内进行建筑物、构筑物、道路、管线和其他工程建设的，建设单位或者个人应当向城市、县人民政府城乡规划主管部门或者省、自治区、直辖市人民政府确定的镇人民政府申请办理建设工程规划许可证。

申请办理建设工程规划许可证，应当提交使用土地的有关证明文件、建设工程设计方案等材料。需要建设单位编制修建性详细规划的建设项目，还应当提交修建性详细规划。对符合控制性详细规划和规划条件的，由城市、县人民政府城乡规划主管部门或者省、自治区、直辖市人民政府确定的镇人民政府核发建设工程规划许可证。

城市、县人民政府城乡规划主管部门或者省、自治区、直辖市人民政府确定的镇人民政府应当依法将经审定的修建性详细规划、建设工程设计方案的总平面图予以公布。

第六十四条 未取得建设工程规划许可证或者未按照建设工程规划许可证的规定进行建设的，由县级以上地方人民政府城乡规划主管部门责令停止建设；尚可采取改正措施消除对规划实施的影响的，限期改正，处建设工程造价百分之五以上百分之十以下的罚款；无法采取改正措施消除影响的，限期拆除，不能拆除的，没收实物或者违法收入，可以并处建设工程造价百分之十以下的罚款。

《行政诉讼法》

第三十四条 被告对作出的行政行为负有举证责任，应当提供作出该行政行为的证据和所依据的规范性文件。

被告不提供或者无正当理由逾期提供证据，视为没有相应证据。但是，被诉行政行为涉及第三人合法权益，第三人提供证据的除外。

第五十三条 公民、法人或者其他组织认为行政行为所依据的国务院部门和地方人民政府及其部门制定的规范性文件不合法，在对行政行为提起诉讼时，可以一并请求对该规范性文件进行审查。

前款规定的规范性文件不含规章。

第六十三条 人民法院审理行政案件，以法律和行政法规、地方性法规为依据。地方性法规适用于本行政区域内发生的行政案件。

人民法院审理民族自治地方的行政案件，并以该民族自治地方的自治条例和单行条例为依据。

人民法院审理行政案件，参照规章。

《行政复议法》

第七条 公民、法人或者其他组织认为行政机关的具体行政行为所依据的下列规定不合法，在对具体行政行为申请行政复议时，可以一并向行政复议机关提出对该规定的审查申请：

（一）国务院部门的规定；

（二）县级以上地方各级人民政府及其工作部门的规定；

（三）乡、镇人民政府的规定。

前款所列规定不含国务院部、委员会规章和地方人民政府规章。规章的审查依照法律、行政法规办理。

《国有土地上房屋征收与补偿条例》

第二十四条第二款 市、县级人民政府作出房屋征收决定前，应当组织有关部门依法对征收范围内未经登记的建筑进行调查、认定和处理。对认定为合法建筑和未超过批准期限的临时建筑的，应当给予补偿；对认定为违法建筑和超过批准期限的临时建筑的，不予补偿。

《最高人民法院关于适用〈中华人民共和国行政诉讼法〉的解释》

第一百四十五条 公民、法人或者其他组织在对行政行为提起诉讼时一并请求对所依据的规范性文件审查的，由行政行为案件管辖法院一并审查。

第一百四十六条 公民、法人或者其他组织请求人民法院一并审查行政诉讼法第五十三条规定的规范性文件，应当在第一审开庭审理前提出；有正当理由的，也可以在法庭调查中提出。

第一百四十七条 人民法院在对规范性文件审查过程中，发现规范性文件可能不合法的，应当听取规范性文件制定机关的意见。

制定机关申请出庭陈述意见的，人民法院应当准许。

行政机关未陈述意见或者未提供相关证明材料的，不能阻止人民法院对规范性文件进行审查。

第一百四十八条 人民法院对规范性文件进行一并审查时，可以从规范性文件制定机关是否超越权限或者违反法定程序、作出行政行为所依据的条款以及相关条款等方面进行。

有下列情形之一的，属于行政诉讼法第六十四条规定的“规范性文件不合法”：

（一）超越制定机关的法定职权或者超越法律、法规、规章的授权范围的；

（二）与法律、法规、规章等上位法的规定相抵触的；

（三）没有法律、法规、规章依据，违法增加公民、法人和其他组织义务或者减损公民、法人和其他组织合法权益的；

（四）未履行法定批准程序、公开发布程序，严重违反制定程序的；

（五）其他违反法律、法规以及规章规定的情形。

第一百四十九条 人民法院经审查认为行政行为所依据的规范性文件合法的，应当作为认定行政行为合法的依据；经审查认为规范性文件不合法的，不作为人民法院认定行政行为合法的依据，并在裁判理由中予以阐明。作出生效裁判的人民法院应当向规范性文件的制定机关提出处理建议，并可以抄送制定机关的同级人民政府、上一级行政机关、监察机关以及规范性文件的备案机关。

规范性文件不合法的，人民法院可以在裁判生效之日起三个月内，向规范性文件制定机关提出修改或者废止该规范性文件的司法建议。

规范性文件由多个部门联合制定的，人民法院可以向该规范性文件的主办机关或者共同上一级行政机关发送司法建议。

接收司法建议的行政机关应当在收到司法建议之日起六十日内予以书面答复。情况紧急的，人民法院可以建议制定机关或者其上一级行政机关立即停止执行该规范性文件。

第一百五十条 人民法院认为规范性文件不合法的，应当在裁判生效后报送上一级人民法院进行备案。涉及国务院部门、省级行政机关制定的规范性文件，司法建议还应当分别层报最高人民法院、高级人民法院备案。

对违法建设的行政处罚程序存在瑕疵被法院判决违法

——谢某诉福建省福州市某区综合执法局确认限期拆除违法建设决定案

【案号】 福州市中级人民法院行政判决书，（2019）闽01行终228号

【核心提示】

行政行为如果程序轻微违法，对原告的权利不产生实际影响，人民法院应当判决确认违法，但不撤销行政行为。

【关键词】

行政程序　轻微违法　判决违法　撤销行政行为

【案情回顾】

谢某为福建省闽侯县上街镇马保村村民，其房屋位于马保村。上述房屋因闽江师范高等专科学校二期和马保棚户区旧村改造项目被纳入征收范围。闽侯县自1993年起就停止办理农村房屋准建手续，故马保村村民建房，一般向村委会申请，很多人向村委会缴纳过建房费用，经村委会许可后可以进行房屋建设。谢某的房屋建设于2010年，当然无法办理规划审批手续。谢某的房屋被征收后，经过几次协商，谢某并未与征收方达成安置补偿协议，故一直未搬迁。

随后，福州市某区综合执法局以谢某建房未取得建设工程规划许可证，

属违法建设，违反了《城乡规划法》第四十条第一款和《福建省实施〈中华人民共和国城乡规划法〉办法》第三十六条第一款第一项、第三项的规定为由，责令谢某在收到行政处罚决定书之日起5日内拆除房屋。

与谢某情况相似的未签订安置补偿协议的其他村民，同样也收到了内容相同的行政处罚决定书，被责令拆除房屋。

谢某认为行政处罚决定书是典型的以查处违法建设为由的逼签行为，故以福州市某区综合执法局为被告向福州市仓山区人民法院提起诉讼，要求人民法院撤销上述行政处罚决定书。谢某提交了《福建省人民政府关于福州市2017年度第五十批次农用地转用和土地征收实施方案的批复》，以及征收土地方案公告和征地补偿安置方案公告等证据，证明某区综合执法局以“拆违代拆迁”，执法目的不当，滥用职权，请求法院依据《行政诉讼法》的相关规定撤销涉案的行政处罚决定书。

【办案结果】

经过审理，2019年12月26日，福州市仓山区人民法院作出（2018）闽0104行初477号行政判决书，以福州市某区综合执法局程序合法、主要依据充分、法律适用正确为由驳回了谢某的诉讼请求。

谢某对该判决不服提起上诉，2019年3月25日，福州市中级人民法院支持谢某一审的主张，作出（2019）闽01行终228号行政判决书，撤销了仓山区人民法院作出的一审判决并确认行政处罚决定书违法。福州市中级人民法院在判决书中认定，某区综合执法局在作出处罚决定前，履行了主要的处罚程序，保障了上诉人的陈述申辩权利，但未能在《福建省行政执法程序规定》第二十八条所规定的30日期限内作出处罚决定或作出延期决定。被上诉人作出将案件办理日期延期30日的决定与《福建省行政执法程序规定》第二十八条所规定的期限不符，且被上诉人于2018年5月31日作出的本案被诉行政处罚亦已超过其申请延长的办理期限。因此，被上诉人作出本案被诉处罚决定已超过法定期限，程序上存在瑕疵。鉴于该程序瑕疵并不影响被诉处罚决定的定性和处理结果，该处罚决定应确认违法而无可撤销，可继续保留其效力。

【律师点评】

根据案情及福州市中级人民法院终审判决书的内容可知，谢某的诉讼请求是要求法院判令撤销涉案的行政处罚决定书，但终审法院的判决却是“确认违法”，并且特别指出“无可撤销，可继续保留其效力”。那么二审法院的判决是否符合法律规定呢？要回答这个问题，首先需要对两种判决结果进行区分。

一、撤销行政行为判决

撤销判决是人民法院经过审查，作出的否定被诉行政行为合法性的判决。撤销判决意味着被诉行政行为不具合法性或者部分不具合法性。一般情况下，行政行为被撤销之前具有合法性，被撤销后即失去法律效力，失去了对相对人的约束力。人民法院通过撤销行政行为的判决行使司法权对行政权的监督及制约。笔者在代理行政诉讼案件中，接触到撤销及违法之诉是最多的，这两种诉求占了行政诉讼的大半壁江山。

《行政诉讼法》第七十条规定，被诉具体行政行为有下列情形之一的，人民法院应作出撤销判决并可以责令被告重新作出行政行为。

1. 主要证据不足

主要证据一般是指能够证明案件基本及重要事实的证据。根据行政诉讼实务，“主要证据不足”主要的表现如下。

（1）行政相对人认定错误。就是行政行为课以义务或者要承担违法行为的法律后果的对象错误。在违法建设行政处罚案件中，处罚对象应为涉罚房屋的建设者并非使用者，但行政机关却对使用者进行了处罚，这显然属于行政相对人认定错误。

（2）行政行为所依据的主要证据不具合法性。主要证据材料缺乏行政诉讼证据应具备的合法特性，即真实性、合法性及关联性。如经过审理，主要证据不符合上述“三性”的法定条件，则属于《行政诉讼法》上所认定的“主要证据不足”。

（3）直接证据或者关键证据缺失。没有直接证据或者证据链中关键证据缺失，无法证明相对人实施了法定事实或者仅仅证明存在部分法定事实，但这部分事实不符合法律规定的行政行为构成要件的情形。

2. 适用法律、法规错误

适用法律、法规错误，一般指行政机关在作出行政行为时，适用了不该适用的法律、法规规范或者没有适用应当适用的法律、法规规范。

3. 违反法定程序

违反法定程序，是指行政行为违反了合法有效的法律规范规定的程序。行政机关必须遵守法定行政程序。我们常说看得见的公平才是公平，所以程序合法是保障相对人合法权益、防止行政机关违法行政的必要条件。

4. 超越职权

超越职权是指行政机关作出行政行为时，行使了法律、法规、规章没有赋予该机关的职责或者逾越了法律、法规、规章所设定的必要权限等。职权法定原则是行政机关行使执法权的基本要求，违背该原则的行政行为当属无效。

5. 滥用职权

行政法上的滥用职权是指行政机关及其工作人员在其职权范围之内作出的违反行政合理性原则而使之显失公正的自由裁量的行为，其行使职权出于非行政管理之目的的情形。如本案中，综合执法局因谢某不接受安置补偿条件而作出了违法建设的行政处罚，行政职权的行使并非为了行政管理而是为了征收逼签，这就属于非法目的，其违背了法律的立法宗旨，当属滥用职权。

6. 明显不当

在现代行政法学中，对行政行为的评价形成了两个标准，即合法性与合理性。合法与合理也成了行政法的基本原则。行政行为合法性包括对行政主体、职权、事实、程序及法律依据 5 个方面的合法审查。行政合理性原则主要针对行政机关的自由裁量权，在行政自由裁量权日趋广泛的现代社会，行政合理性原则是合法性原则的必要补充。

行政行为明显不当就是指行政行为严重违反行政合理性原则，形式上虽不违法，但不合情理，不适当，不具合理性。司法实务中，行政行为明显不当主要表现为：

（1）行政行为不符合立法的目的。法律授予行政机关某种权力是为了有效地实现立法的目的，因此行政机关行使自由裁量权不得违背立法目的。

（2）行政行为动机不合理。行政行为必须具有合理的动机，行政行为的动机必须符合法律的要求。

（3）行政行为的作出应考虑相关的因素，而不考虑无关的因素。行政机关作出行政行为，应全面考虑行为所涉及或影响的因素，使行为有充分、合理的根据。

谢某的起诉就是认为某区综合执法局的主要证据不足、违反法定程序且执法目的不当、滥用职权，因而要求撤销涉案行政处罚决定书。

二、确认行政行为违法判决

行政诉讼确认违法判决，是人民法院通过对被诉行政行为的审查，就其合法性、效力及法律关系给予否认的一种判决形式。

根据《行政诉讼法》第七十四条、第七十五条的规定，行政行为程序轻微违法，但对原告权利不产生实际影响的，可以作出确认违法的判决。《最高人民法院关于适用〈中华人民共和国行政诉讼法〉的解释》第九十六条对“程序轻微违法”作出了专门规定：“有下列情形之一，且对原告依法享有的听证、陈述、申辩等重要程序性权利不产生实质损害的，属于行政诉讼法第七十四条第一款第二项规定的‘程序轻微违法’：（一）处理期限轻微违法；（二）通知、送达等程序轻微违法；（三）其他程序轻微违法的情形。”

本案中，福州市仓山区人民法院经过审理认为被告违反《福建省行政执法程序规定》第二十八条“重大、复杂的案件，经本机关领导批准，可以延长十五天，需要继续延长的报上一级执法机关批准，省人民政府所属行政执法机关，报省人民政府批准”的规定，擅自决定延长30天，属于“程序轻微违法”行为，故作出了上述的判决结果。

另外，根据上述法律规定，如下的4种情况也可以判决行政行为违法：（1）行政行为违法，但不具有可撤销内容的；（2）被告改变原违法行政行为，原告仍要求确认原行政行为违法的；（3）被告不履行或者拖延履行法定职责，判决履行没有意义的；（4）行政行为依法应当撤销，但撤销会给国家利益、社会公共利益造成重大损害的等情况的。

三、“撤销行政行为判决”与“确认行政行为违法”的区别及产生的影响

两种判决都意味着对所诉行政行为作出违反行政法律规范、侵害了受法律保护的行政关系的评价，均为行政行为不合法，但两者也存在较多不同。

1. 两者判决所适用的情形不同。根据上述的分析，撤销判决适用于主要证据不足、适用法律法规错误、违反法定程序、超越职权、滥用职权等情形；确认违法判决主要适用于行政机关不履行法定职责，但判决其履行已无实际意义，或是具体行政行为违法，但因公共利益需要不能撤销或者不具有可撤销的内容。

2. 两者对行政行为的效力评判不同。撤销判决是行政机关自行撤销或者法院判决生效后才没有效力，在此之前行政相对人必须服从该行为；确认违法判决则是行政行为虽然存在违法情形，但由于其本身不具有可撤销性，依然承认其效力。本案中仓山区人民法院就作出了类似的认定，保留其行政处罚决定书的效力。

3. 两者判决的救济措施不同。撤销判决作出之后，法院可以责令行政机关重新作出具体行政行为用于弥补行政行为被撤销之后所产生的影响；确认违法判决作出之后，行政相对人可以将此判决结果作为申请国家赔偿的前提条件。

在本案中，被告综合执法局对谢某的房屋作出了强制执行决定书。因行政处罚决定书是强制执行决定书的主要事实依据，行政处罚决定书违法的事实说明强制执行决定书的事实依据错误，强制执行决定书必然违法。

四、行政行为无效判决

与撤销行政行为判决、确认行政行为违法判决相类似的判决还有行政行为无效判决。

1. 行政行为无效判决的法定条件

根据《行政诉讼法》第七十五条、第七十六条的规定，确认无效判决一般适用于行政行为具有重大且明显违法的案件。所谓的“重大”是指从行政行为的内部要素来看，其行为错误已经达到了连信赖利益保护原则都无法为其进行解释的程度。“明显”则指从行为的外观要素而言，该行为的错误一

目了然，任何理智的人都能很容易地分辨出来，不必经过人民法院等权威机构认定，公民就可以根据自己的一般判断得出违法的结论。如民政局为14周岁的女童办理婚姻登记手续的行为。《最高人民法院关于适用〈中华人民共和国行政诉讼法〉的解释》第九十九条明确规定了“重大且明显违法”的几种法定情形：“（一）行政行为实施主体不具有行政主体资格；（二）减损权利或者增加义务的行政行为没有法律规范依据；（三）行政行为的内容客观上不可能实施；（四）其他重大且明显违法的情形。”

如在湖南省麻阳苗族自治县人民法院受理的原告王某某诉被告麻阳苗族自治县自然资源局请求确认双方于2015年6月24日签订的就某商住综合用地的拍卖成交确认书无效的案件。经过审理，麻阳苗族自治县人民法院于2019年7月26日作出（2019）湘1226行初7号行政判决书，确认涉案成交确认书无效。该判决认定：《招标拍卖挂牌出让国有建设用地使用权规定》第五条第一款规定：“国有建设用地使用权招标、拍卖或者挂牌出让活动，应当有计划地进行。”第二款规定：“市、县人民政府国土资源主管部门根据经济社会发展计划、产业政策、土地利用总体规划、土地利用年度计划、城市规划和土地市场状况，编制国有建设用地使用权出让年度计划，报经同级人民政府批准后，及时向社会公开发布。”第六条第一款规定：“市、县人民政府国土资源行政主管部门应当按照出让年度计划，会同城市规划等有关部门共同拟订招标挂牌出让地块的出让方案，报经市、县人民政府批准后，由市、县人民政府国土资源行政主管部门组织实施。”第六条第二款规定：“前款规定的出让地块的空间范围、用途、年限、出让方式、时间和其他条件等。”被告既未在法定期限内向本院提交其编制国有建设用地使用权出让年度计划，报经同级人民政府批准的证据和招标挂牌出让地块的出让方案，报经市、县人民政府批准的证据，也未向本院申请延期举证期限。尤其是在本院通知后仍未向本院提交相应证据。因此，本案中应当视为被告以拍卖方式出让本案涉案宗地国有建设用地使用权的前置程序没有合法有效的证据。所以，被告与原告签署的成交确认书系明确缺乏事实依据和法律依据等重大且明显违法情形的无效具体行政行为。因被告的具体行政行为无效，被告应当返还原告的保证金并赔偿原告的损失。故对原告要求被告退还原告的保证金和承担占用资金利息的诉讼请求予以支持。综上所述，根据《行政诉讼法》第七十五条、第七十六条和《最高人民法院关于适用〈中华人民共和国行政诉讼法〉的解释》第九十九条第（四）项、第一百六十二条，参照《最高人民法院关于审理民间借贷案件适用法律若干问题的规定》第二十九条第二款第（一）项的规定判决如下：（1）确认王某某与麻阳苗族自治县自然资源局于2015年6月24日签署的成交确认书无效；（2）麻阳苗族自治县自然资源局于本判决书生效后30日内返还王某某的拍卖保证金400万元，并以400万元为本金，按照年利率6%支付自2015年6月24日起至付清债务时止的资金占用损失，利随本清。

上述的案例中，法院就在认定行政行为“重大且明显违法”时支持了原告主张无效的诉讼请求的。

除了《行政诉讼法》的上述规定外，行政行为无效的规定也散见于一些具体的单行法律中，如《行政处罚法》。

2. 确认无效判决的适用条件

需要特别注意的是，确认无效判决是2015年5月1日开始实施的《行政诉讼法》新增加的内容，故确认行政行为无效案件特别需要注意如下几点。

（1）对2015年5月1日前作出的行政行为提起确认无效之诉的，人民法院不予受理

在新旧法律适用上，我国遵循的是“程序从新、实体从旧”的规则，即当事人针对新《行政诉讼法》之前作出的行政行为所提起的行政诉讼，实体问题应当遵循之前的相关规定。而诉讼请求是否应当予以受理属于行政诉讼的实体问题。请求确认行政行为无效属于新《行政诉讼法》作出的新规定，在新《行政诉讼法》颁布实施之前不存在相应的法律规定。因此，《最高人民法院关于适用〈中华人民共和国行政诉讼法〉的解释》第一百六十二条规定，公民、法人或者其他组织对2015年5月1日之前作出的行政行为提起诉讼，请求确认行政行为无效的，人民法院不予立案。例如，在林某东诉内蒙古自治区赤峰市松山区人民政府要求确认征收决定无效的（2018）最高法行申2489号行政再审案件中，最高人民法院就是依据上述规定驳回再审裁定的。

（2）行政行为无效诉讼不受起诉期限的限制

行政行为无效诉讼不应受起诉期限的限制。首先，根据行政法理论，行政行为无效系自始无效。对相对人无拘束力，不会随着时间的推移而产生相应的拘束力，因此不应受起诉期限的限制。其次，《最高人民法院关于适用〈中华人民共和国行政诉讼法〉的解释》第九十四条规定，公民、法人或者其他组织起诉请求撤销行政行为，人民法院经审查认为行政行为无效的，应当作出确认无效的判决。公民、法人或者其他组织起诉请求确认行政行为无效，人民法院审查后认为行政行为不属于无效情形，经释明，原告请求撤销行政行为的，应当继续审理并依法作出相应判决；原告请求撤销行政行为但超过法定起诉期限的，裁定驳回起诉；原告拒绝变更诉讼请求的，判决驳回其诉讼请求。依据上述的规定，请求确认无效的处理、确认无效判决与撤销判决之间的转换，转换之后的审查，以及释明之后不同意变更的诉讼请求的处理上，都是不受起诉期限限制的。最后，十三届全国人大一次会议曾向最高人民法院提出第2452号建议，提出关于完善确认行政行为无效案件制度设计破解审理困境的建议。最高人民法院经商全国人大常委会法工委后作出了答复。答复中提道："关于确认无效诉讼的起诉期限问题。对行政行为提起确认无效之诉是否要受到起诉期限的限制，在行政诉讼法修订后的法律规定及司法解释中均没有明确规定。"① 笔者倾向于认为提起确认行政行为无效之诉不受起诉期限的限制，行政相对人可以在任何时候请求有权国家机关确认该行为无效。

五、无效判决、撤销判决及违法判决三者相互转化问题

在很多行政诉讼案件中，行政行为不具合法性，只是违法程序未达到无效的法定条件而已，但如果直接驳回诉请无效的诉讼请求，无疑既会增加当事人诉累，又浪费了国家审判资源，于是这就涉及三种判决状态的相互转化问题。

如前所述，撤销判决与确认违法判决之间，《行政诉讼法》及《最高人

---

① 参见吴刚：《确认行政协议无效有无起诉期限的限制?》，载搜狐网2020年9月14日，https://www.sohu.com/a/418278761_120372291。

民法院关于适用〈中华人民共和国行政诉讼法〉的解释》均进行了明确的规定。但对于请求确认无效判决与撤销判决及确认违法判决之间如何转换衔接，上述法律规范并未作出规定。2016 年 9 月 13 日，在最高人民法院审理的陈某生诉安徽省金寨县人民政府行政审判监督行政案中，最高人民法院作出的（2016）最高法行申 2720 号行政裁定书对于确认违法、撤销以及确认无效判决之间的转换衔接进行了论述。最高人民法院认为："实践中，真正的无效确认之诉，主要出现于辅助请求中，或者它是遵照法院的释明采取的一种转换形式。换句话说，即使原告的请求仅是撤销，法院经审理认为达到自始无效的程度，也会判决确认无效；反之，如果原告请求的是确认无效，法院经审理认为仅仅属于一般违法，也会转而作出撤销判决。因此，无论原告的诉讼请求是确认无效，还是请求撤销（或确认违法），法院通常都会对是否违法以及违法的程度作出全面的审查和评价。"最高人民法院的这一观点，在《最高人民法院关于适用〈中华人民共和国行政诉讼法〉的解释》中充分得到体现。《最高人民法院关于适用〈中华人民共和国行政诉讼法〉的解释》第九十四条第二款规定，公民、法人或者其他组织起诉请求确认行政行为无效，人民法院审查认为行政行为不属于无效情形，经释明，原告请求撤销行政行为的，应当继续审理并依法作出相应判决；原告请求撤销行政行为但超过法定起诉期限的，裁定驳回起诉；原告拒绝变更诉讼请求的，判决驳回其诉讼请求。

【经验提示】

案件经过人民法院审理后最终要作出相关审判，所以行政判决是诉讼过程中最重要及对当事人实体权利义务影响最大的法律文书。行政诉讼判决，是指人民法院审理行政案件终结时，根据审理所查清的事实，程序、法律规定对行政争议作出的结论性处理决定。按照不同的标准，可以将行政诉讼判决进行不同的划分。按照审级分类可将行政判决分为一审判决、二审判决和再审判决。一审人民法院经过审理作出的判决属于一审判决。根据不同的案情及审理情况，一审判决分为驳回诉讼请求、撤销行政行为、确认行政行为违法、确认行政行为无效、责令行政机关履行、给付判决及变更判决共 7 种重要类型的判决；二审判决可分为驳回上诉，维持原判的判决、撤销原判决发回重审及直接改判三种形式；再审的结果一般有两种：裁定撤销生效判决，发回作出生效判决、裁定的人民法院重新审理或者直接改判及裁定驳回再审请求。

针对每一项判决结果，《行政诉讼法》及《最高人民法院关于适用〈中华人民共和国行政诉讼法〉的解释》都规定了法定适用条件。诉讼过程中，只有充分满足判决的各项法定条件，诉讼请求才能得到法院的支持，因此诉讼必须以结果为导向，以判决的法定条件作为确认被告、诉讼请求、相关证据甚至是庭审思路的基础及原则，必须是站在终点看起点才能够实现诉讼目的。

行政诉讼是通过对被告证据的审核完成对行政行为合法性、合理性的审核，所以必须注重细节，对被告提交的每一份证据都要认真仔细审核。

【相关规定】

《行政诉讼法》

第七十四条 行政行为有下列情形之一的，人民法院判决确认违法，但不撤销行政行为：

（一）行政行为依法应当撤销，但撤销会给国家利益、社会公共利益造成重大损害的；

（二）行政行为程序轻微违法，但对原告权利不产生实际影响的。

行政行为有下列情形之一，不需要撤销或者判决履行的，人民法院判决确认违法：

（一）行政行为违法，但不具有可撤销内容的；

（二）被告改变原违法行政行为，原告仍要求确认原行政行为违法的；

（三）被告不履行或者拖延履行法定职责，判决履行没有意义的。

第七十五条 行政行为有实施主体不具有行政主体资格或者没有依据等重大且明显违法情形，原告申请确认行政行为无效的，人民法院判决确认无效。

第七十六条 人民法院判决确认违法或者无效的，可以同时判决责令被告采取补救措施；给原告造成损失的，依法判决被告承担赔偿责任。

《最高人民法院关于适用〈中华人民共和国行政诉讼法〉的解释》

第九十四条 公民、法人或者其他组织起诉请求撤销行政行为，人民法院经审查认为行政行为无效的，应当作出确认无效的判决。

公民、法人或者其他组织起诉请求确认行政行为无效，人民法院审查认为行政行为不属于无效情形，经释明，原告请求撤销行政行为的，应当继续审理并依法作出相应判决；原告请求撤销行政行为但超过法定起诉期限的，裁定驳回起诉；原告拒绝变更诉讼请求的，判决驳回其诉讼请求。

第九十六条 有下列情形之一，且对原告依法享有的听证、陈述、申辩等重要程序性权利不产生实质损害的，属于行政诉讼法第七十四条第一款第二项规定的“程序轻微违法”：

（一）处理期限轻微违法；

（二）通知、送达等程序轻微违法；

（三）其他程序轻微违法的情形。

第九十九条 有下列情形之一的，属于行政诉讼法第七十五条规定的“重大且明显违法”：

（一）行政行为实施主体不具有行政主体资格；

（二）减损权利或者增加义务的行政行为没有法律规范依据；

（三）行政行为的内容客观上不可能实施；

（四）其他重大且明显违法的情形。

第一百六十二条 公民、法人或者其他组织对2015年5月1日之前作出的行政行为提起诉讼，请求确认行政行为无效的，人民法院不予立案。

《福建省行政执法程序规定》

第二十八条 行政执法机关处理违法案件应在立案之日起三十日内作出处理决定；重大、复杂的案件，经本机关领导批准，可以延长十五天，需要继续延长的报上一级执法机关批准，省人民政府所属行政执法机关，报省人民政府批准。

未依法送达相关法律文件因程序严重违法被撤销

——周某诉贵州省某市综合行政执法局撤销违法建筑行政处罚决定案

【案号】 贵阳市南明区人民法院行政判决书，（2018）黔0102行初526号

【核心提示】

城管部门在进行违法建筑查处的行政处罚过程中，调查通知书、责令限期改正通知书、行政处罚告知通知书及行政处罚决定书等均应该依法送达给行政相对人，只有在无法直接送达的情况下，才能够采取张贴、留置、邮寄及公告送达等方式。本案中，某市综合行政执法局采取在房屋外部墙上进行张贴的送达方式，其不能提交无法直接向原告送达的证据，导致原告丧失了陈述、申辩和要求听证的权利，其作出的行政处罚程序严重违法。

【关键词】

送达方式　直接送达　留置送达　程序违法

【案情回顾】

周某系贵州省某市某社区青龙村村民。2018年3月，因红枫四小扩建工程建设需要，某市人民政府作出征收决定，将周某位于青龙村的上述房屋划在了征收范围内。周某认为征收部门制定的安置补偿标准低于《国有土地上房屋征收与补偿条例》所规定的不低于征收决定公布时周边房地产市场价

格之标准，故一直未与征收部门达成安置补偿协议，且一直未搬迁。在安置补偿条件无法达成的情况下，某市综合行政执法局介入了征收，2018年5月23日，某市综合行政执法局向周某作出行政处罚决定书。周某认为上述行政处罚决定书证据不足，程序违法、滥用职权当属违法，向南明区人民法院提起诉讼，要求法院撤销上述行政处罚决定书。

【办案结果】

经过审理，2018年12月27日，南明区人民法院作出（2018）黔0102行初526号行政判决书，以某市综合行政执法局行政行为证据不足、程序严重违法为由撤销了涉案行政处罚决定书。该判决书认定：

城管部门在进行违法建筑查处的行政处罚过程中，在向原告送达调查通知书、责令限期改正通知书、行政处罚告知通知书及行政处罚决定书时均采取在房屋外部墙上进行张贴的送达方式，其不能提交无法直接向原告送达的证据，导致原告丧失了陈述、申辩和要求听证的权利，其作出的行政处罚程序严重违法。

【律师点评】

一、行政处罚行为的一般程序

依据《行政处罚法》的相关规定，行政处罚的一般程序包括立案、调查取证、案件核审、行政处罚依法告知，并听取当事人的陈述、申辩意见或者举行听证、行政处罚决定书、行政处罚决定等步骤。

（一）立案

行政机关发现违法线索后，经过初步核查、核实案源线索后，认为依法应当立案查处的，行政机关应进行立案。立案是合法启动行政处罚程序的首要环节。案件的立案标准主要有两项：一是涉嫌违法违章行为的存在；二是根据法律规定应当依法给予行政处罚。行政机关立案一般应填制规范格式的立案/不予立案审批表并附上相关材料，交由相关领导批准。行政处罚案件一般会指定两名以上办案人员负责调查处理。

行政机关依法立案后，案件就进入立案调查程序。

（二）调查取证

立案后，办案人员应当及时进行调查，收集证据；必要时可以依照有关法律、法规规定进行检查。根据《行政处罚法》第四十二条、第五十五条、第五十六条的规定，执法人员在调查或者进行检查时，执法人员不得少于两人，应当出示证件、制作笔录，当事人应当予以配合。在证据可能灭失或者以后难以取得的情况下，经行政机关负责人批准，可以先行登记保存等。办案人员对案件进行调查，收集的证据类型主要有：（1）书证；（2）物证；（3）视听资料；（4）电子数据；（5）证人证言；（6）当事人的陈述；（7）鉴定意见；（8）勘验笔录、现场笔录。

案件应当在法律规定的期限内调查完毕，因案情复杂需要延期调查的，应报主管领导，经集体讨论后，决定是否批准。

（三）案件核审

案件调查完毕，承办人员制作《案件调查终结报告》，草拟好行政处罚建议书，连同案卷送案件核审机构核审并由主管领导审批。

（四）行政处罚依法告知，并听取当事人的陈述、申辩意见或者举行听证

案件经核审获批后，根据《行政处罚法》第四十四条的规定，在作出行政处罚决定之前，办案机构应当依法制作案件调查通知书、责令改正通知书、行政处罚告知书或者行政处罚听证告知书，将拟作出行政处罚的事实、理由、依据，拟给予行政处罚的种类、幅度，以及当事人依法享有的权利等事项，依法告知当事人。如果当事人要求听证的，行政机关应当组织听证。《行政处罚法》第六十四条规定：“听证依照以下程序组织：（一）当事人要求听证的，应当在行政机关告知后五日内提出；（二）行政机关应当在听证的七日前，通知当事人及有关人员听证的时间、地点；（三）除涉及国家秘密、商业秘密或者个人隐私予以保密外，听证公开举行；（四）听证由行政机关指定的非本案调查人员主持；当事人认为主持人与本案有直接利害关系的，有权申请回避；（五）当事人可以亲自参加听证，也可以委托一至二人代理；（六）当事人及其代理人无正当理由拒不出席听证或者未经许可中途退出听证的，视为放弃听证权利，行政机关终止听证；（七）举行听证时，调查人

员提出当事人违法的事实、证据和行政处罚建议，当事人进行申辩和质证；（八）听证应当制作笔录。笔录应当交当事人或者其代理人核对无误后签字或者盖章。当事人或者其代理人拒绝签字或者盖章的，由听证主持人在笔录中注明。”

本案中，因某市综合行政执法局并未依法向周某送达执法文件，致使周某无法行使申请听证、申辩、陈述等的权利，行政执法程序当属违法。

（五）作出行政处罚决定

上述程序结束后，根据不同情况，如经调查确有应受行政处罚的违法行为的，办案机关作出行政处罚决定。当然，对情节复杂或者重大违法行为给予较重的行政处罚，行政机关的负责人应当集体讨论决定。作出行政处罚决定后，应当按照要求，制作规范格式的行政处罚决定书，行政处罚决定书上应当加盖办案机关的公章。

二、行政处罚行为法律文件的送达方式

将执法文书送交当事人的行为，称为执法文书的送达。执法文书的送达是行政执法过程中不可或缺的一个重要环节，执法文书一经送达，便产生一定的法律效力，未经依法送达的执法文件不发生法律效力。行政机关在行政处罚程序过程中会作出诸多法律文件，如调查通知书、责令限期改正通知书、行政处罚告知通知书及行政处罚决定书等必须依法送达给当事人。《行政处罚法》第六十一条规定，行政处罚决定书应当在宣告后当场交付当事人；当事人不在场的，行政机关应当在7日内依照《民事诉讼法》的有关规定，将行政处罚决定书送达当事人。

由此可见，行政机关在行政执法实践中，执法文书的送达都是按照民事诉讼的文书送达程序执行的。《民事诉讼法》中规定的6种送达方式均适用于城管执法文书的送达。

（一）直接送达

执法人员将执法文书直接交给当事人的送达方式为直接送达。但以下情况也属于直接送达。

1. 当事人是公民的，本人签收是直接送达，本人不在交其同住的成年家属签收的，也是直接送达。如妻子代丈夫签收也属直接送达，但需备注两者之间的家庭关系。

2. 当事人是法人或其他组织的，应当由法人的法定代表人、其他组织的主要负责人或者该法人、组织的办公室、收发室、值班室等负责收件的人签收。在此情况下，需备注签收人员在该单位、公司的职务。

3. 当事人有代理人的，行政机关可以向当事人送达，也可以向其代理人送达。当然，签署的代理人必须有真实合法有效的代理权限，否则也产生不了依法送达的法律后果。

4. 当事人已向行政机关指定代收人的，送交代收人签收。

在送达回证上签收的日期以当事人或与当事人同住的成年家属、法人或其他组织的负责收件的人、代理人或代收人在送达回证上签收的日期为送达日期。

直接送达是执法机关首选的送达方式，在直接送达无法实现的情况下，才能采取其他的送达方式。

（二）留置送达

留置送达是指当事人或者他的同住的成年家属拒绝签收向其送达的执法文书时，行政机关执法人员依法将文书留在当事人住所的送达方式。适用留置送达必须同时具备以下几个条件：（1）必须是将文书送达到当事人的住所；（2）当事人或其同住的成年家属拒绝接收执法文书；（3）必须邀请当事人所在的基层组织或者所在单位的代表在场或有拒绝接收的摄像资料；（4）必须是在当事人或与其同住的成年家属在场的情况下把执法文书留在其住所。

留置送达不仅适用于对公民送达，也适用于对法人或者其他组织的送达。送达人向法人或者其他组织送达执法文书，“应当由法人的法定代表人、该组织的主要负责人或者办公室、收发室、值班室等负责收件的人签收或盖章，拒绝签收或盖章的，适用留置送达”。

（三）委托送达

委托送达是指执法机关直接送达执法文书有困难，委托有关执法机关代为交给受送达人的送达方式。委托其他执法机关代为送达的，委托单位应当出具委托函，并附需要送达的执法文书和送达回证，以受送达人在送达回证上签收的日期为送达日期。

（四）邮寄送达

邮寄送达是指执法机关直接送达执法文书有困难，通过邮局将执法文书用挂号邮寄给受送达人的送达方式。邮寄送达应当附有送达回证。挂号信回执上注明的收件日期与送达回证上注明的收件日期不一致的，或者送达回证没有寄回的，以挂号信回执上注明的收件日期为送达日期。

（五）转交送达

转交送达是由执法机关将执法文书交受送达人所在单位代收后转交给受送达人的送达方式。

转交送达是在不便直接送达时采用的一种送达方式。主要适用以下情形。

1. 受送达人是军人的，通过其所在部队团以上单位的政治机关转交；

2. 受送达人被监禁的，通过其所在监所或者劳动改造单位转交。

代为转交的机关、单位收到执法文书后，必须立即交受送达人签收，在送达回证上的签收日期为送达日期。

（六）公告送达

公告送达是指执法机关以登报、张贴公告等方式告知受送达人执法文书的内容或通知其到执法机关领取文书的一种送达方式。

公告送达是一种推定送达，所以，执法机关必须严格按照法定程序进行。有下列情况之一的，才能适用公告送达：一是受送达人下落不明。所谓下落不明，是指受送达人现在何处无从知晓。二是采用直接送达、留置送达、委托送达、转交送达、邮寄送达等送达方式均无法送达的。不符合这两种情况，就不得采取公告送达方式。

一般情况下，依法送达的日期就是执法文书生效的日期。当然，如果对执法文书不服，根据行政诉讼法的规定，复议或者起诉期限从第二天开始计算，是不含送达当日的。

行政诉讼中，法院法律文书的送达规则在《最高人民法院关于以法院专递方式邮寄送达民事诉讼文书的若干规定》中进行了明确规定。其第三条规定，当事人起诉或者答辩时应当向人民法院提供或者确认自己准确的送达地址，并填写送达地址确认书。当事人拒绝提供的，人民法院应当告知其拒不提供送达地址的不利后果，并记入笔录。第五条规定，自然人以其户籍登记中的住所地或者经常居住地为送达地址，法人或者其他组织以其工商登记或者其他依法登记、备案中的住所为送达地址。第九条规定：“有下列情形之一的，即为送达：（一）受送达人在邮件回执上签名、盖章或者捺印的；（二）受送达人是无民事行为能力或者限制民事行为能力的自然人，其法定代理人签收的；（三）受送达人是法人或者其他组织，其法人的法定代表人、该组织的主要负责人或者办公室、收发室、值班室的工作人员签收的……”第十一条规定，因受送达人自己提供或者确认的送达地址不准确、拒不提供送达地址、送达地址变更未及时告知人民法院、受送达人本人或者受送达人指定的代收人拒绝签收，导致诉讼文书未能被受送达人实际接收的，文书退回之日视为送达之日。

本案中，某市综合行政执法局在未提交证据证明无法直接送达的情况下，直接将相关法律文件张贴在房屋墙面上，显然违反了上述送达的法律规定。因上述违法的送达方式致使周某无法履行提交证据、申辩及申请听证等相关权利，其合法权利受到严重侵害。

三、行政处罚的救济途径

在行政处罚程序中，处罚人可采用如下的救济途径。

（一）收到行政处罚告知书后申请听证

《行政处罚法》第四十四条规定，行政机关在作出行政处罚决定之前，应当告知当事人拟作出行政处罚决定内容及事实、理由、依据，并告知当事人依法享有的陈述、申辩、要求听证等权利。行政机关作出责令停产停业、吊销许可证件或者较大数额罚款等行政处罚决定之前，应当告知当事人有要求举行听证的权利。所以，当事人在收到拟作出处罚决定的告知书后，应当在5日内及时进行陈述、申辩，申请听证。陈述、申辩、申请听证不会加重处罚，有可能免除处罚。

《行政处罚法》第四十五条的规定，当事人有权进行陈述和申辩。行政机关必须充分听取当事人的意见，对当事人提出的事实、理由和证据，应当进行复核；当事人提出的事实、理由或者证据成立的，行政机关应当采纳。行政机关不得因当事人陈述、申辩而给予更重的处罚。

（二）收到行政处罚决定书后应当在法定期限内提起复议或者行政诉讼

在房屋征收过程中，当事人收到行政处罚决定书意味着行政机关将房屋的性质定性为违法建筑，且处理的结果是拆除。在行政处罚决定书中，同时告知不服该决定的救济方式，可以在60日内申请行政复议或者在6个月内提起行政诉讼。通过司法程序对行政处罚决定书作出的职权、证据、程序、法律适用等进行全面的审查。法院对于类似案件引发的背景原因是非常清楚的，为了实质地化解争议，就可能会促使双方就实际的征收补偿问题进行协商。

【经验提示】

从上述的内容可以看出，行政处罚整个程序有明确、详细的法律规定，行政机关必须严格遵守，尤其是关于告知、听证、送达等程序往往被执法人员忽略及忽视。在对行政处罚决定的合法性审查后，该行政处罚决定行为就有可能被人民法院撤销或者确认违法。

【相关规定】

《行政处罚法》

第四十条 公民、法人或者其他组织违反行政管理秩序的行为，依法应当给予行政处罚的，行政机关必须查明事实；违法事实不清、证据不足的，不得给予行政处罚。

第四十二条 行政处罚应当由具有行政执法资格的执法人员实施。执法人员不得少于两人，法律另有规定的除外。

执法人员应当文明执法，尊重和保护当事人合法权益。

第四十四条 行政机关在作出行政处罚决定之前，应当告知当事人拟作出的行政处罚内容及事实、理由、依据，并告知当事人依法享有的陈述、申辩、要求听证等权利。

第四十五条 当事人有权进行陈述和申辩。行政机关必须充分听取当事人的意见，对当事人提出的事实、理由和证据，应当进行复核；当事人提出的事实、理由或者证据成立的，行政机关应当采纳。

行政机关不得因当事人陈述、申辩而给予更重的处罚。

第五十五条 执法人员在调查或者进行检查时，应当主动向当事人或者有关人员出示执法证件。当事人或者有关人员有权要求执法人员出示执法证件。执法人员不出示执法证件的，当事人或者有关人员有权拒绝接受调查或者检查。

当事人或者有关人员应当如实回答询问，并协助调查或者检查，不得拒绝或者阻挠。询问或者检查应当制作笔录。

第五十六条 行政机关在收集证据时，可以采取抽样取证的方法；在证据可能灭失或者以后难以取得的情况下，经行政机关负责人批准，可以先行登记保存，并应当在七日内及时作出处理决定，在此期间，当事人或者有关人员不得销毁或者转移证据。

第五十七条 调查终结，行政机关负责人应当对调查结果进行审查，根据不同情况，分别作出如下决定：

（一）确有应受行政处罚的违法行为的，根据情节轻重及具体情况，作出行政处罚决定；

（二）违法行为轻微，依法可以不予行政处罚的，不予行政处罚；

（三）违法事实不能成立的，不予行政处罚；

（四）违法行为涉嫌犯罪的，移送司法机关。

对情节复杂或者重大违法行为给予行政处罚，行政机关负责人应当集体讨论决定。

第五十八条 有下列情形之一，在行政机关负责人作出行政处罚的决定之前，应当由从事行政处罚决定法制审核的人员进行法制审核；未经法制审核或者审核未通过的，不得作出决定：

（一）涉及重大公共利益的；

（二）直接关系当事人或者第三人重大权益，经过听证程序的；

（三）案件情况疑难复杂、涉及多个法律关系的；

（四）法律、法规规定应当进行法制审核的其他情形。

行政机关中初次从事行政处罚决定法制审核的人员，应当通过国家统一法律职业资格考试取得法律职业资格。

第五十九条 行政机关依照本法第五十七条的规定给予行政处罚，应当制作行政处罚决定书。行政处罚决定书应当载明下列事项：

（一）当事人的姓名或者名称、地址；

（二）违反法律、法规、规章的事实和证据；

（三）行政处罚的种类和依据；

（四）行政处罚的履行方式和期限；

（五）申请行政复议、提起行政诉讼的途径和期限；

（六）作出行政处罚决定的行政机关名称和作出决定的日期。

行政处罚决定书必须盖有作出行政处罚决定的行政机关的印章。

第六十二条 行政机关及其执法人员在作出行政处罚决定之前，未依照本法第四十四条、第四十五条的规定向当事人告知拟作出的行政处罚内容及事实、理由、依据，或者拒绝听取当事人的陈述、申辩，不得作出行政处罚决定；当事人明确放弃陈述或者申辩权利的除外。

第六十三条 行政机关拟作出下列行政处罚决定，应当告知当事人有要求听证的权利，当事人要求听证的，行政机关应当组织听证：

（一）较大数额罚款；

（二）没收较大数额违法所得、没收较大价值非法财物；

（三）降低资质等级、吊销许可证件；

（四）责令停产停业、责令关闭、限制从业；

（五）其他较重的行政处罚；

（六）法律、法规、规章规定的其他情形。

当事人不承担行政机关组织听证的费用。

第六十四条 听证应当依照以下程序组织：

（一）当事人要求听证的，应当在行政机关告知后五日内提出；

（二）行政机关应当在举行听证的七日前，通知当事人及有关人员听证的时间、地点；

（三）除涉及国家秘密、商业秘密或者个人隐私依法予以保密外，听证公开举行；

（四）听证由行政机关指定的非本案调查人员主持；当事人认为主持人与本案有直接利害关系的，有权申请回避；

（五）当事人可以亲自参加听证，也可以委托一至二人代理；

（六）当事人及其代理人无正当理由拒不出席听证或者未经许可中途退出听证的，视为放弃听证权利，行政机关终止听证；

（七）举行听证时，调查人员提出当事人违法的事实、证据和行政处罚建议，当事人进行申辩和质证；

（八）听证应当制作笔录。笔录应当交当事人或者其代理人核对无误后签字或者盖章。当事人或者其代理人拒绝签字或者盖章的，由听证主持人在笔录中注明。

《民事诉讼法》

第八十八条 送达诉讼文书，应当直接送交受送达人。受送达人是公民的，本人不在交他的同住成年家属签收；受送达人是法人或者其他组织的，应当由法人的法定代表人、其他组织的主要负责人或者该法人、组织负责收件的人签收；受送达人有诉讼代理人的，可以送交其代理人签收；受送达人已向人民法院指定代收人的，送交代收人签收。

受送达人的同住成年家属，法人或者其他组织的负责收件的人，诉讼代理人或者代收人在送达回证上签收的日期为送达日期。

第八十九条 受送达人或者他的同住成年家属拒绝接收诉讼文书的，送达人可以邀请有关基层组织或者所在单位的代表到场，说明情况，在送达回证上记明拒收事由和日期，由送达人、见证人签名或者盖章，把诉讼文书留在受送达人的住所；也可以把诉讼文书留在受送达人的住所，并采用拍照、录像等方式记录送达过程，即视为送达。

第九十五条 受送达人下落不明，或者用本节规定的其他方式无法送达的，公告送达。自发出公告之日起，经过三十日，即视为送达。

公告送达，应当在案卷中记明原因和经过。

《最高人民法院关于以法院专递方式邮寄送达民事诉讼文书的若干规定》

第三条 当事人起诉或者答辩时应当向人民法院提供或者确认自己准确的送达地址，并填写送达地址确认书。当事人拒绝提供的，人民法院应当告知其拒不提供送达地址的不利后果，并记入笔录。

第五条 当事人拒绝提供自己的送达地址，经人民法院告知后仍不提供的，自然人以其户籍登记中的住所地或者经常居住地为送达地址；法人或者其他组织以其工商登记或者其他依法登记、备案中的住所地为送达地址。

第九条 有下列情形之一的，即为送达：

（一）受送达人在邮件回执上签名、盖章或者捺印的；

（二）受送达人是无民事行为能力或者限制民事行为能力的自然人，其法定代理人签收的；

（三）受送达人是法人或者其他组织，其法人的法定代表人、该组织的主要负责人或者办公室、收发室、值班室的工作人员签收的；

（四）受送达人的诉讼代理人签收的；

（五）受送达人指定的代收人签收的；

（六）受送达人的同住成年家属签收的。

第十一条 因受送达人自己提供或者确认的送达地址不准确、拒不提供送达地址、送达地址变更未及时告知人民法院、受送达人本人或者受送达人指定的代收人拒绝签收，导致诉讼文书未能被受送达人实际接收的，文书退回之日视为送达之日。

受送达人能够证明自己在诉讼文书送达的过程中没有过错的，不适用前款规定。

行政行为明显不当被撤销

——刘某不服北京市某区人民政府罚没移交批示案

【案号】 北京市第四中级人民法院行政判决书，(2016) 京04行初2760号

【核心提示】

行政行为明显不当主要表现为处理方式违反比例原则、缺乏正当理由的区别对待、未考虑相关因素、违背业已形成的裁量准则等情形。行政行为明显不当的，人民法院可以依据我国《行政诉讼法》第七十条第（六）项的规定作出撤销或者部分撤销，并可以判决被告重新作出行政行为的判决。

【关键词】

行政行为　明显不当　撤销　比例原则

【案情回顾】

刘某系北京市某区望楚村村民。刘某因发现石夏路东延工程项目存在违法占用村内土地进行建设的行为，遂向北京市国土资源局举报。2015年9月2日，北京市国土资源局某区分局（以下简称国土分局）针对刘某的举报，向北京市某区市政市容管理委员会（以下简称某区市政市容委）作出京国土（房）分局罚字第56号国土资源行政处罚决定书（以下简称56号决定书），其中一项处罚内容为没收某区市政市容委在非法占用的土地上新建的建筑物及其他设施。处罚决定生效后，因国土分局在法定期限内未主动履行移交处置职责，刘某将国土分局诉至北京市东城区人民法院。在该案的诉讼期间，国土分局就该处罚决定书中涉及的被没收的建筑物及其他设施的移交问题向

北京市某区人民政府（以下简称某区政府）提出罚没移交请示。后某区政府对该请示作出批示，将上述决定书中涉及的被没收的建筑物及其他设施移交给被处罚人某区市政市容委进行处置。刘某认为某区政府的批准行为违法，故向北京市第四中级人民法院（以下简称北京四中院）提起行政诉讼。

【办案结果】

北京四中院依据《行政诉讼法》第七十条第（六）项的规定，于2016年12月27日作出（2016）京04行初2760号行政判决：

撤销北京市某区政府于2016年7月19日对国土分局《关于对道路工程行政处罚罚没地上物及其他设施移交的请示》作出的批示。

【律师点评】

本案中，涉及两方面的问题。第一，刘某是否具有本案起诉的原告主体资格；第二，某区政府作出的本案批复是否具有合法性。

首先，关于刘某起诉资格的确定。司法实践中，对于举报或申请查处的案件，举报人是否具有起诉的原告主体资格掌握得不一致。针对举报投诉类当事人能否提起诉讼，最高人民法院在（2017）最高法行申281号行政裁定中指出，能否就投诉举报事项提起行政诉讼，也需要根据法律、法规或者规章对于投诉举报请求权的具体规定作出判断。通常情况下，对是否具备原告资格的判断，取决于以下方面：（1）法律、法规或者规章是否规定了投诉举报的请求权；（2）该投诉举报请求权的规范目的是否在于保障投诉举报人自身的合法权益。北京四中院经审理认为，根据《行政诉讼法》第二十五条第一款的规定，行政行为的相对人以及其他与行政行为有利害关系的公民、法人或者其他组织，有权提起诉讼。本案中，原告刘某系望楚村村民，国土分局根据其对某区市政市容委在望楚村石夏路东延工程项目建设中存在违法占地建设行为的举报，对某区市政市容委作出56号决定书，现刘某对56号决定书执行过程中某区政府针对没收处罚的批示行为不服提起诉讼，应当认定刘某与该批示行为有利害关系，符合作为本案原告的法定条件。

其次，关于某区政府批示行为的合法性问题。根据《国土资源行政处罚办法》第三十五条的规定，国土资源主管部门作出没收矿产品、建筑物或者其他设施的行政处罚决定后，应当在行政处罚决定生效后 90 日内移交同级财政部门处理，或者拟定处置方案报本级人民政府批准后实施。本案 56 号决定书系国土分局作出，某区政府作为国土分局的本级人民政府，有批准其拟定没收请示的法定职责。56 号决定书是针对某区市政市容委未经批准非法占用土地行为作出的处罚决定，某区市政市容委系被处罚人，被告某区政府批示将没收某区市政市容委在非法占用的土地上新建的建筑物及其他设施移交给某区市政市容委自身处置，明显不当，且无法真正实现对该没收处罚的履行，从而导致 56 号决定书得不到实质意义上的执行。被告某区政府批准将 56 号决定书中涉及没收非法占用的土地上新建的建筑物及其他设施的处罚交由某区市政市容委处理，明显违反有关法律规定。56 号决定书的处罚单位是某区市政市容委，现被告某区政府将处罚的执行权交予被处罚人，该行为不仅达不到行政处罚效果，更是违背了《行政处罚法》的法律规定和立法原则，故认为被告的批示行为违法，应当依法撤销。

【经验提示】

本案是北京四中院审理的首例涉及对被没收建筑物及其他设施进行移交处置的行政案件，被评为 2016 年度行政审判十大典型案例，也是首次适用修改后的《行政诉讼法》第七十条规定以被诉行政行为明显不当为由判决撤销该行政行为的案件。根据我国《行政诉讼法》第七十条的规定，人民法院在对行政行为的司法审查中，除了要审查作出行政行为的证据是否充分，法律适用是否正确，是否履行了法定的职权，是否超越了法定的职权外，同时也要审查被诉行政行为是否存在明显不当的情形，即是否违反比例原则、缺乏正当理由的区别对待、未考虑相关因素、违背业已形成的裁量准则等。

行政行为明显不当的司法审查，使行政行为的合法性审查在内涵上更加丰富，对行政机关依法行使职权的监督更加有力。在原《行政诉讼法》规定人民法院可以判决变更显失公正的行政处罚的基础上，修改后的《行政诉讼法》增加了适用于所有行政行为的“明显不当”审查标准。之所以增加该项标准，是因为机械式的合法性审查不能满足实践需要，全面的合理性审查却又偏离诉讼制度的定位和实际情况，将行政机关行使自由裁量权过程中明显不当的情形纳入合法性审查范围，既坚持了原则，又有利于推动实质性解决行政争议。理论界对“明显不当”的定义比较有代表性的是沈岿教授的观点。沈岿教授在《行政诉讼确立“裁量明显不当”标准之议》一文中指出，法院审查行政行为是否“明显不当”，就是要“判断裁量是否考虑相关因素、是否与立法目的和精神一致、是否遵守正当程序、是否符合比例要求、是否保障信赖利益、是否平等对待各方利益主体等”。从实践情况看，行政行为明显不当主要表现为处理方式违反比例原则、缺乏正当理由的区别对待、未考虑相关因素、违背业已形成的裁量准则等情形。比例原则主要包括三方面的内容：一是行政机关实施行政行为的方法必须有利于实现法律规定的目的，采取的行为方式具有适当性。如果行政机关在行使行政职权时，其并非为了达到法定的目的，或者行为的方法无法达到法定的目的，则该行为就不具有妥当性。二是损害最小原则，即如果存在多种实现法律目的的方式，行政机关应当选择对当事人和公共利益造成损失最小的方式，即行为方式必须具有必要性。三是行政机关必须采用的行为方式对相对人所造成的损害与社会获得的利益之间应当均衡、成比例。我国多部法律也针对行政机关行使行政职权的适当性进行了规定。我国《行政处罚法》第五条规定，行政处罚遵循公正、公开的原则。设定和实施行政处罚必须以事实为依据，与违法行为的事实、性质、情节以及社会危害程度相当。我国《行政强制法》第五条规定：“行政强制的设定和实施，应当适当。采用非强制手段可以达到行政管理目的的，不得设定和实施行政强制。”国务院关于《全面推进依法行政实施纲要》中合理行政部分规定，行政机关实施行政管理，应当遵循公平、公正的原则。要平等对待行政管理相对人，不偏私、不歧视。行使自由裁量权应当符合法律目的，排除不相关因素的干扰；所采取的措施和手段应当必要、适当；行政机关实施行政管理可以采用多种方式实现行政目的的，应当避免采用损害当事人权益的方式。2017 年修改后的《行政诉讼法》第七十条规定，人民法院除了要审查被诉行政行为是否存在主要证据不足、适用法律法规错误、违反法定程序、超越法定职权等情形外，也要审查被诉行政行为是否存在滥用职权和明显不当的情形，人民法院对行政行为的合法性审查在内涵上更加丰富，对行政机关依法行使职权的监督更加有力。因此，行政机关既应合法行政，也应合理行政，切实增强依法行政的意识与能力。行政机关依法履责，才能实现法治社会，维护社会公平正义。

本案中，国土分局作出没收建筑或其他设施的56号决定书后，应当按照《国土资源行政处罚办法》第三十五条的规定，在行政处罚决定生效后90日内移交同级财政部门处理，或者拟订处置方案报本级人民政府批准后实施。56号决定书系针对某区市政市容委未经批准非法占用土地行为作出的处罚，某区市政市容委系被处罚人，被告某区政府批示将没收某区市政市容委在非法占用的土地上新建的建筑物及其他设施移交给某区市政市容委自身处置，有违立法原则，亦达不到处罚效果，使处罚决定沦为一纸空文，没有实际履行，最终导致56号决定书得不到实质意义上的执行。该批示行为明显不当，北京四中院依据前述规定作出了撤销本案批示的判决。

中共北京市委党校、北京行政学院法学部主任、教授金国坤在点评本案时指出：根据行政诉讼的原则，人民法院审理行政案件，对行政行为是否合法进行审查。新修正的《行政诉讼法》规定，行政行为明显不当的，人民法院判决撤销或部分撤销并可以判决被告重新作出行政行为，拓展了人民法院的审查深度。行政行为明显不当，表面上看起来似乎没有违反法律的明文规定，但实质上违反了法制的精神，也是违法行为。如《行政处罚法》规定，行政处罚遵循公正、公开的原则。行政机关实施行政处罚必须以事实为依据，与违法行为的事实、情节以及社会危害程度相当。如果不考虑相关因素，不分具体情况，都统一高限处罚，就显失公正，也不符合行政处罚的原则。参照部门规章《国土资源行政处罚办法》，办案处罚实施机关的本级人民政府有权批准没收后的处置方案，但本级政府批示被处罚人自行处置，显然违反了行政处罚的精神，达不到行政处罚法规定的纠正违法行为的目的。人民法院审查行政行为的合理性，可以更好地督促行政机关全面履行法定职责，切实保护公民、法人和其他组织的合法权益，保障法律的正确实施。

依法行政是行政执法的基本原则。为规范行政机关依法行政，我国制定了多部行政法律法规，立法的宗旨是让行政机关依法行政。行政机关作出行政行为，不仅应当符合法律规范明确具体的规定，而且也应当符合基本法律原则。

行政行为的相对人（利害关系人），应及时关注和审查行政机关作出的行政行为是否针对相关事项依法作出了实质处理，该种处理是否合法，特别是是否适当。如果相对人在行政行为的过程中，认为行政机关的行政行为不合法（不具有合理性的），可以依法行使陈述、申辩等权利。我国多部法律法规均规定了在行政过程中，行政相对人享有陈述和申辩的权利。例如，《行政处罚法》第七条规定，公民、法人或者其他组织对行政机关所给予的行政处罚，享有陈述权、申辩权。法律赋予相对人在行政过程中的陈述、申辩等权利，一方面是基于对相对人合法权利保护的需要，另一方面也是对行政机关行政执法过程中能否做到合理合法行政的审查。因此，在行政执法过程中，相对人要依法行使自己的权利。此外，在行政机关作出行政处理决定后，相对人（利害关系人）要认真审查行政机关作出的行政决定是否依法实际落实了，如何落实的，落实的方式方法是否适当，对于相关事项的处理是否存在落实不到位的情形。如果行政机关作出行政行为（包括对行政决定的执行）但没有依法落实，或者落实行政决定时存在不当的，相对人可以依法通过诉讼方式解决。

【相关规定】

《行政诉讼法》

第七十条 行政行为有下列情形之一的，人民法院判决撤销或者部分撤销，并可以判决被告重新作出行政行为：

（一）主要证据不足的；

（二）适用法律、法规错误的；

（三）违反法定程序的；

（四）超越职权的；

（五）滥用职权的；

（六）明显不当的。

《行政强制法》

第五条 行政强制的设定和实施，应当适当。采用非强制手段可以达到行政管理目的的，不得设定和实施行政强制。

《行政处罚法》

第五条 行政处罚遵循公正、公开的原则。

设定和实施行政处罚必须以事实为依据，与违法行为的事实、性质、情节以及社会危害程度相当。

对违法行为给予行政处罚的规定必须公布；未经公布的，不得作为行政处罚的依据。

《国土资源行政处罚办法》

第三十五条 国土资源主管部门作出没收矿产品、建筑物或者其他设施的行政处罚决定后，应当在行政处罚决定生效后九十日内移交同级财政部门处理，或者拟订处置方案报本级人民政府批准后实施。法律法规另有规定的，从其规定。

具有政府信赖利益的建筑不宜认定为违法建设

——南京某科技公司诉江苏省南京市某区人民政府撤销拆违通知书案

【案号】 江苏省高级人民法院行政判决书，(2015) 苏行终字第00012号

【核心提示】

根据我国《城乡规划法》第四十条、第四十一条之规定，在城市、镇、乡、村庄规划区进行相关建设，需要办理建设工程规划许可证。现实中存在大量没有办理建设工程规划许可证的建筑物，但“没有办理建设工程规划许可证”和“违法建设”不能画等号。如因建筑物存在政府信赖利益因素及其他正当事由而未办理，不能简单地以没有办理建设工程规划许可证就界定为违法建设。

【关键词】

城乡规划　违法建设　比例原则　政府信赖利益

【案情回顾】

2002年，南京市某区人民政府红花办事处通过招商引资与南京某科技公司签订土地租赁协议，协议约定租赁期限为30年。由此该公司合法拥有协议中约定的土地的使用权。2002～2005年，该公司陆续投资兴建了办公楼等建筑物合计11,000平方米左右，在此期间，未有任何行政执法部门责令停止

建设。

2014 年 5 月 4 日，某区城管局作出限期拆除告知书，告知涉案公司建筑物未办理建设规划许可证，违反《城乡规划法》第四十条的规定，拟对涉案建筑物进行强制拆除。

2014 年 5 月 6 日，公司大门上被张贴了拆违通知书，告知该公司面积 10, 993 平方米的建筑物，因未取得建设工程规划许可证，违反了《城乡规划法》的规定，属于违法建设，责令自行拆除。拆违通知书的署名机关为某区环境综合整治指挥部，是南京市某区人民政府的临时机构。

涉案公司不服，以某区人民政府为被告，向人民法院提起行政诉讼，请求撤销其作出的拆违通知书。

一审中，原告认为案涉房屋通过招商引资政策，和街道办事处签订租赁协议，当时政府允许在该地块上建房。相反，如果当时不建房经营，政府还不同意让原告使用土地。而且，在该地块上建房后，原告也是正常经营并依法纳税的，房屋被作出拆违通知书之前的 10 年时间里，案涉房屋的合法性没有受到任何质疑，所以原告所建房屋并非违建，建房行为本身就包含着政府信赖利益。同时，对案涉行为的被告主体、程序及法律依据上也都有相关异议。

某区政府认为其不具有被告的主体身份，某区城市管理执法局作为法定职权单位作出限期拆除通知书对案涉建筑物进行了认定，被告的拆违通知书只是督促原告履行某区城市管理执法局作出的限期拆除通知书，并未对原告创设新的权利义务。案涉建筑物未办理建设规划许可，应当被认定为违法建设。南京市中级人民法院经审理认为，某区政府作出的拆违通知书对原告权利义务产生了实际影响，故某区政府是适格被告。因案涉建筑物未办理建设工程规划许可证，属于违法建设。故对原告起诉要求撤销拆违通知书不予支持，遂作出（2014）宁行初字第 84 号行政判决，驳回原告的诉讼请求。原告不服，提起上诉。

二审中，上诉人（一审原告）认为，某区政府是适格被告，但不具有认定违法建设的职权；案涉建筑物基于政府信赖利益而建设，不能作为违法建设予以认定。退一步而言，即便认定为违法建设，也要遵循行政比例原则，不能就此认为必须拆除。某区政府则表示服从一审判决书。

【办案结果】

江苏省高级人民法院认为，被上诉人某区政府作出的拆违通知书缺乏职权依据和主要证据，且没有履行法定程序。一审法院判决驳回某科技公司的诉讼请求不当，应予纠正。上诉人某科技公司要求撤销一审判决，撤销拆违通知书的上诉请求应予支持。鉴于涉案建筑物已经被拆除，被诉的拆违通知书不具有可撤销内容，依照《行政诉讼法》第七十四条第二款第（一）项、第八十九条第一款第（三）项之规定，判决如下：

1. 撤销江苏省南京市中级人民法院（2014）宁行初字第84号行政判决；

2. 确认南京市某区人民政府2014年5月6日作出的拆违通知书违法；

3. 一审案件受理费人民币50元整，二审案件受理费人民币50元整，共计人民币100元整，由南京市某区人民政府承担。

【律师点评】

该案件是二审直接改判案件，其主要争执焦点在于某区政府是否为适格被告，案涉建筑物是否是违法建设，某区政府作出的拆违通知书是否违法，是否对行政行为相对人产生实际影响。现对其中主要问题予以探讨。

一、作出《拆违通知书》的主体系某区人民政府，区政府不具有认定违法建筑以及作出城建强制决定的法定职权

拆违通知书的署名机关为某区人民政府环境综合整治指挥部，是某区人民政府的临时机构，属于内部组织，其行为后果应由其组建机构，即某区人民政府承担。根据《城乡规划法》的规定，城乡规划主管部门作出责令停止建设或者限期拆除的决定后，当事人不停止建设或者逾期不拆除的，建设工程所在地县级以上地方人民政府可以责成有关部门采取查封施工现场、强制拆除等措施。《城乡规划法》亦对违法建设的认定职能部门作出了明确规定，即只有城乡规划主管部门才具备认定违法建设的职权并有权作出责令停止建设、限期拆除等决定，地方人民政府仅有责成有关部门强制拆除违法建筑的职权。涉案人民政府越俎代庖对此认定为违法建设，并要求上诉人对涉案建

筑物进行拆除，显然超越了其职权范围。

关于违法建设的认定问题，城市管理执法局在这个问题上也往往充当着重要角色，最常适用的是地方政府作出集中行使处罚权的规范性文件，以城市管理执法局行使部分规划职权为由，让城市管理执法局对某一建筑物进行认定并作出处罚。笔者认为，这种以设立集中行使处罚权的规范性文件不能改变《城乡规划法》所规定的违法建设认定职权。违法建设的认定是一个多程序行为，包括受案、调查、勘验、认定、执行等多个环节。如果对某些私搭乱建行为，严重影响市政市容等情形的，可以交由城市管理执法局处理，但如果涉及某一建筑物是否为违法建设，则应当要受《城乡规划法》的调整。私搭乱建行为和未办理工程建设规划许可证进行建设的行为是有区别的。两者最明显的区别是案涉标的物的形态。如案涉标的物是一种浅显的，不存在主体构造而作出的搭建行为，属于前者的认定范围。而如果属于《城乡规划法》第四十条第一款规定的“建筑物、构筑物、道路、管线和其他工程建设”应当办理建设工程规划许可证而未办理的，则属于后者的认定范围。如果行政机关作出的是违法建设认定并要求限期拆除，城市管理执法局可以协助参与办理，但认定违法建设的职权仍属于城乡规划主管部门或者是乡镇人民政府。如果允许城市管理执法局享有认定违法建设的职权，则等同于地方政府以规范性文件的形式，改变了《城乡规划法》设定的行政职权，这在立法逻辑以及法理上都是行不通的。

二、未取得建设工程规划许可证的建筑，并不必然导致拆除，案涉拆违通知书违反比例原则

最高人民法院在 1998 年审理的一起规划行政处罚案件中，首次在判决理由中使用了比例原则。在黑龙江省哈尔滨市规划局与黑龙江汇丰实业发展有限公司行政处罚纠纷上诉案［最高人民法院（1999）行终字第 20 号行政判决书］中，最高人民法院运用比例原则进行了裁判，该裁判要旨为：按照必要性原则，行政机关在能够达到执法目的的前提下，应当选择对当事人损害最小的执法方式。规划局所作的处罚决定应针对违法建设行为影响城市规划的程度，责令相对人采取相应的改正措施，既要保证行政管理目标的实现，又要兼顾保护相对人的权益，应以达到行政执法目的和目标为限，尽可能使相对人遭受最小的侵害。

我国《城乡规划法》第四十条第一款规定，在城市、镇规划区内进行建筑物、构筑物、道路、管线和其他工程建设的，建设单位或者个人应当向城市、县人民政府城乡规划主管部门或者省、自治区、直辖市人民政府确定的镇人民政府申请办理建设工程规划许可证。《城乡规划法》第六十四条规定："未取得建设工程规划许可证或者未按照建设工程规划许可证的规定进行建设的，由县级以上地方人民政府城乡规划主管部门责令停止建设；尚可采取改正措施消除对规划实施的影响的，限期改正，处建设工程造价百分之五以上百分之十以下的罚款；无法采取改正措施消除影响的，限期拆除，不能拆除的，没收实物或者违法收入，可以并处建设工程造价百分之十以下的罚款。"从前述规定可知，建设之前应办理建设工程规划许可证。但如果未办理要进行处罚，行政处罚行为也要遵循行政比例原则，而不是一拆了之，即未办理工程规划许可证，不等于建筑物一定系违法建设；即便是违法建设，也要遵循比例原则进行相关行政处罚。南京规划部门对涉案建筑物未取得建设工程规划许可证进行过确认，但对违法建设的属性并没有定性，对案涉建筑物的拆除，被告对是否达到拆除标准也没有认定，直接将拆除作为其行政措施，违反了行政比例原则。

三、案涉建筑物存在政府信赖利益，未办理建设工程规划许可证不等于违法建设

现实中往往存在某一企业以招商引资的方式，在当时支付对价从地方政府或者是从某村委会取得了土地使用权，随后企业根据当时约定在该土地上建设房屋开始生产经营。建设房屋之时由于种种原因虽没有办理建设工程规划许可证，但其他手续诸如立项、环评、工商、税务等都予以了正常办理。当企业在该土地上正常经营长达十年或者几十年之后，地方政府以地上建筑物未办理建设工程规划许可证为由定性为违法建设予以拆除，往往令当事人无法接受。

本案某科技公司系某区下属机关招商引资的企业。2002 年 3 月，某科技公司与某区红花办事处订立了土地租赁协议，租赁涉案土地用于生产经营 30 年。2003 年 4 月，某科技公司投资建设。该行为应当视为其基于对某区政府的信任而开展的正常经营活动，在生产经营期间，某科技公司也正常纳税，同时，截至 2014 年综治指挥部作出拆违通知书之时，某科技公司对涉案土地的租赁使用权并未到期。基于招商引资当中政府机关的参与，土地使用权租赁合同中的行政主体对象、政府机关对租赁合同履行过程中的权利义务等原因，涉案建筑物虽未办理建设工程规划许可证，但某科技公司完全是基于一种对政府的信赖利益开展经营活动，在对办公场所、经营厂房建设时，地方政府对此明知，地上建筑物建成后，对某科技公司在此生产经营的合法性均没有异议，故如将地上建筑物视为《城乡规划法》上的违法建设，则让政府信赖利益荡然无存。如果不考虑政府机关因素，而让某科技公司承担当时的全部责任，亦违反行政法的公正性，故被上诉人某区政府在未对某科技公司进行任何补偿的情形下，单方面作出拆除涉案建筑的决定，侵害了某科技公司的合法权利。

四、违法建设的拆除，不代表土地使用权的无偿收回

违法建设的认定和拆除，是基于地上建筑物在建设之初未办理手续，或办理了相关建设手续，但违反规划进行了相关建设。如仅基于违法建设的认定而拆除，也只是对地上建筑物的处置，而不包括建筑物所在土地使用权的处理。

地方政府往往以拆违为手段，实际将土地收回，该种行政手段显示出行政目的的不正当性。通常所讲的违法建设一般有两种情况：一种是违法用地而在地上进行建设，另一种是合法用地但未办建设手续。对于前者，如果当事人取得土地的手段不合法，地上建筑物处理之后对土地亦应当进行处理，或停止违法用地行为或将土地返还。如果土地使用权是合法取得的，地上建筑物的处理则不必然涉及土地使用权。本案某科技公司通过租赁合同取得土地使用权，即便是将案涉土地上的房屋拆除，土地使用权也应保留。但实际上案涉房屋被拆除，土地即被政府直接绿化用于行政管理目标，此举亦能反映行政执法不当问题。而由此给当事人造成的损失，除了直接损失之外，土地使用权价值作为可以实现的债权，也应作为直接损失包含在内，否则无法体现公平公正。

【经验提示】

在收到行政机关的违法建设通知后，相关主体应首先界定该“通知”仅是一个通知，还是通过该“通知”对建筑物的性质认定为违法建设。现实中违法建设的认定以多种形式出现，有的是行政处罚决定书，有的是拆除告知书，有的是拆违通知书，有的是违法告知书，各种法律文书名目繁多，不一而足。但要从诸多的法律文书中选择一个起诉，则要客观分析法律文书是程序性行为，还是决定性的可诉行为。就违法建设的认定而言，如行政机关的书面材料确定建筑物就是违法建设，无疑是对建筑物进行了定性，即对当事人造成了实际影响，当事人应在法定期限内提起诉讼。

根据我国《城乡规划法》第六十四条及第六十五条的规定，在城市规划区内的，界定违法建设的职权单位是城乡规划主管部门；在乡、村庄规划区内的，界定违法建设的职权单位是乡镇人民政府。如存在集中行使行政处罚权的地方性法规规定，也有可能是城市执法机关。除此之外，其他机关无权对建筑物是否是违法建设进行认定。

违法建设的认定，需要履行相应的法定程序，具体包括调查、询问、勘验、听证、申辩、决定、送达等程序。如行政机关作出违法建设认定时未履行法定程序，则属于程序违法。

现实中未办理建设工程规划许可证的情况很多，要结合未办理的原因客观陈述建筑物的合法性，如存在正当事由以及历史遗留原因，则不可将案涉建筑物的违法后果全部由当事人承担。

根据《行政强制法》第四十四条规定，对违法的建筑物、构筑物、设施等需要强制拆除的，应当由行政机关予以公告，限期当事人自行拆除。当事人在法定期限内不申请行政复议或者提起行政诉讼，又不拆除的，行政机关可以依法强制拆除。由此，对违法建设的拆除，如果当事人在法定期限内申请了行政复议或提起诉讼，根据该条规定，应当依法停止强制拆除工作。当事人在复议及诉讼过程中，也可以和行政机关协商处理行政争议，最大限度维护自身权益。

违法建设的限期拆除，是行政处罚还是行政强制措施，往往存在争议。

国务院法制办公室对四川省人民政府法制办公室的关于“责令限期拆除”是否是行政处罚行为答复中明确：“你办《关于‘责令限期拆除’是否是行政处罚行为的请示》（川府法〔2000〕68号）收悉。经研究，现函复如下：根据《行政处罚法》第二十三条关于‘行政机关实施行政处罚时，应当责令改正或者限期改正违法行为’的规定，《城乡规划法》第四十条规定的‘责令限期拆除’，不应当理解为行政处罚行为。”笔者认为，如因土地违法行为所致，国土资源主管部门可以作出处罚决定，要求行政行为相对人改正违法行为拆除地上建筑物。如因城乡规划违法行为所致，责令限期拆除是一种强制措施。所以，当事人如遇到“责令限期拆除”的通知，首先要判断是哪种违法行为所致，然后再选择以何种维权方式去应对。

【相关规定】

《城乡规划法》

第四十条 在城市、镇规划区内进行建筑物、构筑物、道路、管线和其他工程建设的，建设单位或者个人应当向城市、县人民政府城乡规划主管部门或者省、自治区、直辖市人民政府确定的镇人民政府申请办理建设工程规划许可证。

申请办理建设工程规划许可证，应当提交使用土地的有关证明文件、建设工程设计方案等材料。需要建设单位编制修建性详细规划的建设项目，还应当提交修建性详细规划。对符合控制性详细规划和规划条件的，由城市、县人民政府城乡规划主管部门或者省、自治区、直辖市人民政府确定的镇人民政府核发建设工程规划许可证。

城市、县人民政府城乡规划主管部门或者省、自治区、直辖市人民政府确定的镇人民政府应当依法将经审定的修建性详细规划、建设工程设计方案的总平面图予以公布。

第六十四条 未取得建设工程规划许可证或者未按照建设工程规划许可证的规定进行建设的，由县级以上地方人民政府城乡规划主管部门责令停止建设；尚可采取改正措施消除对规划实施的影响的，限期改正，处建设工程造价百分之五以上百分之十以下的罚款；无法采取改正措施消除影响的，限期拆除，不能拆除的，没收实物或者违法收入，可以并处建设工程造价百分之十以下的罚款。

第六十五条 在乡、村庄规划区内未依法取得乡村建设规划许可证或者未按照乡村建设规划许可证的规定进行建设的，由乡、镇人民政府责令停止建设、限期改正；逾期不改正的，可以拆除。

第六十八条 城乡规划主管部门作出责令停止建设或者限期拆除的决定后，当事人不停止建设或者逾期不拆除的，建设工程所在地县级以上地方人民政府可以责成有关部门采取查封施工现场、强制拆除等措施。

《立法法》

第九十三条 法律、行政法规、地方性法规、自治条例和单行条例、规章不溯及既往，但为了更好地保护公民、法人和其他组织的权利和利益而作的特别规定除外。

《行政强制法》

第四十四条 对违法的建筑物、构筑物、设施等需要强制拆除的，应当由行政机关予以公告，限期当事人自行拆除。当事人在法定期限内不申请行政复议或者提起行政诉讼，又不拆除的，行政机关可以依法强制拆除。

《行政处罚法》

第三十六条 违法行为在二年内未被发现的，不再给予行政处罚；涉及公民生命健康安全、金融安全且有危害后果的，上述期限延长至五年。法律另有规定的除外。

前款规定的期限，从违法行为发生之日起计算；违法行为有连续或者继续状态的，从行为终了之日起计算。

第六十三条第一款 行政机关拟作出下列行政处罚决定，应当告知当事人有要求听证的权利，当事人要求听证的，行政机关应当组织听证：

（一）较大数额罚款；

（二）没收较大数额违法所得、没收较大价值非法财物；

（三）降低资质等级、吊销许可证件；

（四）责令停产停业、责令关闭、限制从业；

（五）其他较重的行政处罚；

（六）法律、法规、规章规定的其他情形。当事人不承担行政机关组织听证的费用。

第六十四条 听证应当依照以下程序组织：

（一）当事人要求听证的，应当在行政机关告知后五日内提出；

（二）行政机关应当在举行听证的七日前，通知当事人及有关人员听证的时间、地点；

（三）除涉及国家秘密、商业秘密或者个人隐私依法予以保密外，听证公开举行；

（四）听证由行政机关指定的非本案调查人员主持；当事人认为主持人与本案有直接利害关系的，有权申请回避；

（五）当事人可以亲自参加听证，也可以委托一至二人代理；

（六）当事人及其代理人无正当理由拒不出席听证或者未经许可中途退出听证的，视为放弃听证权利，行政机关终止听证；

（七）举行听证时，调查人员提出当事人违法的事实、证据和行政处罚建议，当事人进行申辩和质证；

（八）听证应当制作笔录。笔录应当交当事人或者其代理人核对无误后签字或者盖章。当事人或者其代理人拒绝签字或者盖章的，由听证主持人在笔录中注明。

未经质证的航拍图不能作为认定房屋为违法建筑的依据

——邵某诉安徽省蚌埠市某县人民政府违法强拆国家赔偿案

【案号】 安徽省高级人民法院行政判决书，(2019) 皖行赔终 164 号

【核心提示】

行政诉讼案件审理中，行政机关对其作出的行政行为负有举证责任，应当在法定举证期内提供作出该行政行为的证据和所依据的规范性文件，并在法庭上出示，当事人应当围绕证据的关联性、合法性和真实性，针对证据有无证明效力以及证明效力大小，进行质证。未经庭审质证的证据，不能作为定案的依据。

【关键词】

航拍图　违法建筑　举证责任分配

【案情回顾】

邵某在安徽省蚌埠市某县禾香路有合法的房屋。2016 年 3 月 16 日，蚌埠市某县人民政府发布国有土地上房屋征收决定，邵某的房屋在国有土地征收范围内。2017 年 5 月，某县人民政府在未与邵某签订拆迁安置补偿协议的情况下将邵某的房屋予以拆除。后经诉讼，蚌埠市中级人民法院（以下简称蚌埠中院）作出判决确认某县人民政府拆除邵某房屋的行为违法。该判决生

效后，邵某以邮寄方式向某县人民政府申请国家赔偿，某县人民政府在法定期限内未作出赔偿决定，故邵某向蚌埠中院提起行政赔偿之诉。

后蚌埠中院作出（2018）皖 03 行赔初 6 号行政赔偿判决书，认定邵某 379.12 平方米房屋中的 87.09 平方米为违法建筑，认定依据为航拍图，但对该航拍图某县人民政府并未在法定举证期限内提供，也未经一审庭审质证、认证；另外，一审诉讼中，邵某向法院提交了房屋认购协议、购房收据、购房发票及住宅房屋价格表，对应的住宅单价分别为 5829 元/平方米、5369 元/平方米、5589 元/平方米，予以证明邵某周边类似住宅的市场价。但一审判决中认定邵某提交的三份购房单价却变成了 2954.03 元/平方米、3917.64 元/平方米、3800 元/平方米，该价格并不是邵某提供的。邵某对该判决不服，故上诉到安徽省高级人民法院。

【办案结果】

安徽省高级人民法院作出（2019）皖行赔终 164 号行政判决书，判决如下：

1. 撤销蚌埠中院（2018）皖 03 行赔初 6 号行政赔偿判决；
2. 发回蚌埠中院重审。

安徽省蚌埠中院作出（2020）皖 03 行赔初 14 号判决，判决某县人民政府赔偿邵某 1,505,994.57 元。

【律师点评】

行政诉讼案件与一般民事案件的举证责任不同，民事案件的举证原则是“谁主张，谁举证”，而行政案件则是由行政机关对其作出的行政行为负有举证责任，且行政诉讼案件对行政机关举证的期限、形式等均有更为严格的要求；未经质证的证据不能作为定案依据。

一、行政诉讼案件的举证责任分配制度

根据《行政诉讼法》第三十四条的规定，被告对作出的行政行为负有举证责任，应当提供作出该行政行为的证据和所依据的规范性文件。被告不提供或者无正当理由逾期提供证据，视为没有相应证据。但是，被诉行政行为

涉及第三人合法权益，第三人提供证据的除外。

结合到本案，某县人民政府认定邵某 379.12 平方米房屋中的 87.09 平方米为违法建筑，是因为邵某的房屋是在 2010 年之后建设的，认定依据为 2010 年的航拍图，因此邵某的 87.09 平方米属于违法建筑。通过航拍图来认定房屋是否为违法建筑是很多征收单位常用的手段。本案中，因某县人民政府没有在法定期限内进行提供邵某的房屋为违法建筑的航拍图，更没有经一审庭审质证、认证，因此安徽省高级人民法院并没有支持某县人民政府的主张。但笔者认为，即便某县人民政府提供了航拍图，也不能当然地认定邵某的房屋属违法建筑，理由如下。

根据《国有土地上房屋征收与补偿条例》第十六条、第二十四条的规定，市、县人民政府作出房屋征收决定前，应当组织有关部门依法对征收范围内未经登记的建筑进行调查、认定和处理。对认定为合法建筑和未超过批准期限的临时建筑的，应当给予补偿；对认定为违法建筑和超过批准期限的临时建筑的，不予补偿。房屋征收范围确定后，不得在房屋征收范围内实施新建、扩建、改建房屋和改变房屋用途等不当增加补偿费用的行为；违反规定实施的，不予补偿。该条文明确了在征收范围确定后，被征收人不得实施不当增加补偿费用的突击建设行为；对于在确定征收范围前就已经存在的建筑要区分情况进行甄别，不能不分情况而一律采取无偿拆除的方式处理。

笔者认为，根据上述规定，若需认定邵某的房屋为违法建筑需符合相应的法定程序。

1. 认定是否为违法建筑应当在房屋征收决定作出前

对征收范围内的未经登记的房屋没有作出违法认定、处理的，原则上不得作出征收决定。换言之，市、县级人民政府若没有对征收范围内的未经登记的房屋进行认定、处理，则可以视为征收范围内的房屋均为合法建筑，否则市、县级人民政府作出的征收决定将违反法定程序。

2. 认定违法建筑须经过调查、认定和处理等法定程序

认定建筑是否为违法建筑，应当经有权机关（如城乡规划主管部门、乡镇人民政府）按照法定的程序进行调查、处理，除了遵循规定外，还应当符

合《城乡规划法》《行政处罚法》《行政强制法》等规定的程序进行立案查处，对违法建筑作出行政处罚决定。

3. 当事人对处罚结果可以提起复议、诉讼

当事人对行政机关作出的违法建筑认定结果不服的，可以依法申请行政复议、提起行政诉讼，以保证当事人的诉权。

综上，该条款的设立一方面保证了征收活动能够正常进行，防止不当增加补偿费用的行为；另一方面也保证了被征收人的合法权益，防止征收证单位为了少补偿而采取“以拆违代征收”的方式进行拆除。另外，航拍图本身也不能作为认定建筑违法与否的依据，充其量也只是作出行政处罚的依据之一，所以只依据航拍图认定建筑为违法建筑显然无法律依据。

二、行政诉讼案件行政机关的举证期限

我国《行政诉讼法》规定了严格的举证期限制度，根据《行政诉讼法》第六十七条的规定，被告应当在收到起诉状副本之日起 15 日内向人民法院提交作出行政行为的证据和所依据的规范性文件，并提出答辩状。《最高人民法院关于行政诉讼证据若干问题的规定》第一条第二款规定，被告因不可抗力或者客观上不能控制的其他正当事由，不能在前款规定的期限内提供证据的，应当在收到起诉状副本之日起 10 日内向人民法院提出延期提供证据的书面申请。人民法院准许延期提供的，被告应当在正当事由消除后 10 日内提供证据。逾期提供的，视为被诉具体行政行为没有相应的证据。另外，《行政诉讼法》第三十四条还规定，被告不提供或者无正当理由逾期提供证据，视为没有相应证据。本案中，也正是因为某县人民政府未在法定期限之内进行举证，故应承担举证不能的不利后果。

本案在发回重审之后还会涉及一个问题，就是被告能不能提交新证据的问题。因案件被发回重审后一审法院重新审理案件时所适用的程序是一审程序，所以对是否赋予被告重新举证权、提交新证据存在一定争议。笔者认为，发回重审案件被告不得提交新证据，理由如下。

1. 发回重审案件虽按一审程序审理，但并不是重新回到起诉阶段，发回重审的目的是要纠正原一审违法审判之处，保护当事人的实体权和程序权。只要原审法院按规定进行了送达、给予了被告答辩时间和举证期限，当事人

依法行使了举证权利，就不应重新走形式，否则，既浪费时间，也有悖于《行政诉讼法》第六十七条的规定，即被告应当在收到诉状副本之日起15日内向人民法院提交作出行政行为的证据和所依据的规范性文件。

2. 发回重审案件被告不得提交新证据符合《最高人民法院关于行政诉讼证据若干问题的规定》第一条及《行政诉讼法》第三十四条、第六十七条的规定。既然被告超过举证期限所提供的证据都视为没有证据，法院都不应采纳，那么在重审阶段提交新证据更是超过了举证期限。倘若允许，经过了原一审和二审后，被告知晓了所需的证据材料，不能排除被告事后补证的嫌疑。

3. 发回重审案件被告不得提交新证据有利于提高司法效率、维护公平正义。被告必须在作出具体行政行为之时就有充分的证据，"先取证、后裁决"是行政必经程序，严格执行举证期限的规定，有利于敦促被告积极配合法院的审判工作，不及时举证，则应承担不利的法律后果。

综上，笔者认为正因为行政机关作出的具体行政行为应当做到认定事实清楚、符合法定程序、适用法律正确，在作出具体行政行为之时就应有充分的证据予以支撑，且在《行政诉讼法》《最高人民法院关于行政诉讼证据若干问题的规定》对于行政机关的举证期限有明确且严格的法律规定，故发回重审案件允许被告提交新证据没有任何的法律依据。

三、行政诉讼中不能作为定案依据的证据

1. 根据《最高人民法院关于行政诉讼证据若干问题的规定》第三十五条的规定，未经庭审质证的证据，不能作为定案的依据。本案中，正是因为认定邵某的房屋为违法建筑的航拍图没有经过质证、认证，故安徽省高级人民法院在二审判决中予以指明，该航拍图不能作为认定邵某的房屋为违法建筑的依据。

2. 根据《最高人民法院关于行政诉讼证据若干问题的规定》第五十七条的规定，下列证据材料不能作为定案依据：

（1）严重违反法定程序收集的证据材料；

（2）以偷拍、偷录、窃听等手段获取侵害他人合法权益的证据材料；

（3）以利诱、欺诈、胁迫、暴力等不正当手段获取的证据材料；

（4）当事人无正当事由超出举证期限提供的证据材料；

(5) 在中华人民共和国领域以外或者在中华人民共和国香港特别行政区、澳门特别行政区和台湾地区形成的未办理法定证明手续的证据材料；

(6) 当事人无正当理由拒不提供原件、原物，又无其他证据印证，且对方当事人不予认可的证据的复制件或者复制品；

(7) 被当事人或者他人进行技术处理而无法辨明真伪的证据材料；

(8) 不能正确表达意志的证人提供的证言；

(9) 不具备合法性和真实性的其他证据材料。

四、不能作为认定行政行为合法的特殊证据

1. 被告及其诉讼代理人在作出具体行政行为后或者在诉讼程序中自行收集的证据。

行政机关作出的具体行政行为应有充分事实依据以及法律依据，符合法定程序，行政机关在作出具体行政行为之时也应有充分的证据予以支撑。因此，行政机关不应当也无须在作出具体行政行为后或者在诉讼程序中自行收集证据以证明行政行为的合法性。

2. 被告在行政程序中非法剥夺公民、法人或者其他组织依法享有的陈述、申辩或者听证权利所采用的证据。

【经验提示】

在笔者代理的诸多征地拆迁案件中，很多政府部门在征收过程中明确规定以某年某月的航拍图作为认定房屋是否合法的依据，简单地将航拍图之前建造的无证房屋视为合法，之后的无证房屋则视为违法建筑，尤其是在国家赔偿案件中，征收单位将航拍图作为认定无证房为违法建筑的证据并向法庭提供的情况更不在少数；这种以“拆违代征收”的不当方式并不是个案，很多被征收人对此束手无策。

笔者认为，航拍图并不能单独作为认定无证房为违法建筑的证据，认定无证房为违法建筑需经有权机关通过法定程序调查后作出相应处罚决定，被征收人亦有权对处罚决定申请复议、提起诉讼；因此，仅有航拍图而没有有权部门作出的处罚决定，不能作为违法建筑认定的证据。

另外，因征收范围内的房屋情况复杂，尤其是“城中村”或旧城区，存在大量由于历史原因未依法办理产权登记或未依法办理审批许可手续的建筑，因此，《国有土地上房屋征收与补偿条例》第二十四条规定对征收范围内的此类建筑，政府应当组织有关部门依法进行调查、认定和处理，而不能一刀切地将无证房屋建筑认定为违建，从而剥夺被征收人获得合法补偿的权利。

没有经过产权登记或未取得建设工程规划许可证建设的无证房也不等于是违法建筑。根据《城乡规划法》第六十四条的规定，未取得建设工程规划许可证进行建设的，由城乡规划主管部门责令停止建设；尚可采取改正措施消除影响的，限期改正并处罚款；无法采取改正措施消除影响的，限期拆除或没收并处罚款。从上述法律规定中可以看出，房屋未取得建设工程规划许可证进行建设，可能构成程序违法，但是并不必然属于无法采取改正措施消除影响应予以拆除的情形；房屋未取得建设工程规划许可证进行建设并非均属违法建筑，也并非所有违法建筑都必须拆除。笔者认为，认定建筑是否合法除了查看建筑是否有合法的登记手续、建设手续外，还应考虑无证房的建造时间、当时的立法状况以及是否历史遗留问题造成的。如房屋建造的时候是合法的，但没有合法的产权证明，是由于不可归咎于其自身的历史遗留问题造成的，且如果被拆迁人在上述房屋内已长期生活居住，则应当得到合法的补偿。

【相关规定】

《行政诉讼法》

第三十四条 被告对作出的行政行为负有举证责任，应当提供作出该行政行为的证据和所依据的规范性文件。

被告不提供或者无正当理由逾期提供证据，视为没有相应证据。但是，被诉行政行为涉及第三人合法权益，第三人提供证据的除外。

第三十五条 在诉讼过程中，被告及其诉讼代理人不得自行向原告、第三人和证人收集证据。

四十三条 证据应当在法庭上出示，并由当事人互相质证。对涉及国家秘密、商业秘密和个人隐私的证据，不得在公开开庭时出示。

人民法院应当按照法定程序，全面、客观地审查核实证据。对未采纳的证据应当在裁判文书中说明理由。

以非法手段取得的证据，不得作为认定案件事实的根据。

第六十七条 人民法院应当在立案之日起五日内，将起诉状副本发送被告。被告应当在收到起诉状副本之日起十五日内向人民法院提交作出行政行为的证据和所依据的规范性文件，并提出答辩状。人民法院应当在收到答辩状之日起五日内，将答辩状副本发送原告。

被告不提出答辩状的，不影响人民法院审理。

《最高人民法院关于行政诉讼证据若干问题的规定》

第一条 根据行政诉讼法第三十二条和第四十三条的规定，被告对作出的具体行政行为负有举证责任，应当在收到起诉状副本之日起十日内，提供据以作出被诉具体行政行为的全部证据和所依据的规范性文件。被告不提供或者无正当理由逾期提供证据的，视为被诉具体行政行为没有相应的证据。

被告因不可抗力或者客观上不能控制的其他正当事由，不能在前款规定的期限内提供证据的，应当在收到起诉状副本之日起十日内向人民法院提出延期提供证据的书面申请。人民法院准许延期提供的，被告应当在正当事由消除后十日内提供证据。逾期提供的，视为被诉具体行政行为没有相应的证据。

第三十五条 证据应当在法庭上出示，并经庭审质证。未经庭审质证的证据，不能作为定案的依据。

当事人在庭前证据交换过程中没有争议并记录在卷的证据，经审判人员在庭审中说明后，可以作为认定案件事实的依据。

第五十七条 下列证据材料不能作为定案依据：

（一）严重违反法定程序收集的证据材料；

（二）以偷拍、偷录、窃听等手段获取侵害他人合法权益的证据材料；

（三）以利诱、欺诈、胁迫、暴力等不正当手段获取的证据材料；

（四）当事人无正当事由超出举证期限提供的证据材料；

（五）在中华人民共和国领域以外或者在中华人民共和国香港特别行政区、澳门特别行政区和台湾地区形成的未办理法定证明手续的证据材料；

（六）当事人无正当理由拒不提供原件、原物，又无其他证据印证，且对方当事人不予认可的证据的复制件或者复制品；

（七）被当事人或者他人进行技术处理而无法辨明真伪的证据材料；

（八）不能正确表达意志的证人提供的证言；

（九）不具备合法性和真实性的其他证据材料。

第六十条 下列证据不能作为认定被诉具体行政行为合法的依据：

（一）被告及其诉讼代理人在作出具体行政行为后或者在诉讼程序中自行收集的证据；

（二）被告在行政程序中非法剥夺公民、法人或者其他组织依法享有的陈述、申辩或者听证权利所采用的证据；

（三）原告或者第三人在诉讼程序中提供的、被告在行政程序中未作为具体行政行为依据的证据。

第六十一条 复议机关在复议程序中收集和补充的证据，或者作出原具体行政行为的行政机关在复议程序中未向复议机关提交的证据，不能作为人民法院认定原具体行政行为合法的依据。

《国有土地上房屋征收与补偿条例》

第十六条 房屋征收范围确定后，不得在房屋征收范围内实施新建、扩建、改建房屋和改变房屋用途等不当增加补偿费用的行为；违反规定实施的，不予补偿。

房屋征收部门应当将前款所列事项书面通知有关部门暂停办理相关手续。暂停办理相关手续的书面通知应当载明暂停期限。暂停期限最长不得超过1年。

第二十四条 市、县级人民政府及其有关部门应当依法加强对建设活动的监督管理，对违反城乡规划进行建设的，依法予以处理。

市、县级人民政府作出房屋征收决定前，应当组织有关部门依法对征收范围内未经登记的建筑进行调查、认定和处理。对认定为合法建筑和未超过批准期限的临时建筑的，应当给予补偿；对认定为违法建筑和超过批准期限的临时建筑的，不予补偿。

评估时点的选择应最大限度地体现被拆房屋价值

——张某等三户诉安徽省蚌埠市某县人民政府强拆违法国家赔偿案

【案号】 安徽省高级人民法院行政赔偿判决书，（2018）皖行赔终 4 号、5 号和 6 号

【核心提示】

应以判决履行国家赔偿义务的时间作为房屋赔偿作价时点。因为该时点的房地产市场价格最为接近受害人的财产损失得以弥补的价格，当两者的价格无限接近，甚至差价为零的时候，才能实现所赔即所得，即用赔偿款置换与原房屋同等条件的房产，才能最大限度地确保受害人免受违法强拆带来的损失，从而符合填平补齐原则，并体现实质公平。

【关键词】

违法强拆　行政赔偿　作价时点　房产价值

【案情回顾】

2014 年 9 月 2 日，某县人民政府发布了房屋征收决定，同日发布征收公告。被征收人张某等三户的房屋位于征收范围内。2015 年 7 月 22 日，张某等三户的房屋被偷拆掉。张某等三户分别对强制拆除行为提起了行政诉讼。该诉讼被安徽省高级人民法院（以下简称安徽高院）发回重审后，在 2016

年11月17日，安徽省蚌埠市中级人民法院（以下简称蚌埠中院）重新作出第一审判决，判决确认被告某县人民政府实施的前述强制拆除张某等三户房屋的行政行为违法。上诉期届满后，原被告双方均未就此提起上诉，故判决于同年12月初生效。

第一审判决生效后，张某等人依据《国家赔偿法》第四条第一款第（四）项和第九条等规定，向赔偿义务机关，即违法行政行为人某县人民政府提出国家赔偿申请，但某县人民政府在收到赔偿申请后的两个月内，没有作出是否赔偿的决定。因此，张某等人依据《国家赔偿法》第十四条第一款之规定，向蚌埠中院提起国家行政赔偿诉讼，请求判决被告，即赔偿义务机关某县人民政府赔偿因其违法强拆行为给原告造成的财产损失。

庭审过程中，原被告双方争议的焦点之一就是对被拆房屋的赔偿价格应当以哪个时点的房地产市场价为准，是作出征收决定的时间，还是违法强拆行为发生的时间，抑或判决履行国家赔偿义务的时间？最终，蚌埠中院把案涉征收决定公告时间作为确定被拆房屋的市场价值的时点，采信了某县人民政府提交的以该时点为估价时点的《房地产估价评估单》，并依据该《房地产估价评估单》作出了行政赔偿判决书。

三原告对一审判决结果不服，认为判决认定的赔偿标准过低，不足以弥补违法强拆行为给自己造成的损失，遂上诉至安徽高院。其中，上诉理由之一是对涉案房屋的价值应当以判决时的市场价格确定。安徽高院审理后，基于案件事实、法律法规规定和公平原则，支持了上诉理由和请求。

【办案结果】

安徽高院作出（2018）皖行赔终4号、5号和6号行政赔偿判决书，分别变更了蚌埠中院作出的（2017）皖03行赔初11号、6号和9号行政赔偿判决书中的第一项判决，增加了某县人民政府对三位上诉人各自的赔偿金额，其中，案涉房屋赔偿单价从每平方米3000余元，上调至每平方米约5000元，涨幅接近55%。当事人由此挽回经济损失约合200万元。

【律师点评】

处理涉及财产类国家赔偿案件时，要遵循公平、填平补齐等原则，具体到违法强拆行政赔偿案件，要做到这一点，就难在如何准确确定被违法强拆的房屋价值，否则，无法有效确定赔偿金额，无法保证赔偿的公平性。虽说多数人都认同应该按房地产市场价对受损房屋进行作价赔偿，但问题在于这个房地产市场价是什么时候的房价，或者说房屋的作价时点是哪个。因为，以不同时点的房地产市场价为基准得出的房屋价值不尽相同。最近十多年是国内房地产飞速发展的黄金期，房价一路飙升，不停地翻倍。而进入国家赔偿诉讼程序的案件多数历经了多年诉讼，其间，房地产市场价格本身已经发生了根本性变化。赔偿申请人用几年前的房屋拆迁安置补偿款，显然已经不能置换到相同面积和档次的房屋。

各方当事人为了趋利避害，都在极力主张有利于己方的房屋作价时点，归纳起来大致包括以下几个观点：（1）房屋征收决定或土地征收批复公告之日；（2）违法强拆行为发生之时；（3）确认强拆行为违法的判决生效之日；（4）判决履行国家赔偿义务之时。笔者分别就此谈谈个人看法。

第一种观点认为，应以房屋征收决定或土地征收批复公告之日为房屋赔偿作价时点，这常见于房屋征收和土地征收引起的违法强拆赔偿案件中，其理由有二：一是法律法规或政策有规定，如《国有土地上房屋征收与补偿条例》第十九条第一款规定，对被征收房屋价值的补偿，不得低于房屋征收决定公告之日被征收房屋类似房地产的市场价格；二是要保证征收搬迁项目整体补偿的公平性，要统一补偿标准，“一把尺子量到底”，不然，先搬迁的被征收人有意见，会回来找后账。更有甚者，在国家赔偿诉讼中，赔偿义务机关（被告）将征收安置补偿方案中确定的房屋搬迁补偿标准或之前的评估报告作为行政赔偿的依据。

其实，这是错把征收补偿与国家赔偿混为一谈。征收补偿是依据《国有土地上房屋征收与补偿条例》《土地管理法》等，对因合法征收行为造成的财产损失进行弥补，是依法达成行政目的的合法、有效行为，应当被肯定和认可；而国家赔偿则是根据《国家赔偿法》的规定，对违法（强拆）行为造成的损害进行赔偿，暗含着对违法行政行为的否定和谴责。征收补偿是按照受益人的受益程度及经济状况等因素决定的，即无错而责；国家赔偿则是按照过错责任的大小承担经济赔偿等责任，即错责相等，分别体现了公平性和惩罚性。最高人民法院在（2017）最高法行申370号行政裁定书中，指出："就行政领域而言，究竟应当寻求行政赔偿，还是寻求行政补偿，依赖于一个行政行为究竟属于违法还是属于合法。在一个行政行为被依法确认为违法的情况下，受害人应当通过行政赔偿程序寻求损害赔偿，而不能通过行政补偿程序寻求对损失的弥补。在已经开启行政赔偿程序的时候，更不能重复或者交互运用救济手段，再行寻求行政补偿。"可见，行政赔偿程序中不应掺杂征收中的相关行为，两者不能混同、混用。再者，房屋征收安置补偿纠纷的一个重要起因就是房屋补偿标准没有达到市场价，尤其是时隔几年，房价大幅上涨的情况下，如果还按照当年低于市场价的补偿标准进行赔偿，非但不能补齐受害人的损失，反倒是对其的再次加害。因此，赔偿义务人在行政赔偿程序中，把与征收相关的法律法规、安置补偿方案、评估报告等作为赔偿依据，显然是错误的；也不应把公示征收决定或批复的公告时间作为确定房屋赔偿的作价时点。就像案例中安徽高院在判决中所述，"虽然《国有土地上房屋征收与补偿条例》第十九条第一款规定，对被征收房屋价值的补偿，不得低于房屋征收决定公告之日被征收房屋类似房地产的市场价格。本案中，某县人民政府提举的《房地产估价评估单》确定的估价时点也确实是房屋征收决定公告之日。但是，某县人民政府在强制拆除张某涉案房屋之前并未依法作出征收补偿决定，在该强制拆除行为被生效判决确认违法后亦未及时作出赔偿决定，该不及时履行征收补偿和赔偿义务的行为，致使张某等三户至今未获取因房屋征收或强制拆除应当获得的合法权益，且房屋征收决定公告之日即2014年9月2日的房地产价格较现在相差甚远。在此情况下，仍以房屋征收决定公告之日被征收房屋类似房地产的市场价格确定涉案房屋损失，对张某明显有失公平。故一审判决依据某县人民政府提举的《房地产估价评估单》确定涉案房屋单价为3100元/平方米不当，对涉案房屋的价值，应当以判决时的市场价格确定，张某此节上诉理由成立，本院予以支持"。

持有第二种和第三种观点的人认为，既然行政赔偿是因违法强拆而起，是针对违法行政行为造成的损失而言，那么，有待赔偿的房屋价值当然应该以强拆行为发生或被确认违法强拆时的房价为准。这里的问题在于，把过程当作了结果。对受害人来说，强拆行为是否合法，在其维护财产权益的过程中，更多的只是具有程序性意义，他们追求的最终结果是要得到公平合理的赔偿，该赔偿要足以弥补自己因违法强拆遭受的损失。强拆行为发生或被确认违法的时点，不是受害人获得国家赔偿的时点，除了在对强拆行为提起行政复议或行政诉讼中一并提起国家赔偿的案件外，他们之间往往有着时间差，这就意味着，房价会出现差价。就像本案例中，违法强拆行为发生与判决国家赔偿间隔两年多，张某等人所在地的商品房价格上涨了50%多。所以，在房价保持正向增长的市场背景下，强拆行为发生或被确认违法时的房价要低于后来判决赔偿时的房价，按照这两种观点所得房屋赔偿款，显然也不能弥补受害人的损失，这两个时点同样不能作为房屋赔偿作价时点。

当然，实践中也不乏将行政强拆行为被确认违法之时作为确定房屋价值的时点。如最高人民法院2015年第4期公报案例中（2014）行监字第148号行政裁定书载明："在房屋价格明显上涨且被拆迁人未及时获得合理补偿安置的前提下，一、二审判决洛阳市人民政府仅向陈×河支付按《1997年拆迁安置补偿标准》确定的拆迁补偿安置款，对陈×河明显有失公平……其自身并无过错，不应承担相应的损失……如拆迁人和洛阳市人民政府无适当房屋进行产权调换，则应向陈×河支付生效判决作出时以同类房屋的房地产市场评估价格为标准的补偿款，以保证陈×河选择产权调换的权利。"该案被发回重审后，河南省高级人民法院在（2019）豫行赔终538号行政赔偿判决书中阐述道："三、行政赔偿中，就房屋价值的确定时点是行政行为被确认违法之时……一审根据行政行为被确认违法的时点，参照洛阳市征收补偿标准，结合同区域房屋市场价格和涉案房屋基本情况，确定的赔偿标准亦高于同类行政征收补偿标准……依法应予维持。"尽管当时的《城市房屋拆迁管理条例》已在2011年1月21日被《国有土地上房屋征收与补偿条例》所取代，但该裁定中确立的以生效判决作出时的同类房地产市场价格为标准的赔偿款原则仍具有借鉴意义。不过，就个案而言，笔者觉得仍有值得商榷之处。因为"（2002年）8月20日，陈×河宅院内的房屋及附属物全部被拆除"，

2019年11月26日，河南省高级人民法院作出（2019）豫行赔终538号行政赔偿判决书。此时距离该判决述及的“行政行为被确认违法之时”，即洛阳市中级人民法院作出（2004）洛行初字第11号行政判决书确认案涉拆除违法的时间，已经过去了十多年，虽然最终将各项费用由当初“94,706.52元”判增至“787,099元”，款项性质也由“房屋拆迁补偿款”改判成了行政赔偿款，但将十多年前“行政行为被确认违法之时”作为“房屋价值的确定时点”，由此形成的赔偿款似乎也不能完全弥补受害人的损失。相形之下，该案第一审和第二审行政赔偿判决作出时的2019年的房地产市场价，能更好地弥补其损失。

因此，笔者倾向于第四种观点，即以判决履行国家赔偿义务的时间作为房屋赔偿作价时点。最高人民法院在（2015）行提字第20号行政判决书中指出：“《国有土地上房屋征收与补偿条例》第二条规定的‘应当对被征收房屋所有权人给予公平补偿’原则，应贯穿于征收与补偿的全过程，否则将影响正常的生产生活秩序和社会稳定。房屋作为一种特殊的财物价格波动较大，为了最大限度地保护当事人的权益，房屋损失赔偿时点的确定，应当选择最能弥补当事人损失的时点。”从司法实践来看，“最能弥补当事人损失的时点”通常是“判决履行国家赔偿义务的时点”，因为，该时点的房地产市场价格最为接近受害人的财产损失得以弥补的价格，当两者的价格无限接近，甚至差价为零的时候，才能保障实现所赔即所得，即用赔偿款置换获得与原房屋同等条件的新房，才能最大限度地确保受害人没有损失，从而真正符合填平补齐原则，并体现实质公平。如果受害人虽然最终赢了官司但赔了钱，这样的结果对他们而言，只是形式正义，缺乏实质公平。在张某等三户行政赔偿判决案例中，二审期间，张某等三户提交了《商品房买卖合同（预售）》《某县商品房预（销）售合同备案证明书》等证据，用以证明与被强拆房屋类似房地产的市场价格。安徽高院认为“对涉案房屋的价值，应当以判决时的市场价格确定”，“为保障张某的居住权，本院根据双方当事人在二审期间提举的类似房地产市场价格及当前某县房地产市场价格，综合涉案房屋的位置、结构、建筑年代等实际情况，酌定涉案房屋单价为5000元/平方米”，从而有效地保护了受害人的财产权益。笔者非常赞同这样一种观点——“与补偿利益相比，赔偿要考虑给予当事人适当的照顾和安排，以体现对违法强拆的惩罚性”。

如果受害人不能通过司法途径获得有效救济，就会使《国家赔偿法》的立法目的落空。任何人不得从自己的错误行为中获益，这是底线。受害人历经多年诉讼，最后还要为违法强拆行为造成的房屋差价埋单的话，这实质上就是让赔偿义务机关从自己的违法行政行为中获取不当利益，无异于变相鼓励和纵容违法强拆。所以，违法强拆行为导致受害人长期没有依法获得补偿或安置，在房价上涨时，赔偿义务机关有义务保证受害人得到公平合理的安置补偿，应当向其支付以生效判决作出时的同类房地产市场价格为标准的赔偿款。需要特别注意的是，“生效判决作出时”中的“生效判决”应指行政赔偿的生效判决，而非确认强拆行为违法的生效判决。

【经验提示】

在违法行政强拆的国家赔偿案件中，受害人可以根据案件进程开展相应工作。

1. 房屋被强拆前。在房屋或土地征收搬迁过程中，为防止房屋被非法强制拆除，被征收人应当通过录像、测绘丈量等方式提前固定房屋面积、外观内饰等，留存征收方发放的评估报告、安置补偿方案，权利人虽然未必认可其中的补偿标准，但诉讼中仍具有一定的参考价值。

2. 房屋被违法拆除时。此时要第一时间报警，一是通过公安机关锁定违法行为人，为行政赔偿诉讼或刑事附带民事诉讼赔偿诉讼做好准备；二是在不能通过自力救济保护现场的情况下，请求公安机关查封现场，因为，相关单位拆除房屋，腾空地块，是为了进行开发建设，如果案涉地块一旦被查封，他们目的就会落空，这样可以为维权赢得时间和空间。

3. 房屋被强制拆除后。为了尽可能地缩短诉讼周期，减少房价波动带来的赔偿价款争议，受害人可以依据《国家赔偿法》第九条第二款之规定，在申请行政复议或者提起行政诉讼时，一并提起国家赔偿。

权利人要积极收集并提供有利于自己的、能够真实反映房地产市价的证据材料，如周边楼盘楼书、商品房预售或销售合同、官方备案价格表、亲友买房的合同和发票等。

赔偿义务机关切记不要把房屋或土地征收中的依据、标准、程序等，用到国家赔偿诉讼中进行应诉、抗辩。实践中，赔偿义务机关经常把征收安置补偿方案中的补偿标准作为确定赔偿房屋价格的标准，或者把征收评估报告中的评估价作为赔偿价。前文已经述及，国家赔偿和征收补偿是两个不同的程序，适用不同的法律法规，《国家赔偿法》中没有规定征收安置补偿方案和评估报告可以作为行政赔偿的依据，所以，用补偿标准替代或作为确定赔偿标准的做法，显然不符合法无明文规定不可为的行政原则。赔偿义务机关即便想要把评估报告作为行政赔偿诉讼的证据，也要注意两个问题：

一是有效期。评估报告的有效期通常是 1 年，一旦期限届满即告失效，失效的证据不具有合法性，不能作为定案依据。

二是价格的公平合理性。在时间跨度较长、房价增长幅度较大的案件中，尽管有的评估报告有效期为“截至本项目征收结束时止”，且在国家赔偿诉讼的过程中，征收工作还没有完结，该评估报告尚未失效，但是，价格公平性已经丧失，其也不能作为赔偿依据；否则，据此作出的行政赔偿判决结果不能弥补受害人的损失，这样的判决结果显失公平，也有违国家赔偿中填平补齐的基本原则。

【相关规定】

《国家赔偿法》

第四条 行政机关及其工作人员在行使行政职权时有下列侵犯财产权情形之一的，受害人有取得赔偿的权利：

（一）违法实施罚款、吊销许可证和执照、责令停产停业、没收财物等行政处罚的；

（二）违法对财产采取查封、扣押、冻结等行政强制措施的；

（三）违法征收、征用财产的；

（四）造成财产损害的其他违法行为。

第九条 赔偿义务机关有本法第三条、第四条规定情形之一的，应当给予赔偿。

赔偿请求人要求赔偿，应当先向赔偿义务机关提出，也可以在申请行政复议或者提起行政诉讼时一并提出。

第十四条 赔偿义务机关在规定期限内未作出是否赔偿的决定，赔偿请求人可以自期限届满之日起三个月内，向人民法院提起诉讼。

赔偿请求人对赔偿的方式、项目、数额有异议的，或者赔偿义务机关作出不予赔偿决定的，赔偿请求人可以自赔偿义务机关作出赔偿或者不予赔偿决定之日起三个月内，向人民法院提起诉讼。

《国有土地上房屋征收与补偿条例》

第十九条 对被征收房屋价值的补偿，不得低于房屋征收决定公告之日被征收房屋类似房地产的市场价格。被征收房屋的价值，由具有相应资质的房地产价格评估机构按照房屋征收评估办法评估确定。

对评估确定的被征收房屋价值有异议的，可以向房地产价格评估机构申请复核评估。对复核结果有异议的，可以向房地产价格评估专家委员会申请鉴定。

房屋征收评估办法由国务院住房城乡建设主管部门制定，制定过程中，应当向社会公开征求意见。

无证房被强拆后应当如何赔偿

——张某诉贵州省黔南州某市人民政府国家赔偿案

【案号】 贵州省高级人民法院行政赔偿判决书，(2019) 黔行赔终 67 号

【核心提示】

在我国农村、城乡接合部等区域，法律普及及一些政策因素，导致村民建设的房屋普遍存在无规划许可手续的问题。没有规划许可手续建设的房屋，是否属于违法建筑，不能一概而论。在实践中，很多情形都是在没有进行征收拆迁时，无手续的房屋并不被认为是违法建筑，相关的行政机关反而主动为其提供通水通电、编号纳入网格、煤改电等便利，但是在纳入征收范围之后，在房屋征收部门与被征收人达不成一致协议的情况下，这些无证房屋就可能会被认定为违法建筑，甚至直接被违法强拆。违法强拆之后，对于无手续的房屋是否应当按照违法建筑予以赔偿，应当结合房屋的建设年代、建设之时的法律、当地区域性的因素、建房人与行政机关管理过错因素等方面进行综合衡量，不能一概地将无证房屋等同于违法建筑进行赔偿。

【关键词】

无证房屋　违法建筑　国家赔偿

【案情回顾】

张某是贵州省黔南州都匀市某村村民，后因建设项目需要，其房屋被纳入征收范围内。黔南某房地产开发有限责任公司取得涉案区域内的土地使用权，先后于2006 年、2010 年、2011 年等多次提交紧急报告及说明，要求某

市人民政府对其开发项目内违法修建的建筑物进行拆除。该房地产公司于2015年11月再次作出说明称："我公司于2006年10月通过招拍挂取得的建设项目地块，于2013年8月由都匀市七星棚户区存量项目征收改造指挥部启动征收，项目内房屋及附属物等，于2013年12月底征收拆迁完毕……"2013年8月22日，都匀市城市管理行政执法局对张某的房屋作出行政处罚告知书，8月28日作出行政处罚决定书，认定张某未经规划许可，擅自修建房屋，违反《城乡规划法》第四十条规定，责令张某在7日内自行拆除违法建筑。某市人民政府在未制作涉案房屋面积测绘表、未对屋内物品进行清点、登记、保存的情况下，组织施工人员分别于2013年10月16日和2015年1月26日将张某的涉案房屋强制拆除。黔南州中级人民法院（2016）黔27行初75号行政判决书及贵州省高级人民法院（2017）黔行终764号行政判决书确认某市人民政府等单位对张某房屋强制执行行为违法。之后，张某向某市人民政府申请国家赔偿，某市人民政府在法定期限内未作出是否赔偿的决定。于是张某向黔南州中级人民法院提起诉讼，请求对造成的房屋、物品、房屋租金收益等损失进行赔偿。

【办案结果】

黔南布依族苗族自治州中级人民法院2018年12月28日作出（2018）黔27行赔初78号行政赔偿判决书，判决：

被告某市人民政府于本判决生效之日起90日内支付原告张某赔偿金180余万元。

贵州省高级人民法院2019年9月16日作出（2019）黔行赔终67号行政赔偿判决书，判决：

驳回上诉，维持原判。

【律师点评】

近年来，在房屋、土地征收过程中，对于一些无证房屋，被征收人认为补偿标准太低而不予签订协议，房屋征收部门往往联合城市综合执法部门、乡镇人民政府等单位，将无证房屋按照违法建筑予以处理，试图迫使被征收人接受原先制定的补偿方案，如果被征收人依然不签协议或者迫于工期紧等情形，房屋征收部门则直接按照违法建筑进行强拆。在当事人对强拆行为提起诉讼以及在国家赔偿中，对于无证房屋是否属于违法建筑以及是否应当赔偿，无论是诉讼中的双方当事人，还是作出判决的人民法院，均存在较大争议。

那么，无证房是否等于违法建筑呢？笔者认为，对此不能一概而论。要明确无证房屋是否等同于违法建筑，首先要明确两者之间的概念。

所谓的无证房屋，狭义上是指未取得不动产权属证书的房屋，也就是未登记房屋。我国法律对不动产实行的是物权登记主义，所谓的证主要是指土地使用权证、房屋所有权证或者不动产权属证书。广义上的无证房屋，则除了未取得不动产权属证书之外，还包括未取得建设许可证等用地或者建设手续的房屋。违法建筑，是指违反土地管理法律或者城乡规划法律的建筑物、构筑物，常见的违法建筑物有以下一些情形：在农用地上建设的房屋、未取得建设工程规划许可证（或乡村建设规划许可证）或者未按照建设工程规划许可证（或乡村建设规划许可证）的规定进行建设的、超过批准期限的临时建筑物等。其中，关于建设工程规划许可证或者乡村建设规划许可证的区别，主要是看建筑物所在的规划区域性质。如果是在城市、镇规划区域内，那么建设行为应当取得建设工程规划许可证；如果是在乡、村规划范围内，那么建设行为应当取得乡村建设规划许可证。

从定义上来看，无证房屋的外延大于违法建筑的外延，因此，无证房屋不能简单地等同于违法建筑。对此，在最高人民法院审理的（2018）最高法行申5424号案件中，最高人民法院认为，“在房屋征收过程中，对因历史原因形成的没有建设审批手续和产权证照的房屋，行政机关应当在征收之前依法予以甄别，作出处理，不能简单将无证房屋一律认定为违法建筑，不予征收补偿；违法拆除因历史形成的无证房屋造成损失的，也不能简单以无证房屋即为违法建筑为由，不予行政赔偿”。最高人民法院的这一认定，是符合法律规定与客观实际的。

实际上，因历史原因等形成的无证房屋普遍存在，《国有土地上房屋征收与补偿条例》中对于无证房屋遇到征收之时应当如何处理，作出了明确的规定。《国有土地上房屋征收与补偿条例》第二十四条第二款规定，“市、县级人民政府作出房屋征收决定前，应当组织有关部门依法对征收范围内未经登记的建筑进行调查、认定和处理。对认定为合法建筑和未超过批准期限的临时建筑的，应当给予补偿；对认定为违法建筑和超过批准期限的临时建筑的，不予补偿”。也就是说，国务院在制定《国有土地上房屋征收与补偿条例》时，已经注意到了我国普遍存在的无证房屋现象，所以要求行政机关在作出征收决定之前对于未登记的房屋要先行认定，根据认定情况确定是否给予补偿，而非一律将无证房屋按照违法建筑进行处理。如此规定，可以最大限度地尊重历史与客观事实，保障被征收人的合法权益，减少征收过程中的矛盾和冲突。

在本案中，张某的涉案房屋虽然没有相关规划许可的证件，但是造成这一后果并非张某未办理建设许可手续，而是行政机关管理的原因，在征收过程中，征收指挥部在会议纪要中载明，“鉴于原都匀经济开发区在管理过程中因多种原因，导致许多住户证照不齐，很难完整提供住房的相关证件”，而征收区域内的其他被征收人的房屋，也并非全部按照违法建筑进行处理，根据当地的宅基地审批政策，可以按照一人 60 平方米或者一户 240 平方米的标准确定房屋的合法面积，所以，本案中对张某的房屋不能完全按照违法建筑认定处理。

虽然《国有土地上房屋征收与补偿条例》第二十四条第二款规定了在征收过程中对无证房屋的处理原则，但是在因为违法拆除无证房屋引发的国家赔偿案件中，对于赔偿的范围以及赔偿的标准如何认定，实践中仍存在争议。

根据《国家赔偿法》第三十二条的规定，国家赔偿能够返还财产或者恢复原状的，予以返还财产或者恢复原状。这就确定了国家赔偿的标准与范围是按照“填平补齐”的基本原则进行赔偿的，即以被侵权人的损失范围为赔偿的限度。在第三十六条第（八）项中，进一步规定了对财产权造成其他损害的，按照直接损失给予赔偿。但何为直接损失，《国家赔偿法》及《最高人民法院关于审理行政赔偿案件若干问题的规定》中均未作出明确的规定。

在实践中，直接损失相对的是间接损失，所谓直接损失，简单地说就是当事人的现有财产的直接减损，不包括当事人可期待利益的减损。那么，在因违法强拆造成的国家赔偿案件中，如何认定直接损失的范围呢？

强拆过程中，造成的直接损失主要是强拆行为导致的房屋、附属设施、装饰装修的损失，以及在强拆过程中造成的物品损失等。但是，如果将征收过程中的违法强拆行为造成的损失，仅限定于房屋、附属设施、装饰装修以及被毁坏的物品损失，则对于被征收人来说，其违法强拆所获得的赔偿，将可能低于征收补偿，造成的后果就是行政机关因违法行为而获利，国家赔偿反而低于合法的征收补偿，但是违法强拆的效率可能远高于合法征收的效率，实质上将鼓励违法强拆行为，不利于依法行政的法治建设与维护被征收人的合法权益。

根据《国有土地上房屋征收与补偿条例》第十七条的规定，对于被征收房屋的补偿，包括被征收房屋价值的补偿；因征收房屋造成的搬迁、临时安置的补偿；因征收房屋造成的停产停业损失的补偿；还有相应的征收补偿方案中确定的奖励、补助等。同时，根据《国有土地上房屋征收评估办法》等规定，还包括对装饰装修等的补偿。也就是说，如果通过合法的征收程序，当事人不但可以获得房屋价值、附属设施、装饰装修的补偿，还能得到相应的搬迁费、过渡费、有关的奖励与补助等，如果属于经营性用房的，还包括停产停业损失的补偿。违法强拆之后如果只给予房屋价值、装饰装修、附属设施、物品损失等赔偿的话，当事人应当取得的搬迁费、过渡费、奖励补助等将会被剥夺，这样明显对被征收人不利。

近来，最高人民法院通过典型案例以及公告案例等一系列方式，形成了征收案件中违法强拆造成国家赔偿的裁判规则，确定了国家赔偿不低于征收补偿的国家赔偿原则，要求全面赔偿，将被征收人在合法的征收程序中应当获得的各项征收补偿项目，均纳入直接损失的范围，以达到对违法行为的惩戒和对行政相对人的体恤。最高人民法院发布的公报案例（2017）最高法行再 101 号案件中确定了裁判规则，即市、县级人民政府在既未作出补偿决定又未通过补偿协议解决补偿问题的情况下，违法强制拆除被征收人房屋的，应当赔偿被征收人房屋价值损失、屋内物品损失、安置补偿等损失。人民法院在确定赔偿数额时，应当坚持全面赔偿原则，合理确定房屋等的评估时点，并综合协调适用《国家赔偿法》规定的赔偿方式、赔偿项目、赔偿标准与《国有土地上房屋征收与补偿条例》规定的补偿方式、补偿项目、补偿标准，确保被征收人得到的赔偿不低于其依照征收补偿方案可以获得的征收补偿。在最高人民法院（2018）最高法行再163号案件中，最高人民法院认为“二审法院将《国家赔偿法》规定的‘直接损失’仅仅解释为房屋被拆除后的重置损失，而将再审申请人应当享有的农房拆迁安置补偿权益排除在外，失之偏颇……根据行政法的基本原理，行政机关基于合法行政行为造成他人损失产生的是补偿责任，反之因违法实施行政行为造成他人损害产生的是赔偿责任。行政赔偿是国家赔偿的一种形式。《国家赔偿法》上述‘直接损失’的范围，除包括被拆迁建筑物重置成本损失外，还应当包括再审申请人应享有的农房拆迁安置补偿权益以及对动产造成的直接损失等”。“要最大程度地发挥《国家赔偿法》在维护和救济因受到国家公权力不法侵害的行政相对人的合法权益方面的功能与作用，对《国家赔偿法》第三十六条中关于赔偿损失范围之‘直接损失’的理解，就不仅包括既得财产利益的损失，还应当包括虽非既得但又必然可得的财产利益损失，才符合该法的立法精神。”同时，在确定赔偿方式与赔偿标准方面，最高人民法院在本案中认为：“出于对违法行政行为侵权受害者合法权益充分保护的考虑，行政机关在确定行政赔偿标准与额度的过程中，应当充分考虑相关法律、法规和政策规定，在不违反法律、法规禁止性规定的情况下，结合再审申请人分户及亲属安置情况、原房屋面积状况等待定事项，同时考虑房屋附属物、动产以及本次拆迁涉及的搬迁费、过渡费、奖励金等具体给付事项，尽可能给予再审申请人必要、合理的照顾和安排，以体现对违法行政行为的惩戒和对被侵权人的关爱与体恤。”

笔者代理的张某诉某市人民政府国家赔偿案件中，一审人民法院也考虑到违法强拆行为的性质，结合房地产市场价格的变化情况，在征收补偿协议中确定的价格基础上上浮一定比例，作为现在赔偿时的判决标准，且对于张某应当获得的搬迁费、过渡费等均予以判决赔偿。

【经验提示】

无证房屋与违法建筑，是两个不同的概念，其外延不同。被征收人如果认为行政机关拆除自己的无证房屋行为违法的，可以依法提起行政诉讼，由法院对拆除行为的合法性进行审查。如果经过审查之后，法院认定拆除行为违反法律规定的，受害人可以依法提起国家赔偿。行政机关在征收的过程中，也不能为了提高征收效率或者降低被征收人的补偿费用，不当地使用拆除违法建筑的方式，对被征收人应当补偿的房屋实施拆除，否则可能会承担更重的赔偿责任。

在征收过程中因拆除违法建筑而引发的国家赔偿案件，最主要的就是关于房屋性质的认定，如果法院经过审理之后，认定当事人的房屋不能按照违法建筑进行处理，此时法院在判决赔偿的标准上，大多会参照征收补偿方案中对合法建筑的补偿标准，按照不低于补偿方案中确定的标准，对当事人进行赔偿；有部分法院，则是按照房屋的市场价，参照补偿方案中确定的补偿范围，对当事人应当获得的补偿进行全面赔偿。笔者更赞同人民法院按照市场价赔偿的处理方案，如此才能够实现对违法行为的惩戒，避免更多的违法行为发生。如果法院经过审理之后，认定涉案的房屋属于不违法建筑，则对违法拆除行为造成的损失予以赔偿；若房屋是违法建筑，则不予赔偿。但是会同时认定建设房屋的建筑材料是当事人的合法财产，故而按照可回收利用建筑材料的标准酌定进行赔偿。

对于违法建筑，往往是通过行政机关的前置行政处理决定进行认定的，如行政处罚决定或者限期拆除决定。所以，当事人如果在征收过程中遇到以拆除违法建筑为名实施征收行为之时，对于行政机关作出的行政决定一定要通过法定的行政复议或者行政诉讼程序进行审查，否则会直接影响后续的赔偿。

【相关规定】

《国有土地上房屋征收与补偿条例》

第十七条　作出房屋征收决定的市、县级人民政府对被征收人给予的补偿包括：

（一）被征收房屋价值的补偿；

（二）因征收房屋造成的搬迁、临时安置的补偿；

（三）因征收房屋造成的停产停业损失的补偿。

市、县级人民政府应当制定补助和奖励办法，对被征收人给予补助和奖励。

第二十四条 市、县级人民政府及其有关部门应当依法加强对建设活动的监督管理，对违反城乡规划进行建设的，依法予以处理。

市、县级人民政府作出房屋征收决定前，应当组织有关部门依法对征收范围内未经登记的建筑进行调查、认定和处理。对认定为合法建筑和未超过批准期限的临时建筑的，应当给予补偿；对认定为违法建筑和超过批准期限的临时建筑的，不予补偿。

《国家赔偿法》

第二条 国家机关和国家机关工作人员行使职权，有本法规定的侵犯公民、法人和其他组织合法权益的情形，造成损害的，受害人有依照本法取得国家赔偿的权利。

本法规定的赔偿义务机关，应当依照本法及时履行赔偿义务。

第四条 行政机关及其工作人员在行使行政职权时有下列侵犯财产权情形之一的，受害人有取得赔偿的权利：

（一）违法实施罚款、吊销许可证和执照、责令停产停业、没收财物等行政处罚的；

（二）违法对财产采取查封、扣押、冻结等行政强制措施的；

（三）违法征收、征用财产的；

（四）造成财产损害的其他违法行为。

第三十二条 国家赔偿以支付赔偿金为主要方式。

能够返还财产或者恢复原状的，予以返还财产或者恢复原状。

第三十六条 侵犯公民、法人和其他组织的财产权造成损害的，按照下列规定处理：

（一）处罚款、罚金、追缴、没收财产或者违法征收、征用财产的，返还财产；

（二）查封、扣押、冻结财产的，解除对财产的查封、扣押、冻结，造成财产损坏或者灭失的，依照本条第三项、第四项的规定赔偿；

（三）应当返还的财产损坏的，能够恢复原状的恢复原状，不能恢复原状的，按照损害程度给付相应的赔偿金；

（四）应当返还的财产灭失的，给付相应的赔偿金；

（五）财产已经拍卖或者变卖的，给付拍卖或者变卖所得的价款；变卖的价款明显低于财产价值的，应当支付相应的赔偿金；

（六）吊销许可证和执照、责令停产停业的，赔偿停产停业期间必要的经常性费用开支；

（七）返还执行的罚款或者罚金、追缴或者没收的金钱，解除冻结的存款或者汇款的，应当支付银行同期存款利息；

（八）对财产权造成其他损害的，按照直接损失给予赔偿。

《最高人民法院关于适用〈中华人民共和国行政诉讼法〉的解释》

第四十七条 根据行政诉讼法第三十八条第二款的规定，在行政赔偿、补偿案件中，因被告的原因导致原告无法就损害情况举证的，应当由被告就该损害情况承担举证责任。

对于各方主张损失的价值无法认定的，应当由负有举证责任的一方当事人申请鉴定，但法律、法规、规章规定行政机关在作出行政行为时依法应当评估或者鉴定的除外；负有举证责任的当事人拒绝申请鉴定的，由其承担不利的法律后果。

当事人的损失因客观原因无法鉴定的，人民法院应当结合当事人的主张和在案证据，遵循法官职业道德，运用逻辑推理和生活经验、生活常识等，酌情确定赔偿数额。

无证房被违法强拆也应获得国家赔偿

——胡某诉贵州省贵阳市某区城市综合执法局强拆违法国家赔偿案

【案号】贵阳市中级人民法院行政赔偿判决书，(2018) 黔01行赔终64号

【核心提示】

即便被违法强拆的房屋是没有合法证照的违法建筑，但违法拆除行为给行政相对人造成损失时，赔偿义务机关仍要在区分损害结果的基础上，承担相应的赔偿责任。组成建筑物的建筑材料及建筑内的物品，则属于当事人的合法财产。行政机关及其工作人员违法行使行政职权造成前述财产损害的，应当承担赔偿责任。

【关键词】

外来户　无证房　违法建筑　违法强拆　行政赔偿

【案情回顾】

2015年8月19日，贵阳市中级人民法院（以下简称贵阳中院）作出的(2015) 筑行终字第112号行政判决书，判决确认贵阳市某区城市综合执法局（以下简称执法局）在2013年1月19日拆除胡某位于贵阳市某区艳山红镇某村房屋的行为违法。2015年9月28日，胡某向执法局提出国家赔偿申请。该局收到赔偿申请后，作出《关于对胡某〈国家赔偿申请书〉的答复意见》(以下简称《赔偿答复意见》)，"决定不予赔偿"，并要求其"在接到该答复之日起十日内自行取回其房屋内物品，如因原告原因未能取回，造成的

损失由其自行承担”。

胡某对此不服，向人民法院提起诉讼。2016年，两审法院审理后，先后分别作出（2015）筑观法行初字第90号行政赔偿判决书（以下简称90号行政赔偿判决书）和（2016）黔01行赔终22号行政赔偿判决书（以下简称22号行政赔偿判决书），未支持其诉讼和上诉请求，主要理由是胡某未能证明案涉房屋的合法性，屋内物品已录像并保存，并通知胡某在规定期限内领取。

胡某不服，向贵州省高级人民法院申请再审。2017年3月28日，贵州省高级人民法院作出（2017）黔行赔申6号行政赔偿裁定书，指令贵阳中院再审。贵阳中院再审后，于2017年9月4日作出（2017）黔01行赔再1号行政赔偿裁定书，裁定撤销90号行政赔偿判决书和22号行政赔偿判决书，并发回重审。

贵阳市观山湖区人民法院重新审理后，于2018年5月18日，作出（2017）黔0115行初210号行政赔偿判决书（以下简称再审一审判决书），称“虽然原告胡某的房屋非其合法财产，但被告的强拆行为亦应合法，以保障原告通过自力救济方式回收利用尽可能减少自身损失……原告胡某已同拆迁办工作人员就房屋附属设施及室内装修类别、数量以及补偿金额进行了确认……胡某虽然提交了财产清单欲证实室内家具家电等财产的损失，但该项证据系原告单方制作，且未提供其他证据予以证明……胡某拒绝对封存物品进行清点核对，造成该部分损失无法计算，故对该部分损失，本院不予处理”。

原被告双方均对该判决结果不服，分别提起上诉。2018年10月10日，贵阳中院作出（2018）黔01行赔终64号行政赔偿判决书（以下简称再审二审判决书），认为“考虑各方当事人对于室内物品损失举证不充分的情况，本院加判由执法局赔偿胡某室内物品损失×万元”。

【办案结果】

案件通过再审程序，发回重审后，最终作出了有利于被征收人胡某的判决。再审一审判决书判决：

1. 撤销被告执法局于2015年11月26日作出的《赔偿答复意见》；

2. 被告执法局在本判决生效之日起30日内支付原告胡某赔偿金人民币×元；

3. 驳回原告胡某的其他诉讼请求。

在再审二审判决书中，贵阳中院维持了再审一审判决书的第一项、第二项，撤销了其中的第三项，并加判“三、贵阳市某区城市综合执法局在本判决生效之日起三十日内支付胡某室内物品损失赔偿金×万元”。

【律师点评】

案例中，外来户胡某因不同意艳山红镇棚改项目的补偿标准，案涉无证房遂被认定为违建，并被强制拆除，由此引发系列诉讼。这样的遭遇只是众多外来户无证房补偿纠纷的一个缩影。随着我国城市化进程的不断加速，越来越多的农民进城务工，安家落户。他们被本地居民或村民称为“外来户”。许多外来户因为自身购买力受制于高房价，于是选择了购买“小产权”房，或通过联建、购买方式，取得集体土地后，自建房屋。这些房产的共同特点是：（1）原先地处城乡接合部或农村，随着城市范围的不断扩张，融入了城市核心城区或主城区；（2）先天手续不全，没有房产证，最多由村委会出具“集体房屋产权证”、产权证明文件，或与出让土地的村民之间的买卖协议、联建协议，极少数房屋能够取得县乡（镇）人民政府及其职能部门核发的房屋所有权证或土地使用权证；（3）房屋建成时间相对较长，多数建在20世纪90年代到21世纪初。这类房屋手续不全，加之房主不是本村集体经济组织成员，所以，在征收过程中，对其补偿极低，甚至以违法建筑为由予以拆除，且不予补偿。同样是无证房，本地村民往往能够获得合理补偿。

对外来户的无证房到底要不要补偿、赔偿的争论从未间断过。持否定态度的一方认为，外来户不是本集体经济组织成员，无权享受包括占用宅基地建房在内的村民福利待遇，无证房属于违建，对违法财产不应保护，否则会助长违法建设之风；持肯定态度一方则主张，征收补偿、赔偿是针对房屋自身价值而支付的对价，与房主身份无关，不应简单地当作违建一拆了之，应该进行合理补偿。相比之下，笔者倾向于后一种意见，尤其是当违法强拆行为给相对人造成损失时，赔偿义务机关要在区分损害结果的基础上，承担相应的赔偿责任，主要基于以下理由。

首先，基于规范行政执法行为的需要。

对违法的建筑物、构筑物、设施等需要强制拆除的，行政机关应当遵循《行政强制法》第三十五条、第四十四条等规定，履行催告、公告等程序。目的在于：一是自行拆除，可降低行政执法成本，减少公共财政支出；二是通过自行拆除，可最大限度地对建筑材料等加以回收利用，降低被执行人自身损失，减少社会资源浪费；三是给予救济途径，以防执行错误，造成不可逆转的损害。如果只要是无证房、违法建筑等，即便强拆被判违法，都可以不加区别地一律不予赔偿，那么，行政机关就会为了追求效率和结果，而忽视程序规范要求。因为，此时的执法过程即执法程序，已经变得可有可无，程序性规定成了装饰性条款，他们会视执法程序如无物，执法就会越来越随意、任性，如此一来，势必会破坏程序正义。

行政机关查处、强拆违法建筑，是代表国家行使行政管理权，理应依法行使行政权力，即应依法行政。依法行政的内在要求之一就是程序合法。“行政机关作出任何行政行为，均应按照相应的法定程序进行，即使行政相对人违法在先，行政机关纠正违法行为也应当严格按照法定程序履行职责”“强制拆除的对象是违法建筑本身，但组成建筑物的建筑材料及建筑内的物品，则属于当事人的合法财产。当事人因违法建筑所负的法律责任，不应当涉及其合法的私有财产”“行政机关对违法建筑实施强制拆除的，手段、方式必须科学、适中，不得以野蛮方式实施强制拆除”，最高人民法院在（2018）最高法行申952号行政裁定书中如是论述。由此可见，即便无证房是违法建设而成，但组成房屋的建筑材料本身并不违法，属于合法财产。按照《国家赔偿法》第四条第（四）项的规定，行政机关及其工作人员违法行使行政职权造成财产损害的，受害人有取得赔偿的权利。换言之，因行政机关违法强拆行为造成受害人合法财产损失的，行政机关应当承担赔偿责任。

违法行政是人为因素所致，因为行政执法背后的实际决策者、执行者都是人。《国家赔偿法》第十六条规定，“赔偿义务机关赔偿损失后，应当责令有故意或者重大过失的工作人员或者受委托的组织或者个人承担部分或者全部赔偿费用。对有故意或者重大过失的责任人员，有关机关应当依法给予处分；构成犯罪的，应当依法追究刑事责任。”违法强拆的行政机关承担赔偿责任后，依法可追究相关责任人的经济责任（民事赔偿）、行政责任或刑事责任。所以，通过承担国家赔偿责任，追究执法中存有故意或者重大过失的工作人员个体责任，可以有效地规范行政机关工作人员行政执法行为，推动依法行政，促进法治政府建设。

其次，出于弥补受害人损失，修复国家公信力的需要。

有损害必有救济，无救济则无权利。因此，违法行政行为的受害人有权寻求司法救济和国家赔偿。需要注意的是，国家赔偿保护对象为合法权益，对于外来户无证房赔偿问题，不能一概而论，不能认为此类房产属于违法建设就无须给予任何赔偿，而是应该将违法建设和合法财产区分后依法处理。如前所述，组成违法建筑物的建筑材料和建筑内的物品，属于当事人的合法财产。当事人本可以“通过自力救济方式回收利用尽可能减少自身损失”，但因违法强拆，造成该部分财产无法回收，从而增加了财产损失，赔偿义务机关对自己违法行政行为造成的该部分财产损失，应当承担赔偿责任。而不是像执法局在法院已经判决认定其拆除胡某房屋行为违法的情况下，不重新审视自己的行为，并及时赔偿胡某的相关财产损失，而是以《赔偿答复意见》告知“决定不予赔偿”。再审程序之后的最终判决结果证明执法局的做法是错误的。

被违法强拆的外来户，是违法行政行为的受害人，不应独自为违法行政造成的损害承担不利后果。赔偿义务机关应当积极采取赔礼道歉、恢复原状、赔偿损失等有效措施，纠正之前的过错，填平补齐受害人因违法行政行为遭受的损害，帮助受害人恢复对公权力的信任。尽管《国家赔偿法》规定的侵犯财产权的国家赔偿责任中不包括赔礼道歉，但从实践效果来看，有时行政首长或工作人员的一句真诚的道歉，就足以冰释前嫌。笔者建议和期待将来修改《国家赔偿法》时能够把赔礼道歉列为侵犯财产权的国家赔偿责任形式。

最后，是保障民生，构建和谐社会的需要。

征收实践中，同样是外来户无证房，房主同意按照征收方制定的安置补偿方案中的补偿标准签约搬迁的，则不仅不会被以违建拆除，而且还能得到适当补偿。反之，非但没有补偿，还会被当作违建拆除。所谓查处外来户无证房违建行为，其真正动因，不是为了拆违而拆违，而是借助拆违逼迫搬迁。这种选择性执法，姑且不论执法目的不正当，单就民生保障而言也不足取。

《国务院办公厅关于进一步严格征地拆迁管理工作切实维护群众合法权益的紧急通知》（国办发明电〔2010〕15 号）要求，“确保被征地拆迁农民原有生活水平不降低，长远生计有保障。……被征地拆迁农户所得拆迁补偿以及政府补贴，能够保障其选购合理居住水平的房屋”。2011 年 3 月 17 日，中纪委下发《关于加强监督检查进一步规范征地拆迁行为的通知》（中纪办〔2011〕8 号），进一步强调“在《土地管理法》等法律法规作出修订之前，集体土地上房屋拆迁，要参照新颁布的《国有土地上房屋征收与补偿条例》的精神执行”。因此，有必要根据实际情况和当地经济发展水平，对外来户无证房进行合理补偿，违法拆除造成损失的，应依法赔偿，进而实现法律效果与社会效果的统一。

总之，房屋、土地征收或行政强制执法中，行政机关不能简单地理解和机械地适用法律，更不能把法律当作强制搬迁的工具，要保证执法目的的正当性，与中央确立的民生精神保持一致，确保“民有所居，老有所依”。毕竟，我们征收搬迁改造的目的是让人民过上更幸福的生活。在严肃查处外来户无证房违建问题时，应当把恶意违建和经村、镇及其他单位同意或默许建设的房产区分开，对后者不妨参照本地居民或村民的房屋补偿标准进行安置补偿，尽量减少外来户的经济损失，避免引发或激化不必要的社会矛盾。特别是在征收搬迁项目中，对无证房不予补偿的，一定要有充分的依据和证据，不然会面临败诉风险。如笔者代理的安徽省合肥市付某等不服房屋征收部门对其无合法证照房屋不予以补偿的案件，经安徽省合肥市中级人民法院审理后，法院认为对案涉没有合法证照房屋不予补偿的行为不合法，在其作出的（2017）皖 01 行初 11 号行政判决书中如此阐述，“被告认定涉案房屋为集体土地上住宅用房，房屋无房屋产权证等合法有效证明，决定对原告无合法证照房屋不予补偿。而诉讼中，被告没有提供对无合法证照房屋不予补偿的法律依据。根据《国有土地上房屋征收与补偿条例》第二十四条第二款的规定，不予补偿的对象应是被认定为违法的建筑和超过批准期限的临时建筑。

同时，被告也没有提供涉案房屋已被认定为违法建筑的证据或无合法证照的房屋就是违法建筑的依据”。可见，无证房未必就是违法建筑，不能一概不予补偿。

【经验提示】

地方行政执法单位应当建立和完善违法建设巡查监督机制，对违法建设行为早发现、早制止，以免建成竣工才进行查处、强拆。不然，一则会造成建设行为人人力、资金和社会资源的浪费；二则增加执法难度，尤其是面对建成多年的和征收拆迁中的“违建”，房主常常质疑“为什么建成这么多年，没有单位说是违建，可一遇到拆迁，就成了违建”？他们内心陡增诸多不解和抵触。其实，对于违法建筑并非一律拆除，如《土地管理法》第七十四条、第七十七条规定，对违反土地利用总体规划擅自将农用地改为建设用地的，限期拆除在非法转让、占用的土地上新建的建筑物和其他设施，恢复土地原状，但对符合土地利用总体规划的，没收在非法转让、占用的土地上新建的建筑物和其他设施。这样既可以实现查处违建目的，又可以减少不必要的资源浪费。同样，为了把对行政相对人的损害结果降到最低，只有“无法采取改正措施消除影响的”违法建筑才有必要拆除。

当然，必须要拆除不等于立即拆除，《行政强制法》第四十四条规定，“当事人在法定期限内不申请行政复议或者提起行政诉讼，又不拆除的，行政机关可以依法强制拆除”。言外之意，如果当事人已经申请行政复议或者提起行政诉讼了，则不能强制拆除。这是为了防止行政处罚错误，造成违法强拆。所以，在当事人穷尽或放弃法律救济途径前，行政机关不要急于强拆。不然，又会引发强拆违法诉讼、国家赔偿诉讼等，增加诉累。

对外来户的无证房屋要充分考虑历史因素，结合地方政策，以主动自行拆除，适当补偿为原则，强制拆除，不予补偿为例外。不予补偿的必须要拆除的，在作出处罚决定和强制拆除前，应当调查核实拆除涉及的财产范围、性质、价值，特别是当合法建筑和违法建筑混建在一起的时候，对合法建筑和违法建筑要进行严格区分，不能在拆除违建时，未经合法程序，把合法建筑也一并拆除了。强制拆除时，对屋内物品，要清点造册，制作现场笔录，妥善保管，及时移交。当事人对财产清单内容不认可，拒绝签字或盖章确认的，行政机关应当通过公证、见证等方式，对财产清单内容的真实性加以确认，以便在发生赔偿纠纷时，能够有效完成举证责任。因为，《行政诉讼法》第三十八条第二款规定，行政赔偿案件中，由于被告原因导致原告无法举证的，由被告承担举证责任。

违法建筑中，通常是建设方有错在先，所以，建设方在主张自己权利的时候，也需要正视自己的过错，在法律法规和政策允许的范围内，商谈补偿或赔偿问题，尽量减少自己的损失。

【相关规定】

《国家赔偿法》

第四条 行政机关及其工作人员在行使行政职权时有下列侵犯财产权情形之一的，受害人有取得赔偿的权利：

（一）违法实施罚款、吊销许可证和执照、责令停产停业、没收财物等行政处罚的；

（二）违法对财产采取查封、扣押、冻结等行政强制措施的；

（三）违法征收、征用财产的；

（四）造成财产损害的其他违法行为。

第十六条 赔偿义务机关赔偿损失后，应当责令有故意或者重大过失的工作人员或者受委托的组织或者个人承担部分或者全部赔偿费用。

对有故意或者重大过失的责任人员，有关机关应当依法给予处分；构成犯罪的，应当依法追究刑事责任。

《行政诉讼法》

第三十八条 在起诉被告不履行法定职责的案件中，原告应当提供其向被告提出申请的证据。但有下列情形之一的除外：

（一）被告应当依职权主动履行法定职责的；

（二）原告因正当理由不能提供证据的。

在行政赔偿、补偿的案件中，原告应当对行政行为造成的损害提供证据。因被告的原因导致原告无法举证的，由被告承担举证责任。

《行政强制法》

第三十五条 行政机关作出强制执行决定前，应当事先催告当事人履行义务。催告应当以书面形式作出，并载明下列事项：

（一）履行义务的期限；

（二）履行义务的方式；

（三）涉及金钱给付的，应当有明确的金额和给付方式；

（四）当事人依法享有的陈述权和申辩权。

第四十四条 对违法的建筑物、构筑物、设施等需要强制拆除的，应当由行政机关予以公告，限期当事人自行拆除。当事人在法定期限内不申请行政复议或者提起行政诉讼，又不拆除的，行政机关可以依法强制拆除。

《土地管理法》

第七十四条 买卖或者以其他形式非法转让土地的，由县级以上人民政府自然资源主管部门没收违法所得；对违反土地利用总体规划擅自将农用地改为建设用地的，限期拆除在非法转让的土地上新建的建筑物和其他设施，恢复土地原状，对符合土地利用总体规划的，没收在非法转让的土地上新建的建筑物和其他设施；可以并处罚款；对直接负责的主管人员和其他直接责任人员，依法给予处分；构成犯罪的，依法追究刑事责任。

第七十七条 未经批准或者采取欺骗手段骗取批准，非法占用土地的，由县级以上人民政府自然资源主管部门责令退还非法占用的土地，对违反土地利用总体规划擅自将农用地改为建设用地的，限期拆除在非法占用的土地上新建的建筑物和其他设施，恢复土地原状，对符合土地利用总体规划的，没收在非法占用的土地上新建的建筑物和其他设施，可以并处罚款；对非法占用土地单位的直接负责的主管人员和其他直接责任人员，依法给予处分；构成犯罪的，依法追究刑事责任。

超过批准的数量占用土地，多占的土地以非法占用土地论处。

联合执法中谁该为违法强拆行为承担责任

——张某诉安徽省蚌埠市某县人民政府强拆违法国家赔偿再审案

【案号】 安徽省高级人民法院行政裁定书，（2016）皖行终383号、384号和386号；安徽省蚌埠市中级人民法院行政判决书，（2016）皖03行初90号、91号和92号；安徽省蚌埠市中级人民法院行政裁定书，（2015）蚌行初字第00044号、00046号、00047号

最高人民法院行政裁定书，（2019）最高法行赔申933号、934号、937号；安徽省高级人民法院行政判决书，（2018）皖行赔终4号、6号、7号；安徽省蚌埠市中级人民法院行政判决书，（2017）皖03行赔初7号、9号、11号

【核心提示】

在多家单位联合强拆案件中，被告相互推诿，或部分被告及案外人争相揽责时，加强对“实施要素”的考量显得尤为重要。我们面对“甩锅”“背锅”行为，既不能错告了无辜的单位，也不能放纵应该承担责任的单位。本着“谁行为，谁负责，谁被告”原则，让真正应该为违法强拆行为负责的主体站到被告席上，为其自身的违法行政行为承担法律责任，而不是任其躲避在被授意者、一线实施者的身后。不枉不纵，才能确保诉权得以正确行使，得出正确的审判结果，最终让真正的违法行政主体承担法律责任。

【关键词】

联合执法　违法强拆　责任主体

【案情回顾】

2015 年 7 月 22 日，被征收人张某接到通知，到其所在街道办事处商谈征收安置补偿事宜。张某回来后发现自己和子女的四栋房屋全部被拆除，自家小超市里的商品也不知所踪。他们感觉自己被骗，征收方采用调虎离山的手法，以商谈补偿为名，支走家里人，偷拆了房屋。

房屋被拆掉后，张家人多次找有关单位索要补偿，都无功而返。鉴于没有单位愿意承担补偿或赔偿责任，张家既没有签订过征收安置协议，也没有收到过征收补偿决定书，想要起诉，手头没有充足的证据，不知道如何去告。一筹莫展之际，张某委托笔者作为代理律师。接受委托后，根据收集整理的材料，我们确定分别以张某和其子女为原告（因为张某的子女已经成年，且各自对被拆房屋享有相应的所有权，故可以作为独立原告），某县人民政府为被告，诉至安徽省蚌埠市中级人民法院（以下简称蚌埠中院），请求确认被告强拆张某等三原告房屋的行为违法。

蚌埠中院认为，某县人民政府发布的房屋征收决定中，已确定房屋征收部门为某县重点工程建设管理局（以下简称重点工程局），即案涉房屋所在的区域拆迁工作由重点工程局实施，某县人民政府不是本案适格的被告。并据此要求三原告将被告变更为重点工程局。原告方对此不认可，不同意变更。蚌埠中院遂依据《最高人民法院关于适用〈中华人民共和国行政诉讼法〉若干问题的解释》（已废止）第三条第一款第（三）项之规定，于 2016 年 3 月 15 日，作出（2015）蚌行初字第 00044 号、第 00046 号和第 00047 号行政裁定书（以下简称一审裁定），分别裁定驳回张某等三原告的起诉。

三原告不服裁定结果，分别上诉至安徽省高级人民法院。他们认为一审中的录像、证人证言能够证明某县人民政府副县长朱某在现场指挥相关部门实施强拆，某县人民政府是强拆行为的组织实施单位。而重点工程局强调自己是责任主体，强拆行为与某县人民政府无关，但未提供任何证据证明，也未提供证据证明相关拆迁人员与拆迁单位是该局组织的。所以，某县人民政府才是适格被告，一审法院裁定事实不清，请求依法撤销一审裁定。

安徽省高级人民法院审理后，采纳了原告的主张。于2016年8月11日，作出（2016）皖行终383号、384号和386号行政裁定书，撤销一审裁定，指令蚌埠中院继续审理。

发回重审后，蚌埠中院重新组织合议庭审理前述三案，并于2016年11月17日，重新作出一审判决。

【办案结果】

蚌埠中院作出（2016）皖03行初90号、91号和92号行政判决书，《国有土地上房屋征收与补偿条例》第四条规定，市、县级人民政府负责本行政区域的房屋征收与补偿工作。上诉人张某等在一审中提供的证人证言、现场照片、视频资料等证据，能够证明其房屋被拆时，有某县多个部门的公务人员参与，该拆除行为系某县人民政府组织实施，上诉人张某等的上诉理由能够成立。确认被告某县人民政府于2015年7月22日强制拆除张某等三人房屋的行政行为违法。对此，原被告双方均未提起上诉。

后在张某等提起的国家赔偿案中，人民法院依据前述生效判决，判决某县人民政府赔偿张某等三人因房屋被强拆而造成的各项经济损失，共计增加赔偿数百万元。

【律师点评】

在房屋征收和土地征收过程中，对房屋实施强制拆除时，地方政府通常会“协调”多家单位共同实施拆除工作。事实上，这种“联合执法”式强拆中，许多单位和政府部门大多出工不出力，他们在现场多为壮声势，给被征收人造成心理威慑，并没有实施强拆行为。但被征收人或利害关系人若不服该类强拆行为，要通过诉讼维护自身合法权益时，经常遭遇诸多难题，像如何正确选择和确定强拆行为的责任主体就是其中之一。首先，准备起诉时，原告面临的首要难题就是应该去告谁，即谁是被告，是诉其中一个或多个单位，还是所有参加强拆的单位；其次，诉讼中，（部分）被告为了推卸责任，而否认自己是被诉强拆行为的主体，或者部分被告或案外人为帮助某被告逃避责任，而主张自己实施了被诉强拆行为，为此，还要应对“甩锅”“背锅”的问题。原告既不能错告了无辜的单位，也不能放过应该承担责任的单位。不枉不纵，才能确保诉权得以正确行使，得出正确的审判结果，最终让真正的违法行政主体承担法律责任。

如果原告对被告的选择不当，则有可能承担败诉的不利法律后果。如“错列被告且拒绝变更的”，按照《最高人民法院关于适用〈中华人民共和国行政诉讼法〉的解释》第六十九条第一款第（三）项之规定，“已经立案的，应当裁定驳回起诉”。此时，会因案件不会进入实体审理，人民法院无须对被诉强拆行为的合法与否作出判决。从实际效果来看，原告在程序上就已经注定了败局，无法赢得实体上的胜利，终究不会获得他所期待的胜诉结果。如果人民法院错误认定了被告，即应当作为被告的没有作为被告，不应作为被告的反倒成为被告，相应的裁判结果则会因为认定事实错误或认定基本事实不清，而被撤销、改判或发回重审。如案例中，安徽省高级人民法院认为蚌埠中院以原告拒绝将被告由某县人民政府变更为重点工程局为由，裁定驳回原告起诉是错误的，并作出撤销驳回起诉的裁定，发回蚌埠中院继续审理。

能否正确选择或认定强拆行为主体，其影响远不止于此，还涉及案件性质、责任主体、管辖权等问题。尤其在被告包括县、区、市级人民政府等不同级别的多家“联合执法”单位时，有的地方政府就想方设法地摘除政府与强拆行为的关系，以求降低管辖级别，让案件结果可控，或规避法律责任。强拆案件第一审通常由基层人民法院或中级人民法院审理，第二审由对应的中级人民法院或高级人民法院审理。根据《行政诉讼法》第十四条的规定，基层人民法院管辖第一审行政案件。但对县级以上地方人民政府所作的行政行为提起诉讼的案件的第一审，则应当按照《行政诉讼法》第十五条之规定，由中级人民法院管辖。在多被告的第一审行政诉讼案件中，由于被告的行政级别不同，针对单个被告的管辖级别也有所不同，有的属于基层人民法院管辖，有的属于中级人民法院管辖，出现此种情形时，按照“就高不就低”的原则，应由中级人民法院管辖（复议机关决定维持原行政行为的，将作出原行政行为的行政机关和复议机关作为共同被告的案件除外）。所以，如果被诉的县、区、市级人民政府是适格被告，那么，案件的第一审和第二审依法则分别由中级人民法院和高级人民法院管辖。然而，对于被告来说，管辖级别越高，“协调”难度越大，败诉风险也就随之增加。这也是实践中出现“背锅”“甩锅”现象的原因之一。

一边是县、区、市级人民政府矢口否认自己实施了被诉强拆行为，另一边是某些单位（包括拆迁公司）通过派人出庭作证或出具情况说明等方式，向法庭极力自认强拆行为是其所为，与其他被告无关。就像案例中，在查证谁强拆了张某等三人的房屋时，某县人民政府极力否认，而重点工程局意欲独揽。这无疑增加了法庭的审理难度，混淆视听的做法，极易导致法院作出错误裁判，形成错案。此时，法院不能仅凭一纸证明，几句证词、陈述就轻易认定某个被告不适格。被告主体是否适格并不简单取决于被告否认或他人自认，而是要对一般情形下被告适格的构成要件——“能力要素”、“实施要素”和“独立责任要素”——进行综合评判。特别是在多部门联合强拆案件中，被告相互推诿，或部分被告及案外人争相揽责时，加强对“实施要素”的考量显得尤为重要，“即具有行政诉讼被告能力的机构或组织要在具体诉讼中成为适格被告，还必须是作出或委托作出被诉行为的组织。本文在此称之为‘实施要素’。换言之，被诉行为的作出或实施，与适格被告之间存在一种关联——要么自己作出，要么委托作出”。[①]《行政诉讼法》第二十六条规定“作出行政行为的行政机关是被告”，可见，被告要与被诉强拆行为的实施有关联。所以，我们要对强拆现场的每个单位有没有实施强拆行为逐一排查，且还要有相应证据予以印证。重点工程局声称张某等三人的房屋是其所拆，除单方陈述外，别无他证，某县人民政府否认自己是强拆行为实施主体时，面对原告提供的视频资料和证人证言，又没有提出反证。最终，认定某县人民政府是强拆行为的实施主体，应当对被诉强拆行为负责。

面对有关单位争相揽责、“背锅”，意欲成为被告时，我们不能仅依其自认而认可被告身份，该单位能否成为适格被告，要看其是否具备独立承担责

---

① 沈岿：《行政行为实施主体不明情形下的行政诉讼适格被告——评“程宝田诉历城区人民政府行政强制案再审裁定”》，载《交大法学》2019年第3期。

任的“三要素”，即行政机关或被授权组织为其超越职权的行为独立承担责任，必须是在没有其他上级行政机关授意的情形下才能成立。可以满足适格被告一般需要具备的三要素：“被告能力＋实施＋独立责任”。更重要的是，它对“独立责任”要素的强调，可以让真正应该为违法强拆行为负责的主体站到被告席上，可以让其意识到合法的征地强拆工作应当如何实施，可以让其以后更好地规范征地相关工作的分配，而不是任其躲避在被授意者、一线实施者的身后。[①]

还有一种情况，就是无人出面对强拆行为承担责任，尤其在偷拆、突袭式强拆案件中，行政相对人也不知道或没有证据证明谁是强拆行为主体，从而陷入“无人可告”的窘境。在对此类案件被告认定问题上，最高人民法院采用了“推定＋认定”的方法，如其在（2018）最高法行再113号裁定书中指出：“在无主体对强拆行为负责的情况下，人民法院应当根据职权法定原则及举证责任作出认定或推定。如果用地单位、拆迁公司等非行政主体实施强制拆除的，应当查明是否受行政机关委托实施。”在最高人民法院作出的其他多个裁判案例中也一直强调“职权之所在，即义务之所在，也即责任之所在”。所以，在无人承认或没有证据确认强拆行为主体时，应当首先推定房屋征收主体——县、市级人民政府或者土地征收主体——县级以上土地行政主管部门为被告。

总之，“谁行为，谁负责，谁被告”。一家单位单独实施了强拆行为，独自承担，以其为独立被告；多家单位共同实施强拆行为，共同承担责任，将其列为共同被告，正如《行政诉讼法》第二十六条第四款规定的“两个以上行政机关作出同一行政行为的，共同作出行政行为的行政机关是共同被告”。

【经验提示】

虽然强拆行为的实施者和委托者是责任主体，即为被告，但是要原告提供证据予以证明时，有时却又非常困难，除强拆方安排的工作人员外，其他

---

① 参见沈岿：《行政行为实施主体不明情形下的行政诉讼适格被告——评“程宝田诉历城区人民政府行政强制案再审裁定”》，载《交大法学》2019年第3期。

人员事先一律清空，尤其是在突击式、偷袭式强拆案件中，在被征收人毫无准备的情况，突然之间房子被夷为平地，由此造成取证难和举证难。常有原告因不能提供证据证明强拆行为人，而止步于起诉，无法进行诉讼，其房屋被拆遭受的损失无法获得司法救济。为了避开此类难题，当事人应当尽可能地收集和提供相关证据材料。

房屋被强拆前，被征收人要注意收集留存录音、录像、各种文书等相关证据，如房屋征收决定、集体土地征收批复、选择评估机构通知书、评估报告单、补偿决定书、行政处罚告知书、行政处罚决定书、限期搬迁通知书以及相关公告。为防止房屋被偷拆，可以在自家房前屋后安装无线监控。房屋被强拆时，能够对现场拍照、录像取证，图像要能通过现场人员制服、执法车辆、指挥人员等信息显示出他们的身份及所在单位。房屋被拆除后，要在第一时间寻找能够为自己出庭作证的证人，或收集他人拍摄的强拆过程的照片、录像。

被征收人也可以及时报警，由公安机关调查了解拆除房屋的主体，以便确定自己的维权路径。如笔者代理的一起案件中，陈氏兄弟的房屋被偷拆，他们报警后，公安机关立案调查后，出具了相关文书，告知其房屋系被广州市城市管理综合执法局某分局拆除。陈氏兄弟遂据此提起行政诉讼，最终人民法院判决该局偷拆行为违法。笔者代理的另一起偷拆案件中，山东省青岛市四方区张某玲的房屋被强拆，张某玲报警后，经公安机关立案查明，中某某业公司拆迁项目的负责人王某某纠集逄某等人趁被害人家中无人，用铲车强行拆除张某玲等人房屋的行为涉嫌故意毁坏财物罪。该案移送审查起诉后，人民法院依法追究相关被告的刑事责任，受害人也在刑事附带民事诉讼中获得了相应赔偿。

实施拆除行为的主体应当实事求是，如实陈述案件事实。如果做虚假陈述，妨碍法庭审理的，人民法院可根据《行政诉讼法》第一百零一条之规定，“适用《中华人民共和国民事诉讼法》的相关规定”，根据《最高人民法院关于民事诉讼证据的若干规定》第六十三条第三款的规定，“当事人故意作虚假陈述妨碍人民法院审理的，人民法院应当根据情节，依照民事诉讼法第一百一十一条的规定进行处罚”。且依据 2017 年《民事诉讼法》第一百一十一条（2021 年《民事诉讼法》第一百一十四条）之规定，处罚包括罚款、拘留以及依法追究刑事责任。

【相关规定】

《最高人民法院关于民事诉讼证据的若干规定》

第六十三条 当事人应当就案件事实作真实、完整的陈述。

当事人的陈述与此前陈述不一致的，人民法院应当责令其说明理由，并结合当事人的诉讼能力、证据和案件具体情况进行审查认定。

当事人故意作虚假陈述妨碍人民法院审理的，人民法院应当根据情节，依照民事诉讼法第一百一十一条的规定进行处罚。

《民事诉讼法》

第一百一十四条 诉讼参与人或者其他人有下列行为之一的，人民法院可以根据情节轻重予以罚款、拘留；构成犯罪的，依法追究刑事责任：

（一）伪造、毁灭重要证据，妨碍人民法院审理案件的；

（二）以暴力、威胁、贿买方法阻止证人作证或者指使、贿买、胁迫他人作伪证的；

（三）隐藏、转移、变卖、毁损已被查封、扣押的财产，或者已被清点并责令其保管的财产，转移已被冻结的财产的；

（四）对司法工作人员、诉讼参加人、证人、翻译人员、鉴定人、勘验人、协助执行的人，进行侮辱、诽谤、诬陷、殴打或者打击报复的；

（五）以暴力、威胁或者其他方法阻碍司法工作人员执行职务的；

（六）拒不履行人民法院已经发生法律效力的判决、裁定的。

人民法院对有前款规定的行为之一的单位，可以对其主要负责人或者直接责任人员予以罚款、拘留；构成犯罪的，依法追究刑事责任。

《行政诉讼法》

第一百零一条 人民法院审理行政案件，关于期间、送达、财产保全、开庭审理、调解、中止诉讼、终结诉讼、简易程序、执行等，以及人民检察院对行政案件受理、审理、裁判、执行的监督，本法没有规定的，适用《中华人民共和国民事诉讼法》的相关规定。

非法强拆参照征收补偿价格并结合同区位房价且不低于合法征收补偿的标准赔偿

——邹某等人诉贵州省贵阳市某区行政执法局违法强拆国家赔偿案

【案号】 贵阳市南明区人民法院行政赔偿判决书，（2020）黔0113行赔3号

【核心提示】

1. 基于历史的原因，未到规划主管部门办理建设许可证和房屋产权证的房屋应视为合法建筑予以补偿。

2. 非法强拆房屋的应当以能够恢复原状的标准给付赔偿金，参照征收补偿标准结合同区位房价情况确定赔偿标准。最高人民法院在司法实践中，通过判例的标准确定了"征收范围内房屋强拆后的行政赔偿与行政补偿应当一并进行解决，赔偿的标准不低于合法征收补偿的标准"的赔偿原则。

【关键词】

违法建设　非法强拆行为　国家赔偿标准　直接损失

【案情回顾】

邹某等四人系兄弟姐妹。1998年，邹某与其父亲翻建了位于贵州省贵阳市某区的房屋，并于2000年8月取得两个国有土地使用权证书，用途为住宅、商业。2003年，因当地修路，拆除了部分房屋，后经政府委托的拆除公司同意，邹某等人自行恢复了楼梯间，恢复后房屋面积为167.09平方米。

2012年，其父亲去世。2017年12月11日，某区人民政府发布《某区人民政府关于贵州文化广场（河滨剧场）项目房屋征收决定》，涉案房屋位于征收范围内。邹某等四人认为征收主管部门并未按照法律规定对他们进行安置补偿，故一直未签订安置补偿协议且未搬迁。

2018年1月15日，贵阳市某区综合行政执法局（以下简称某区行政执法局）以邹某等四人涉嫌无手续建房立案予以查处。2018年10月23日及2019年5月13日，某区行政执法局作出行政处罚决定及强制执行决定书。因邹某等四人未履行拆除房屋的义务，2019年7月3日，邹某等四人的房屋被某区行政执法局强制拆除。2019年，邹某等四人分别针对行政处罚决定书及强制拆除决定书进行了复议或者诉讼，南明区人民法院作出（2019）黔0113行初270号及（2019）黔0113行初245号行政判决书确认上述两个行政行为违法。2019年12月26日，邹某等四人针对某区行政执法局实施的强拆行为提起行政诉讼，要求法院确认强拆行为违法并一并提出国家赔偿。邹某等四人请求法院判令某区行政执法局赔偿强拆房屋赔偿金及屋内物品赔偿金、房屋外部上楼步梯赔偿金、土地使用权赔偿金及房屋租金损失合计136万余元。为证明上述的赔偿申请合法，邹某等四人提交了如下主要证据：提交（2019）黔0113行初270号行政判决书、（2019）黔0113行初245号行政判决书、1992年5月1日《贵州日报》、《贵阳市房屋安全鉴定通知书》（筑房安鉴［1993］第156号）及《贵阳市自然资源和规划局业务征（咨）询回复函》（筑规询［2019］0205号）等证明涉案房屋不属于违法建设；提交《某区人民政府关于贵州文化广场（河滨剧场）项目房屋征收决定》、《人民大道工程项目（云岩段）规划红线范围内被征收房屋抽样评估结果公示表》、政府官方网站周边房屋交易价格目录、贵阳市人民政府官网发布的《2019年贵阳市中心城区土地级别调整及基准地价更新实施细则》、征收部门入户调查记录、房屋出租合同、营业执照及纳税证明、房屋强拆前后的照片、视频光盘及说明等证据证明赔偿数额具有事实依据及法律依据。

某区行政执法局辩称涉案房屋未办理相关规划审批手续，属于违法建设，其作出行政处罚及强制执行决定后进行了强拆，事实清楚，证据确凿，适用法律正确，程序合法，应予以维持。

【办案结果】

经过审理，南明区人民法院作出（2020）黔0113行初69号行政判决书。南明区人民法院以某区行政执法局“主要证据不足且没有保护原告法定的提起行政诉讼的权利即进行强制拆除违法”为由确认涉案强拆行为违法。

2020年6月11日，南明区人民法院作出（2020）黔0113行赔3号行政赔偿判决书，判决某区行政执法局赔偿邹某等四人各项损失838万元。房屋价值部分（含外部上楼步梯）的赔偿，南明区人民法院认定“房屋办有土地使用证，未到规划主管部门办理建设许可证和房屋产权证，基于历史的原因，本案涉案房屋视为合法建筑”。法院将邹某等四人提供的《人民大道工程项目（云岩段）规划红线范围内被征收房屋抽样评估结果公示表》结合公示表路段和文化路的经济效益进行对比确定房屋价值补偿为829万余元。

涉案房屋内的物品赔偿。法院认为邹某等四人提交的赔偿清单无其他证据相互印证，不能证明其房屋内的财物受损的事实及数额。被告不能提供证据证明其在实施强制拆除行为时对原告被拆除房屋内的财物进行了清点、登记、妥善保管、封存和及时通知当事人领取，造成目前无法准确认定原告的屋内物品损失的具体数额，对此被告应负有相应的责任。法院酌定损失金额为3万元。

关于土地使用权赔偿金。法院认定案涉房屋取得国有土地使用权，房屋被强制拆除后，致使该权利无法继续行使，故法院支持了邹某等四人关于土地使用权赔偿金为6万元的诉讼请求。

对于邹某等四人提出的租金损失，南明区人民法院以“不属于国家赔偿法规定的直接损失”为由不予支持。

【律师点评】

本案例涉及国家赔偿案件中三个最核心及关键的问题：国家赔偿程序、国家赔偿标准及对国家赔偿标准中“直接损失”的理解。

一、国家赔偿程序

根据《国家赔偿法》第二条的规定，国家机关和国家机关工作人员在行使职权过程中，侵犯公民、法人和其他组织合法权益造成损害的，受害人有取得国家赔偿的权利。合法权利一般是指财产权和人身权。本案例仅涉及财产权，故着重介绍财产权涉及的国家赔偿标准。

《国家赔偿法》第四条规定："行政机关及其工作人员在行使行政职权时有下列侵犯财产权情形之一的，受害人有取得赔偿的权利：（一）违法实施罚款、吊销许可证和执照、责令停产停业、没收财物等行政处罚的；（二）违法对财产采取查封、扣押、冻结等行政强制措施的；（三）违法征收、征用财产的；（四）造成财产损害的其他违法行为。"根据《最高人民法院关于审理行政赔偿案件若干问题的规定》的规定，"其他违法行为"包括具体行政行为和与行政机关及其工作人员行使行政职权有关的，给公民、法人或者其他组织造成损害的，违反行政职责的行为。《宪法》第十三条第一款明确规定，公民的合法的私有财产不受侵犯。财产权，是指以财产利益为内容，直接体现财产利益的民事权利。财产权一般以物质财富为对象，直接与经济利益相联系，既包括物权、债权、继承权，也包括知识产权中的财产权利。只要行政行为侵害了当事人的财产权利，行政机关就负有赔偿的义务。现实中，尤其是在以"拆违代拆迁"的非法强拆案件中，行政机关往往以"违法建筑违法，而《国家赔偿法》保护的是合法权利"为由不承担赔偿义务，这其实是混淆了行政管理权与财产权的界限。违法建设行政处罚是行政管理职权的体现，处罚的是建房行为，并非对财产权的罚没。房屋由建房人出资建设，当然属于合法财产，即使被认定为违法建设，物权并未消失或者转移，仍然受到法律的保护，当然不影响建房人取得国家赔偿的权利。《国家赔偿法》第五条规定只有行政机关工作人员的个人行为，公民、法人和其他组织自行致使损害的两种情形，国家才不承担赔偿责任。由此可见，行政机关关于赔偿的上述观点无事实依据及法律依据。

国家赔偿程序必须以行政行为被确认违法为前提。一般有如下两种方式。

（一）行政复议及诉讼中一并提起国家赔偿

一般情况下，原告可以在要求确认行政行为违法的复议请求或诉讼请求中一并提起国家赔偿要求。当然，根据《最高人民法院关于审理行政赔偿案件若干问题的规定》的规定，赔偿请求人可以在提起行政诉讼后至人民法院一审庭审终结前，提出行政赔偿请求。司法实践中，确认违法诉讼中一并提起国家赔偿的，人民法院一般分别受理及判决，根据具体情况可以合并审理，也可以单独审理。如本案，邹某等四人就是在要求确认强拆行为违法的诉讼中一并提起国家赔偿申请。南明区人民法院就是分别受理及判决，但选择了合并审理。

当然，如果赔偿请求人未经确认程序而直接提起行政赔偿诉讼的，根据《最高人民法院关于审理行政赔偿案件若干问题的规定》的规定，人民法院应该就赔偿义务机关致害行为是否违法进行审理并在判决书予以确认。

（二）行为违法确认后提起国家赔偿

当然，赔偿请求人也可以先进行行政行为违法确认的复议及诉讼，之后另行进行国家赔偿程序。一般按如下程序进行。

1. 向赔偿义务机关申请国家赔偿，提交书面国家赔偿申请书

根据《国家赔偿法》第三十九条的规定，赔偿请求人自知道或者应当知道国家机关及其工作人员行使职权时的行为侵犯合法权益之日起，即复议决定或者判决书生效后两年内向行政机关申请国家赔偿。一般情况下，要求国家赔偿应当递交申请书，申请书应当载明下列事项：（1）受害人的姓名、性别、年龄、工作单位和住所，法人或者其他组织的名称、住所和法定代表人或者主要负责人的姓名、职务；（2）具体的要求、事实根据和理由；（3）申请的年、月、日等。

2. 赔偿义务机关作出决定并送达给赔偿请求人

根据《国家赔偿法》第十三条的规定，赔偿义务机关应当自收到申请之日起两个月内，作出是否赔偿的决定。赔偿义务机关决定赔偿的，应当制作赔偿决定书，并自作出决定之日起 10 日内送达赔偿请求人。赔偿义务机关决定不予赔偿的，也应当自作出决定之日起 10 日内书面通知赔偿请求人，并说明不予赔偿的理由。

3. 国家赔偿诉讼

赔偿义务机关在 2 个月内未作出任何答复，赔偿请求人可以自期限届满之日起 3 个月内，向人民法院提起诉讼。当然，赔偿义务人对赔偿决定书或者不予赔偿决定有异议的，也是自赔偿义务机关作出赔偿或者不予赔偿决定

之日起3个月内，向人民法院提起诉讼。国家赔偿诉讼中有两点必须注意。

（1）人民法院不对赔偿决定的合法性进行审查，直接进入国家赔偿诉讼

依据《国家赔偿法》和相关司法解释的规定，人民法院审理行政赔偿案件，就行政赔偿争议进行审理与裁判，不再对赔偿义务机关的国家赔偿决定的合法性进行审查，直接进行对赔偿标准的审查。如赔偿义务机关在法定期限内未作出赔偿义务决定，赔偿义务人也无须提起履职之诉，直接进入国家赔偿争议诉讼。

（2）国家赔偿诉讼的起诉期限是3个月，并非6个月

特别需要注意的是，国家赔偿诉讼的起诉期限是3个月，并非《行政诉讼法》通常规定的6个月。人民法院接到原告单独提起的行政赔偿起诉状，应当进行审查，并在7日内立案或者作出不予受理的裁定。人民法院接到行政赔偿起诉状后，在7日内不能确定可否受理的，应当先予受理。审理中发现不符合受理条件的，裁定驳回起诉。当事人对不予受理或者驳回起诉的裁定不服的，可以在裁定书送达之日起10日内向上一级人民法院提起上诉。

（3）国家赔偿诉讼适用调解

根据《最高人民法院关于审理行政赔偿案件若干问题的规定》第十四条的规定，人民法院审理行政赔偿案件在坚持合法、自愿的前提下，可以组织各方就赔偿范围、赔偿方式和赔偿数额进行调解。

二、国家赔偿标准

《国家赔偿法》所规定的基本原则是“填平补齐”。《国家赔偿法》第三十二条规定，国家赔偿以支付赔偿金为主要方式。能够返还财产或者恢复原状的，予以返还财产或者恢复原状。第三十六条规定，一般情况下，“侵犯公民、法人和其他组织的财产权造成损害的，按照下列规定处理：（一）处罚款、罚金、追缴、没收财产或者违法征收、征用财产的，返还财产；（二）查封、扣押、冻结财产的，解除对财产的查封、扣押、冻结，造成财产损坏或者灭失的，依照本条第三项、第四项的规定赔偿；（三）应当返还的财产损坏的，能够恢复原状的恢复原状，不能恢复原状的，按照损害程度给付相应的赔偿金；（四）应当返还的财产灭失的，给付相应的赔偿金；（五）财产已经拍卖或者变卖的，给付拍卖或者变卖所得的价款；变卖的价

款明显低于财产价值的，应当支付相应的赔偿金；（六）吊销许可证和执照、责令停产停业的，赔偿停产停业期间必要的经常性费用开支；（七）返还执行的罚款或者罚金、追缴或者没收的金钱，解除冻结的存款或者汇款的，应当支付银行同期存款利息；（八）对财产权造成其他损害的，按照直接损失给予赔偿。”

根据上述第（八）项的规定，对财产权的侵害，按照直接损失给予赔偿。本案中，法院认为房屋价值、屋内物品损失、国有土地使用权为直接损失，判令由执法局进行赔偿，租金损失不属于直接损失，不予支持邹某等四人的主张。

（一）房屋价值的补偿

邹某等四人的房屋因涉案违法行为已经灭失，不能恢复原状，只能通过支付赔偿金的方式弥补损害。国家赔偿兼有公法和私法两种属性，国家机关及其工作人员违法致人损害本质上还是一种侵权行为，《侵权责任法》（已废止）第十九条“侵害他人财产的，财产损失按照损失发生时的市场价格或者其他方式计算”的规定可兹参照。故应当遵从公平的原则，计算标准应参照市场价格。因此，应当以能够恢复原状的标准给付赔偿金，也就是能够在同区位购买同等条件的房屋。

《国家赔偿法》规范的是一般情况下的通用赔偿标准，征收过程中房屋被非法强拆所引发的国家赔偿又有其特殊性。房屋因被划入征收范围，被征收人本身就享有征收补偿的权利，这种权利不会因房屋的灭失而丧失。因此被征收人既享有征收补偿的权利又享有获得国家赔偿的权利。当然，这两类权利的实现有一定的重合性，在现在的司法实践中不可能同时得到支持。最高人民法院在司法实践中，通过判例的标准确定了“征收范围内房屋强拆后的行政赔偿与行政补偿应当一并进行解决，赔偿的标准不低于合法征收补偿的标准”的赔偿原则。最高人民法院在段某江诉衡阳市人民政府、石鼓区人民政府等单位强制拆除行为及行政赔偿案［（2017）最高法行再97号］中认定：“在征收拆迁范围内，案涉房屋被强制拆除后，原有的补偿问题依法可以通过赔偿解决，法院应当直接进行实体审理并就赔偿问题作出判决。具体到赔偿的数额，为确保当事人获得及时、公平、公正的救济，在行政机关违法强制拆除当事人房屋，难以对房屋及其他损失进行鉴定的情况下，人民法院可以根据原告提出的行政赔偿诉讼请求，结合案件具体情况，参照征收补偿方案确定的征收补偿标准，全面、充分考虑当事人的各项损失，确定损失数额，直接判决行政机关对房屋价值及其他人身、财产损失一并予以行政赔偿，法院在判令赔偿时的标准至少不应低于补偿标准。”最高人民法院在再审申请人长沙市星城家俱实业有限公司诉湖南省长沙市岳麓区人民政府及湖南省岳麓区城市管理综合执法大队非法强拆及国家赔偿案件［（2017）最高法行申 8578 号］中认定：“在土地、房屋征收过程中，对因违法强制拆除造成被征收人房屋等相关财产损失的，参照土地征收补偿标准予以行政赔偿，确保被征收人因违法强制拆除行为造成损失获得的行政赔偿，不低于行政机关合法征收拆除房屋给予被征收人的行政补偿。”2018 年 1 月 25 日，最高人民法院对许某云诉浙江省金华市婺城区人民政府强拆违法、行政赔偿一案作出了判决，并引发媒体关注。此案的核心意义在于两点：其一，政府违法强拆，必须承担行政赔偿的法律责任，而不得以补偿程序规避赔偿责任；其二，赔偿必须能够充分保障被征收人本应依相关规定享有的补偿权益，要确保被征收人的补偿权益以赔偿形式得到落实。国家赔偿制度设立的初衷，在于弥补公民因国家行政权或者司法权的违法运用而遭受的损失，使之恢复到未被侵害时的状态。但笔者认为，最高人民法院确定的上述赔偿标准并不能实现弥补遭受非法强拆者的损失，并不能化解征收矛盾，具体理由如下。

首先，征收中，评估公司通过评估确定的补偿价格过低甚至严重偏离市场价格，以此作为国家赔偿的标准或者参照价格并不具合法性。

根据《国有土地上房屋征收与补偿条例》第十九条的规定，对被征收房屋价值的补偿，不得低于房屋征收决定公告之日被征收房屋类似房地产的市场价格。被征收房屋的价值，由具有相应资质的房地产价格评估机构按照房屋征收评估办法评估确定。实践中，征收争议引发的原因并非立法问题，而是法律实施问题，是法律规定的“房地产市场价格”在实际征收中得不到落实，是征收部门确定的房屋补偿单价偏离市场价格引发的。在国家赔偿诉讼中，法院又以征收中评估报告确定的价格作为国家赔偿的标准显然无法反映出房屋的价值，无法反映出“直接损失”的规定。

本案中，南明区人民法院就是参照了邹某等四人庭审中提交的《人民大道工程项目（云岩段）规划红线范围内被征收房屋抽样评估结果公示表》、政府官方网站周边房屋交易价格目录等证据结合周边经济效益相比较确定最终的补偿价格，还算公平客观。

其次，国家赔偿诉讼判决时间往往晚于安置补偿方案确定或者评估公司的评估时点，以此确定的标准作为定案标准显失公平。

房屋被非法强拆的情况一般发生在征收工作的后半段再加上诉讼的时间。所以法院真正的判决时点要远远晚于征收评估确定的评估时点，即补偿标准确定的时点。房产作为关乎当事人切身利益的重大个人财产，其市场价格随着时间的推移会出现重大变化，人民法院在审理过程中应从保障被征收人居住利益的角度确定行政赔偿标准。具体到本案，行政赔偿作出时的房产价格明显高于房屋被强拆时的价格以及征收过程中的评估价格，法院如果仅以强拆时的房产价格或征收过程中的评估价格为标准予以赔偿不能保障当事人维持被强拆前的居住水平。法院以判决赔偿时的市场价格为标准予以赔偿能够保障当事人购买到与其之前居住水平相当的房屋，以此充分保障当事人的合法权益。当然，上述的标准及原则在司法审判中得到了落实。山东省高级人民法院在审理的宋某岩与青岛市市南区人民政府行政赔偿判决案件［（2017）鲁行终911号］的判决书中认定："关于上诉人房屋价值的确定。涉案房屋被违法强制拆除后，为保障赔偿申请人居住利益，宋某岩应获得的房屋损失赔偿数额应当按照能够购置与其原居住状况相当的商品房计算。宋某岩在法院确认市南区政府强制拆除违法后于合理期间内提起行政赔偿诉讼，不存在怠于行使诉讼权利的情形，鉴于涉案房屋周边房地产价格明显上涨，应当按照本案判决时涉案房屋周边房地产的市场交易价格予以赔偿。经调查，涉案房屋周边房地产的市场交易价格为每平方米20,000元到22,000元，与被上诉人庭审中的主张一致，在宋某岩未申请对其房屋价值评估鉴定的情况下，从有利于赔偿申请人的角度出发，本院酌情依上限认定涉案房屋行政赔偿标准为每平方米22,000元。"

再次"赔偿的标准不低于合法征收补偿的标准"没有确定具体标准。

"不低于"是模糊的标准及尺度，也致使各地法院的判决五花八门。如征收标准本身就违反法律规定，国家赔偿标准还参照该标准确定，仍达不到实际的房地产市场交易价格。

最后，行政机关的违法成本过低，无法从根本上解决征收矛盾及遏制非法强拆等的恶劣违法行为。

被征收人对评估价格有异议而引发非法强拆，国家赔偿又以此为标准，致使出现“赢了官司输了钱”的结果。如在贵阳观山湖区上麦社区的征收项目中，征收部门确定的补偿标准为每平方米 940 元，但法院判定的国家赔偿标准是 420 元，行政行为违法不仅没有被惩戒，相关主体反而成了既得利益者。国家赔偿标准过低、违法成本过低是征收过程中违法行为发生的主要原因。

（二）物品损失

法院虽然认为邹某等四人提交的赔偿清单无其他证据相互印证，不能证明其房屋内的财物受损的事实及数额，但仍然根据实际情况酌定赔偿数额 3 万元。司法实践中，因房屋被强拆，屋内物品被毁，在原告无法提供有效证据的情况下法院一般根据原告提交的物品情况结合实际以职权酌定。安徽省高级人民法院审理的沙某保等诉马鞍山市花山区人民政府房屋强制拆除行政赔偿案［（2015）皖行赔终字第 00011 号］中，安徽省高级人民法院在行政赔偿判决书中判定：“关于被拆房屋内物品损失问题，根据《行政诉讼法》第三十八条第二款之规定，在行政赔偿、补偿的案件中，原告应当对行政行为造成的损害提供证据。因被告的原因导致原告无法举证的，由被告承担举证责任。马鞍山市花山区人民政府组织拆除上诉人的房屋时，未依法对屋内物品登记保全，未制作物品清单并交上诉人签字确认，致使上诉人无法对物品受损情况举证，故该损失是否存在、具体损失情况等，依法应由马鞍山市花山区人民政府承担举证责任。上诉人主张的屋内物品 5 万元包括衣物、家具、家电、手机等，均系日常生活必需品，符合一般家庭实际情况，且被上诉人亦未提供证据证明这些物品不存在，故对上诉人主张的屋内物品种类、数量及价值应予认定。”

本案中对于屋内物品损失基本上也采用了上述规则。

（三）土地使用权

邹某等四人依法享有对涉案宗地的使用权，办有国有土地使用权证。《国有土地上房屋征收与补偿条例》第十三条第三款规定，房屋被依法征收的，国有土地使用权同时收回。另据《土地管理法》第五十八条以及《城镇国有土地使用权出让和转让暂行条例》第四十二条的规定，收回国有土地使用权的，对土地使用权人应当给予适当补偿。南明区人民法院将土地使用权损失作为直接损失予以认定，直接依据邹某等四人提交的《2019 年贵阳市中心城区土地级别调整及基准地价更新实施细则》并参照征收补偿方案规定的补偿方式、补偿标准获得剩余部分的土地使用权给予了补偿。

三、直接损失

在本案中，邹某等四人主张的租金损失，法院以“不属于直接损失”为由不予支持。由此可见，如何正确理解“直接损失”及“直接损失”的范畴在国家赔偿案件中至关重要，也直接关系原告提起的国家赔偿是否能得到支持。

财产损失一般分为直接损失和间接损失。我国依据损害与侵权行为之间的直接和间接因果关系来划分直接损失和间接损失。直接损失也称为积极损失，一般是由于国家机关及其工作人员的侵权行为直接作用于受害人的财产权的客体所造成的财产损失。直接损失是指既得利益的丧失或现有财产的减少。间接损失又称为消极损失，是指由于受害人受到侵害而发生的可得的财产利益的丧失，即可得利益的损失或未来财产的减损。

关于国家赔偿的标准，从世界范围看，大致有三种标准，即惩罚性标准、补偿性标准和抚慰性标准。我国采取的是抚慰性赔偿标准。依该标准，我国对受害者所受财产损失只赔偿直接损失而不赔偿间接损失；人身权损害只赔偿生命健康权、人身自由权所受损害及直接损失而不赔偿精神痛苦及间接损失，而且有最高额限制。

最高人民法院通过周某平诉湖州经开区管委会拆迁行政赔偿案〔（2018）最高法行再 163 号〕确定了房屋征收过程中直接损失的认定标准，不仅包括既得利益或者现有财产的减少还包括非既得但又必然可得的财产。人民法院在行政赔偿判决书中关于“直接损失”进行了如下论述：根据行政法的基本原理，行政机关基于合法行政行为造成他人损失产生的是补偿责任，反之因违法实施行政行为造成他人损害产生的是赔偿责任。行政赔偿是国家赔偿的一种形式。《国家赔偿法》中上述“直接损失”的范围，除包括被拆建筑物重置成本的损失外，还应当包括再审申请人应享有的农房拆迁安置补偿权益以及对动产造成的直接损失等，主要理由是：将拆迁安置补偿权益归入赔偿范围，符合《国家赔偿法》的立法精神。国家赔偿制度设立的初衷，在于弥补公民因国家行政权或者司法权的违法运用而遭受的损失，使之恢复到未被侵害时的状态。要最大限度地发挥《国家赔偿法》在维护和救济因受到国家公权力不法侵害的行政相对人的合法权益方面的功能与作用，对《国家赔偿法》第三十六条中关于赔偿损失范围之“直接损失”的理解，就不仅要包括既得财产利益的损失，还应当包括虽非既得但又必然可得的财产利益损失，才符合该法的立法精神。

那么依据最高人民法院确定的上述原则，征收安置补偿方案中的过渡费、搬迁费、补助费等均属于国家赔偿的范畴。关于搬迁奖励费是否属于国家赔偿的范畴，一直存在争议。搬迁奖励费一般是对在指定日期前搬迁的被征收人的一种奖励，所以很多人主张其并非“直接损失”。但最高人民法院审理的覃某娇诉桂林市雁山区人民政府国家赔偿案件［（2020）最高法行申4462号］中，最高人民法院支持了主张15%的奖励费的诉求。在该案判决书中最高人民法院称：“《桂林市321国道扩建工程雁山段国有土地上房屋征收安置补偿方案》中载明，无论是住宅房屋还是非住宅房屋，只要是选择货币补偿的，在征收补偿方案确定的签约期限15日内签订补偿协议并主动完成搬迁的，给予15%的搬迁奖励金。根据上述方案，原则上，享受搬迁奖励金的条件为及时签订补偿协议并在规定时日内主动搬迁。但是在本案中，雁山区政府与案涉楼房大部分业主签订房屋征收补偿协议后，又将该楼鉴定为危房并以此为由组织强制拆除，违反了《国有土地上房屋征收与补偿条例》的程序规定，侵犯了被申请人的合法权益。故应当结合行政机关违法行为类型与违法情节轻重，综合协调适用《国家赔偿法》及《国有土地上房屋征收与补偿条例》，依法合理确定赔偿项目及数额，以确保被申请人所得赔偿不应低于其依照征收补偿方案的可得数额。”人民法院参照涉案征收安置补偿方案，增加搬迁奖励金，有利于全面赔偿被申请人的损失，引导行政机关依法实施征收行为。

【经验提示】

我国《国家赔偿法》采用抚慰性赔偿标准，只赔偿直接损失，不赔偿间接损失，首先，间接损失是一种受害人可得而未得的利益，不同于既得利益并未实际取得；其次，可得利益的推算可以是无穷尽的，而国家的财产则是有限的；最后，虽然国家尽量通过建立各种制度来保护公民、其他组织乃至整个社会的利益，但如果试图以此来创立一种绝对的社会公平无疑也是不现实的。笔者认为，上述观点虽有一定的道理，但国家赔偿必须体现对违法行政行为的惩戒和对被侵权人的关爱与体恤，并且从依法治国、依法行政角度来看，对国家赔偿的过分限制，很难充分实现保护被侵害者合法权益，督促国家机关及其工作人员依法行政的立法意旨。非法强拆行为应该是恶劣的非法行政行为，国家赔偿标准过低不仅不能实现“以国家赔偿终结非法强拆”的目的，而且违法成本过低反而增长了非法强拆者的气焰。一方面，修改《国家赔偿法》，将赔偿标准由抚慰性标准向补偿性标准甚至惩性标准过渡，将间接损失纳入国家赔偿，使《国家赔偿法》具有前瞻性和稳定性；另一方面，最高人民法院应尽快出台相关司法解释，进一步明确“直接损失”及“间接损失”的界限，给法院的审判工作提供明确尺度及标准。

【相关规定】

《国家赔偿法》

第二条 国家机关和国家机关工作人员行使职权，有本法规定的侵犯公民、法人和其他组织合法权益的情形，造成损害的，受害人有依照本法取得国家赔偿的权利。

本法规定的赔偿义务机关，应当依照本法及时履行赔偿义务。

第四条 行政机关及其工作人员在行使行政职权时有下列侵犯财产权情形之一的，受害人有取得赔偿的权利：

（一）违法实施罚款、吊销许可证和执照、责令停产停业、没收财物等行政处罚的；

（二）违法对财产采取查封、扣押、冻结等行政强制措施的；

（三）违法征收、征用财产的；

（四）造成财产损害的其他违法行为。

第五条 属于下列情形之一的，国家不承担赔偿责任：

（一）行政机关工作人员与行使职权无关的个人行为；

（二）因公民、法人和其他组织自己的行为致使损害发生的；

（三）法律规定的其他情形。

第九条 赔偿义务机关有本法第三条、第四条规定情形之一的，应当给予赔偿。

赔偿请求人要求赔偿，应当先向赔偿义务机关提出，也可以在申请行政复议或者提起行政诉讼时一并提出。

第十条 赔偿请求人可以向共同赔偿义务机关中的任何一个赔偿义务机关要求赔偿，该赔偿义务机关应当先予赔偿。

第十三条 赔偿义务机关应当自收到申请之日起两个月内，作出是否赔偿的决定。赔偿义务机关作出赔偿决定，应当充分听取赔偿请求人的意见，并可以与赔偿请求人就赔偿方式、赔偿项目和赔偿数额依照本法第四章的规定进行协商。

赔偿义务机关决定赔偿的，应当制作赔偿决定书，并自作出决定之日起十日内送达赔偿请求人。

赔偿义务机关决定不予赔偿的，应当自作出决定之日起十日内书面通知赔偿请求人，并说明不予赔偿的理由。

第十四条 赔偿义务机关在规定期限内未作出是否赔偿的决定，赔偿请求人可以自期限届满之日起三个月内，向人民法院提起诉讼。

赔偿请求人对赔偿的方式、项目、数额有异议的，或者赔偿义务机关作出不予赔偿决定的，赔偿请求人可以自赔偿义务机关作出赔偿或者不予赔偿决定之日起三个月内，向人民法院提起诉讼。

第三十二条 国家赔偿以支付赔偿金为主要方式。

能够返还财产或者恢复原状的，予以返还财产或者恢复原状。

第三十六条 侵犯公民、法人和其他组织的财产权造成损害的，按照下列规定处理：

（一）处罚款、罚金、追缴、没收财产或者违法征收、征用财产的，返还财产；

（二）查封、扣押、冻结财产的，解除对财产的查封、扣押、冻结，造成财产损坏或者灭失的，依照本条第三项、第四项的规定赔偿；

（三）应当返还的财产损坏的，能够恢复原状的恢复原状，不能恢复原状的，按照损害程度给付相应的赔偿金；

（四）应当返还的财产灭失的，给付相应的赔偿金；

（五）财产已经拍卖或者变卖的，给付拍卖或者变卖所得的价款；变卖的价款明显低于财产价值的，应当支付相应的赔偿金；

（六）吊销许可证和执照、责令停产停业的，赔偿停产停业期间必要的经常性费用开支；

（七）返还执行的罚款或者罚金、追缴或者没收的金钱，解除冻结的存款或者汇款的，应当支付银行同期存款利息；

（八）对财产权造成其他损害的，按照直接损失给予赔偿。

第三十九条 赔偿请求人请求国家赔偿的时效为两年，自其知道或者应当知道国家机关及其工作人员行使职权时的行为侵犯其人身权、财产权之日起计算，但被羁押等限制人身自由期间不计算在内。在申请行政复议或者提起行政诉讼时一并提出赔偿请求的，适用行政复议法、行政诉讼法有关时效的规定。

赔偿请求人在赔偿请求时效的最后六个月内，因不可抗力或者其他障碍不能行使请求权的，时效中止。从中止时效的原因消除之日起，赔偿请求时效期间继续计算。

《最高人民法院关于审理行政赔偿案件若干问题的规定》

第一条 国家赔偿法第三条、第四条规定的“其他违法行为”包括以下情形：

（一）不履行法定职责行为；

（二）行政机关及其工作人员在履行行政职责过程中作出的不产生法律效果，但事实上损害公民、法人或者其他组织人身权、财产权等合法权益的行为。

第三条 赔偿请求人不服赔偿义务机关下列行为的，可以依法提起行政赔偿诉讼：

（一）确定赔偿方式、项目、数额的行政赔偿决定；

（二）不予赔偿决定；

（三）逾期不作出赔偿决定；

（四）其他有关行政赔偿的行为。

第四条 法律规定由行政机关最终裁决的行政行为被确认违法后，赔偿请求人可以单独提起行政赔偿诉讼。

第十一条 行政赔偿诉讼中，原告应当对行政行为造成的损害提供证据；因被告的原因导致原告无法举证的，由被告承担举证责任。

人民法院对于原告主张的生产和生活所必需物品的合理损失，应当予以支持；对于原告提出的超出生产和生活所必需的其他贵重物品、现金损失，可以结合案件相关证据予以认定。

第十三条 行政行为未被确认为违法，公民、法人或者其他组织提起行政赔偿诉讼的，人民法院应当视为提起行政诉讼时一并提起行政赔偿诉讼。

行政行为已被确认为违法，并符合下列条件的，公民、法人或者其他组织可以单独提起行政赔偿诉讼：

（一）原告具有行政赔偿请求资格；

（二）有明确的被告；

（三）有具体的赔偿请求和受损害的事实根据；

（四）赔偿义务机关已先行处理或者超过法定期限不予处理；

（五）属于人民法院行政赔偿诉讼的受案范围和受诉人民法院管辖；

（六）在法律规定的起诉期限内提起诉讼。

第十四条 原告提起行政诉讼时未一并提起行政赔偿诉讼，人民法院审查认为可能存在行政赔偿的，应当告知原告可以一并提起行政赔偿诉讼。

原告在第一审庭审终结前提起行政赔偿诉讼，符合起诉条件的，人民法院应当依法受理；原告在第一审庭审终结后、宣判前提起行政赔偿诉讼的，是否准许由人民法院决定。

原告在第二审程序或者再审程序中提出行政赔偿请求的，人民法院可以组织各方调解；调解不成的，告知其另行起诉。

第十五条 公民、法人或者其他组织应当自知道或者应当知道行政行为侵犯其合法权益之日起两年内，向赔偿义务机关申请行政赔偿。赔偿义务机关在收到赔偿申请之日起两个月内未作出赔偿决定的，公民、法人或者其他组织可以依照行政诉讼法有关规定提起行政赔偿诉讼。

第十六条 公民、法人或者其他组织提起行政诉讼时一并请求行政赔偿的，适用行政诉讼法有关起诉期限的规定。

《国有土地上房屋征收与补偿条例》

第十九条 对被征收房屋价值的补偿，不得低于房屋征收决定公告之日被征收房屋类似房地产的市场价格。被征收房屋的价值，由具有相应资质的房地产价格评估机构按照房屋征收评估办法评估确定。

对评估确定的被征收房屋价值有异议的，可以向房地产价格评估机构申请复核评估。对复核结果有异议的，可以向房地产价格评估专家委员会申请鉴定。

房屋征收评估办法由国务院住房城乡建设主管部门制定，制定过程中，应当向社会公开征求意见。

第四部分

行政复议与政府履职

集体土地征收范围和补偿的确定

——李某诉内蒙古自治区某市人民政府驳回行政复议申请案

【案号】内蒙古自治区通辽市中级人民法院行政判决书，（2019）内05行初73号

【核心提示】

集体土地征收后，地方人民政府应当依法落实对被征地集体经济组织和村民的征收补偿。征收的范围以批准的征地红线图为准，征收范围内的村民如果认为征地补偿安置方案标准过低的可以申请协调。征收补偿结束应当以对所有征收区域内的被征地集体经济组织和村民落实完毕征收补偿作为标准。

【关键词】

征收范围　征地补偿安置方案　协调期限

【案情回顾】

李某在内蒙古自治区某市科尔沁区某村有房屋，其于2018年向科尔沁区人民政府（以下简称科区政府）申请公开其房屋所在土地的征收决定及征地补偿安置方案，科区政府将科区政府关于对京沈客专项目科尔沁区段集体土地上房屋征收决定以及科区政府关于对京沈客专项目科尔沁区段集体土地上房屋征收补偿方案提供给李某。李某认为，涉案的房屋征收补偿方案标准过低，遂向科区政府申请协调。因科区政府在法定期限内没有答复，李某向某

市人民政府申请复议。某市人民政府（以下简称市政府）审查认为，李某的土地、房屋及附属物、构筑物在此次征收中未被征收，不是土地的所有权人或使用权人。即便位于征收范围内，由于征收决定所规定的签订征收补偿协议的期限已过，李某的房屋将不再被征收。故作出了驳回行政复议的决定。李某不服诉至人民法院。

【办案结果】

通辽市中级人民法院作出（2019）内05行初73号行政判决书，判决如下：

1. 撤销被告市政府作出的驳回行政复议申请决定书；
2. 被告市政府于本判决书生效之日起60日内重新作出行政行为。

【律师点评】

我国《土地管理法》第四十七条第一款规定，国家征收土地的，依照法定程序批准后，由县级以上地方人民政府予以公告并组织实施。这包含两个层面的含义。

首先，征收补偿的地域范围如何确定。在集体土地征收中，征收的范围必须明确具体。对于征收范围的确定，需要进行勘测定界，并出具勘测定界图。勘测定界图是由图示与坐标点共同确定征地范围红线。勘测定界图也称红线图。《建设用地审查报批管理办法》第十条规定："建设项目用地呈报说明书应当包括用地安排情况、拟使用土地情况等，并应附具下列材料：……（二）有资格的单位出具的勘测定界图及勘测定界技术报告书……"如果被征收人的房屋位于征地红线图范围之内，房屋将会面临征收。集体土地征收应当严格按照征收土地方案确定的征收范围实施。界定是否属于征收范围以批准的征收红线图作为依据。在征收红线范围内的土地及房屋等均属于征收补偿区域，即批多少补多少。本案当中，李某通过以房屋所在土地找征地审批的方式确定征收补偿项目。李某向科区政府申请公开其房屋所在土地的征地批复及征地补偿安置方案，科区政府将涉案的京沈客专项目的征收决定以及相应的补偿方案提供给李某。根据《政府信息公开条例》第六条第一款的规定，行政机关应当及时、准确地公开政府信息。通过科区政府的答复可以初步推定李某的房屋位于京沈客专项目范围之内，具体要以征地红线图进行确定。本案中，某市政府认为李某的房屋不在京沈客专项目征地范围之内，但并未提交相应的证据予以确认，应当承担举证不能的法律后果。

其次，具体的征收补偿如何落实，集体土地征收的完成如何进行界定。需要说明的是，2020 年 1 月 1 日修订了《土地管理法》，新修订的《土地管理法》改变了征收补偿和征地审批的程序。之前的土地征收是先批后补，即先行完成土地征收的审批，然后由市县级人民政府落实征地补偿。2020 年 1 月 1 日之后的征地采用的是先补后批。新修订的《土地管理法》第四十七条规定，国家征收土地的，依照法定程序批准后，由县级以上地方人民政府予以公告并组织实施。县级以上地方人民政府拟申请征收土地的，应当开展拟征收土地现状调查和社会稳定风险评估，并将征收范围、土地现状、征收目的、补偿标准、安置方式和社会保障等在拟征收土地所在的乡（镇）和村、村民小组范围内公告至少 30 日，听取被征地的农村集体经济组织及其成员、村民委员会和其他利害关系人的意见。多数被征地的农村集体经济组织成员认为征地补偿安置方案不符合法律、法规规定的，县级以上地方人民政府应当组织召开听证会，并根据法律、法规的规定和听证会情况修改方案。拟征收土地的所有权人、使用权人应当在公告规定期限内，持不动产权属证明材料办理补偿登记。县级以上地方人民政府应当组织有关部门测算并落实有关费用，保证足额到位，与拟征收土地的所有权人、使用权人就补偿、安置等签订协议；个别确实难以达成协议的，应当在申请征收土地时如实说明。相关前期工作完成后，县级以上地方人民政府方可申请征收土地。

根据上述规定，在征地报批前应当完成征收补偿，并将完成征收补偿的材料作为报批的依据。因此，在新修订的《土地管理法》实施后，相关的征地补偿应当按照新的规定进行处理。由于本案发生在新修订的《土地管理法》施行之前，故适用 2004 年修订的《土地管理法》，即先批后补程序。对于征地报批后的征地补偿安置方案的制定，已经废止的《征收土地公告办法》（由于 2020 年 1 月 1 日新修订的《土地管理法》施行，改变了征地审批和征地补偿的程序等相关内容，故《征收土地公告办法》废止，但本案发生在2019年《土地管理法》修正之前，故以《征收土地公告办法》（已废止）的规定进行论述）有相应的规定。《征收土地公告办法》（已废止）第七条至第十条规定了征地补偿安置方案的拟定、征求意见、听证以及审批的相关程序。2014年《土地管理法实施条例》第二十五条规定了对批准的征地补偿安置方案不服的协调和复议的救济途径。《国务院法制办公室关于依法做好征地补偿安置争议行政复议工作的通知》规定，被征地集体经济组织和农民对有关市、县人民政府批准的征地补偿、安置方案不服要求裁决的，应当依照行政复议法律、法规的规定向上一级地方人民政府提出申请。已经废止的《国土资源部关于加快推进征地补偿安置争议协调裁决制度的通知》规定，必须贯彻协调前置、重在协调的原则，即当事人应当先向拟定征地补偿安置方案的市、县人民政府的上一级人民政府申请协调。未经协调的案件，不能进行裁决。针对协调的期限，有些地方没有明确的规定，按照我国《行政诉讼法》第四十七条第一款规定，公民、法人或者其他组织申请行政机关履行保护其人身权、财产权等合法权益的法定职责，行政机关在接到申请之日起2个月内不履行的，公民、法人或者其他组织可以向人民法院提起诉讼。法律、法规对行政机关履行职责的期限另有规定的，从其规定。因此，土地征收过程中，针对征地补偿标准的司法审查也是一个非常重要的环节，被征地农民如果认为征地补偿标准不合理的，应当按照前述规定依法行使法律赋予的权利。本案就是李某因为不服批准的征地补偿安置方案向科区政府申请协调，而科区政府在收到李某的协调申请后2个月内没有答复才提起的诉讼。

如前所述，征地审批后针对征收区域范围内的被征地集体经济组织和村民应依法落实征收补偿。具体征收补偿的项目及标准应遵守我国《土地管理法》及实施条例等规定，保障被征地集体经济组织和村民的征收补偿权利。征收补偿应包括征收范围内所有需要征收补偿的主体，不应有遗漏。如何界定集体土地征收的完成，按照集体土地征收的一般程序——“一书四方案、两公告一登记”完成征地补偿并交付土地才可以认为征收补偿完成。正如通辽市中级人民法院的观点，集体土地征收工作结束应当以征收范围内的被征地集体经济组织、农村村民或者其他权利人全部领取补偿款并交出土地为准。在未依法全面落实征收补偿的情况下，不能认为征收补偿已经结束。征收公告中所规定的签订征收补偿协议的期限，不能作为征收补偿是否结束的标准。

本案经通辽市中级人民法院审理，通辽市中级人民法院认为：首先，市政府认定李某的房屋及土地等不在征收范围之内，但没有提交相应的证据。其次，集体土地征收工作结束应当以征收范围内的被征地集体经济组织、农村村民或者其他权利人全部领取补偿款并交出土地为准。因此，市政府作出的驳回行政复议决定的证据不足，故判决撤销市政府作出的驳回行政复议申请决定书，并判决市政府在判决生效之日起60日内重新作出行政行为。

【经验提示】

本案是因京沈客专项目中未依法落实征收补偿引发的纠纷。目前，我国高速铁路建设如火如荼，铁路项目建设伴随土地征收，土地征收审批完成后要依法进行征收补偿。集体土地征收和征收补偿是关系民生的重大事项，必须要处理好。因此，在集体土地征收及批后的征地补偿中要严格依法办事。特别是重大项目建设，更要起到表率作用。政府机关在进行征地审批以及批后的征地补偿中，要坚持依法行政，一方面要保障民生工程的建设，另一方面要依法保护被征地集体经济组织和被征地农民的合法征收补偿权益，特别是在落实征收补偿时，要保障被征地农民的知情权、参与权，对被征地农民提出的合理建议要采纳，补偿标准过低的，要依法提高，切实保障征地农民原有生活水平不降低，长远生计有保障。

地方人民政府在落实征收补偿时，必须坚持“一个都不能少”的原则，对于被纳入征收范围的房屋和被征收人要依法全部进行补偿。在未处理完毕所有被征收人的征收补偿时，征收补偿不能视为结束，更不能视为完成；也不能因部分被征地农民不理解征收补偿方案，在征收过程中不配合，而将其排除在征收补偿范围之外。实践中，地方政府要做好说明、解释工作，特别是做好征地补偿相关的公示公告，保证被征地农民的知情参与权。如果被征地农民拒不配合征收工作的，可以依据《土地管理法实施条例》第六十二条的规定，违反土地管理法律、法规规定，阻挠国家建设征收土地的，由县级以上地方人民政府责令交出土地；拒不交出土地的，依法申请人民法院强制执行。人民法院收到县级以上人民政府土地行政主管部门的强制执行申请的，可以依据《最高人民法院关于审理涉及农村集体土地行政案件若干问题的规定》第十四条的规定，对县级以上人民政府土地管理部门的强制执行申请进行审查，符合第十四条所规定的条件的才能准予强制执行，否则将不予受理。

在集体土地征收中，作为征收主体的行政机关要依法行政，作为被征地的农村集体经济组织和村民，如果认为土地征收或征收补偿不合法的，可以依法维护自己的权利。特别是在认为补偿方案标准低的情况下，应当依法行使自己的权利，维护自身的合法补偿权益。如果地方政府未依法落实征收补偿的，可以要求其履行征收补偿的法定义务；如果地方政府怠于履行法定职责的，可以依法通过行政复议或行政诉讼程序维护自身的合法权益。

【相关规定】

《行政诉讼法》

第四十七条第一款 公民、法人或者其他组织申请行政机关履行保护其人身权、财产权等合法权益的法定职责，行政机关在接到申请之日起两个月内不履行的，公民、法人或者其他组织可以向人民法院提起诉讼。法律、法规对行政机关履行职责的期限另有规定的，从其规定。

《土地管理法》

第四十七条 国家征收土地的，依照法定程序批准后，由县级以上地方人民政府予以公告并组织实施。

县级以上地方人民政府拟申请征收土地的，应当开展拟征收土地现状调查和社会稳定风险评估，并将征收范围、土地现状、征收目的、补偿标准、安置方式和社会保障等在拟征收土地所在的乡（镇）和村、村民小组范围内公告至少三十日，听取被征地的农村集体经济组织及其成员、村民委员会和其他利害关系人的意见。

多数被征地的农村集体经济组织成员认为征地补偿安置方案不符合法律、法规规定的，县级以上地方人民政府应当组织召开听证会，并根据法律、法规的规定和听证会情况修改方案。

拟征收土地的所有权人、使用权人应当在公告规定期限内，持不动产权属证明材料办理补偿登记。县级以上地方人民政府应当组织有关部门测算并落实有关费用，保证足额到位，与拟征收土地的所有权人、使用权人就补偿、安置等签订协议；个别确实难以达成协议的，应当在申请征收土地时如实说明。

相关前期工作完成后，县级以上地方人民政府方可申请征收土地。

《土地管理法实施条例》

第三十一条 征收土地申请经依法批准后，县级以上地方人民政府应当自收到批准文件之日起十五个工作日内在拟征收土地所在的乡（镇）和村、村民小组范围内发布征收土地公告，公布征收范围、征收时间等具体工作安排，对个别未达成征地补偿安置协议的应当作出征地补偿安置决定，并依法组织实施。

《建设用地审查报批管理办法》

第十条 建设项目用地呈报说明书应当包括用地安排情况、拟使用土地情况等，并应附具下列材料：

（一）经批准的市、县土地利用总体规划图和分幅土地利用现状图，占用基本农田的，同时提供乡级土地利用总体规划图；

（二）有资格的单位出具的勘测定界图及勘测定界技术报告书；

（三）地籍资料或者其他土地权属证明材料；

（四）为实施城市规划和村庄、集镇规划占用土地的，提供城市规划图和村庄、集镇规划图。

《最高人民法院关于审理涉及农村集体土地行政案件若干问题的规定》

第十四条 县级以上人民政府土地管理部门根据土地管理法实施条例第四十五条的规定，申请人民法院执行其作出的责令交出土地决定的，应当符合下列条件：

（一）征收土地方案已经有权机关依法批准；

（二）市、县人民政府和土地管理部门已经依照土地管理法和土地管理法实施条例规定的程序实施征地行为；

（三）被征收土地所有权人、使用人已经依法得到安置补偿或者无正当理由拒绝接受安置补偿，且拒不交出土地，已经影响到征收工作的正常进行；

（四）符合《最高人民法院关于执行〈中华人民共和国行政诉讼法〉若干问题的解释》第八十六条规定的条件。

人民法院对符合条件的申请，应当裁定予以受理，并通知申请人；对不符合条件的申请，应当裁定不予受理。

外来户与集体土地征收过程中的相关行政行为是否有利害关系

——张某诉贵州省人民政府行政复议案

【案号】 贵州省高级人民法院行政判决书，（2019）黔行终1392号

【核心提示】

在集体土地及地上房屋征收过程中，对户籍不属于当地集体经济组织成员，但是在当地又有房屋的人员，俗称“外来户”。这些所谓的“外来户”，大多数是基于各种因素离开户籍地，在新的地方扎根，购买了当地村民的房屋或者在当地取得土地使用权后自行建房，向村集体缴纳费用、出资、出力参与村民修建通行道路等，在生活多年后其工作、生活、子女上学等均已经融入当地。后因地方经济发展、规划的调整，需要征收他们的房屋及所在土地。征收之时，他们或买或自建的房屋在征收之列，但是对于征收相关的行为提起行政复议、行政诉讼之时，有关部门往往以他们不具有当地户籍，而认为其与征收行为不具有利害关系，从而驳回其复议申请或者起诉。那么，“外来户”与集体土地及地上房屋征收行为是否有利害关系呢?

【关键词】

外来户　利害关系　集体土地征收

【案情回顾】

张某及其家人在贵州省某市某区某村拥有房屋一栋，但其户籍并不在该村，不属于该村村民。2018年，政府对其房屋所在区域进行征收，张某的房

屋在征收范围内。2018 年 7 月，贵州省人民政府作出了《省人民政府关于某市 2013 年度城市建设农用地转用和土地征收第三十六批次实施方案的批复》（黔府用地函［2015］422 号）（以下简称《批复》），批准同意某市人民政府在观山湖某社区某村实施城市建设，新增建设用地 230,511 平方米，其中集体农用地转用 230,511 平方米；同时将上述集体新增建设用地征为国有，作为某市 2013 年度第三十六批次城市建设用地。《批复》的范围包括对张某房屋所在区域内的土地进行征收。于是，根据《行政复议法》之规定，张某向贵州省人民政府申请行政复议，请求撤销省政府作出的《批复》。贵州省人民政府法制办收到行政复议申请之后，作出补正通知，告知张某补正与《批复》有利害关系的证据。在补正期限内，张某向贵州省人民政府法制办补交了其涉案房屋的照片、居住证、缴纳水电费的发票等证据材料。但是，法制办收到材料之后，却作出了行政复议不予受理决定书。于是，张某就贵州省人民政府作出的行政复议不予受理决定书向某市中级人民法院提起诉讼。

【办案结果】

某市中级人民法院作出（2018）黔 01 行初 1253 号行政判决书，判决：

1. 撤销贵州省人民政府于 2018 年 10 月 16 日作出的行政复议不予受理决定书；

2. 责令贵州省人民政府依法履行行政复议法定职责。

贵州省高级人民法院作出（2019）黔行终 1392 号行政判决书，判决：驳回上诉，维持原判。

【律师点评】

行政复议与行政诉讼，是行政管理相对人及利害关系人针对行政行为不服，寻求救济的两个主要方式，两者在受理范围与受理条件上，具有一定的相似性。就具体的受理条件而言，行政相对人或者利害关系人，提起行政复议能够被受理的重要条件之一是申请人或者原告的主体资格适格，具体的体现就是要与被复议的行政行为具有法律上的利害关系。而从集体土地转变为国有土地，就是省级以上人民政府的征地批准行为，相关主体对于土地征收行为不服的，可以依法申请行政复议。但是提起行政复议，需要具备一定的法定条件。本案中张某对贵州省人民政府的批复行为提起行政复议之后，复议机关贵州省人民政府正是以张某与被复议的批复行为没有利害关系为由，决定不予受理。

要确定张某与土地征收行为是否有利害关系，可以先根据法律规定与司法实践，了解哪些人可以对土地征收行为申请行政复议。

笔者结合法律规定与司法实践，将能够对集体土地上的征收行为提起行政复议的主体主要归纳为以下几类。

一、集体土地的所有权人

根据《土地管理法》第二条的规定，我国的土地性质分为国有土地和集体土地，集体土地的所有权人，一般是集体经济组织，即村民委员会或者村民小组。土地性质从集体土地变更为国有土地，根据《土地管理法》与《土地管理法实施条例》的规定，只能有三种情形：第一种情形是土地征收程序，从集体所有变更为国家所有；第二种情形是农村集体经济组织成员全部转为城镇居民，原属于其成员集体所有的土地，成为国家所有；第三种情形是国家组织移民、自然灾害等原因，农民成建制地集体迁移后不再使用的原属于迁移农民集体所有的土地。

《土地管理法》第四十六条将土地征收的批准权限，赋予了国务院及省、自治区、直辖市人民政府。其中由国务院批准征收的情形包括："（一）永久基本农田；（二）永久基本农田以外的耕地超过三十五公顷的；（三）其他土地超过七十公顷的。"前述情形以外的土地需要征收的，由省、自治区、直辖市人民政府批准。

农村集体经济组织作为被征收土地的原权利人，如果认为征收土地的行为违反法律规定或者侵犯其合法权益的，可以以自己的名义申请行政复议。但是，司法实践中，在土地征收过程中，以集体经济组织名义对征收行为提起行政复议的，相对较少。

二、集体土地的使用权人

土地的所有权和使用权是可以分离的，集体经济组织作为集体所有土地的所有权人，并不一定同时拥有土地的使用权。如果集体经济组织未将集体土地的使用权向集体成员分配的，那么土地的所有权与使用权都集中在集体经济组织。如果将集体所有的土地，向集体经济组织成员进行了分配，那么土地的所有权与使用权将分离。

在征收过程中，对于集体土地上的使用权人，因被征收土地性质的区别，常见的有以下几类：第一类是土地承包经营权人；第二类是宅基地的使用权人；第三类是虽然不具有土地承包经营权的主体资格，也不属于宅基地使用权人，但是属于被征收土地的实际使用人。

土地征收行为在改变土地所有权的同时，也会消灭原土地使用权人的土地使用权，那么征收行为是否合法显然会对土地使用权人的合法权益产生影响，其有权对土地征收行为提起行政复议。

《行政复议法》第二条规定，公民、法人或者其他组织认为具体行政行为侵犯其合法权益，向行政机关提出行政复议申请，行政机关依法受理行政复议申请，作出行政复议决定，适用本法。此处的“公民、法人或者其他组织认为”，采取了相对主观的标准，即只要公民、法人或者其他组织认为行政行为侵犯其合法权益的，就可以提起行政复议。但是，提起行政复议能否被受理，还要符合客观标准。

根据《行政复议法》第六条以及《行政复议法实施条例》第二十八条的规定，判断是否为行政复议申请人的客观标准，就是申请人与被复议的行政行为是否具有利害关系。对于土地使用权人的行政复议主体资格问题，《行政复议法》第六条关于行政复议的受案范围中规定：“有下列情形之一的，公民、法人或者其他组织可以依照本法申请行政复议：……（四）对行政机关作出的关于确认土地、矿藏、水流、森林、山岭、草原、荒地、滩涂、海域等自然资源的所有权或者使用权的决定不服的；（五）认为行政机关侵犯合法的经营自主权的；（六）认为行政机关变更或者废止农业承包合同，侵犯其合法权益的……”当然，土地使用权人对征地批准文件不服，可以申请行政复议。

进一步来说，行政复议与行政诉讼，都是对行政行为合法性进行审查的途径，两者对受案范围以及受理条件的审查，基本上是一致的。《最高人民法院关于审理涉及农村集体土地行政案件若干问题的规定》则作出了更明确的规定。其中第四条规定：“土地使用权人或者实际使用人对行政机关作出涉及其使用或实际使用的集体土地的行政行为不服的，可以以自己的名义提起诉讼。”第六条规定：“土地权利人认为乡级以上人民政府作出的土地确权决定侵犯其依法享有的农村集体土地所有权或者使用权，经复议后向人民法院提起诉讼的，人民法院应当依法受理。法律、法规规定应当先申请行政复议的土地行政案件，复议机关作出不受理复议申请的决定或者以不符合受理条件为由驳回复议申请，复议申请人不服的，应当以复议机关为被告向人民法院提起诉讼。”那么，对于土地使用权人自然可以以自己的名义对征收土地行为提起诉讼。在司法实践中，最高人民法院在（2018）最高法行申 6042 号行政裁定书中认为，“对省级政府作出的年度批次征地批复行为不服可以依法申请行政复议的主体，应当是征地批复作出时应当予以考虑及保护的权利主体，即征地批复所涉集体土地的所有权人、农村土地承包经营权人以及农村宅基地使用人等法定主体”。

那么，“外来户”作为涉案土地的实际使用权人，对于征收集体土地的批复行为有权申请行政复议。笔者代理的张某诉贵州省人民政府行政复议案件中，张某提供了其作为涉案土地实际使用权人的证据材料，两级人民法院也均认为其对征地批准行为可以提起行政复议。故而一审某市中级人民法院作出的涉案的行政判决书，撤销了贵州省人民政府的不予受理的行政复议决定。在贵州省人民政府不服提起上诉之后，贵州省高级人民法院作出了维持一审判决的结论，肯定了一审人民法院的法律适用。

但是，需要注意的是，对土地征收行为不服的，根据《行政复议法》第三十条的规定，对省、自治区、直辖市人民政府关于征收土地的批准行为不服的，必须先申请行政复议，而不能直接向人民法院提起行政诉讼。

虽然，本案中作为“外来户”的张某，其对集体土地征收行为不服提起行政复议的主体资格，得到了法院的支持，但是并不代表所有的“外来户”对集体土地征收行为提起的行政复议都能得到人民法院的支持。是否能够得到支持，关键还是看其是否有证据证明自身与集体土地征收行为的利害关系，这就需要在提起行政复议之时向复议机关提交其与土地征收行为具有法律上利害关系的证据。如果不能提供证据证明自身与土地征收行为具有法律上利害关系的，则复议机关依然不会受理，即使受理，经过审查之后也会作出驳回复议申请的决定。

【经验提示】

行政复议作为对行政行为合法性审查的一个重要途径，在土地征收过程中，具有特别重要的意义，如土地征收过程中的有些行为涉及行政复议前置、行政复议终局等。而行政复议的审理程序，一般是以书面审理为原则，以听证等公开审理为例外。书面审理，不会像行政诉讼一样进行辩论等程序，这样就要求行政相对人在提起行政复议之时，应当尽可能地按照《行政复议法》及《行政复议法实施条例》的规定，提供其符合行政复议受理条件的证据，这样才会让其所提起复议的行为尽快地进入实体的审理，避免程序空转。而行政复议机关，在受理行政复议的过程中，应当严格遵守《行政复议法》及《行政复议法实施条例》规定的受理条件，尽可能地对行政相对人提起的行政争议进行审查，不能随意地以不符合受理条件为由而将行政争议排除在受理范围之外，导致争议久拖不决。

【相关规定】

《行政复议法》

第二条　公民、法人或者其他组织认为具体行政行为侵犯其合法权益，向行政机关提出行政复议申请，行政机关受理行政复议申请、作出行政复议决定，适用本法。

第六条　有下列情形之一的，公民、法人或者其他组织可以依照本法申请行政复议：

（一）对行政机关作出的警告、罚款、没收违法所得、没收非法财物、责令停产停业、暂扣或者吊销许可证、暂扣或者吊销执照、行政拘留等行政处罚决定不服的；

（二）对行政机关作出的限制人身自由或者查封、扣押、冻结财产等行政强制措施决定不服的；

（三）对行政机关作出的有关许可证、执照、资质证、资格证等证书变更、中止、撤销的决定不服的；

（四）对行政机关作出的关于确认土地、矿藏、水流、森林、山岭、草原、荒地、滩涂、海域等自然资源的所有权或者使用权的决定不服的；

（五）认为行政机关侵犯合法的经营自主权的；

（六）认为行政机关变更或者废止农业承包合同，侵犯其合法权益的；

（七）认为行政机关违法集资、征收财物、摊派费用或者违法要求履行其他义务的；

（八）认为符合法定条件，申请行政机关颁发许可证、执照、资质证、资格证等证书，或者申请行政机关审批、登记有关事项，行政机关没有依法办理的；

（九）申请行政机关履行保护人身权利、财产权利、受教育权利的法定职责，行政机关没有依法履行的；

（十）申请行政机关依法发放抚恤金、社会保险金或者最低生活保障费，行政机关没有依法发放的；

（十一）认为行政机关的其他具体行政行为侵犯其合法权益的。

《行政复议法实施条例》

第二十八条 行政复议申请符合下列规定的，应当予以受理：

（一）有明确的申请人和符合规定的被申请人；

（二）申请人与具体行政行为有利害关系；

（三）有具体的行政复议请求和理由；

（四）在法定申请期限内提出；

（五）属于行政复议法规定的行政复议范围；

（六）属于收到行政复议申请的行政复议机构的职责范围；

（七）其他行政复议机关尚未受理同一行政复议申请，人民法院尚未受理同一主体就同一事实提起的行政诉讼。

《土地管理法》

第四十六条 征收下列土地的，由国务院批准：

（一）永久基本农田；

（二）永久基本农田以外的耕地超过三十五公顷的；

（三）其他土地超过七十公顷的。

征收前款规定以外的土地的，由省、自治区、直辖市人民政府批准。

征收农用地的，应当依照本法第四十四条的规定先行办理农用地转用审批。其中，经国务院批准农用地转用的，同时办理征地审批手续，不再另行办理征地审批；经省、自治区、直辖市人民政府在征地批准权限内批准农用地转用的，同时办理征地审批手续，不再另行办理征地审批，超过征地批准权限的，应当依照本条第一款的规定另行办理征地审批。

违法用地查处职责的考量

——褚某与河北省国土资源厅违法用地查处复议案

【案号】 国土资复议（2017）36 号

【核心提示】

对违法征地、占地行为不服的，除了当事人自身提起行政复议或行政诉讼之外，还可以要求职权单位对违法征地、占地行为进行查处，通过职权单位介入并采取相关行政处罚措施，让违法行为单位主动停止违法行为。至于确定违法征地、占地的查处单位，在实践中面临不同处境，尽可能提高违法行为查处单位的级别，对当事人的维权有利无弊。

【关键词】

违法查处　行政处罚　法定职责　行政复议

【案情回顾】

当事人褚某系河北省唐山市路北区果园乡某村村民，在村中具有承包地和宅基地并具有地上房屋的所有权。因唐山市人民政府未依法征收土地及未依法予以安置，且土地实际被占用，当事人向河北省国土资源厅提出申请，要求河北省国土资源厅对唐山市政府的违法征地、占地行为进行查处。河北省国土资源厅在收到当事人的违法事项查处申请书之后，给予当事人一份“举报线索反馈函”，称将该申请书及材料转给了唐山市国土资源局进行调查处理。对河北省国土资源厅不进行违法用地查处，而将该事项转由唐山市国土资源局的行为，当事人不服，向原国土资源部提起了复议，复议请求则是要求河北省国土资源厅履行法定职责，对涉案土地违法行为进行查处。

复议期间，被申请人认为：当事人的申请是一种信访行为，并不是违法用地查处行为，申请人对信访行为的处理提起行政复议，不属于行政复议的受案范围。被申请人在收到当事人的申请后，已通过“举报线索反馈函”的形式转给了唐山市国土资源局，客观上已经履行了法定职责；河北省国土资源厅的职责是对其辖区内的土地违法案件进行督导，根据土地违法案件的属地管辖原则，负责土地违法案件的查处工作，是违法行为所在地的市、县国土资源主管部门，国土资源厅不具有查处案涉行为的法定职责。申请人则认为：当事人的申请书已经写明了提出申请的法律依据，该申请是基于《国土资源行政处罚办法》提出的申请，并非依据《信访条例》（已废止），所以并非信访行为；我国《土地管理法》及《国土资源行政处罚办法》规定了县级以上国土资源主管部门是土地违法行为的查处职权单位，并没有排除省级国土资源厅，故被申请人作为省厅单位，同样具有法定职责。被申请人在具有法定职责的前提下，将收到的申请书转交给其下级单位唐山市国土资源局，属于推卸自身法定职责，其行为实际上是行政不作为。实际上，案涉土地违法行为涉及的对象包括唐山市政府，唐山市国土资源局作为唐山市政府的下属单位，如由其进行查处，其执法行为的公正性难以保证，故不具有合理性。申请人要求河北省国土资源厅对案涉行为直接立案并进行查处。

【办案结果】

原国土资源部依据《行政复议法》第二十八条第一款第二项的规定，决定：

被申请人自收到本决定书之日起在法定期限内履行违法查处的职责。

【律师点评】

在土地及房屋的征收过程中，建设单位或者地方政府为了尽早对土地进行利用，有的会未履行合法程序就将被征收的土地先行使用，此种做法一方面可以加快项目的实施进度，另一方面又可以对被征收人增加威慑力，使当事人主动放弃依法维权行为。建设单位的违法用地行为和当事人的合法权益保护因此形成尖锐的对立面。当事人如果启动土地违法行为查处诉讼，可以对行政机关的征收及执法形成监督，同时对自己权益的维护也起到积极的促进作用。故学会申请并推进违法用地查处工作，对当事人具有重要的积极意义。

一、查处行为内容的界定

当事人对征收行为中的违法占地要求职权单位查处时，职权单位往往将此界定为征收行为中的违法问题，告知当事人对征收行为不服的，可以对相关征收行为提起诉讼，把征收行为中的土地违法问题推向征收事务，而对实际违法占地行为置之不理。从而导致“征收官司正在打，案涉土地已被用”的尴尬局面，而征收的“先补偿、后搬迁”原则也被抛之脑后。

笔者认为，涉及土地的违法行为，不仅局限于普通民众未经地方政府审批擅自占用土地、擅自改变土地用途等一些表面上的违法行为。我国《国土资源行政处罚办法》第二条规定，县级以上国土资源主管部门依照法定职权和程序，对自然人、法人或者其他组织违反国土资源管理法律法规的行为实施行政处罚，适用本办法。由此可知，确定该行为是否为被查处的对象，要看相关单位是否存在违反国土资源法律法规的行为，若违反就在查处之列，否则就无权进行干涉。土地违法行为发生后，当事人会有多个救济渠道，既可以对非法占地行为提起行政诉讼，也可以要求负有法定职责的国土资源主管部门对违法行为进行查处。这两种救济渠道并行不悖，不存在非此即彼的救济模式，当事人如果选择复议或诉讼途径直接对违法行政行为进行追究，相关复议机关及司法机关会根据《行政复议法》及《行政诉讼法》之规定依法受理并作出复议决定或判决。如当事人要求职权单位对该违法行为进行查处，作为负有法定职责的行政机关，应当依照法律规定及程序履行自身职责。法定职权单位不能越位代替当事人作出选择或决定，从而推卸自身的查处职责。

我国土地管理的法律法规，对土地及地上附属物的征收有明确的法律规定，行政单位进行征收要严格遵守法律规定。违法进行征收，当然属于违反土地管理法律法规的行为。所以，在被征收人遭遇非法征收时，一方面可以对非法征收行为提起复议或诉讼进行维权，另一方面也可以根据《国土资源行政处罚办法》请求行政机关对违反土地管理法律法规的行为进行查处。但同时也要注意，因为两者存在相同或相近的事实基础，所以选择不同维权途径，有可能存在部分重合，所以还要有所区分和侧重，否则就会形成重复请求，造成行政程序和司法程序的冲突。

二、违法查处行为的启动

违法查处行为有两种启动方式：一种是行政机关依职权职责启动，另一种是依照当事人的申请启动。当法律法规赋予行政机关作为的情况下，行政机关却不依照法律规定主动履行自身职责，本身即属于行政不作为，当事人可以就行政机关的不作为提起诉讼，且不以提出申请履职为前提。但实务中的情况千差万别，为妥当起见，建议当事人首先要提出履职申请，当然如果事情紧急，根本不存在提出履职申请的时间和机会，当事人也要保留好相关证据，从而选择性地进行起诉。

当事人在提出查处申请，要求行政机关履行自身法定职责时，要明确履职的内容并引用确定的法律依据，力求引用的法律依据直接、明确。如申请人自己对适用法律法规条款都摇摆不定，就无法杜绝某些行政机关以信访、非自身职权等理由，推卸自身职责。

三、违法查处单位的确定

我国《国土资源行政处罚办法》中对违反土地管理法律法规的管辖，确立了属地原则。《国土资源行政处罚办法》第五条规定，国土资源违法案件由土地、矿产资源所在地的县级国土资源主管部门管辖，但法律法规以及本办法另有规定的除外。第六条规定，省级、市级国土资源主管部门管辖本行政区域内重大、复杂和法律法规规定应当由其管辖的国土资源违法案件。

在违法征收的情况下，都是多个单位参与其中并形成“集体违法”局面，国土资源主管部门作为政府部门，不仅其自身行为涉嫌违法，作为其上级主管单位的县级以上人民政府也往往参与其中。如果仍由涉嫌违法行为的政府部门单位实施行政处罚权，难以保证公正执法。所以申请人在提出申请时，要结合违法行为的主体及违法行为的程度，建议选择上级政府的土地行政主管部门，对其下级政府违反土地管理法的行为进行查处。

本案中，对省国土资源厅是否具有法定查处职责的认定，法院认为：根据2004年《土地管理法》第六条“任何单位和个人都有遵守土地管理法律、法规的义务，并有权对违反土地管理法律、法规的行为提出检举和控告”，第六十六条“县级以上人民政府土地行政主管部门对违反土地管理法律、法规的行为进行监督检查”，以及《国土资源行政处罚办法》第十一条“国土资源主管部门发现自然人、法人或者其他组织行为涉嫌违法的，应当及时核查……”的规定，各级国土资源主管部门具有对土地违法行为进行查处的职责，被申请人未能提供证据证明其不具有查处的法定职责，其应当对申请人反映的问题进行查处并答复。被申请人对申请人反映的问题仅直接转送唐山市国土资源局办理，未履行查处的法定职责。

四、国土资源行政主管部门违法行政的救济措施

即便是将违法单位的上级政府主管部门作为查处单位，也难以保证职权单位能客观公正执法。国土资源主管部门在收到当事人的申请后，往往会作为信访事项转到信访部门，或将该申请转交给下级单位处理，从而让所谓的查处工作陷入空转。在此情形下，当事人要及时提起行政复议或行政诉讼。提起行政复议和行政诉讼可以分为两种情况：一种是针对土地违法行为本身提起行政诉讼，另一种是对职权单位要查处但不依法查处的行为提起行政诉讼。上述两种行为虽然有关联，但实质并不相同。本部分所指的救济措施，是指后一种行为，即在职权单位不依法履行查处职责的不作为的情况下，当事人如何救济的问题。

对职权单位的不作为诉讼，可以采取行政复议及行政诉讼两种维权途径。行政复议是向不作为机关的上级单位申请复议，行政诉讼则是向法院针对行政机关的不作为提起诉讼，两种维权途径各有利弊。一般而言，行政复议着眼于内部纠错，对原行为的合法性及合理性均予以审查。行政诉讼则主要着眼于合法性审查，诉讼程序相对烦琐复杂。当事人如果从解决自身实际问题考虑，可优先选择复议程序，如对复议结果不满意，再进行诉讼。

【经验提示】

一般情况下，针对土地违法行为案件的查处工作，以属地管辖为原则，但案情如果复杂、具有重大影响的，可以由上级国土资源主管部门进行管辖。

如果地方政府存在违反《土地管理法》的行为，若根据属地管辖的原则，显然不能保证对违法行为的查处力度。所以，应尽量向上级部门申请查处。但在实务中，上级国土资源主管部门对地方政府的违法行为也往往采取“不理不问不管”的态度，在接到违法查处的申请后，会把当事人的申请转交给下级单位，任由地方政府内部处理，而不采取监督措施，使立法目的无法实现。对此，当事人应积极主动地采取措施，促使职权单位依法行政。

在此类案件的处理中，职权单位的主体如何确定，往往成为问题的焦点。所以当事人应对案涉违法行为的复杂性、严重性、恶劣性、影响性以及管辖不当所造成的后果进行阐述，进而为自己维权创造有利条件。如果上级单位以不属于自己管辖为由，将违法查处案件交由下级单位处理，则下级单位不但具有法定义务进行查处，还要对上级单位交办的具体工作予以回复，双重义务赋予其应尽责任，对当事人的诉求相对来讲也有所保障。

【相关规定】

《行政复议法》

第十二条 对县级以上地方各级人民政府工作部门的具体行政行为不服的，由申请人选择，可以向该部门的本级人民政府申请行政复议，也可以向上一级主管部门申请行政复议。

对海关、金融、国税、外汇管理等实行垂直领导的行政机关和国家安全机关的具体行政行为不服的，向上一级主管部门申请行政复议。

《土地管理法》

第七条 任何单位和个人都有遵守土地管理法律、法规的义务，并有权对违反土地管理法律、法规的行为提出检举和控告。

第六十七条 县级以上人民政府自然资源主管部门对违反土地管理法律、法规的行为进行监督检查。

县级以上人民政府农业农村主管部门对违反农村宅基地管理法律、法规的行为进行监督检查的，适用本法关于自然资源主管部门监督检查的规定。

土地管理监督检查人员应当熟悉土地管理法律、法规，忠于职守、秉公执法。

《国土资源行政处罚办法》

第二条 县级以上国土资源主管部门依照法定职权和程序，对自然人、法人或者其他组织违反国土资源管理法律法规的行为实施行政处罚，适用本办法。

第五条 国土资源违法案件由土地、矿产资源所在地的县级国土资源主管部门管辖，但法律法规以及本办法另有规定的除外。

第六条 省级、市级国土资源主管部门管辖本行政区域内重大、复杂和法律法规规定应当由其管辖的国土资源违法案件。

第八条 有下列情形之一的，上级国土资源主管部门有权管辖下级国土资源主管部门管辖的案件：

（一）下级国土资源主管部门应当立案调查而不予立案调查的；

（二）案情复杂，情节恶劣，有重大影响的。

上级国土资源主管部门可以将本级管辖的案件交由下级国土资源主管部门管辖，但是法律法规规定应当由其管辖的除外。

第九条 有管辖权的国土资源主管部门由于特殊原因不能行使管辖权的，可以报请上一级国土资源主管部门指定管辖。

国土资源主管部门之间因管辖权发生争议的，报请共同的上一级国土资源主管部门指定管辖。

上一级国土资源主管部门应当在接到指定管辖申请之日起七个工作日内，作出管辖决定。

第十条 国土资源主管部门发现违法案件不属于本部门管辖的，应当移送有管辖权的国土资源主管部门或者其他部门。受移送的国土资源主管部门对管辖权有异议的，应当报请上一级国土资源主管部门指定管辖，不得再自行移送。

《国土资源部办公厅关于依法履职严格规范公正执法的通知》

二、履职尽责，严格规范公正执法

（一）坚持严格执法。

严格执法是对国土资源执法的最基本要求，执法监察工作必须严格按照法律规定进行，坚持有法必依、违法必究、执法必严。

地方各级国土资源主管部门要加强日常执法监管，对通过巡查、受理举报、媒体反映、协管员报告等途径掌握的违法线索，要及时组织核查。对存在违法违规行为的，要及时予以制止；对制止无效的，要及时采取将违法事实书面报告同级人民政府和上一级国土资源主管部门、抄告相关部门、向社会通报等措施进行制止，力争将违法问题“发现在初始、解决在萌芽”；对符合立案条件的，要及时予以立案查处。作出的行政处罚决定需要依法申请人民法院强制执行的，必须及时申请强制执行；应该追究行政责任和涉嫌犯罪的，坚决向纪检监察、任免和司法机关移送。

要突出重点，对国土资源违法违规行为始终保持高压态势，严厉打击。要重点查处违法占用大量耕地等农用地，特别是大量占用基本农田案件；违反国家产业政策、供地政策违法批地、占地、批矿、采矿案件；违法征占土地、侵害农民土地权益案件；以土地流转、设施农业建设名义违法改变土地农业用途进行非农业建设案件；“两高一资”项目、产能过剩项目违法用地、用矿案件。对重大典型案件，要挂牌督办，查处结果向社会公开通报。

《自然资源部关于第二批废止和修改的部门规章的决定》

三、修改《国土资源行政处罚办法》

（一）在第七条增加一款，作为第二款：“全国范围内重大、复杂的自然资源违法案件是指：（一）国务院要求自然资源部管辖的自然资源违法案件；（二）跨省级行政区域的自然资源违法案件；（三）自然资源部认为应当由其管辖的其他自然资源违法案件”；

（二）将第四十五条第（五）项修改为“应当依法申请强制执行、移送有关机关追究责任，而未依法申请强制执行、移送有关机关的”；

（三）将《国土资源行政处罚办法》中的“国土资源”统一修改为“自然资源”；“国土资源主管部门”统一修改为“自然资源主管部门”。

行政诉讼应注重实质解决行政争议

——葛某不服安徽省人民政府行政复议案

【案号】 安徽省高级人民法院行政判决书，（2017）皖行终746号

【核心提示】

前置行政行为的合法性审查尚未定论，行政机关及司法机关不得对后续行政行为的合法性直接确认。通过诉讼解决自身行政争议，力促从根本上解决争议。

【关键词】

集体土地　征收补偿　前置行为　行政争议

【案情回顾】

2012年6月4日，安徽省人民政府作出《关于某市2011年度第14批次城市建设农用地转用和土地征收实施方案的批复》，同意某市人民政府将葛某房屋在内的社区等土地征收为国有。2013年12月6日，某市规划局作出建设项目选址意见书，确定休宁路（金寨路至徽州大道段，长约2503米，规划红线宽度45米），作为道路交通设施用地使用。2016年9月30日，包河区政府因上述休宁路项目建设需要，作出某市包河区房屋征收决定和某市包河区房屋征收决定公告，决定对休宁路项目规划红线范围内的房屋实施征收。葛某的房屋在征收范围内。2016年10月14日，包河区政府作出某市包河区房屋征收补偿决定书，对葛某的房屋予以征收安置补偿。葛某不服，向某市人民政府申请复议，某市人民政府于2016年12月30日作出行政复议决定

书，决定维持包河区政府作出的某市包河区房屋征收补偿决定书。葛某不服诉至法院。

在葛某对征收补偿决定提起诉讼的同时，包河区政府为证明其行政行为的合法性，提供了安徽省人民政府作出的《关于某市2011年度第14批次城市建设农用地转用和土地征收实施方案的批复》作为证据。葛某进而对该批复申请了行政复议。安徽省人民政府以不符合受理条件为由，作出了驳回行政复议申请决定书。葛某遂以安徽省人民政府为被告，起诉至某市中级人民法院，要求安徽省人民政府受理复议申请并依法作出行政复议决定。

征收补偿决定案件经审理，某市中级人民法院作出（2017）皖01行初8号行政判决书认为：被告包河区政府根据某市人民政府制定的本地区补偿标准及原告房屋的具体情况作出涉案房屋征收补偿决定并无不当，原告要求撤销该补偿决定理由不足，不予支持，遂驳回原告的诉讼请求。葛某不服一审判决，向安徽省高级人民法院提起上诉。经安徽省高级人民法院审查后作出（2017）皖行终746号认为：无论是国有土地上的房屋，还是集体土地上的房屋，其被征收的前置条件是市、县级人民政府作出的房屋征收决定或省级人民政府作出的征地批复已经生效。案涉房屋的征收决定在一审诉讼中；安徽省人民政府作出的征地批复经复议后，复议决定也在一审诉讼中。一审法院在征收补偿决定的前置条件合法与否不明的情况下，即对本案房屋征收补偿决定作出裁判，显然事实不清，证据不足。故裁定撤销一审判决书，发回重审。

在行政复议纠纷一案中，合肥市中级人民法院一审认为：国务院批准征收土地后，省级人民政府批准实施方案不是行使法定批准权限，不能视为省级人民政府的审批行为，不属于行政复议范围。故被告作出驳回行政复议申请决定并无不当。判决驳回葛某的诉讼请求。葛某不服，向安徽省高级人民法院提起上诉。

【办案结果】

在征收补偿协议案件发回重审、行政复议决定纠纷案件提起上诉这一期间，葛某案件通过协调，最终结案并撤回先前的起诉。该案于2019年被选评为安徽省高级人民法院实质性解决行政争议十大案例之一。

【律师点评】

因为征收是由一系列复杂的行政行为构成的，故征收案件中涉及诸多具体个案，且都穿插进行，每个案件都相互关联并互为支撑。启动哪个案件以及如何启动，需要当事人和律师具有足够的思考能力和决断能力。面对征收，当事人考虑的主要是经济补偿利益，而律师主要考虑的是案涉行政行为的合法性，两者结合方能取得相对较好的诉讼利益。征收过程中，当事人仅考虑在补偿决定作出时再采取相关法律途径维权，殊不知在征收补偿决定案件审查的同时，先前的征收决定以及征收补偿方案已经确定。所以当事人即便在征收补偿案件中表明先前征收行为是违法的，因对先前行政行为没有复议或起诉，有时法院难以认定先前行政行为违法，从而影响对后行政行为的认定。本案的发展脉络，是在安徽省政府作出实施征地的批复后，包河区政府对案涉集体土地又作出征收决定，进而作出征收补偿决定。故通过对本案的梳理，当事人对征地批复、征收决定、征收补偿决定均提起了相关复议及诉讼。本部分主要涉及的是征收补偿决定和征地批复的复议，在该两案中，律师主要陈述了下列法律意见。

一、对征收补偿决定一案

（一）包河区政府无职权作出集体土地征收补偿决定

涉案征收补偿决定所指向的标的，系原告位于集体土地上的房屋。我国《立法法》第八条第七款规定，对非国有财产的征收、征用，只能制定法律。《立法法》第七条规定，法律的立法机关，为全国人民代表大会及全国人民代表大会常务委员会。《立法法》第九条规定，如全国人民代表大会及全国人民代表大会常务委员会作出决定，可以授权国务院根据实际需要，对第八条部分事项先行制定行政法规。《物权法》（已废止）第四十二条第一款规定：为了公共利益的需要，依照法律规定的权限和程序可以征收集体所有的土地和单位、个人的房屋及其他不动产。

本案中，包河区政府依据《某市集体土地上房屋征收与暂行办法》作出案涉征收补偿决定。该办法的制定机关——某市人民政府，既不是法律的立法机关，也不是立法机关授权对非国有财产征收制定行政法规的授权单位。

包河区政府设定的集体土地上房屋征收规范性文件，不是法律规定，故不能以该规范性文件为基础征收集体土地上房屋，否则就与我国法律规定相违背。在没有法定权限和程序的情况下，包河区政府根据《某市集体土地上房屋征收与暂行办法》作出集体土地征收补偿决定，没有法律依据，故应当依法予以撤销。

（二）包河区政府作出涉案征收补偿决定的事实基础不存在

原告的房屋系集体土地上的房屋，根据我国2004年《土地管理法》第四十五条至第四十八条规定及《土地管理法实施条例》第二十五条、《征收土地公告办法》（已废止）第四条、第七条、第十四条等规定，对集体土地进行征收，地上房屋作为土地附属物一并征收，此程序需要由省政府或者国务院作出征地批复，市县人民政府在收到征地批复之后10个工作日内在被征收区域内进行征地公告，征地公告后45日内，由征收部门按照省、自治区、直辖市确定的补偿标准拟定征收补偿安置方案再行公告，由被征收人将土地及地上附属物进行登记注销，完成整个征地行为。

被告举证了省政府作出的征地批复，但并无证据证明该批复是对包括原告土地在内的区域所作出的批复。同时，结合被告提交的征收决定及征地补偿安置方案所载明的时间，该批复已经远超过了2年予以实施的有效期限（批复有效期问题，《国务院关于深化改革严格土地管理的决定》第十九条、《国土资源部关于完善农用地转用和土地征收审查报批工作的意见》第十四条均予以了规定）。无论从征地行为实际开始之时，还是涉案征收补偿决定作出之日，该征地批复均已经失效。以失效批复作为涉案行政行为的合法性证据，无法证明涉案行政行为的合法性。

对集体土地及地上附属物的征收，根据2004年《土地管理法》第四十七条第四款规定，补偿标准应由省政府规定。被告提交的补偿标准是《某市人民政府关于调整某市被征收土地上房屋其他附着物及青苗补偿标准的通知》，该通知文件与我国法律规定明显冲突。加之，《某市人民政府关于调整某市被征收土地上房屋其他附着物及青苗补偿标准的通知》的适用，与被告自身提交的征地批复中所确定的补偿标准明显相互冲突，以此作为征收补偿决定的事实基础，也无法立足。

被告所提交的立项、规划、集体土地上房屋征收决定、征收补偿安置方案制定、区长办公室会议记录、风险评估报告等相关证据，比较2004年《土地管理法》及2014年《土地管理法实施条例》中明确规定的集体土地征收程序，可以明确看出上述证据与集体土地上房屋的征收所依据的事实基础没有关联性。其中涉及作出征收决定的立项文件，经被告当庭提交的更正公告已经变更，更能反映出先前作出的征收决定的违法性。上述证据无法证明涉案行政行为具备合法性的事实基础。

（三）前置行为的合法性未定不得对后续行为的合法性予以认定

征收补偿决定所依据的征收决定及征地批复，都在诉讼期间，前置行为的合法性未予确认，应当依法中止征收补偿决定案件的审理，而不能直接对征收补偿决定的合法性进行判断。

案涉征收补偿决定，依据被告的征收决定作出，而征收决定的作出，所依据的事实基础是存在征地批复。但该征地批复已经远超过了2年予以实施的有效期限。无论从征地行为实际开始之时，还是涉案征收补偿决定作出之日，该征地批复均已废止。故申请人提起对征地批复提出复议。因前置行为的合法性尚未有最终的司法结论，后续行为不得贸然确定为合法。

二、对行政复议决定一案

安徽省人民政府认为，《关于某市2011年度第14批次城市建设农用地转用和土地征收实施方案的批复》，只是为了实施原国土资源部作出的征地批复（以下简称724号《征地批复》），其批准实施行为不是征地批复行为，对当事人具有实际影响的是724号《征地批复》，故原告提出的复议申请不符合行政复议法的受案范围，进而驳回了原告的复议申请。对此，律师的观点如下。

（一）被告省政府作出的驳回复议申请决定书，认定事实不清

原国土资源部的724号《征地批复》是否包含案涉土地，复议机关并没有查实。安徽省人民政府作出的《关于某市2011年度第14批次城市建设农用地转用和土地征收实施方案的批复》使相关主体开始对原告土地及地上附属物进行征收，这表明该批复对当事人产生了实际影响。至于是不是因为724号《征地批复》产生影响，则有待查明。

原国土资源部724号《征地批复》与省政府《关于某市2011年度第14批次城市建设农用地转用和土地征收实施方案的批复》，是两个不同的行政行为。724号《征地批复》是对能否将集体土地征收为国有土地而作出的批复，《关于某市2011年度第14批次城市建设农用地转用和土地征收实施方案的批复》是724号《征地批复》作出后，对如何实施征地而作出的批复。两个批复作出的主体，事实、程序及法律依据均不相同。如724号《征地批复》本身不包含案涉土地，而《关于某市2011年度第14批次城市建设农用地转用和土地征收实施方案的批复》却把土地包含在内，那么《关于某市2011年度第14批次城市建设农用地转用和土地征收实施方案的批复》则是可复议行为。如724号《征收批复》因超过2年有效期而失效，《关于某市2011年度第14批次城市建设农用地转用和土地征收实施方案的批复》仍然实施一个失效的724号《征地批复》，对当事人亦创设了新的权利义务，仍属于可复议行为。故简单地把《关于某市2011年度第14批次城市建设农用地转用和土地征收实施方案的批复》作为724号《征地批复》的后续并认为不可复议，是认定事实不清。

（二）被告省政府作出的驳回复议申请决定书，适用法律错误

724号《征地批复》及《关于某市2011年度第14批次城市建设农用地转用和土地征收实施方案的批复》，均是集体土地征收过程中完整、闭合的程序，属于行政机关征收土地并要求被征收人配合政府征收并交付土地的行为。本案724号《征地批复》作出后，如没有《关于某市2011年度第14批次城市建设农用地转用和土地征收实施方案的批复》，土地征收工作将无法启动。被征收人根据《行政复议法》第六条第七项的规定，依法申请复议，符合法律规定。

【经验提示】

我国《行政诉讼法》第一条把“解决行政争议”作为设立行政诉讼之目的，协调结案无疑是解决行政争议最快捷、最有效的手段。如何达到协调结案并在协调中占据有利地位，需要先行通过行政诉讼手段，将双方的行政争议引入司法平台。

在司法平台上协调处理，本身是司法机关愿意采取的结案方式，且该方式既缓冲了行政机关面临的行政压力，又能对行政行为相对人的权益加以保障。但是对行政行为相对人而言，如何争取在协调中占据有利地位并掌握话语权，则需要把持之以恒的坚守和诉讼巧妙的维权手段相结合，以求最终达到诉讼目的。

【相关规定】

《行政诉讼法》

第一条 为保证人民法院公正、及时审理行政案件，解决行政争议，保护公民、法人和其他组织的合法权益，监督行政机关依法行使职权，根据宪法，制定本法。

第六十三条 人民法院审理行政案件，以法律和行政法规、地方性法规为依据。地方性法规适用于本行政区域内发生的行政案件。

人民法院审理民族自治地方的行政案件，并以该民族自治地方的自治条例和单行条例为依据。

人民法院审理行政案件，参照规章。

《立法法》

第八条 下列事项只能制定法律：

（一）国家主权的事项；

（二）各级人民代表大会、人民政府、人民法院和人民检察院的产生、组织和职权；

（三）民族区域自治制度、特别行政区制度、基层群众自治制度；

（四）犯罪和刑罚；

（五）对公民政治权利的剥夺、限制人身自由的强制措施和处罚；

（六）税种的设立、税率的确定和税收征收管理等税收基本制度；

（七）对非国有财产的征收、征用；

（八）民事基本制度；

（九）基本经济制度以及财政、海关、金融和外贸的基本制度；

（十）诉讼和仲裁制度；

（十一）必须由全国人民代表大会及其常务委员会制定法律的其他事项。

《民法典》

第二百四十三条 为了公共利益的需要，依照法律规定的权限和程序可以征收集体所有的土地和组织、个人的房屋以及其他不动产。

征收集体所有的土地，应当依法及时足额支付土地补偿费、安置补助费以及农村村民住宅、其他地上附着物和青苗等的补偿费用，并安排被征地农民的社会保障费用，保障被征地农民的生活，维护被征地农民的合法权益。

征收组织、个人的房屋以及其他不动产，应当依法给予征收补偿，维护被征收人的合法权益；征收个人住宅的，还应当保障被征收人的居住条件。

任何组织或者个人不得贪污、挪用、私分、截留、拖欠征收补偿费等费用。

《土地管理法》

第四十六条 征收下列土地的，由国务院批准：

（一）永久基本农田；

（二）永久基本农田以外的耕地超过三十五公顷的；

（三）其他土地超过七十公顷的。

征收前款规定以外的土地的，由省、自治区、直辖市人民政府批准。

征收农用地的，应当依照本法第四十四条的规定先行办理农用地转用审批。其中，经国务院批准农用地转用的，同时办理征地审批手续，不再另行办理征地审批；经省、自治区、直辖市人民政府在征地批准权限内批准农用地转用的，同时办理征地审批手续，不再另行办理征地审批，超过征地批准权限的，应当依照本条第一款的规定另行办理征地审批。

第四十七条 国家征收土地的，依照法定程序批准后，由县级以上地方人民政府予以公告并组织实施。

……

拟征收土地的所有权人、使用权人应当在公告规定期限内，持土地权属证书到当地人民政府土地行政主管部门办理征地补偿登记。

……

第四十八条 征收土地应当给予公平、合理的补偿，保障被征地农民原有生活水平不降低、长远生计有保障。

征收土地应当依法及时足额支付土地补偿费、安置补助费以及农村村民住宅、其他地上附着物和青苗等的补偿费用，并安排被征地农民的社会保障费用。

征收农用地的土地补偿费、安置补助费标准由省、自治区、直辖市通过制定公布区片综合地价确定。制定区片综合地价应当综合考虑土地原用途、土地资源条件、土地产值、土地区位、土地供求关系、人口以及经济社会发展水平等因素，并至少每三年调整或者重新公布一次。

征收农用地以外的其他土地、地上附着物和青苗等的补偿标准，由省、自治区、直辖市制定。对其中的农村村民住宅，应当按照先补偿后搬迁、居住条件有改善的原则，尊重农村村民意愿，采取重新安排宅基地建房、提供安置房或者货币补偿等方式给予公平、合理的补偿，并对因征收造成的搬迁、临时安置等费用予以补偿，保障农村村民居住的权利和合法的住房财产权益。

县级以上地方人民政府应当将被征地农民纳入相应的养老等社会保障体系。被征地农民的社会保障费用主要用于符合条件的被征地农民的养老保险等社会保险缴费补贴。被征地农民社会保障费用的筹集、管理和使用办法，由省、自治区、直辖市制定。

《国务院关于深化改革严格土地管理的决定》

四、健全土地节约利用和收益分配机制

（十九）严禁闲置土地。农用地转用批准后，满两年未实施具体征地或用地行为的，批准文件自动失效……

《行政复议法》

第六条 有下列情形之一的，公民、法人或者其他组织可以依照本法申请行政复议：

（一）对行政机关作出的警告、罚款、没收违法所得、没收非法财物、责令停产停业、暂扣或者吊销许可证、暂扣或者吊销执照、行政拘留等行政处罚决定不服的；

（二）对行政机关作出的限制人身自由或者查封、扣押、冻结财产等行政强制措施决定不服的；

（三）对行政机关作出的有关许可证、执照、资质证、资格证等证书变更、中止、撤销的决定不服的；

（四）对行政机关作出的关于确认土地、矿藏、水流、森林、山岭、草原、荒地、滩涂、海域等自然资源的所有权或者使用权的决定不服的；

（五）认为行政机关侵犯合法的经营自主权的；

（六）认为行政机关变更或者废止农业承包合同，侵犯其合法权益的；

（七）认为行政机关违法集资、征收财物、摊派费用或者违法要求履行其他义务的；

（八）认为符合法定条件，申请行政机关颁发许可证、执照、资质证、资格证等证书，或者申请行政机关审批、登记有关事项，行政机关没有依法办理的；

（九）申请行政机关履行保护人身权利、财产权利、受教育权利的法定职责，行政机关没有依法履行的；

（十）申请行政机关依法发放抚恤金、社会保险金或者最低生活保障费，行政机关没有依法发放的；

（十一）认为行政机关的其他具体行政行为侵犯其合法权益的。

第九条 公民、法人或者其他组织认为具体行政行为侵犯其合法权益的，可以自知道该具体行政行为之日起六十日内提出行政复议申请；但是法律规定的申请期限超过六十日的除外。

因不可抗力或者其他正当理由耽误法定申请期限的，申请期限自障碍消除之日起继续计算。

第二十八条 行政复议机关负责法制工作的机构应当对被申请人作出的具体行政行为进行审查，提出意见，经行政复议机关的负责人同意或者集体讨论通过后，按照下列规定作出行政复议决定：

（一）具体行政行为认定事实清楚，证据确凿，适用依据正确，程序合法，内容适当的，决定维持；

（二）被申请人不履行法定职责的，决定其在一定期限内履行；

（三）具体行政行为有下列情形之一的，决定撤销、变更或者确认该具体行政行为违法；决定撤销或者确认该具体行政行为违法的，可以责令被申请人在一定期限内重新作出具体行政行为：

1. 主要事实不清、证据不足的；

2. 适用依据错误的；

3. 违反法定程序的；

4. 超越或者滥用职权的；

5. 具体行政行为明显不当的。

（四）被申请人不按照本法第二十三条的规定提出书面答复、提交当初作出具体行政行为的证据、依据和其他有关材料的，视为该具体行政行为没有证据、依据，决定撤销该具体行政行为。

行政复议机关责令被申请人重新作出具体行政行为的，被申请人不得以同一的事实和理由作出与原具体行政行为相同或者基本相同的具体行政行为。

行政终局裁决的可诉性

——史某不服吉林省人民政府征地批复复议案

【案号】 吉林省长春市中级人民法院行政裁定书，(2016) 吉01 行初25 号

【核心提示】

对省政府作出征收土地的批复不服，当事人可以申请行政复议。复议机关未经审理而以程序性事由驳回复议申请，当事人可以对复议机关不予受理的行为向人民法院提起诉讼。该诉讼属于人民法院的受案范围，不受行政裁决终局的约束。

【关键词】

行政终局裁决　行政复议　行政诉讼

【案情回顾】

2015 年 12 月 14 日，家住吉林省某县某经济开发区某村的史某通过政府信息公开得知吉林省政府于 2014 年 11 月 14 日作出征地批复，将史某占有及使用的土地征收为国有。史某认为，该批复的作出不符合法律规定的实质要件和程序要件便提起行政复议，吉林省政府遂作出吉政复决字［2016］7 号驳回行政复议申请决定书，以史某超过复议期限为由驳回复议申请。史某不服，起诉至长春市中级人民法院，要求法院判令吉林省政府受理复议申请并作出复议决定。

长春市中级人民法院经过审理，作出（2016）吉 01 行初字 25 号行政裁定书认为，原告起诉所涉事项为征地批复，对征地批复不服的，可以申请复

议，对复议决定不服的，可以申请国务院裁决。原告起诉不属于人民法院行政诉讼管辖的范围，驳回原告起诉。

原告不服一审裁定书，提起上诉，认为申请人对征地批复可以提起复议，复议机关对申请人的复议申请需要经过实际审理后，方可向国务院申请裁决。现复议机关实际上并未受理，申请人将复议机关应予受理而不受理的行为起诉到人民法院，并不是对征地批复本身而提起的诉讼，故属于人民法院的受案范围。一审裁定书认定事实不清，适用法律错误，应予纠正。

【办案结果】

吉林省高级人民法院审理中调解，由复议机关受理当事人的复议申请，史某撤回上诉。

【律师点评】

行政行为相对人对行政行为不服的，一般情况下既可以申请复议，也可以提起诉讼，复议程序并不作为诉讼程序的必然前置程序。但我国法律法规也有特别规定，即有的行政行为，必须先进行复议。有的行政行为只能通过复议或裁决程序解决，不能通过司法裁判。比如，《专利法》第四十一条、《税收征收管理法》第八十八条、《军品出口管理条例》第二十七条规定等，均是先复议再起诉的规定。对于后者，则是行政终局裁决。不存在司法机关的介入问题。所以行政终局裁决权是法律规定由行政机关作出最终裁决、最终决定的权力，是一种行政机关享有的司法豁免、排除司法审查的权力。行政终局的裁决，局限在行政机关内部处理。

行政终局决定有两类情形：（1）相对终局行政决定，即行政行为发生后，行政行为相对人对该行政行为可以选择起诉，也可以选择复议。但一旦选择了行政复议，就不能再行寻求司法救济。如《行政复议法》第十四条的规定。（2）绝对终局行政决定，即行政行为发生后，行政行为相对人只能请求行政救济途径而不能请求司法救济。

对征地批复是否为终局裁决的法律规定，《行政复议法》第三十条第二款规定：根据国务院或者省、自治区、直辖市人民政府对行政区划的勘定、调整或者征收土地的决定，省、自治区、直辖市人民政府确认土地、矿藏、水流、森林、山岭、草原、荒地、滩涂、海域等自然资源的所有权或者使用权的行政复议决定为最终裁决。

《最高人民法院关于适用〈中华人民共和国行政复议法〉第三十条第二款有关问题的答复》指出，《行政复议法》第三十条第二款规定的最终裁决应当包括两种情形：一是国务院或者省级人民政府对行政区划的勘定、调整或者征收土地的决定；二是省级人民政府据此确认自然资源的所有权或者使用权的行政复议决定。

根据上述两个规定，需要澄清以下问题：

1. “征地批复”是否为“征收土地决定”?

2. “驳回行政复议申请决定”是否为“最终裁决的行政复议决定”?

针对第一个问题，笔者认为，“征地批复”不等于“征收土地的决定”，理由如下。

“征地批复”是行政机关将属于他人的土地所有权及使用权是否同意收回的行政行为。“征地批复”的作出，是基于公共利益的需要，由申请机关提出申请并提供相关的前置材料，由国务院及省级人民政府根据申请机关的申请及材料，作出是否同意的意思表示，并将该意思表示回复给申请机关的行为，之后由市、县人民政府组织实施。由此可以看出，征地批复是一种内部的行政批准行为，再通过批准机关的下级政府将征收行为外化，从而对被征收人产生法律效力。

“征收土地决定”则不仅是一种同意的意思表示，而且是基于公共利益的需要，由县级以上人民政府将属于他人的房屋所有权及土地使用权收回的行政行为，该行为一旦作出，对被征收人直接产生约束力。

从行政行为的性质上分析，“征地批复”是行政机关内部对征收是否同意的一个回复；“征收土地决定”则是行政机关作出的对被征收人直接产生法律效力的行政决定。两者虽有相通之处，但二者不能等同。实务中，有的司法机关和地方政府认为“征地批复”就是“征收土地决定”，从而作出对行政机关有利的解释，明显混淆了两种不同行政行为的事实基础和内容性质。

针对第二个问题，笔者认为，两者也不相同，理由如下。

驳回行政复议申请决定书，是基于行政复议申请人提出的事由不符合行政复议的受案范围，行政复议机关对该行政复议申请不予受理，进而作出驳回行政复议申请决定书。该驳回行政复议申请决定书的作出，是复议机关作出的不予受理行为。“最终裁决的行政复议决定”，则是对原行政行为进行程序及实体的全面综合性审查后，对原行政行为的合法性、合理性作出的综合性的认定，是一种实体性认定。所以，“复议机关的不予受理行为”和“原行政行为的综合性认定的行政复议决定”，两者也不相同。

故经过实体审查而作出的行政复议决定不可诉而只能申请裁决，但因程序性的审查而作出的驳回行政复议申请决定书，只是对行政复议申请人提出复议申请的条件是否符合进行的判定。两者存在明显不同，故法律适用也不能混同。程序性审查的驳回行政复议申请决定书，具有可诉性。

另外，《行政复议法》规定了两类行政最终裁决：一是该法第十四条规定的国务院作出的最终裁决；二是该法第三十条第二款的最终裁决。但值得研究的是，省级政府越权行使行政区划勘定、征收土地决定职权（如征收基本农田等），其行政复议决定是否仍为最终裁决？越权的土地征收决定，实际上已不是行使专属权力，也不是在专属权力范围内行使裁量权，可以认定为一般的行政决定，具有可诉性。而且，将其作为一般的行政决定进行审查，也有利于强化对越权行为的监督，从而加强专属权力的规定。此外，征地补偿、安置争议不属于《行政复议法》第三十条第二款规定的情形，应当可诉。①

【经验提示】

行政诉讼能否提起，首先确认要诉讼的行为是否具备可诉性。实务中，行政机关作出某一行政行为之后即开始实施，在当事人起诉后，行政机关会以作出的行为是终局性行为、阶段性行为、行政指导行为等认为不可诉，从而导致当事人诉无可诉，但实际上却因该行为对自身的权利义务产生实际影

① 参见孔祥俊：《行政行为可诉性、原告资格与司法审查：受案范围·原告资格标准·新类型行政案件》，人民法院出版社2005年版，第91~92页。

响。另外，因我国行政诉讼法律法规的设置，行政机关的行为并非全部可诉，所以在某个行为发生后，当事人综合判定该行为是否可诉，首先要看该行为是否对当事人产生直接实际影响，是否和当事人具有利害关系，是否超过法定起诉期限，是否属于人民法院受案范围等，在基本确定了上述几个问题之后，则可先行提出诉讼，在司法机关审查期间再行寻找救济途径，否则只能越来越被动。法律如有规定复议前置或者行政裁决终局的，应按照法律规定先行提起相关复议。但如果复议机关及司法机关借用相关规定剥夺当事人诉权，则应正确理解法律规定，据理力争。如当事人法律知识欠缺，则应及时寻求法律专业人士的帮助。

【相关规定】

《行政复议法》

第十四条 对国务院部门或者省、自治区、直辖市人民政府的具体行政行为不服的，向作出该具体行政行为的国务院部门或者省、自治区、直辖市人民政府申请行政复议。对行政复议决定不服的，可以向人民法院提起行政诉讼；也可以向国务院申请裁决，国务院依照本法的规定作出最终裁决。

第三十条 公民、法人或者其他组织认为行政机关的具体行政行为侵犯其已经依法取得的土地、矿藏、水流、森林、山岭、草原、荒地、滩涂、海域等自然资源的所有权或者使用权的，应当先申请行政复议；对行政复议决定不服的，可以依法向人民法院提起行政诉讼。

根据国务院或者省、自治区、直辖市人民政府对行政区划的勘定、调整或者征收土地的决定，省、自治区、直辖市人民政府确认土地、矿藏、水流、森林、山岭、草原、荒地、滩涂、海域等自然资源的所有权或者使用权的行政复议决定为最终裁决。

《最高人民法院关于适用〈中华人民共和国行政复议法〉第三十条第二款有关问题的答复》

江苏省高级人民法院：

你院《关于适用〈中华人民共和国行政复议法〉第三十条第二款有关问

题的请示》收悉，经研究，同意你院审委会第一种意见，即《中华人民共和国行政复议法》第三十条第二款规定的最终裁决应当包括两种情形：一是国务院或者省级人民政府对行政区划的勘定、调整或者征用土地的决定；二是省级人民政府据此确认自然资源的所有权或者使用权的行政复议决定。

此复

《土地管理法》

第十四条 土地所有权和使用权争议，由当事人协商解决；协商不成的，由人民政府处理。

单位之间的争议，由县级以上人民政府处理；个人之间、个人与单位之间的争议，由乡级人民政府或者县级以上人民政府处理。

当事人对有关人民政府的处理决定不服的，可以自接到处理决定通知之日起三十日内，向人民法院起诉。

在土地所有权和使用权争议解决前，任何一方不得改变土地利用现状。

集体土地房屋实施征收不能按照《国有土地上房屋征收与补偿条例》的规定执行

——钟某等人不服江苏省某市人民政府棚户区改造征收决定行政复议案

【案号】 江苏省宿迁市人民政府行政复议决定书，(2019) 宿行复第70号

【核心提示】

对国有土地上房屋实施征收应当按照《国有土地上房屋征收与补偿条例》的规定实施；对集体土地上房屋实施征收应该按照《土地管理法》及《土地管理法实施条例》等规定实施，二者不能交叉和混同。

【关键词】

征收决定　集体土地

【案情回顾】

江苏省宿迁市某管理委员会（以下简称某管委会）于2019年6月28日作出《关于实施皂河镇区棚户区改造项目征收（搬迁）的决定》及《皂河镇区棚户区改造项目征收（搬迁）实施方案》，将钟某等人的房屋划入征收范围；因钟某等人的房屋所在土地为集体土地，集体土地又未经国务院或者省政府征收为国有，故依法向某市人民政府申请行政复议。

经复议，复议机关某市人民政府认为，钟某等人的房屋所在土地为集体土地，某管委会在集体土地尚未经有权机关批准征收为国有土地之前启动房

屋征收补偿安置程序，并不完全符合法律规定。

【办案结果】

某市人民政府作出（2019）宿行复第70号行政复议决定书：

确认某管委会作出《关于实施皂河镇区棚户区改造项目征收（搬迁）的决定》及《皂河镇区棚户区改造项目征收（搬迁）实施方案》违法。

【律师点评】

一、某管委会是否有作出国有土地房屋征收决定的法定职权

2013年2月20日，宿迁市机构编制委员会批准关于宿迁市湖滨新城管理委员会（后更名为宿迁市湖滨新区管理委员会）增挂“江苏省宿迁某管理委员会”的牌子。

2018年5月1日施行的《江苏省开发区条例》第十二条规定，开发区因开发建设需要征收、征用土地的，开发区管理机构应当配合开发区所在地国土资源、房屋征收等部门依法组织实施；第四十三条规定，本省行政区域内经国务院和省人民政府批准设立的海关特殊监管区域、旅游度假区等其他类型的园区，可以参照本条例执行。被申请人某管委会在发布征收决定及实施方案时，系某市人民政府的派出机构，实际行使相当于县级人民政府的职责，因此，某管委会有权作出征收决定。

二、某管委会能否对钟某等人的房屋作出国有土地上房屋征收决定

对于集体土地的征收根据被征收土地的性质及面积不同，征收的主体也存在差异。对于永久基本农田、永久基本农田以外的耕地超过35公顷的及其他土地超过70公顷的征收，由国务院批准；征收除前述规定以外的土地，由省、自治区、直辖市人民政府批准。省以下各级政府则依照上级政府的征地批准文件，按照法定程序予以公告并组织实施，但并没有批准的权利。

本案中，某管委会虽系某市人民政府的派出机构，实际行使相当于县级人民政府的职责，有权作出征收决定，但涉案钟某等人房屋所在的土地为集体土地，不能适用《国有土地上房屋征收与补偿条例》的规定，因此某管委会不能对集体土地上房屋作出国有土地上房屋征收决定。

三、集体土地房屋征收的法定程序

1. 集体土地房屋的征收主体

集体土地进行征收，是依据《土地管理法》第四十六条、第四十七条的规定，被征收土地的性质及面积不同，征收的主体也不同。对于永久基本农田、永久基本农田以外的耕地超过35公顷的及其他土地超过70公顷的，均由国务院批准才能进行征收；征收除前述规定以外的土地，由省、自治区、直辖市人民政府批准。国家征收土地的，依照法定程序批准后，由县级以上地方人民政府予以公告并组织实施。

因此，在集体土地征收过程中，县级以上地方人民政府的工作是对批准征收的土地予以公告并组织实施，并未有批准征收的权力，批准征收集体土地至少是省级政府，甚至为国务院，由国务院或省级政府作出征地批复。

2. 集体土地上房屋的补偿标准

集体土地的征收补偿范围及标准是根据《土地管理法》第四十八条的规定，补偿的范围包括土地补偿费、安置补助费以及农村村民住宅、其他地上附着物和青苗等的补偿费用，并安排被征地农民的社会保障费用。其中征收农用地的土地补偿费、安置补助费标准由省、自治区、直辖市通过制定公布区片综合地价确定。制定区片综合地价应当综合考虑土地原用途、土地资源条件、土地产值、土地区位、土地供求关系、人口以及经济社会发展水平等因素，并至少每三年调整或者重新公布一次。征收农用地以外的其他土地、地上附着物和青苗等的补偿标准，由省、自治区、直辖市制定。对其中的农村村民住宅，应当按照先补偿、后搬迁，居住条件有改善的原则，尊重农村村民意愿，采取重新安排宅基地建房、提供安置房或者货币补偿等方式给予公平、合理的补偿，并对因征收造成的搬迁、临时安置等费用予以补偿，保障农村村民居住的权利和合法的住房财产权益，保障被征地农民原有生活水平不降低。

集体土地房屋征收过程中，房屋是按附属物进行的补偿，但在征收过程中应当尊重村民意愿，可以采取重新安排宅基地建房、提供安置房或者货币补偿等方式进行补偿，以保障被征收人的原有生活水平不降低，这也是安置补偿的最低标准。

3. 就征收问题不能达成一致的交地程序

根据《土地管理法》第八十一条的规定，依法收回国有土地使用权当事人拒不交出土地的，由县级以上人民政府自然资源主管部门责令交还土地，处以罚款。

由此可见，集体土地征收过程中就补偿达不成一致的，则需由县级以上人民政府自然资源主管部门责令交还土地。虽该部分内容存在行政强制的情形，但也给予了被征收人合法的救济途径，被征收人可以在法定期限内依法提起行政复议或者行政诉讼，以保证自身合法权益不受损害。

【经验提示】

根据《国有土地上房屋征收与补偿条例》和《土地管理法》的相关规定，国有土地上房屋与集体土地上房屋的征收分别适用不同的法律程序，两者的征收、补偿不能交叉、混同。

本案被征收的土地为集体土地，在进行安置补偿时，需要综合考虑宅基地面积、房屋面积、在册人口等实际情况进行综合认定。虽对集体土地上房屋征收的补偿标准没有明确的规定，但根据《土地管理法》的规定，征收土地应当给予公平、合理的补偿，保障被征地农民原有生活水平不降低。对其中的农村村民住宅，应当按照先补偿、后搬迁，居住条件有改善的原则，尊重农村村民意愿，采取重新安排宅基地建房、提供安置房或者货币补偿等方式给予公平、合理的补偿，并对因征收造成的搬迁、临时安置等费用予以补偿，保障农村村民居住的权利和合法的住房财产权益。

在对集体土地上房屋进行补偿时，可以考虑的补偿方式为重新安排宅基地建房、提供安置房或者货币补偿这三种补偿方式，补偿的精神为保障被征收人的原有生活水平不降低。

【相关规定】

《行政复议法》

第十二条 对县级以上地方各级人民政府工作部门的具体行政行为不服的，由申请人选择，可以向该部门的本级人民政府申请行政复议，也可以向上一级主管部门申请行政复议。

对海关、金融、国税、外汇管理等实行垂直领导的行政机关和国家安全机关的具体行政行为不服的，向上一级主管部门申请行政复议。

第十三条 对地方各级人民政府的具体行政行为不服的，向上一级地方人民政府申请行政复议。

对省、自治区人民政府依法设立的派出机关所属的县级地方人民政府的具体行政行为不服的，向该派出机关申请行政复议。

《最高人民法院关于适用〈中华人民共和国行政诉讼法〉的解释》

第二十一条 当事人对由国务院、省级人民政府批准设立的开发区管理机构作出的行政行为不服提起诉讼的，以该开发区管理机构为被告；对由国务院、省级人民政府批准设立的开发区管理机构所属职能部门作出的行政行为不服提起诉讼的，以其职能部门为被告；对其他开发区管理机构所属职能部门作出的行政行为不服提起诉讼的，以开发区管理机构为被告；开发区管理机构没有行政主体资格的，以设立该机构的地方人民政府为被告。

《国有土地上房屋征收与补偿条例》

第一条 为了规范国有土地上房屋征收与补偿活动，维护公共利益，保障被征收房屋所有权人的合法权益，制定本条例。

《土地管理法》

第四十六条 征收下列土地的，由国务院批准：

（一）永久基本农田；

（二）永久基本农田以外的耕地超过三十五公顷的；

（三）其他土地超过七十公顷的。

征收前款规定以外的土地的，由省、自治区、直辖市人民政府批准。

征收农用地的，应当依照本法第四十四条的规定先行办理农用地转用审批。其中，经国务院批准农用地转用的，同时办理征地审批手续，不再另行办理征地审批；经省、自治区、直辖市人民政府在征地批准权限内批准农用地转用的，同时办理征地审批手续，不再另行办理征地审批，超过征地批准权限的，应当依照本条第一款的规定另行办理征地审批。

第四十七条 国家征收土地的，依照法定程序批准后，由县级以上地方人民政府予以公告并组织实施。

县级以上地方人民政府拟申请征收土地的，应当开展拟征收土地现状调查和社会稳定风险评估，并将征收范围、土地现状、征收目的、补偿标准、安置方式和社会保障等在拟征收土地所在的乡（镇）和村、村民小组范围内公告至少三十日，听取被征地的农村集体经济组织及其成员、村民委员会和其他利害关系人的意见。

多数被征地的农村集体经济组织成员认为征地补偿安置方案不符合法律、法规规定的，县级以上地方人民政府应当组织召开听证会，并根据法律、法规的规定和听证会情况修改方案。

拟征收土地的所有权人、使用权人应当在公告规定期限内，持不动产权属证明材料办理补偿登记。县级以上地方人民政府应当组织有关部门测算并落实有关费用，保证足额到位，与拟征收土地的所有权人、使用权人就补偿、安置等签订协议；个别确实难以达成协议的，应当在申请征收土地时如实说明。

相关前期工作完成后，县级以上地方人民政府方可申请征收土地。

第四十八条 征收土地应当给予公平、合理的补偿，保障被征地农民原有生活水平不降低、长远生计有保障。

征收土地应当依法及时足额支付土地补偿费、安置补助费以及农村村民住宅、其他地上附着物和青苗等的补偿费用，并安排被征地农民的社会保障费用。

征收农用地的土地补偿费、安置补助费标准由省、自治区、直辖市通过制定公布区片综合地价确定。制定区片综合地价应当综合考虑土地原用途、土地资源条件、土地产值、土地区位、土地供求关系、人口以及经济社会发展水平等因素，并至少每三年调整或者重新公布一次。

征收农用地以外的其他土地、地上附着物和青苗等的补偿标准，由省、自治区、直辖市制定。对其中的农村村民住宅，应当按照先补偿后搬迁、居住条件有改善的原则，尊重农村村民意愿，采取重新安排宅基地建房、提供安置房或者货币补偿等方式给予公平、合理的补偿，并对因征收造成的搬迁、临时安置等费用予以补偿，保障农村村民居住的权利和合法的住房财产权益。

县级以上地方人民政府应当将被征地农民纳入相应的养老等社会保障体系。被征地农民的社会保障费用主要用于符合条件的被征地农民的养老保险等社会保险缴费补贴。被征地农民社会保障费用的筹集、管理和使用办法，由省、自治区、直辖市制定。

第八十一条 依法收回国有土地使用权当事人拒不交出土地的，临时使用土地期满拒不归还的，或者不按照批准的用途使用国有土地的，由县级以上人民政府自然资源主管部门责令交还土地，处以罚款。

《土地管理法实施条例》

第三十一条 征收土地申请经依法批准后，县级以上地方人民政府应当自收到批准文件之日起十五个工作日内在拟征收土地所在的乡（镇）和村、村民小组范围内发布征收土地公告，公布征收范围、征收时间等具体工作安排，对个别未达成征地补偿安置协议的应当作出征地补偿安置决定，并依法组织实施。

征地批复行政复议期限如何计算

——朱某诉江苏省人民政府驳回行政复议申请案

【案号】 江苏省高级人民法院行政判决书，（2016）苏行终 330 号

【核心提示】

当事人申请行政复议的，应当自知道或应当知道具体行政行为之日起 60 日内提出。行政复议的期限相较于行政诉讼的一般起诉期限 6 个月而言，时间较短。此外，我国《行政复议法》规定了复议前置或复议终局等情形，如果超过了法定的复议期限，就丧失了行政复议的申请权利。因此，行政复议的起算时间至关重要。

【关键词】

征地批复　复议期限　行政复议

【案情回顾】

朱某在江苏省苏州市某区某镇某村拥有住房。朱某通过政府信息公开程序得知江苏省人民政府（以下简称省政府）作出《关于批准苏州市某区 2008 年度第 6 批次城市建设用地的通知》（以下简称 0331 号征地通知），将朱某房屋所在土地予以征收。朱某认为，省政府作出的涉案征地审批违反了法定程序和实体性规定，故提起行政复议。省政府经过审查，认为朱某申请行政复议超过了我国《行政复议法》第九条规定的行政复议期限，作出驳回行政复议申请决定书。朱某不服，诉至人民法院。本案一审法院南京市中级人民法院经审理认为，2008 年 9 月，0331 号征地通知发布，2008 年 11 月，苏州

市征收土地方案通告发布。2008 年 8 月，朱某开始领取社会保险，由此推定朱某应当知道涉案的 0331 号征地通知，故认定朱某本案的行政复议超过法定限期，省政府作出的驳回行政复议申请决定正确，驳回了朱某的诉讼请求。朱某不服，上诉至江苏省高级人民法院（以下简称省高院）。

【办案结果】

省高院作出（2016）苏行终 330 号行政判决书：

1. 撤销江苏省南京市中级人民法院（2015）宁环行初字第 60 号行政判决；

2. 撤销省政府 2015 年 5 月 8 日作出的〔2015〕苏行复第 20 号驳回行政复议申请决定书；

3. 省政府对朱某提出的行政复议申请进行审查并重新作出行政复议决定。

本案一审案件受理费 50 元、二审案件受理费 50 元，由被上诉人省政府负担。

【律师点评】

本案的争议焦点是省政府以朱某提出行政复议申请已超过行政复议法定期限为由，驳回朱某行政复议申请有无事实和法律依据。

本案省政府以超过行政复议期限为由驳回朱某行政复议申请缺乏相应的事实依据。首先，省政府称苏州市人民政府于 2008 年 11 月 15 日作出苏州市人民政府征收土地方案通告，明确公布了 0331 号征地通知所涉土地的批准征收机关、文号、征地面积等内容，但未提供证据证明该通告已经对外公告，朱某据此知道或者应当知道 0331 号征地通知的内容，且省政府在一审法院庭审中亦陈述行政复议中未对 0331 号征地通知是否公告进行实体审查；其次，省政府称朱某已于 2008 年 8 月开始每月领取苏州市社会保险待遇（城镇企业职工基本养老金），朱某应当知道省政府相关批准征地的行为，但朱某领取该养老金时间早于 0331 号征地通知作出时间，省政府亦未能提供证据证明朱某领取苏州市社会保险待遇（城镇企业职工基本养老金）与 0331 号征地通知所涉征地之间具有关联性。综上所述，省政府认为，朱某对0331号征地通知提起行政复议申请超出了法定期限，缺乏事实依据。一审法院认为，朱某于2015年向省政府提出行政复议申请已超过了法定的复议期限，判决驳回朱某提出的诉讼请求，认定事实不清，缺乏法律依据。

二审法院省高院审理认为，省政府未提供证据证明该征地通告已经对外公告，且省政府在一审法院庭审中亦陈述行政复议中未对0331号征地通知是否公告进行实体审查；省政府亦未能提供证据证明朱某领取苏州市社会保险待遇（城镇企业职工基本养老金）与0331号征地通知所涉征地之间具有关联性。故省政府认为朱某对0331号征地通知提起行政复议申请超出了法定期限，缺乏事实依据。省高院遂作出了撤销一审判决，撤销省政府的驳回行政复议申请决定书，并判决省政府对朱某提出的行政复议申请进行审查并重新作出行政复议决定。

集体土地征收属于行政征收，具有强制性，被征地集体经济组织和被征地农民应当依法配合国家对土地的征收行为。集体土地征收是对被征地集体经济组织和村民的重大财产权益的处分。根据有权利有保障的基本原则，我国《行政复议法》将征地批复纳入了行政复议的范围，即如果认为征地批复违法可以通过行政复议程序进行审查。目前，我国尚未将征地批复的实体审查纳入人民法院的司法审查范围。因此，对于征地批复的实体审查只能通过行政复议程序进行处理。虽然我国《行政复议法》有对征地批复的复议决定不服可以申请行政裁决的规定，但行政复议程序是裁决的基础。如果没有经过行政复议程序，是无法向国务院申请行政裁决的。

我国《行政复议法》第九条规定了申请行政复议60天的期限。因此，被征地集体经济组织和村民如果对征地批复不服的，应当自知道或应当知道征地批复之日起60天内申请复议，没有正当事由，超过60天的复议期限，复议申请将会被不予受理或者受理后被驳回。

司法实践中，如何界定被征地农民知道征地批复的时间，国务院法制办在2014年7月10日发布了《国务院法制办公室关于认定被征地农民“知道”征收土地决定有关问题的意见》，《国务院法制办公室关于认定被征地农民“知道”征收土地决定有关问题的意见》共分为6个条款，比较详细地规定了如何界定被征地农民知道征收土地决定的情形以及行政复议期限的起算方法。首先，征地公告是认定被征地农民获知征地批复最直接的证据。如果行政机关发布了征地公告，可以认定被征地农民获知征地批复。对于发布征收土地方案公告，《征收土地公告办法》（已废止）第三条规定，征收农民集体所有土地的，征收土地方案和征地补偿、安置方案应当在被征收土地所在地的村、组内以书面形式公告。其中，征收乡（镇）农民集体所有土地的，在乡（镇）人民政府所在地进行公告。第四条规定，被征收土地所在地的市、县人民政府应当在收到征收土地方案批准文件之日起10个工作日内进行征收土地公告，该市、县人民政府土地行政主管部门负责具体实施。是否发布征地公告，需要由行政机关进行举证，如果政府机关不能举证发布征地公告，可以采取其他推定方式进行确定，比如，政府机关举证证明发布的征收土地补偿安置公告中明确了征地批复的内容；或者被征地农民办理了补偿登记、签订了补偿协议、领取了补偿款或收到补偿款提存通知、就补偿标准申请协调等。前述几种方式均可以作为推定被征地农民知道征地批复的证据。相应地，申请行政复议的期限自征收土地公告期限届满之日，或申请人实施了前述办理补偿登记、签订补偿协议等行为之日起计算。

不过需要说明，本案发生在《土地管理法》修订之前，2020年之前的《土地管理法》对于土地征收的程序，与现行的《土地管理法》的规定不同。之前的征地审批是先批后补，即完成征地审批后，由市、县人民政府落实征地补偿安置。现行《土地管理法》确立了先补后批的程序，因此之后的案件审理与本案的审理将有所不同。特别是可能不能再将办理了补偿登记、签订了补偿协议、领取了补偿款或收到补偿款提存通知、就补偿标准申请协调等情形作为推定被征地农民知道征地批复的评判标准。

如前所述，本案中因省政府未提供证据证明该征地通告已经对外公告，因此，不能以征地通告确定朱某知道征地批复的时间。虽其提供了朱某领取保险的证据，但是，朱某领取保险的时间早于征地批复的时间，省政府未能提供证据证明朱某领取保险与本案征地批复的关系，作出的驳回行政复议决定认定事实错误，适用法律错误，被省高院予以撤销。

【经验提示】

本案是有关如何界定被征地农民知道征地批复时间的案件，在对征地批复的行政复议期限进行审查时，是否超过复议期限的举证责任在行政机关。在相应的司法审查过程中，应按照《国务院法制办公室关于认定被征地农民“知道”征收土地决定有关问题的意见》等规定的标准进行认定。一方面确保征地活动的正常进行，另一方面要依法保护被征地农民的行政复议权利。

按照我国2004年《土地管理法》第四十五条的规定，集体土地征收审批的机关是省、自治区、直辖市人民政府和中央人民政府即国务院。2019年修订的《土地管理法》第四十条将集体土地征收审批的机关进行了调整。对于征收土地方案批准后的公告，已经作废的《征收土地公告办法》（已废止）第三条规定的征收土地公告的范围和方式，第四条规定了发布征收土地公告的时间，第五条规定了征收土地公告的内容，征收土地公告应当包括下列内容：（1）征地批准机关、批准文号、批准时间和批准用途；（2）被征收土地的所有权人、位置、地类和面积；（3）征地补偿标准和农业人员安置途径；（4）办理征地补偿登记的期限、地点。

集体土地征收过程中，针对征地批复进行行政复议是《行政复议法》赋予被征地农民非常重要的权利。而且目前针对征地批复的合法性审查，只能通过行政复议和行政裁决程序进行处理。因此行政复议机关在审查被征地农民行政复议申请是否超过了法定的行政复议期限，会重点审查地方人民政府是否依法发布了征收土地方案公告，或者存在其他可以依法推定被征地农民知道或应当知道征地批复的证据。在没有相关证据的情况下，不能轻易否定被征地农民的行政复议申请权。本案中，省高院严格审查了省政府的证据。在省政府不能举证证明被征地农民知道征地批复的情况下，作出驳回行政复议申请的决定，属于认定事实不清，适用法律错误，故判决其重新作出行政行为。

不过需要说明的是，并不是对所有征收土地方案的批复都可以提起行政复议。如前所述，集体土地征收审批的有权机关是省、自治区、直辖市人民政府和国务院。但是，我国《行政复议法》并未将国务院纳入行政复议的审查范围，即中央人民政府不能作为行政复议的被申请人。因此，针对国务院批准的征收土地方案是不能提起行政复议的。除国务院批准的征收土地方案外，对省、自治区、直辖市人民政府作出的征收土地方案批复是可以进行行政复议的。

行政机关在实施集体土地征收过程中，要严格按照法定的程序依法办理，特别是在相关的征地审批等完成后，应当按照法律规定将相应的内容及时发布，确保被征地集体经济组织和村民的知情权和参与权，保障被征地方的征收补偿权益。在发布相关公告后，行政机关要及时保存相关证据，这一方面是对行政机关依法行政的确认，另一方面也可以作为界定被征地村民知道相应审批的证据，特别是作为审查行政复议或者行政诉讼是否超过法定期限的证据。我国《行政复议法》规定的行政复议期限不能简单地认定为对行政复议申请的限制。《行政复议法》之所以规定行政复议的期限，一方面是为了督促公民、法人或者其他组织及时启动权利救济程序，另一方面也是为了提高行政效率，确保行政行为的确定力、公定力，保持行政管理秩序和行政法律关系的稳定性。

被征地集体经济组织和村民如果知晓土地可能纳入征收范围，要及时了解相关征地审批的内容，特别是征地审批的相关手续，注意阅读相关政府的公示公告。如果没有见到相关公示公告的，可以通过政府信息公开程序向相关政府部门获取有关土地征收的内容。在知悉征地审批后，如果被征地集体经济组织或村民认为征地批复违法，应当在我国《行政复议法》规定的60日的行政复议期限内，积极行使行政复议权利。如前所述，目前我国针对征地批复的实体审查只能通过行政复议程序和行政裁决程序进行，如果超过行政复议期限，将会导致行政复议权利的丧失，对征地批复的行政复议审查也将无法进行，对被征地集体经济组织和村民征收补偿权益的实现可能造成障碍。

【相关规定】

《行政复议法》

第九条 公民、法人或者其他组织认为具体行政行为侵犯其合法权益的，可以自知道该具体行政行为之日起六十日内提出行政复议申请；但是法律规定的申请期限超过六十日的除外。

因不可抗力或者其他正当理由耽误法定申请期限的，申请期限自障碍消除之日起继续计算。

《国务院法制办公室关于认定被征地农民“知道”征收土地决定有关问题的意见》

一、申请人对行政机关已经发布征收土地公告的主张提出异议，行政机关不能提供证据的，不能认定申请人知道征收土地决定。

二、行政机关能够提供下列证据之一，经查证属实的，可以作为认定依法发布了征收土地公告的证据：

（一）行政机关出具的在被征收土地所在地的村、组内张贴公告的书面证明及视听资料；征收乡（镇）农民集体所有土地的，出具的在乡（镇）人民政府所在地张贴公告的书面证明及视听资料；

（二）被征地农民出具的证实其被征收土地已张贴公告的证言等证据。

征收土地公告有确定期限的，可以认定申请人自公告确定的期限届满之日起知道征收土地决定；征收土地公告没有确定期限的，可以认定申请人自公告张贴之日起满10个工作日起知道征收土地决定。

三、行政机关不能提供发布征收土地公告的相关证据，但是能够举证证明已经按照法律法规和规章的规定发布了征收土地补偿安置公告，且在公告中载明了征收土地决定的主要内容，经查证属实的，可以视为申请人自公告确定的期限届满之日起知道征收土地决定；公告没有确定期限的，可以视为申请人自公告张贴之日起满10个工作日起知道征收土地决定。

四、行政机关不能提供发布征收土地公告或者征收土地补偿安置公告的证据，但是能够举证证明申请人在征收土地决定作出后有下列行为之一，经查证属实的，可以视为申请人自该行为发生之日起知道征收土地决定：

（一）已经办理征收土地补偿登记的，自申请人办理征收土地补偿登记之日起；

（二）已经签订征收土地补偿协议的，自申请人签订征收土地补偿协议之日起；

（三）已经领取征收土地补偿款或者收到征收土地补偿款提存通知的，自申请人领取征收土地补偿款或者收到征收土地补偿款的提存通知之日起；

（四）已经签订房屋拆迁协议的，自申请人签订房屋拆迁协议之日起；

（五）对补偿标准存有争议，已经申请县级以上地方人民政府进行协调的，自申请人申请协调之日起。

同时存在上述两种或者两种以上行为的，以最早可以认定的知道征收土地决定的时间为准。

五、行政机关不能证明有本意见第二条至第四条情形，但是能够举证证明申请人通过行政复议、政府信息公开、信访、诉讼等其他途径知道征收土地决定主要内容，经查证属实的，可以认定申请人自有证据证明之日起知道征收土地决定。

六、行政机关在征收土地决定作出后，没有告知被征地农民申请行政复议的权利、行政复议机关或者申请期限的，行政复议申请期限参照《最高人民法院关于执行〈行政诉讼法〉若干问题的解释》第四十一条办理，即：行政复议申请期限从公民、法人或者其他组织知道或者应当知道申请行政复议的权利、行政复议机关或者申请期限之日起计算，但从知道或者应当知道征收土地决定内容之日起最长不得超过2年。

各省、自治区、直辖市人民政府法制办公室要按照本意见的规定，进一步规范对不服征收土地决定类行政复议申请的受理，依法保护被征地农民合法权益，及时化解行政争议，切实维护社会和谐稳定。

对集体土地上房屋征收补偿标准不服的救济途径

——周某等诉贵州省某县人民政府履行协调补偿标准法定职责案

【案号】 贵州省高级人民法院行政判决书，(2018) 黔行终 2070 号

【核心提示】

在集体土地征收过程中，省级以上人民政府在作出征收土地的批准文件之后，市县级人民政府及其国土资源主管部门（机构改革之后为自然资源主管部门）依法组织实施征收，要履行“两公告一登记”程序。集体土地上的房屋征收，现在尚未有单独的法律作出规定。一般情况下，对于集体土地上的房屋，是作为集体土地上的附着物，在征收土地之时一并予以征收补偿。在制订征收补偿方案之时，对其中房屋征收补偿的标准也予以明确。也有部分集体土地上房屋征收程序，是将集体土地征收为国有之后，单独再对集体土地上的房屋按照《国有土地上房屋征收与补偿条例》的规定，依法进行征收补偿，关于房屋的补偿标准，则通过选定评估机构进行评估的方式确定。所以，在集体土地上房屋征收过程中，如果对于房屋征收补偿标准不服的，应当根据具体的征收程序，选择对应的异议方式寻求法律保护。

【关键词】

集体土地征收　补偿标准　协调裁决

【案情回顾】

周某等是贵州省某县某村的村民，其在该村拥有房屋一栋，2017 年，因棚户区改造项目，周某等所有的房屋被纳入了棚户区改造范围。负责实施棚户区改造的指挥部，认定周某等的房屋是在航拍之后建成的，故而对其按照工料补助的标准签订了补偿协议，没有按照市场价补偿，也没有进行安置。协议签订之后，周某等认为补偿标准太低。于是想通过法律程序维权。因房屋被拆除之时，周某等认为公安机关未履行保护其合法权益的法定职责，于是对公安机关提起诉讼，在诉讼过程中，公安机关为证明拆除行为属于政府行为，其无权进行管辖，提交了周某等房屋所在棚户区改造项目某县人民政府批准的征收补偿方案。经过对征收补偿安置方案的分析得知，其中确定的划分房屋补偿标准的依据是航拍图，周某等认为航拍时间并未对外进行公布，以航拍图确定补偿标准没有法律规定，且确定的补偿标准极为不合理。于是，根据 2014 年《土地管理法实施条例》第二十五条规定的对于集体土地征收补偿标准有争议的，可以申请协调；协调不成的，可以依法报请裁决的规定，向某县人民政府邮寄协调申请。

某县人民政府在收到周某等邮寄的协调申请之后，在 2 个月内既没有组织协调，也没有作出答复。于是，周某等以某县人民政府未依法履行法定职责为由，向黔南布依族苗族自治州中级人民法院提起了诉讼，请求法院判决确认某县人民政府未履行法定职责行为违法，并责令其限期对周某等提出的协调申请作出处理。一审法院虽然认定某县人民政府具有对集体土地上房屋征收补偿标准协调的法定职责，但以周某等已与指挥部签订了补偿协议为由，在签订补偿协议之时对补偿标准是明知且无异议的，签订协议领款之后再以对补偿标准有异议申请协调的理由不能成立，判决驳回其诉讼请求。周某等向贵州省高级人民法院提起上诉。

【办案结果】

贵州省高级人民法院作出（2018）黔行终 2070 号行政判决书，判决：

1. 撤销贵州省黔南布依族苗族自治州中级人民法院（2018）黔 27 行初

128 号行政判决；

2. 责令被上诉人某县人民政府于本判决发生法律效力后 60 日内对上诉人周某等于 2018 年 1 月 19 日提出的补偿安置争议协调申请书依法履行协调补偿标准的法定职责。

【律师点评】

因我国的土地性质分为国有土地与集体土地，针对两种不同的土地性质，在征收之时，法律规定及相应的流程有所区别。对于国有土地上房屋征收由《国有土地上房屋征收与补偿条例》进行规范，对集体土地上房屋征收并无单独的法律作出规定，而是规定于《土地管理法》《土地管理法实施条例》等涉及土地管理的法律法规中。集体土地与国有土地征收规定的区别，造成了征收对象的区别，国有土地上房屋征收，征收的对象是国有土地上房屋，在对房屋征收补偿的同时，应将土地使用权一并收回。集体土地征收，是对集体土地征收补偿的同时，对地上的房屋作为附着物一并给予征收补偿。

在实践中，对于集体土地上房屋征收过程中补偿标准的确定，存在两种方式：一种是补偿方案中直接规定了房屋征收的各类房屋的补偿标准，另一类是由评估机构作出评估报告。针对这两种情形下的补偿标准，如果被征收人不服，可以采取不同的维权途径。

一、在集体土地征收的补偿方案中直接规定房屋征收补偿标准的，如果被征收人对补偿标准不服，可以通过申请协调及裁决的程序提出异议

既然集体土地上的房屋作为地上附着物，在对集体土地征收补偿之时，地上房屋将被一并征收补偿，如果被征收人对集体土地征收补偿标准有争议，认为补偿标准不合法、不合理等，《土地管理法实施条例》第二十五条作出先行向县级以上地方人民政府申请协调的规定；协调不成的，由批准征收土地的机关裁决的救济程序。对于具体的裁决程序，2011 年发布的《国务院法制办公室关于依法做好征地补偿安置争议行政复议工作的通知》规定，“被征地集体经济组织和农民对有关市、县人民政府批准的征地补偿、安置方案不服要求裁决的，应当依照行政复议法律、法规的规定向上一级地方人民政府提出申请”，将行政裁决由批准征地机关变成了批准征地补偿、安置方案的人民政府的上一级人民政府。

那么，征收补偿、安置方案中如果规定了对集体土地上房屋的征收补偿标准，被征收人如果对该标准发生争议的，应当先向批准征收补偿、安置方案的人民政府申请协调，协调不成的再向上一级人民政府申请裁决。

但是，对于协调不成的标准如何把握，在实践中存在不同的认定。经过协调，协调机关书面答复协调不成的，对这种情况不存在争议。如果申请协调之后，协调机关没有组织协调或者协调之后没有作出答复，是否属于协调不成，则存在争议。在这种情况下，是对协调行为提起履行法定职责的诉讼，还是直接向上一级人民政府申请裁决？

因为《土地管理法实施条例》并未明确规定未履行协调职责属于协调不成，在遇到此类情形时，需要看当地是否有地方性法规或者地方政府规章的规定。如果地方性法规或者政府规章有规定的，可以根据地方性法规或者政府规章的规定处理，如果地方性法规或者政府规章均无规定的，为了最大限度地保障被征收人的合法权益，笔者建议可以同时采取向人民法院起诉未履行协调职责行为违法与向上一级人民政府申请裁决的方案。

比如，《江苏省征地补偿安置争议协调裁决办法》第十三条规定："申请人申请协调，市、县人民政府在规定期限内无正当理由不予受理或者未按期完成协调的，申请人可以向省人民政府申请责令其受理或者协调。"《湖南省征地补偿安置争议裁决暂行办法》第六条规定："被征地的农村集体经济组织（以下简称当事人）对本办法第五条所列事项有异议的，应当自市州、县市人民政府批准的征地补偿、安置方案公告之日起10日内，向有关市州、县市人民政府申请协调。市州、县市人民政府应当自收到协调申请之日起15日内协调完毕，并出具书面协调意见。经协调没有达成一致意见，当事人申请裁决的，应当自收到书面协调意见之日起15日内向裁决机关申请；市州、县市人民政府未在规定期限内协调或者出具书面协调意见，当事人申请裁决的，应当自协调期满之日起15日内向裁决机关申请。"

对于地方性法规或者地方政府规章没有规定未履行协调职责时，权利人如何进行救济。笔者建议可以采取起诉履行法定职责与向上一级人民政府直接申请裁决的方式。实践中，对于协调行为，有些地方政府及法院认为，协调属于裁决的前置程序，如果没有经过协调程序，提起裁决则无事实依据。此时，就应当针对未履行协调职责的行为提起履行法定职责的诉讼。有些地方则认为，协调属于一种不具有强制力的行为，不对当事人的权利义务产生影响，此时应当直接裁决。综合两者的情况，为了防止行政机关与司法机关就协调履行法定职责行为与裁决行为相互推诿，建议可以同时提起这两种程序，届时任何一个单位的处理意见，都会作为另一个单位处理的依据。本案中，因贵州省对于征地补偿标准的协调裁决程序未作出详细规定，某县人民政府在法定期限内未履行协调职责，周某等一方面向黔南州中级人民法院提起了行政诉讼，请求判令某县人民政府履行协调的法定职责；另一方面直接向黔南州人民政府申请了裁决。结果，黔南州人民政府认为没有协调不成的证据，所以提出裁决不具有事实依据，而一审法院将履行法定职责的诉讼判决驳回，二审法院最终判决某县人民政府履行协调的法定职责。避免了周某等提出的请求最终无法得到实质处理的困境。

二、房屋征收补偿标准系通过选定评估机构之后，在专业的评估机构进行评估后作出评估报告而确定补偿标准的，对于补偿标准不服的，可以依法申请复核和鉴定

在集体土地房屋征收过程中，虽然没有规定评估程序，但是，2011 年 3 月 17 日中共中央纪委办公厅、原监察部办公厅发布的《关于加强监督检查进一步规范征地拆迁行为的通知》第二条规定，“在《土地管理法》等法律法规作出修订之前，集体土地上房屋拆迁，要参照新颁布的《国有土地上房屋征收与补偿条例》的精神执行”。所以，在实践中，有些地方人民政府在对集体土地上房屋征收过程中，在省级以上人民政府将集体土地征收为国有之后，市、县级人民政府对原集体土地上的房屋，根据《国有土地上房屋征收与补偿条例》规定的相关程序组织实施。在实施的过程中，为了确定被征收房屋的补偿价值，依法选定评估机构进行评估，从而确定被征收房屋的补偿标准。

如果房屋征收补偿标准是通过选定评估机构，由评估机构经过评估程序作出评估报告，被征收人对评估结果不服，可以通过复核与鉴定的程序提出异议，而不能再通过协调程序提出异议。《国有土地上房屋征收与补偿条例》

第十九条第二款规定，对评估确定的被征收房屋价值有异议的，可以向房地产价格评估机构申请复核评估。对复核结果有异议的，可以向房地产价格评估专家委员会申请鉴定。而《国有土地上房屋征收评估办法》则将对评估结果不服的复核与鉴定进行细化。如果对评估结果不服，应当在收到评估报告之日起10日内向原评估机构申请复核，复核时应当指出原评估报告存在的问题。评估机构在收到复核申请之日起10日内，要针对申请人提出的问题进行复核，如果经过复核之后改变评估结果的，应当重新作出评估报告；如果经过复核后，认为原评估结果没有问题的，应当将复核结果书面通知复核评估申请人。在收到评估机构的复核结果后，如果对于复核结果仍有异议的，应当在收到复核结果的10日内向房地产专家鉴定委员会申请鉴定。房地产专家委员会应当在收到鉴定申请之日起10日内，选派成员组成专家组，对申请鉴定的评估报告的评估程序、评估依据、评估假设、评估技术路线、评估方法选用、参数选取、评估结果确定方式等评估技术问题进行审核，出具书面鉴定意见。经评估专家委员会鉴定，评估报告不存在技术问题的，应当维持评估报告；评估报告存在技术问题的，出具评估报告的房地产价格评估机构应当改正错误，重新出具评估报告。

【经验提示】

实践中，一些被征收人常常持有一种观点，对补偿标准虽然不认可，但是为了保障先拿到钱，决定先签订协议拿到补偿款后，再想着通过法律程序争取合理的补偿。那么这种想法是否可行呢？

以本案为例，从法律规定上，被征收人是可以在签订补偿协议之后再申请协调的，因为2014年《土地管理法实施条例》第二十五条第三款规定，“征地补偿、安置争议不影响征收土地方案的实施”，同时第四款规定“征收土地的各项费用应当自征地补偿、安置方案批准之日起3个月内全额支付”，如果签订协议之后，不允许当事人对补偿标准申请协调、裁决，则实际上征收土地的补偿费用在3个月内全额支付，将很难落实。即如果签订协议后不能提起协调、裁决程序，则权利人只能在签订协议之前提起协调、裁决，而对于征收补偿标准的协调、裁决以及裁决结束之后的诉讼，走完这个程序，时间会远远超过3个月的时间，那么3个月内补偿费用是不可能全额支付完毕的。《土地管理法实施条例》第二十五条第三款之所以规定征地补偿、安置争议不影响征收土地方案的实施，是为了保障征收土地工作以及具体的建设项目的顺利实施。在允许权利人签订协议之后，有权对征收补偿标准申请协调、裁决的主体，在符合协调、裁决程序规定的情况下，提起协调、裁决程序，可以最大限度地保障征收土地工作及具体建设项目的顺利实施。但是，协议签订之后再试图通过法律程序提高补偿，则存在很大的障碍，败诉的风险非常高。人民法院在司法实践中，补偿协议如果没有违反法律规定的可确认无效或者存在胁迫、欺诈等可撤销的情形，法院会认定补偿协议有效，则补偿标准难以提高。作为协议的当事人双方，签订协议亦应当遵守诚实信用原则，协议签订之后应当依约忠实履行协议中约定的义务。

所以，如果在征收时认为征收行为不合法或者补偿标准不合法，就应当及时通过法定程序维护自己的合法权益，避免怠于履行权利导致超过权利行使期限，使自己的合法权益无法得到保障。

【相关规定】

《国务院法制办公室关于依法做好征地补偿安置争议行政复议工作的通知》

各省、自治区、直辖市人民政府法制办公室：

近年来，一些地方因不服市、县人民政府征地补偿、安置方案引发的行政争议有所增多，部分争议未能得到依法及时处理，影响了社会和谐稳定。为了进一步依法做好征地补偿安置争议的行政复议工作，经征求全国人大常委会法工委和最高人民法院的意见，并报国务院领导同意，现通知如下：

一、《中华人民共和国农村土地承包经营纠纷调解仲裁法》第二条第二款规定，“因征收集体所有的土地及其补偿发生的纠纷，不属于农村土地承包仲裁委员会的受理范围，可以通过行政复议或者诉讼等方式解决”。《中华人民共和国行政复议法》第十三条第一款规定，“对地方各级人民政府的具体行政行为不服的，向上一级地方人民政府申请行政复议”；第四十二条规定，“本法施行前公布的法律有关行政复议的规定与本法的规定不一致的，以本法的规定为准”。《中华人民共和国行政复议法实施条例》第十三条规定，“下级行政机关依照法律、法规、规章规定，经上级行政机关批准作出的具体行政行为的，批准机关为被申请人”。依照上述规定，被征地集体经济组织和农民对有关市、县人民政府批准的征地补偿、安置方案不服要求裁决的，应当依照行政复议法律、法规的规定向上一级地方人民政府提出申请。

二、有关地方人民政府应当采取有效措施，积极受理、依法审理、公正裁决征地补偿安置争议行政复议案件，及时化解行政争议，切实维护社会和谐稳定。

《国有土地上房屋征收与补偿条例》

第十九条 对被征收房屋价值的补偿，不得低于房屋征收决定公告之日被征收房屋类似房地产的市场价格。被征收房屋的价值，由具有相应资质的房地产价格评估机构按照房屋征收评估办法评估确定。

对评估确定的被征收房屋价值有异议的，可以向房地产价格评估机构申请复核评估。对复核结果有异议的，可以向房地产价格评估专家委员会申请鉴定。

房屋征收评估办法由国务院住房城乡建设主管部门制定，制定过程中，应当向社会公开征求意见。

《国有土地上房屋征收评估办法》

第二十条 被征收人或者房屋征收部门对评估结果有异议的，应当自收到评估报告之日起10日内，向房地产价格评估机构申请复核评估。

申请复核评估的，应当向原房地产价格评估机构提出书面复核评估申请，并指出评估报告存在的问题。

第二十一条 原房地产价格评估机构应当自收到书面复核评估申请之日起10日内对评估结果进行复核。复核后，改变原评估结果的，应当重新出具评估报告；评估结果没有改变的，应当书面告知复核评估申请人。

第二十二条 被征收人或者房屋征收部门对原房地产价格评估机构的复核结果有异议的，应当自收到复核结果之日起10日内，向被征收房屋所在地评估专家委员会申请鉴定。被征收人对补偿仍有异议的，按照《国有土地上房屋征收与补偿条例》第二十六条规定处理。

第二十三条 各省、自治区住房城乡建设主管部门和设区城市的房地产管理部门应当组织成立评估专家委员会，对房地产价格评估机构作出的复核结果进行鉴定。

评估专家委员会由房地产估价师以及价格、房地产、土地、城市规划、法律等方面的专家组成。

第二十四条 评估专家委员会应当选派成员组成专家组，对复核结果进行鉴定。专家组成员为3人以上单数，其中房地产估价师不得少于二分之一。

第二十五条 评估专家委员会应当自收到鉴定申请之日起10日内，对申请鉴定评估报告的评估程序、评估依据、评估假设、评估技术路线、评估方法选用、参数选取、评估结果确定方式等评估技术问题进行审核，出具书面鉴定意见。

经评估专家委员会鉴定，评估报告不存在技术问题的，应当维持评估报告；评估报告存在技术问题的，出具评估报告的房地产价格评估机构应当改正错误，重新出具评估报告。

集体土地征收补偿的履职之诉

——侯某等人诉河北省某市人民政府履行法定职责案

【案号】 河北省唐山市中级人民法院行政判决书，(2018) 冀02行初67号

【核心提示】

在我国涉及两种不同性质的土地：一为国有土地，二为集体土地。对国有土地的征收，国务院根据《城市房地产管理法》第六条规定的授权，针对国有土地上房屋征收及国有土地的收回，作出了《国有土地上房屋征收与补偿条例》。该条例规定了协商程序，如征收双方协商不成，可由作出征收决定的市、县级人民政府作出征收补偿决定。而对集体土地的征收，《土地管理法》只规定了县级以上人民政府在征地过程中，具有组织实施职责，但在双方协商不成的情况下，就补偿问题如何处理却没有相关规定。因此在集体土地征收过程中，如何快速有效地对被征收人进行补偿安置，需要不断摸索实践。

【关键词】

土地征收　征收补偿　补偿决定

【案情回顾】

侯某等人系河北省某市路北区果园乡常各庄村村民，其在村中具有承包地和宅基地并具有地上房屋的所有权。2008年以来，某市政府以“城中村改造”名义对侯某等人宅基地及农用地进行征收，并先后对涉案土地公布了征地公告和征地补偿方案公告。同时，为了推进征收工作，某市政府先后颁发

了系列文件，规定由区政府（管委会）负责统一协调组织城中村改造范围内的征地拆迁补偿工作。在实际征收过程中，路北区政府采取村委会负责“平改”工作，以“村民自治”形式将包括当事人在内的村民所具有的宅基地收回。因和当事人协商补偿无法达成一致，村委会以“排除妨碍”为由，将当事人起诉至路北区人民法院，同时向路北区人民法院申请对侯某等人的房屋先予执行，路北区人民法院立案后，随之下达先予执行裁定，将当事人的房屋拆除。

另外，对包括侯某土地使用权在内的集体土地，河北省人民政府在2008年和2012年分别作出征收批复，对土地使用权及地上附属物予以征收。综上所述，在征收过程中，某市政府并未依法进行征收工作，实际上却以村委会“自治”的方式进行。但要明确村委会“自治”并不等于政府依法“征收”。

案件启动都要预评估案件启动可能面临的问题：

1. 我国《土地管理法》虽然规定了市、县级政府在集体土地的征收过程中组织实施相关工作，但对如何履行安置补偿义务没有程序性规定。

2. 案涉房屋，是路北区人民法院作出先予执行裁定而被拆除的，当事人遭受的损失能否在征收补偿中一并解决。

3. 如当事人起诉被驳回，对当事人不利。如当事人起诉被支持，市政府以无程序性规定为由拒绝，或者给予当事人无法接受的补偿从而导致循环诉讼。

4. 起诉安置补偿的前提是当事人认可征收行为的合法性，只是对补偿额度存在争议。在征收法律法规中，对补偿标准不服需要经过协调处理并裁决的行政程序，是否和当事人直接起诉市政府履行安置补偿职责的司法程序相冲突。

5. 安置补偿主体是市政府，还是区政府或者是国土资源主管部门，存在一定争议。

除了以上顾虑外，本案还有很多具体细节问题不作一一陈述。但现实很明显，如果不提起诉讼，当事人的土地已被占用，对当事人更是百害而无一利。虽然存在上述种种问题，但相关法理可以捋顺，且当事人的土地被征收，应当得到补偿。

经向某市政府提出补偿安置申请无果后，当事人遂以某市人民政府作为被告，起诉至某市中级人民法院，要求判令某市人民政府履行征收补偿安置义务。

【办案结果】

经某市中级人民法院审理，判令某市人民政府在判决生效后 2 个月内对原告作出征收补偿决定。

【律师点评】

集体土地的征收，是以土地为征收对象，将地上物作为附属物一并进行补偿。地方行政机关基于种种原因，有的在征地批复作出前就已经开始进行事实行为的征收，也有的行政机关在征地批复之后多年还没有动静，所以造成征地批复的程序混乱，当事人在错综复杂的事实行为和法律关系上常常无所适从。一般而言，在《土地管理法》2019 年修正之前，没有征地批复，擅自开始强制性的征收行为基本上都存在问题。本案对集体土地的征收补偿安置方面，明晰了几个相关的法律问题：

一、明确了履职之诉与征收补偿标准异议程序的关系

2014 年《土地管理法实施条例》第二十五条第三款规定，对补偿标准有争议的，由县级以上地方人民政府协调；协调不成的，由批准征收土地的人民政府裁决。《征收土地公告办法》（已废止）第十五条规定，因未按照依法批准的征收土地方案和征地补偿、安置方案进行补偿、安置引发争议的，由市、县人民政府协调；协调不成的，由上一级地方人民政府裁决。上述规定均规定了如果对补偿标准不服，应当采取先协调后裁决的模式解决争议。

本案虽然在补偿额度上存在对补偿标准不服的问题，但履职之诉和补偿标准裁决是不同的事项和程序。履职之诉只是要求被告履行其法定职责，根据法律规定依法对原告进行补偿安置。补偿标准裁决是指被征收人仅对安置事项当中的补偿标准不服，提出申请协调或裁决，补偿标准的确定，不等于征收补偿的履行。同样，如果征收补偿中的职责都不履行，对补偿标准不服的，协调及裁决都无法进行。本案的审理及判决，即体现了上述两种不同程序的维权方式。

二、厘清了履行征收补偿安置职责的适格被告是市、县人民政府

根据《国有土地上房屋征收与补偿条例》第八条、《土地管理法》第四十一条第一款之规定，无论是国有土地还是集体土地，作出征收决定及征地公告的单位，均是县级以上人民政府。

但在国有土地征收过程中，《国有土地上房屋征收与补偿条例》第四条规定了“市、县级人民政府确定的房屋征收部门（以下简称房屋征收部门）组织实施本行政区域的房屋征收与补偿工作”。2014 年《土地管理法实施条例》第二十五条第三款规定“征地补偿、安置方案报市、县人民政府批准后，由市、县人民政府土地行政主管部门组织实施”。特别是最高人民法院在 2018 年 2 月 8 日实施的《最高人民法院关于适用〈中华人民共和国行政诉讼法〉的解释》第二十五条规定：市、县级人民政府确定的房屋征收部门组织实施房屋征收与补偿工作过程中作出行政行为，被征收人不服提起诉讼的，以房屋征收部门为被告。征收实施单位受房屋征收部门委托，在委托范围内从事的行为，被征收人不服提起诉讼的，应当以房屋征收部门为被告。上述法律规定对补偿义务主体的规定较为混乱，由此导致在集体土地的征收过程中，尤其是在补偿不能的情况下，履行补偿安置义务的主体是市、县人民政府，还是征收部门及国土行政主管部门仍不明确。

实务中，在集体土地的征收过程中，有些司法机关认为征收补偿安置职责由国土资源主管部门或者县级以上人民政府确定的行政机关履行。

但笔者的观点如下：

1. 有关国有土地上房屋的征收的法律法规和集体土地的征收的法律规定不能混用。《国有土地上房屋征收与补偿条例》第四条规定，征收部门的职责是组织实施国有土地上房屋的征收工作，《最高人民法院关于适用〈中华人民共和国行政诉讼法〉的解释》第二十五条对征收部门为被告进行了规定，但对于“征收补偿安置职责”，是否为“房屋征收部门组织实施房屋征收与补偿工作过程中作出行政行为”，存在争议。

2.《最高人民法院关于适用〈中华人民共和国行政诉讼法〉的解释》第

二十五条对征收部门为被告进行了规定，该规定只是针对国有土地，还是不分国有和集体土地的性质都一概适用？笔者认为，该解释第二十五条只涉及国有土地上房屋征收过程中产生纠纷被告的主体确认，对集体土地征收纠纷中被告主体的确认不应适用。首先，该解释第二十五条中“房屋征收部门”的表述只存在于国有土地上房屋征收的法律法规之中。其次，集体土地的征收是征地，地上房屋作为附属物一并征收。而国有土地的征收是征房，并将土地使用权一并收回。所以涉及国有土地的，是房屋征收部门；涉及集体土地的，是征地组织实施单位。而表述为“房屋征收部门”和《国有土地上房屋征收与补偿条例》第四条恰好对应，是对国有土地征收中纠纷的被告主体确认的规定。最后，该解释第二十五条只是行政诉讼中关于被告主体确认的一个规定，不等于行政机关根据该规定而导致自身职责发生变化，不能作为行政机关实施行政行为的职权依据。如果以《行政诉讼法》中关于被告主体的规定，否认自身主体的法定职责，与立法本意和法律逻辑不相符。

在该案中法院以判决的形式，明确了负责实施征收的单位虽然是土地管理部门或是征收部门，但在集体土地征收过程中，拒不履行征收补偿职责的法律责任应当由市、县人民政府承担。

三、明确了征收行为与村民自治行为的关系

案件审理过程中，法院对涉及的“征收”与“自治”进行了分析。首先从正常角度分析，“平改”是村委会采取的自治行为，不能改变土地的权属，同时因为是自治行为，不能必然对村民产生强制力。而“征收”是行政机关通过法定征收程序进行的，系行政行为并具有行政强制力，且征收补偿安置是其法定义务。如在政府征收过程中引入村民自治的“平改”，其实质必然导致征收所涉及的实体及程序产生混乱，所产生的法律后果与行政目的又相互矛盾。

对案涉土地被收回，还要进行综合评析和判断，如果案涉土地的收回并非用于村集体公益事业，就是为了实施政府规划并用于行政管理目标的建设，则应首先判断该征收是政府行为，而村委会的“自治”行为，充其量是政府的委托行为，该委托行为的实施，因不符合法定的征收形式，可界定为征收中的具体行为违法，其责任最终仍由委托单位即市、县人民政府承担。

四、判决形式问题

本案是履职之诉，因集体土地的征地批复早已下达，只是征地补偿安置一直没有履行，处于持续违法状态，但行政机关并不能因违法状态的持续，而免除征收补偿的义务。对集体土地进行征收，现有法律规定虽然缺失程序性规定，但不能因缺少具体的程序指引而不履行自身职责。就被征收人而言，行政机关的内部程序对被征收人不产生实际影响，从外部程序而言，如涉及当事人知情权或者申辩权的，行政机关应充分保障其权利的行使。另外，我国《行政诉讼法》第七十二条规定，人民法院经过审理，查明被告不履行法定职责的，判决被告在一定期限内履行。所以，判决作出后，行政机关如何履行判决，是行政机关的内部程序问题，作为司法机关，据此作出判决则完全符合法律规定。

根据《行政诉讼法》第一条的规定，解决行政争议本就是行政诉讼法设立的宗旨，司法机关立足于解决行政争议，判令被告在判决生效后 2 个月内，对原告作出征收安置补偿决定，也是在突破现有法律规定的情况下对原告合法权益的一种妥善保护，应予肯定。

【经验提示】

履行法定职责之诉，即请求判令行政机关作出特定行政行为的诉讼。该种诉讼之所以被提起，往往是因为公民、法人或其他组织认为其申请行为符合行政机关应当作出同意的条件，但行政机关在此前的行政程序中明示拒绝、逾期未作处理或行政机关作出的行政行为未达到预期。由此可见，公民、法人或其他组织请求行政机关履行法定职责的理由是否成立为该种诉讼审理和裁判的关注点，行政机关在形式上是否对申请作出了处理位居其次。

依照《行政诉讼法》第六十九条的规定，若理由不成立，则可判决驳回公民、法人或其他组织的诉讼请求；依照《行政诉讼法》第七十二条的规定，若理由成立，则可判决行政机关在一定期限内履行法定职责；依照《行政诉讼法》第七十四条第二款第三项的规定，若判决履行法定职责没有意义，则可判决确认违法；由于该种诉讼之前的行政程序通常系因公民、法人或其他组织的申请而启动，行政机关对其作出的行政行为所需具备的事实和法律条件的调查认定可能并不完善，相关事实和法律状况可能并不十分清晰明确，故在诉讼中难以对公民、法人或其他组织请求行政机关履行法定职责的理由是否成立准确地作出是或否的判断，宜由行政机关重启行政程序做进一步调查和裁量的，则可依照《最高人民法院关于适用〈中华人民共和国行政诉讼法〉的解释》第九十一条的规定，判决行政机关对请求重新作出处理。

【相关规定】

《土地管理法》

第四十七条 国家征收土地的，依照法定程序批准后，由县级以上地方人民政府予以公告并组织实施。

县级以上地方人民政府拟申请征收土地的，应当开展拟征收土地现状调查和社会稳定风险评估，并将征收范围、土地现状、征收目的、补偿标准、安置方式和社会保障等在拟征收土地所在的乡（镇）和村、村民小组范围内公告至少三十日，听取被征地的农村集体经济组织及其成员、村民委员会和其他利害关系人的意见。

多数被征地的农村集体经济组织成员认为征地补偿安置方案不符合法律、法规规定的，县级以上地方人民政府应当组织召开听证会，并根据法律、法规的规定和听证会情况修改方案。

拟征收土地的所有权人、使用权人应当在公告规定期限内，持不动产权属证明材料办理补偿登记。县级以上地方人民政府应当组织有关部门测算并落实有关费用，保证足额到位，与拟征收土地的所有权人、使用权人就补偿、安置等签订协议；个别确实难以达成协议的，应当在申请征收土地时如实说明。

相关前期工作完成后，县级以上地方人民政府方可申请征收土地。

第四十八条 征收土地应当给予公平、合理的补偿，保障被征地农民原有生活水平不降低、长远生计有保障。

征收土地应当依法及时足额支付土地补偿费、安置补助费以及农村村民住宅、其他地上附着物和青苗等的补偿费用，并安排被征地农民的社会保障费用。

征收农用地的土地补偿费、安置补助费标准由省、自治区、直辖市通过制定公布区片综合地价确定。制定区片综合地价应当综合考虑土地原用途、土地资源条件、土地产值、土地区位、土地供求关系、人口以及经济社会发展水平等因素，并至少每三年调整或者重新公布一次。

征收农用地以外的其他土地、地上附着物和青苗等的补偿标准，由省、自治区、直辖市制定。对其中的农村村民住宅，应当按照先补偿后搬迁、居住条件有改善的原则，尊重农村村民意愿，采取重新安排宅基地建房、提供安置房或者货币补偿等方式给予公平、合理的补偿，并对因征收造成的搬迁、临时安置等费用予以补偿，保障农村村民居住的权利和合法的住房财产权益。

县级以上地方人民政府应当将被征地农民纳入相应的养老等社会保障体系。被征地农民的社会保障费用主要用于符合条件的被征地农民的养老保险等社会保险缴费补贴。被征地农民社会保障费用的筹集、管理和使用办法，由省、自治区、直辖市制定。

《土地管理法实施条例》

第三十二条 省、自治区、直辖市应当制定公布区片综合地价，确定征收农用地的土地补偿费、安置补助费标准，并制定土地补偿费、安置补助费分配办法。

地上附着物和青苗等的补偿费用，归其所有权人所有。

社会保障费用主要用于符合条件的被征地农民的养老保险等社会保险缴费补贴，按照省、自治区、直辖市的规定单独列支。

申请征收土地的县级以上地方人民政府应当及时落实土地补偿费、安置补助费、农村村民住宅以及其他地上附着物和青苗等的补偿费用、社会保障费用等，并保证足额到位，专款专用。有关费用未足额到位的，不得批准征收土地。

《国务院关于深化改革严格土地管理的决定》

三、完善征地补偿和安置制度

（十二）完善征地补偿办法。县级以上地方人民政府要采取切实措施，使被征地农民生活水平不因征地而降低。要保证依法足额和及时支付土地补偿费、安置补助费以及地上附着物和青苗补偿费。依照现行法律规定支付土地补偿费和安置补助费，尚不能使被征地农民保持原有生活水平的，不足以支付因征地而导致无地农民社会保障费用的，省、自治区、直辖市人民政府应当批准增加安置补助费。土地补偿费和安置补助费的总和达到法定上限，尚不足以使被征地农民保持原有生活水平的，当地人民政府可以用国有土地有偿使用收入予以补贴。省、自治区、直辖市人民政府要制订并公布各市县征地的统一年产值标准或区片综合地价，征地补偿做到同地同价，国家重点建设项目必须将征地费用足额列入概算。大中型水利、水电工程建设征地的补偿费标准和移民安置办法，由国务院另行规定。

（十三）妥善安置被征地农民。县级以上地方人民政府应当制定具体办法，使被征地农民的长远生计有保障。对有稳定收益的项目，农民可以经依法批准的建设用地土地使用权入股。在城市规划区内，当地人民政府应当将因征地而导致无地的农民，纳入城镇就业体系，并建立社会保障制度；在城市规划区外，征收农民集体所有土地时，当地人民政府要在本行政区域内为被征地农民留有必要的耕作土地或安排相应的工作岗位；对不具备基本生产生活条件的无地农民，应当异地移民安置。劳动和社会保障部门要会同有关部门尽快提出建立被征地农民的就业培训和社会保障制度的指导性意见。

（十四）健全征地程序。在征地过程中，要维护农民集体土地所有权和农民土地承包经营权的权益。在征地依法报批前，要将拟征地的用途、位置、补偿标准、安置途径告知被征地农民；对拟征土地现状的调查结果须经被征地农村集体经济组织和农户确认；确有必要的，国土资源部门应当依照有关规定组织听证。要将被征地农民知情、确认的有关材料作为征地报批的必备材料。要加快建立和完善征地补偿安置争议的协调和裁决机制，维护被征地农民和用地者的合法权益。经批准的征地事项，除特殊情况外，应予以公示。

（十五）加强对征地实施过程监管。征地补偿安置不落实的，不得强行使用被征土地。省、自治区、直辖市人民政府应当根据土地补偿费主要用于被征地农户的原则，制订土地补偿费在农村集体经济组织内部的分配办法。被征地的农村集体经济组织应当将征地补偿费用的收支和分配情况，向本集体经济组织成员公布，接受监督。农业、民政等部门要加强对农村集体经济组织内部征地补偿费用分配和使用的监督

《国务院办公厅关于进一步严格征地拆迁管理工作切实维护群众合法权益的紧急通知》

二、严格执行农村征地程序，做好征地补偿工作

征收集体土地，必须在政府的统一组织和领导下依法规范有序开展。征地前要及时进行公告，征求群众意见；对于群众提出的合理要求，必须妥善予以解决，不得强行实施征地。要严格执行省、自治区、直辖市人民政府公布实施的征地补偿标准。尚未按照有关规定公布实施新的征地补偿标准的省、自治区、直辖市，必须于2010年6月底前公布实施；已经公布实施但标准偏低的，必须尽快调整提高。要加强对征地实施过程的监管，确保征地补偿费用及时足额支付到位，防止出现拖欠、截留、挪用等问题。征地涉及拆迁农民住房的，必须先安置后拆迁，妥善解决好被征地农户的居住问题，切实做到被征地拆迁农民原有生活水平不降低，长远生计有保障。重大工程项目建设涉及征地拆迁的，要带头严格执行规定程序和补偿标准。

在无法达成安置补偿协议时征收人应及时履行法定职责

——某彩印公司诉江西省南昌市某区人民政府履行房屋征收法定职责案

【案号】 江西省南昌市铁路运输法院行政判决书，(2018) 赣7101行初977号

【核心提示】

为了公共利益的需要，市、县级人民政府可以作为征收人，“负责本行政区域的房屋征收与补偿工作”。这既是《国有土地上房屋征收与补偿条例》规定赋予市、县级人民政府的行政强制征收权，也是法规课以它的行政义务，就像一枚硬币的正反面，正所谓“职权之所在，即义务之所在，也即责任之所在”。但作为行政义务，征收人非依法定事由和程序，不得擅自变更、放弃。为确保征收工作的顺利完成，征收人不能因为与被征收人无法达成安置补偿协议而拒绝征收，其应及时履行法定职责，并作出补偿决定。无论基于何种动因，围而不拆，或避而不拆，都构成行政不作为，是消极的行政违法行为。

【关键词】

强制征收　行政不作为　履行法定职责　补偿决定

【案情回顾】

2015年5月13日，江西省南昌市某区人民政府（以下简称区政府）作

出《南昌市某区人民政府房屋征收决定书》（以下简称《房屋征收决定》），对某旧城（城市棚户区）改造项目涉及的房屋实施征收，且规定签约期限截至2015年6月12日。江西某彩色印务有限公司（以下简称某彩印公司）生产经营用房位于该征收范围内。在规定的签约期内，征收双方未能就补偿数额达成共识，故没有签订安置补偿协议。因征收实施单位拆除周边建筑物、构筑物等，致使某彩印公司处于拆迁废墟的包围之中，停水断电，停产停业，且因房产被纳入征收范围，不能继续抵押贷款，进而造成之前贷款逾期无法偿还。由于征收安置补偿久拖不决，某彩印公司逐步陷入绝境。

为尽早落实征收安置补偿，2018年6月12日，某彩印公司通过邮政特快专递，向区政府递交了请求履行法定职责申请书，请求区政府依法履行房屋征收法定职责，依法征收某彩印公司位于征收范围内的土地和房屋，并给予公正合理的补偿。同月14日，区政府收到请求履行法定职责申请书，但一直没有任何答复。2018年9月5日，某彩印公司将其诉至人民法院，请求判决区政府限期履行法定职责，依法作出补偿义务并承担本案诉讼费用。

【办案结果】

南昌铁路运输法院审理后，于2018年9月30日作出（2018）赣7101行初977号行政判决书（以下简称977号行政判决书），支持了原告某彩印公司的全部诉讼请求，明确要求区政府在判决生效之日起60日内，对某彩印公司名下的案涉房屋依照《国有土地上房屋征收与补偿条例》的规定履行法定职责并及时作出征收补偿决定。

【律师点评】

为了公共利益的需要，市、县级人民政府可以作为征收人，“负责本行政区域的房屋征收与补偿工作”。这既是《国有土地上房屋征收与补偿条例》第四条、第八条、第二十六条以及第二十八条等规定赋予市、县级人民政府的行政强制征收权，同时，也是法规课以它的行政义务，就像一枚硬币的正反面，正所谓“职权之所在，即义务之所在，也即责任之所在”。但作为行政义务，征收人非依法定事由和程序，不得擅自变更、放弃房屋征收决定。

这就意味着，征收人一旦作出房屋征收决定，房屋征收工作即告开启，征收人及其房屋征收部门等单位即有义务按照法定程序，通过协议搬迁或强制征收搬迁的方式，对征收范围内的房屋实施征收和补偿，并完成征收目标——将征收范围内的包括房屋在内的建筑物、构筑物等拆除。征收补偿纠纷的实质是权与利之争，是行政强制权与保护财产私有权的角逐，是征收双方之间的利益博弈。政府作为行政主体，为满足公共利益的需要，借助国家公权力，实施强制征收，符合公共管理职能的内在要求；而被征收人依法保护私有财产不受侵犯，争取自己的利益最大化，也符合现代法治精神。

引发征收补偿或搬迁纠纷的起因，除了常见的暴力拆迁、非法逼迁等乱作为的违法行政外，还有行政不作为的。就像本案中，在征收双方不能达成安置补偿协议的情况下，征收人区政府既不作出征收补偿决定，依法实施强制征收，也不决定不再对某彩印公司进行征收。致使某彩印公司欲进，无法生产经营；想退，不能获得应有征收补偿。多数企业在这种进退两难的情形下，选择“出城受降”，无奈接受当初自己不认可的征收安置补偿条件。其实，这是用“冷暴力”迫使被征收人就范，属于一种变相的逼迁方式，为《国有土地上房屋征收与补偿条例》第二十七条第三款所明令禁止，即不得采取“非法方式迫使被征收人搬迁”。本部分仅就“避而不拆”行为加以探讨。

首先，之所以拆不起，是因为补偿费用不够。按照《国有土地上房屋征收与补偿条例》第十二条第二款规定，“作出房屋征收决定前，征收补偿费用应当足额到位、专户存储、专款专用”。法规作如此强制性要求的目的是防止征收人没钱补偿被征收人，出现项目烂尾，导致被征收人无法获得安置、回迁。河南省高级人民法院在（2019）豫行终856号行政判决书中，就安置补偿资金准备问题，评述道：“从一审举证情况看，其（被告）到位的征收补偿资金仅为1000万元，对作为涉及征收1000多户的项目来说，该资金尚不足以支付3年过渡期中1年的临时安置补助费，更不用说房屋本身的补偿，考虑到此前新乡市已经发生多起征收项目中途停止的情况，对于被告未能保证资金足额到位的情况，应推定其难以保证征收项目的顺利进行，案涉征收决定的主要条件不具备，可予撤销……至于被告在二审中提交的账户余款2700万元及已经支付5, 014, 671元货币补偿金的证据，由于发生在涉案的征收行为之后，不能说明其作出征收行为的合法性。”可见，作出征收决定前，征收补偿费没有足额到位的征收行为不合法。合法的征收项目中，征收补偿费一定是足额到位的，足以支付安置补偿金，不会出现拆不起、赔不起的情况。若出现此类情况，则说明征收行为不符合法律强制性规定，是违法行政。即便被征收人要求的补偿价格过高，也不能成为不征收的理由，正确的做法应当是依法作出补偿决定，继而推进征收工作。

其次，不存在拆不动情况，除非征收人不想拆。《国有土地上房屋征收与补偿条例》要求“非公益，不强征”，但并没有取消强制征收。为了公共利益，确需征收房屋，而被征收人拒不依法或按约履行搬迁义务的，可以强制征收、拆除。《最高人民法院关于办理申请人民法院强制执行国有土地上房屋征收补偿决定案件若干问题的规定》第九条规定，此项强制征收拆除工作，既可以“由作出征收补偿决定的市、县级人民政府组织实施”，也可以“由人民法院执行。”无论是行政强拆，还是司法强拆，都是以国家公权力作为后盾。任何人不得非法阻挠强制征收，不然，涉嫌构成妨害公务罪，会被依法追究行政责任或刑事责任。所以，有国家强制力作保障，不会拆不动。关键是征收人是否行使强制权，如果怠于行使，则构成行政不作为。因为，在房屋强制征收权的背后，附随强制征收义务，两者如影随形。为确保征收工作的顺利完成，征收人不能因为与被征收人无法达成安置补偿协议而拒绝征收，应及时履行法定职责——及时作出补偿决定。在被征收人既不依法行使救济权利，又不履行搬迁义务时，征收人有义务“依法申请人民法院强制执行”，并根据法院裁定组织实施强拆工作。

无论基于何种动因，围而不拆，或避而不拆，都构成行政不作为，是消极的行政违法行为。正如南昌铁路运输法院在977号行政判决书中所述，“在征收决定作出后，征收部门与被征收人未达成征收补偿协议的，应当及时作出征收补偿决定，保障征收项目的推进及被征收人对其合法权益的主张……该征收决定一经作出即发生效力，未经法定机关和法定程序撤销或者变更之前，都推定为有效，征收人及被征收人应当按照征收决定中明确的内容履行各自义务”。“在《房屋征收决定书》规定的签约期限内……未达成补偿协议，被告区政府应当及时作出征收补偿决定，并在房屋征收范围内予以公告。”“被告不履行法定职责的，应当判决被告在一定期限内履行。”面对所谓“钉子户”，征收人应当积极依法开展征收工作。“应当做好房屋征收与补偿的宣传、解释工作”，尽量通过协议方式，由被征收人主动搬迁。无法通过协议搬迁时，征收人及其职能部门绝不能对被征收人置之不理，久拖不决，而是应当依法行使行政强制权，及时作出征收补偿决定，给予被征收人公平合理的补偿，并启动强制征收程序，运用强制手段实施征收，以确保顺利完成征收搬迁工作，实现公共利益的建设目标。强制征收搬迁工作，大体可分为以下4个步骤。

第一步，作出征收安置补偿决定，并予以公告。

《国有土地上房屋征收与补偿条例》第二十六条第一款规定，房屋征收部门与被征收人在征收补偿方案确定的签约期限内达不成补偿协议的，由房屋征收部门报请作出房屋征收决定的市、县级人民政府依照本条例的规定，按照征收补偿方案作出补偿决定，并在房屋征收范围内予以公告。补偿决定的内容应当包括“补偿方式、补偿金额和支付期限、用于产权调换房屋的地点和面积、搬迁费、临时安置费或者周转用房、停产停业损失、搬迁期限、过渡方式和过渡期限等事项”，并告知救济途径，即被征收人对补偿决定不服的，可以在知道或应当知道补偿决定之日起60日内申请行政复议，或6个月内提起行政诉讼。这里需要注意以下事项。

1. 市、县级人民政府在收到征收部门的申请报告后，应当查明没有签订安置补偿协议的原因，必要时可采取听证会的方式，听取各方当事人的意见，全面客观地了解案情，准确作出补偿决定。

2. 补偿决定应当公平，不能因为被征收人拒绝签约、搬迁，而剥夺其应得的补偿权益，或增加额外的义务。补偿决定中不得含有惩罚性条款。

3. 补偿决定书除要在房屋征收范围内进行公告外，还应当送达给被征收人，这是行政执法程序的内在要求，另外，能够让被征收人尽早知道补偿决定的具体内容，以便其及时履行搬迁义务，或行使救济权利，从而尽快完成征收搬迁工作。

4. 设定合理的搬迁期限，一般为15日左右，房屋面积较大，或物品较多的，搬迁期限可以适当延长。

第二步，履行催告程序。

征收人即作出房屋征收决定的市、县级人民政府无权直接对房屋实施强制拆除，需要向人民法院提出强制执行申请。因此，根据《行政强制法》第五十四条的规定，行政机关申请人民法院强制执行前，应当催告当事人履行义务。

第三步，向人民法院申请强制执行。

根据《行政强制法》第五十三条、第五十四条和《国有土地上房屋征收与补偿条例》第二十八条第一款以及《最高人民法院关于办理申请人民法院强制执行国有土地上房屋征收补偿决定案件若干问题的规定》第二条第三款的规定，被征收人在法定期限内不申请行政复议或者不提起行政诉讼，在补偿决定规定的期限内又不搬迁的，由作出房屋征收决定的市、县级人民政府，在被执行人的法定起诉期限届满之日起 3 个月内，向房屋所在地基层人民法院申请强制执行。言外之意，在搬迁期限届满前，和被征收人提起行政复议或行政诉讼期间，征收人不得向人民法院申请强制执行。同时，在向人民法院申请强制执行前，催告书应已经送达被征收人 10 日以上。

第四步，实施强制拆除。

人民法院裁定准许征收人强制拆除的，由作出征收补偿决定的市、县级人民政府组织实施，强制拆除被征收房屋。

正如江苏省南通市中级人民法院在（2019）苏 06 行初 98 号行政判决书中所述，“行政行为的合法性不仅体现在实体内容上，同时也需要遵守法定的程序，是否在法定的或者合理的期限内履行职责是判断行政行为程序合法的重要因素”。《国有土地上房屋征收与补偿条例》第二十六条规定的目的在于避免因征收当事人各执己见而致使补偿安置事项久拖不决，市、县级人民政府不仅要督促房屋征收部门及时履行报请义务，而且要在收到报请之后及时作出征收补偿决定。《房地产抵押估价指导意见》第二十六条规定，估价报告应用有效期从估价报告出具之日起计，不得超过 1 年；房地产估价师预计估价对象的市场价格将有较大变化的，应当缩短估价报告应用有效期。虽然这一规定针对的是房地产抵押估价行为，但在房屋征收评估领域没有具体规定的情形下，上述规定中的 1 年期限可以作为判断征收补偿决定是否在合理时间内作出的参照。对于行政机关来讲，在协商不能的情况下，及时作出征收补偿决定是一项法定义务。实践中，普遍存在协商不成又不及时作出征收补偿决定的情形，这不仅引发了评估报告适用有效期的争议，也使被征收人及时获得补偿安置的权利受到影响。因此，行政机关不能以协商为由迟延作出征收补偿决定，使被征收人获得补偿安置的权利长期处于悬而未决的状态。

总之，我们不仅要杜绝违法强拆，行政乱作为，还要防止应拆不拆，行政不作为。要做到应征则征，需补必补，该拆得拆，但必须都要依法进行，政府依法实施征收，被征收人合法表达合理补偿请求。

【经验提示】

被征收人质疑征收行为的合法性或补偿合理性，是其应有之权利，而且这类问题在房屋征收中也在所难免。征收人不能因为被征收人的质疑或不配合而放弃征收，否则，就构成行政不作为，除非因正当事由，不再继续征收，如前置程序中“四规划一计划”中一项或多项被调整，不适合继续征收，或征收决定被撤销等。

对征收人何时作出补偿决定的问题，目前没有相应规定。笔者建议应在被征收房屋的评估报告有效期届满前作出补偿决定。鉴于评估报告是征收人对被征收房屋补偿定价的事实依据，有效期届满后即告失效。征收人不能依据失效的评估报告作出补偿决定，因为，行政行为的事实依据应当合法、有效，否则，会因缺乏事实依据而构成违法行政。另外，评估报告有效期通常是1年，其间，房屋价格波动相对较小，房屋补偿价款更接近房地产实际的市场价格，补偿结果能够符合公平原则要求。如果遇到有效期表述为“本评估报告有效期截至委托评估项目征收结束之日”的评估报告时，最好在征收决定公布后1年内作出补偿决定，特别是当征收实施时间跨度较长、房价波动较大时，更应该注意这个问题，补偿决定可能不会因为评估报告有效期而否定补偿决定的合法性，但是可能会因为根据该评估报告作出的补偿结果会显失公平而被撤销或改判。

如果被征收人认为征收人故意拖延或不征收的行为侵害自己合法权益的，

除主动联系征收人及征收部门商谈补偿和赔偿外，还可以通过行政复议或行政诉讼，请求征收人及时履行征收职责，作出补偿决定，落实对自己的补偿义务。

【相关规定】

《国有土地上房屋征收与补偿条例》

第四条 市、县级人民政府负责本行政区域的房屋征收与补偿工作。

市、县级人民政府确定的房屋征收部门（以下称房屋征收部门）组织实施本行政区域的房屋征收与补偿工作。

市、县级人民政府有关部门应当依照本条例的规定和本级人民政府规定的职责分工，互相配合，保障房屋征收与补偿工作的顺利进行。

第二十五条 房屋征收部门与被征收人依照本条例的规定，就补偿方式、补偿金额和支付期限、用于产权调换房屋的地点和面积、搬迁费、临时安置费或者周转用房、停产停业损失、搬迁期限、过渡方式和过渡期限等事项，订立补偿协议。

补偿协议订立后，一方当事人不履行补偿协议约定的义务的，另一方当事人可以依法提起诉讼。

第二十六条第一款 房屋征收部门与被征收人在征收补偿方案确定的签约期限内达不成补偿协议，或者被征收房屋所有权人不明确的，由房屋征收部门报请作出房屋征收决定的市、县级人民政府依照本条例的规定，按照征收补偿方案作出补偿决定，并在房屋征收范围内予以公告。

第二十八条 被征收人在法定期限内不申请行政复议或者不提起行政诉讼，在补偿决定规定的期限内又不搬迁的，由作出房屋征收决定的市、县级人民政府依法申请人民法院强制执行。

强制执行申请书应当附具补偿金额和专户存储账号、产权调换房屋和周转用房的地点和面积等材料。

《最高人民法院关于办理申请人民法院强制执行国有土地上房屋征收补偿决定案件若干问题的规定》

第九条 人民法院裁定准予执行的，一般由作出征收补偿决定的市、县级人民政府组织实施，也可以由人民法院执行。

《行政强制法》

第五十三条 当事人在法定期限内不申请行政复议或者提起行政诉讼，又不履行行政决定的，没有行政强制执行权的行政机关可以自期限届满之日起三个月内，依照本章规定申请人民法院强制执行。

第五十四条 行政机关申请人民法院强制执行前，应当催告当事人履行义务。催告书送达十日后当事人仍未履行义务的，行政机关可以向所在地有管辖权的人民法院申请强制执行；执行对象是不动产的，向不动产所在地有管辖权的人民法院申请强制执行。

行民组合：确定“外嫁女”“入赘女婿”经济组织成员资格及村民待遇

——陈某、张某一及张某二三人诉广东省东莞市某镇人民政府，陈某、潘某及儿女诉广州市萝岗区某镇人民政府要求确认经济组织成员资格及村民待遇纠纷案

【案号】 广东省东莞市第一人民法院民事判决书，（2019）粤 1971 民初 14315 号；广东省广州市萝岗区某镇人民政府行政处理决定书，穗埔龙湖（2019）行决字第 13 号

【核心提示】

1. 对于村民自治章程、村规民约、村民会议、村民代表大会作出的决定违反法律规定或者村委会不履行法定义务的，被侵害的村民有权向乡镇级人民政府提起行政处理程序，乡镇级人民政府受理后要对申请事项作出行政处理决定。申请人对行政处理决定不服的，可以依法提起行政复议或者行政诉讼。如经济组织不履行行政处理决定中设定的义务，申请人可以在行政处理决定书生效 6 个月后依法向人民法院申请强制执行行政处理决定书的相关内容。

2. 妇女在农村土地承包经营、集体经济组织收益分配、土地征收或者征用补偿费使用以及宅基地使用等方面，享有与男子平等的权利。

任何组织和个人不得以妇女未婚、结婚、离婚、丧偶等为由，侵害妇女在农村集体经济组织中的各项权益。结婚后，男方到女方住所落户的，男方和子女享有与所在地农村集体经济组织成员平等的权益。

【关键词】

行政处理程序　外嫁女、入赘女婿　经济组织成员资格

【案情回顾】

陈某是张某一、张某二的母亲。陈某为广东省东莞市某镇望东石二村村民小组村民，张某一、张某二出生后即落户于望东石二村，张某二虽结婚，但户口并未迁出仍为望东石二村村民。2004 年，望东石二村村民小组实施股份制改革成为望东石二股份经济合作社。根据《东莞市某镇望东石二股份经济合作社章程》第二十一条之规定，结婚后户口和居住地仍在原村的农村妇女及其符合计划生育政策所生的农村子女享受配股分红。陈某等三人完全符合上述配股条件，但股改后，经济合作社就停发了陈某等三人的配股分红。为了维护自身权利，陈某等三人向东莞市某镇人民政府提起行政处理，要求镇政府确认其股东身份并补发自 2004 年开始的分红及其他股民待遇。某镇人民政府在法定期限内并未作出行政处理决定，于是陈某等三人向东莞市人民政府政府申请行政复议，东莞市人民政府经过审理责令某镇人民政府针对陈某等三人的申请作出答复。在行政复议决定书确定的履行期限内某镇人民政府并未履行相关义务。故陈某等三人以某镇人民政府为被告向东莞市第一人民法院提起诉讼，要求法院确认三人享有股权并补发 2004 年之后的股权分红及其他股民待遇。诉讼过程中，东莞市人民政府提交某镇人民政府农林水务办公室作出的《关于按程序理顺“出嫁女”配股分红的通知》、《关于落实陈某等人配股分红的通知》及某镇望东石二股份经济合作社作出的公告。从上述三份证据内容可以看出，某镇人民政府及望东石二股份经济合作社已经确认了陈某等三人的股东资格。依据上述证据，东莞市第一人民法院依据《最高人民法院研究室关于人民法院对农村集体经济所得收益分配是否受理的答复》的规定，认定“农村集体经济组织与其成员之间因收益分配产生的纠纷，属平等民事主体之间的纠纷”为由驳回陈某等三人的诉讼请求。随后，陈某等三人依据上述三份文件及《最高人民法院研究室关于人民法院对农村集体经济所得收益分配是否受理的答复》的规定，以某镇望东石二股份经济

合作社为被告再次向东莞市第一人民法院提起民事诉讼，要求法院判令经济合作社补发股份分红及其他待遇。

无独有偶，陈某出生便入户广东省广州市萝岗区某镇黄田村第六经济合作社，属农业户口。1996 年 8 月 12 日，陈某与潘某登记结婚。结婚后，陈某户口未迁出。2008 年 4 月 7 日，潘某户口经过审批入户第六经济合作社，仍为农业户口。陈某、潘某育有一双儿女。陈某的儿女因出生符合计划生育政策，分别于 2009 年 8 月 25 日、2012 年 3 月 26 日入户第六经济合作社，均为农业户籍人口。2012 年 6 月，因项目建设，黄田村土地被国家征收，涉及土地补偿款、青苗费、福利分红等问题，黄田村第六经济合作社以陈某属于“外嫁女”为由，否认上述他们一家四口经济组织成员资格，未发放土地补偿款、青苗费、分红等，单方面不给予他们四人经济组织成员待遇。2015 年 8 月，陈某、潘某及儿女向广州市萝岗区某镇人民政府提起行政处理申请，要求确认四人经济组织成员资格及补发相关分红待遇。陈某、潘某的维权过程与陈某、张某的案件一样，一波三折，某镇人民政府作出行政处理决定，陈某、潘某不服向人民法院提起行政诉讼，后人民法院撤销行政处理决定书，责令某镇人民政府重新作出行政处理决定。2018 年 9 月 27 日，某镇人民政府重新作出穗埔龙湖（2019）行决字第 154 号行政处理决定，但仅承认了陈某及一对儿女的集体成员组织资格。后陈某、潘某又一次提起了行政诉讼。法院再一次撤销上述的 154 号行政处理决定，责令某镇人民政府重新作出行政处理决定。

【办案结果】

关于陈某、张某的案件，2019 年 10 月 8 日，东莞市第一人民法院作出（2019）粤 1971 民初 14315 号民事判决书，判令某镇望东石二股份经济合作社在判决生效后三日内向陈某等三人补发 2004 年 10 月至 2018 年的股东分红 104, 160 元。

关于陈某、潘某的案件，2019 年 11 月 20 日，某镇人民政府最终作出穗埔龙湖（2019）行决字第 13 号行政处理决定书，确认了陈某、潘某及一对儿女的村民资格并责令第六经济合作社补发四人青苗奖励款、生态林款、农田保护基金、征地利息分红款等费用共计 256, 237 元。在该行政决定书规定的 6 个月内，某镇黄田村第六经济合作社未提起行政诉讼也未履行相关义务，现陈某、潘某等人已经向人民法院申请强制执行。

【律师点评】

一、行政处理

《地方各级人民代表大会和地方各级人民政府组织法》第六十一条第一款第（三）项、第（六）项规定，保护社会主义的全民所有的财产和劳动群众集体所有的财产，保护公民私人所有的合法财产，维护社会秩序，保障公民的人身权利、民主权利和其他权利；保障宪法和法律赋予妇女的男女平等、同工同酬和婚姻自由等各项权利。《村民委员会组织法》第二条第一款、第五条规定，村民委员会是村民自我管理、自我教育、自我服务的基层群众性自治组织。乡、民族乡、镇的人民政府对村民委员会的工作给予指导、支持和帮助，但是不得干预依法属于村民自治范围内的事项。根据上述规定，村民自治范围内的事项不受乡镇人民政府的干预，但该法第二十七条第三款及第三十六条第二款还规定，村民自治章程、村规民约以及村民会议或者村民代表会议的决定违反法律规定的或者村委会不依照法律、法规的规定履行法定义务的，由乡、民族乡、镇的人民政府责令改正。

所以，对于村民自治章程、村规民约、村民会议、村民代表大会作出的决定违反法律规定或者村委会不履行法定义务的，被侵害的村民有权依据上述法律规定向乡镇级人民政府提起行政处理程序。乡镇级人民政府受理后要对申请事项作出行政处理决定。所谓行政处理，是指行政主体为了实现相应法律、法规和规章所确定的行政管理目标和任务，而依行政相对人申请或依职权处理涉及特定行政相对人某种权利义务事项的具体行政行为。

本案中，根据《东莞市某镇望东石二股份经济合作社章程》的规定，结婚后户口和居住地仍在原村的农村妇女及其符合计划生育政策所生的农村子女享受配股分红。陈某等三人完全符合上述配股条件应该依法享有股东身份及享受股权分红。但自 2004 年以来，望东石二股份经济合作社一直未承认陈某等三人的股东身份及享受股权分红，显然侵害了陈某等三人的合法权利，故陈某等三人向东莞市某镇人民政府申请行政处理，要求确认其股东身份并补发相关分红。依上述内容，行政处理属性行政行为，某镇人民政府未作出行政处理决定，已经构成行政不作为，故陈某等三人向东莞市人民政府提起行政复议，要求东莞市人民政府责令某镇人民政府作出行政处理决定。当然，陈某等三人也可以选择直接向人民法院提起行政诉讼，要求人民法院责令某镇人民政府作出行政处理决定。陈某、潘某的案件也采取了同样的救济途径。

由此可见，因村民自治章程、村规民约以及村民会议或者村民代表会议的决定或者不履行相关法定义务而引发的纠纷，不能直接向人民法院提起诉讼，应该首先向乡镇人民政府申请行政处理，乡镇人民政府未作出决定或者对行政处理不服的，可以向乡镇人民政府的上级人民政府提起行政复议或者直接向人民法院提起行政诉讼，当然，如果行政复议机关未作出行政复议决定或者对行政复议决定不服的，可再向人民法院提起行政诉讼。

二、农村集体经济组织与其成员之间因收益分配产生的纠纷，属民事纠纷

《最高人民法院研究室关于人民法院对农村集体经济所得收益分配纠纷是否受理问题的答复》规定，农村集体经济组织与其成员之间因收益分配产生的纠纷，属平等民事主体之间的纠纷，可以提起民事诉讼。陈某等三人虽然就股权资格提起了行政诉讼，但根据东莞市人民政府提交的证据，某镇人民政府及东石二股份经济合作社早就作出相关文件确认了他们三人的股东资格且进行了公告，只是陈某等三人并不知晓而已。也就是说，属于行政处理程序的资格确认纠纷已经解决，剩下的就是收益分配纠纷了。于是陈某等三人又提起了要求补发股权分红的民事纠纷，法院判决东石二股份经济合作社补发分红。陈某等三人通过上述两个诉讼有力地维护了自己的合法权利。

还有一种情况可以提起民事诉讼。《村民委员会组织法》第三十六条第一款规定，村民委员会或者村民委员会成员作出的决定侵害村民合法权益的，受侵害的村民可以申请人民法院予以撤销，责任人依法承担法律责任。因村民委员会不属于行政机关，以它为被告的诉讼当时属于民事诉讼。

综上所述，关于村委会决定或者村民自治章程、村规民约以及村民会议或者村民代表会议的决定的救济途径问题，如果村民认为自治章程、村规民约以及村民会议或者村民代表会议的决定及村委会未履行法定义务的，可向乡镇人民政府申请行政处理；村委会或者及其成员作出的决定或者单纯的收益分配纠纷的，可直接向人民政府提起民事诉讼。

当然，陈某、张某的案件具有一定的特殊性，在股民身份的行政确认诉讼中，争议已不复存在，仅剩下股权分红纠纷未处理，故不得不单独启动民事诉讼程序。通常情况下，在行政处理申请中一并提起补发收益的请求，乡镇人民政府或者人民法院一般都一并处理，不再分案处理。如陈某、潘某的案件就是行政处理程序一并解决了成员资格及补发权益问题。

三、户口在经济组织成员的“外嫁女”“入赘女婿”同样享受村民待遇，不应受到歧视

引发两个案例的争议焦点是“外嫁女”“入赘女婿”的权益保护问题，尤其是户口在村集体中上述两类人员的权益保护问题。村集体组织成员的判断标准之一或者最重要的标准就是本村的农业户口人员。《广东省农村集体经济组织管理规定》第十五条第一款、第二款及第三款规定：“原人民公社、生产大队、生产队的成员，户口保留在农村集体经济组织所在地，履行法律法规和组织章程规定义务的，属于农村集体经济组织的成员。实行以家庭承包经营为基础、统分结合的双层经营体制时起，集体经济组织成员所生的子女，户口在集体经济组织所在地，并履行法律法规和组织章程规定义务的，属于农村集体经济组织的成员。实行以家庭承包经营为基础、统分结合的双层经营体制时起，户口迁入、迁出集体经济组织所在地的公民，按照组织章程规定，经社委会或者理事会审查和成员大会表决确定其成员资格……”陈某、张某的案件中，陈某等三人原均为望东石村委会的村民，股改后自然取得股东身份，虽张某外嫁，但户口一直未迁出且一直生活在望东石村。所以镇政府认定陈某、张某等三人的股东身份是正确的。第二案例中，潘某与陈某结婚后，陈某的户口未迁出，潘某的户口经过审批入户第六经济合作社，仍为农业户口。仍然符合上述《广东省农村集体经济组织管理规定》第十五条的规定。

另外，《妇女权益保障法》第三十三条也明确规定任何组织和个人不得以妇女未婚、结婚、离婚、丧偶等为由，侵害妇女在农村集体经济组织中的各项权益。因结婚男方到女方住所落户的，男方和子女享有与所在地农村集体经济组织成员平等的权益。《广东省实施〈中华人民共和国妇女权益保障法〉办法》第二十四条规定，农村集体经济组织成员中的妇女，结婚后户口仍在原农村集体经济组织所在地，或者离婚、丧偶后户口仍在男方家所在地，并履行集体经济组织章程义务的，在土地承包经营、集体经济组织收益分配、股权分配、土地征收或者征用补偿费使用以及宅基地使用等方面，享有与本农村集体经济组织其他成员平等的权益。

与此同时，《妇女权益保障法》第三十二条还规定，妇女在农村土地承包经营、集体经济组织收益分配、土地征收或者征用补偿费使用以及宅基地使用等方面，享有与男子平等的权利。《农村土地承包法》第三十一条规定，承包期内，妇女结婚，在新居住地未取得承包地的，发包方不得收回其原承包地；妇女离婚或者丧偶，仍在原居住地生活或者不在原居住地生活但在新居住地未取得承包地的，发包方不得收回其原承包地。上述法律规定都保障了“外嫁女”“入赘女婿”合法的权益。

【经验提示】

部分农村妇女尤其是出嫁后户口仍保留在本村的妇女及其按政策生育的子女、离婚和丧偶妇女以及入赘女婿及其子女，他们在土地承包、集体收益分配等权益不同程度地受到侵害。有些入赘女婿及其子女未能享受集体经济组织成员待遇等。这些问题导致地方矛盾激化，群众集体上访、重复上访、越级上访不断发生。其实，任何组织和个人不得以妇女未婚、结婚、离婚、丧偶等为由，侵害妇女在农村集体经济组织中的各项权益。结婚后，男方到女方住所落户的，男方和子女享有与所在地农村集体经济组织成员平等的权益。

随着法治的发展，越来越多的村民在自己合法权利受到侵害时拿起法律的武器维护自己的合法权利。因村民委员会或集体经济组织是自治组织，不属于行政机关，司法对其行为合法性的监督薄弱，《村民委员会组织法》所规定的救济途径也非常原则及笼统，缺乏专门法律指导及细则规定。哪些纠纷属于行政诉讼范畴，哪些纠纷属于民事诉讼范畴均未明确规定，界限非常模糊。即使专业律师在处理此纠纷时也拿捏不准，只好行政及民事诉讼一并进行，并且各地法院的受理标准及判决尺度也不太相同，“同案不同判”的现象严重。上述的原因致使诸多侵害村民权利的行为得不到法律的充分保护，让广大村民觉得状告无门。

当然，笔者建议在对行政处理决定有异议时，还是选择直接向人民法院提起行政诉讼。因为虽然行政复议及行政诉讼的结果是一样的，根据《行政复议法》第三十二条规定，如行政机关不履行或者无正当理由拖延履行行政复议决定的，申请复议的公民、法人或者其他组织无法通过强制执行程序促使行政机关履行义务，只能通过行政机关内部监督机制由复议机关或者有关上级机关责令其限期履行，但这种内部监督行为并无强制力，也不会对外承担法律责任。如复议机关或者相关上级机关同样不作为时，因属于内部监督程序不属于行政诉讼受案范围，起诉人也无法再通过行政诉讼程序解决。但对行政判决书就不同了，如果行政机关不履行行政判决书设定的义务，根据《行政诉讼法》第九十六条的规定，起诉人可以直接向人民法院申请强制执行，从而维护了自身的权利。在陈某、张某的案件中，东莞市人民政府虽然作出了责令某镇人民政府作出行政处理决定的复议决定书，但某镇人民政府并未履行上述法定义务，陈某不得不向东莞市人民政府提出申请，时间成本非常大，浪费了大量时间。最终还是通过诉讼程序，获得关键证据才维护了自身的合法权利。

【相关规定】

《地方各级人民代表大会和地方各级人民政府组织法》

第七十六条 乡、民族乡、镇的人民政府行使下列职权：

（一）执行本级人民代表大会的决议和上级国家行政机关的决定和命令，发布决定和命令；

（二）执行本行政区域内的经济和社会发展计划、预算，管理本行政区域内的经济、教育、科学、文化、卫生、体育等事业和生态环境保护、财政、民政、社会保障、公安、司法行政、人口与计划生育等行政工作；

（三）保护社会主义的全民所有的财产和劳动群众集体所有的财产，保护公民私人所有的合法财产，维护社会秩序，保障公民的人身权利、民主权利和其他权利；

（四）保护各种经济组织的合法权益；

（五）铸牢中华民族共同体意识，促进各民族广泛交往交流交融，保障少数民族的合法权利和利益，保障少数民族保持或者改革自己的风俗习惯的自由；

（六）保障宪法和法律赋予妇女的男女平等、同工同酬和婚姻自由等各项权利；

（七）办理上级人民政府交办的其他事项。

《村民委员会组织法》

第二条 村民委员会是村民自我管理、自我教育、自我服务的基层群众性自治组织，实行民主选举、民主决策、民主管理、民主监督。

村民委员会办理本村的公共事务和公益事业，调解民间纠纷，协助维护社会治安，向人民政府反映村民的意见、要求和提出建议。

村民委员会向村民会议、村民代表会议负责并报告工作。

第五条 乡、民族乡、镇的人民政府对村民委员会的工作给予指导、支持和帮助，但是不得干预依法属于村民自治范围内的事项。

村民委员会协助乡、民族乡、镇的人民政府开展工作。

第二十七条 村民会议可以制定和修改村民自治章程、村规民约，并报乡、民族乡、镇的人民政府备案。

村民自治章程、村规民约以及村民会议或者村民代表会议的决定不得与宪法、法律、法规和国家的政策相抵触，不得有侵犯村民的人身权利、民主权利和合法财产权利的内容。

村民自治章程、村规民约以及村民会议或者村民代表会议的决定违反前款规定的，由乡、民族乡、镇的人民政府责令改正。

第三十六条 村民委员会或者村民委员会成员作出的决定侵害村民合法权益的，受侵害的村民可以申请人民法院予以撤销，责任人依法承担法律责任。

村民委员会不依照法律、法规的规定履行法定义务的，由乡、民族乡、镇的人民政府责令改正。

乡、民族乡、镇的人民政府干预依法属于村民自治范围事项的，由上一级人民政府责令改正。

《妇女权益保障法》

第三十二条 妇女在农村土地承包经营、集体经济组织收益分配、土地征收或者征用补偿费使用以及宅基地使用等方面，享有与男子平等的权利。

第三十三条 任何组织和个人不得以妇女未婚、结婚、离婚、丧偶等为由，侵害妇女在农村集体经济组织中的各项权益。

因结婚男方到女方住所落户的，男方和子女享有与所在地农村集体经济组织成员平等的权益。

《农村土地承包法》

第三十一条 承包期内，妇女结婚，在新居住地未取得承包地的，发包方不得收回其原承包地；妇女离婚或者丧偶，仍在原居住地生活或者不在原居住地生活但在新居住地未取得承包地的，发包方不得收回其原承包地。

《广东省农村集体经济组织管理规定》

第十五条 原人民公社、生产大队、生产队的成员，户口保留在农村集体经济组织所在地，履行法律法规和组织章程规定义务的，属于农村集体经济组织的成员。

实行以家庭承包经营为基础、统分结合的双层经营体制时起，集体经济组织成员所生的子女，户口在集体经济组织所在地，并履行法律法规和组织章程规定义务的，属于农村集体经济组织的成员。

实行以家庭承包经营为基础、统分结合的双层经营体制时起，户口迁入、迁出集体经济组织所在地的公民，按照组织章程规定，经社委会或者理事会审查和成员大会表决确定其成员资格；法律、法规、规章和县级以上人民政府另有规定的，从其规定。

农村集体经济组织成员户口注销的，其成员资格随之取消；法律、法规、规章和组织章程另有规定的，从其规定。

《广东省实施〈中华人民共和国妇女权益保障法〉办法》

第二十四条第一款 农村集体经济组织成员中的妇女，结婚后户口仍在原农村集体经济组织所在地，或者离婚、丧偶后户口仍在男方家所在地，并履行集体经济组织章程义务的，在土地承包经营、集体经济组织收益分配、股权分配、土地征收或者征用补偿费使用以及宅基地使用等方面，享有与本农村集体经济组织其他成员平等的权益。

《行政复议法》

第三十一条 行政复议机关应当自受理申请之日起六十日内作出行政复议决定；但是法律规定的行政复议期限少于六十日的除外。情况复杂，不能在规定期限内作出行政复议决定的，经行政复议机关的负责人批准，可以适当延长，并告知申请人和被申请人；但是延长期限最多不超过三十日。

行政复议机关作出行政复议决定，应当制作行政复议决定书，并加盖印章。

行政复议决定书一经送达，即发生法律效力。

第三十二条 被申请人应当履行行政复议决定。

被申请人不履行或者无正当理由拖延履行行政复议决定的，行政复议机关或者有关上级行政机关应当责令其限期履行。

《行政诉讼法》

第九十六条 行政机关拒绝履行判决、裁定、调解书的，第一审人民法院可以采取下列措施：

（一）对应当归还的罚款或者应当给付的款额，通知银行从该行政机关的账户内划拨；

（二）在规定期限内不履行的，从期满之日起，对该行政机关负责人按日处五十元至一百元的罚款；

（三）将行政机关拒绝履行的情况予以公告；

（四）向监察机关或者该行政机关的上一级行政机关提出司法建议。接受司法建议的机关，根据有关规定进行处理，并将处理情况告知人民法院；

（五）拒不履行判决、裁定、调解书，社会影响恶劣的，可以对该行政机关直接负责的主管人员和其他直接责任人员予以拘留；情节严重，构成犯罪的，依法追究刑事责任。

《最高人民法院研究室关于人民法院对农村集体经济所得收益分配纠纷是否受理问题的答复》

广东省高级人民法院：

你院粤高法［2000］25号《关于对农村集体经济所得收益分配的争议纠纷，人民法院是否受理的请示》收悉。经研究，答复如下：

农村集体经济组织与其成员之间因收益分配产生的纠纷，属平等民事主体之间的纠纷。当事人就该纠纷起诉到人民法院，只要符合《中华人民共和国民事诉讼法》第一百零八条的规定，人民法院应当受理。